# Mosaico de Estudos Jurídicos

# Mosaico de Estudos Jurídicos

DANOS MORAIS · POLÍTICA EDUCACIONAL · DIREITO À SAÚDE · MODULAÇÃO DE EFEITOS EM MATÉRIA TRIBUTÁRIA · TEORIA DOS JOGOS · CÓDIGO FLORESTAL · FORO POR PRERROGATIVA DE FUNÇÃO · PROTEÇÃO DE DADOS · DIREITO PENAL ECONÔMICO · DIREITO HUMANITÁRIO · CONTROLE EXTERNO

**2022**

Coordenadores
Gabriela Lima
Luiz Guilherme Ros

ALMEDINA

**MOSAICO DE ESTUDOS JURÍDICOS**
DANOS MORAIS · POLÍTICA EDUCACIONAL · DIREITO À SAÚDE · MODULAÇÃO DE EFEITOS EM MATÉRIA TRIBUTÁRIA · TEORIA DOS JOGOS · CÓDIGO FLORESTAL · FORO POR PRERROGATIVA DE FUNÇÃO · PROTEÇÃO DE DADOS · DIREITO PENAL ECONÔMICO · DIREITO HUMANITÁRIO · CONTROLE EXTERNO

Coordenadores: Gabriela Lima e Luiz Guilherme Ros

Diretor Almedina Brasil: Rodrigo Mentz

Editora Jurídica: Manuella Santos de Castro
Editor de Desenvolvimento: Aurélio Cesar Nogueira
Assistentes Editoriais: Isabela Leite e Larissa Nogueira
Estagiária de Produção: Laura Roberti

Diagramação: Almedina

Design de Capa: Roberta Bassanetto
ISBN: 9786556276878
Novembro, 2022

Dados Internacionais de Catalogação na Publicação (CIP)
(Câmara Brasileira do Livro, SP, Brasil)

---

Mosaico de estudos jurídicos / coordenadores Gabriela Lima, Luiz Guilherme Ros. – São Paulo : Almedina, 2022.

Vários autores.
Bibliografia.
ISBN 978-65-5627-687-8

1. Artigos – Coletâneas 2. Direito I. Lima, Gabriela. II. Ros, Luiz Guilherme.

22-123455 CDU-340.114

---

Índices para catálogo sistemático:

1. Artigos : Coletâneas : Direito 340.114

Cibele Maria Dias – Bibliotecária – CRB-8/9427



Este livro segue as regras do novo Acordo Ortográfico da Língua Portuguesa (1990).



Editora: Almedina Brasil
Rua José Maria Lisboa, 860, Conj. 131 e 132, Jardim Paulista | 01423-001 São Paulo | Brasil
www.almedina.com.br

## SOBRE OS COORDENADORES

**Gabriela Lima**

Mestre em Direito Constitucional, pelo Instituto Brasileiro de Ensino, Desenvolvimento e Pesquisa (IDP). Pós-graduada em Direito Tributário e Finanças Públicas pelo Instituto Brasileiro de Ensino, Desenvolvimento e Pesquisa (IDP). Especialista em Direito Tributário, pelo Instituto Brasileiro de Estudos Tributários (IBET). Graduada em Direito pelo Centro de Ensino Unificado de Brasília (CEUB). Cursando LL.M. em Processo e Tribunais Superiores, pelo Instituto Brasileiro de Ensino, Desenvolvimento e Pesquisa (IDP). Advogada.

**Luiz Guilherme Ros**

Doutorando em Direito Econômico pela Universidade de Brasília (UnB). Mestre em Direito Constitucional pelo Instituto Brasileiro de Ensino, Desenvolvimento e Pesquisa (IDP). Pós-graduado em Direito Penal Econômico pela Fundação Getúlio Vargas (FGV). Graduado em Direito pela Universidade de Brasília (UnB). Consultor do Programa das Nações Unidas perante o CADE no projeto *Control of Data, Market Power, and Potential Competition in Merger Reviews.* Secretário da Comissão de Defesa da Concorrência da OAB/DF. Membro da Comissão de Defesa da Concorrência do Instituto Brasileiro de Direito Empresarial (IBRADEMP). Advogado.

## SOBRE OS AUTORES

**Ana Beatriz Brusco**
Doutoranda em Direito Constitucional pelo Instituto Brasileiro de Ensino, Desenvolvimento e Pesquisa (IDP). Mestre em Direito Constitucional pelo Instituto Brasileiro de Ensino, Desenvolvimento e Pesquisa (IDP). Pós-Graduada em Processo Civil pelo Instituto Brasileiro de Ensino, Desenvolvimento e Pesquisa (IDP). Graduada em Direito pelo Centro de Ensino Unificado de Brasília (CEUB). Juíza de Direito Substituta do TJDFT.

**Ana Paula Villas Boas**
Mestre em Direito Constitucional pelo Instituto Brasileiro de Ensino, Desenvolvimento e Pesquisa (IDP). Pós-Graduada em Direito Material e Processual do Trabalho pelo Instituto Brasileiro de Ensino, Desenvolvimento e Pesquisa (IDP). Graduada em Direito pela Universidade de Brasília (UnB). Defensora Pública Federal.

**Bárbara Nunes Ferreira Bueno**
Doutoranda em Direito do Estado, Direitos Fundamentais e Teoria do Direito pelo Instituto Brasileiro de Ensino, Desenvolvimento e Pesquisa (IDP). Mestre em Direito Constitucional pelo Instituto Brasileiro de Ensino, Desenvolvimento e Pesquisa (IDP). Pós-Graduada em Direito Público pela Faculdade Anhanguera-Uniderp. Pós-Graduada em Direito Digital pela Universidade Estadual do Rio de Janeiro (UERJ) em parceria com o Instituto de Tecnologia e Sociedade (ITS). Graduada em Direito pela

Universidade Católica de Goiás (PUC-GO). Assessora de Desembargador no Tribunal de Justiça do Estado de Goiás (TJGO). Professora.

**Éder Machado Leite**
Mestre em Direito Constitucional pelo Instituto Brasileiro de Ensino, Desenvolvimento e Pesquisa (IDP). Especialista em Direito Internacional dos Conflitos Armados pela Universidade de Brasília. Graduado em Direito pelo Centro de Ensino Unificado de Brasília (CEUB). Advogado.

**Eurípedes José de Souza Junior**
Mestre em Direito Constitucional pelo Instituto Brasileiro de Ensino, Desenvolvimento e Pesquisa (IDP). Pós-Graduado em Direito Constitucional pelo Instituto Brasileiro de Ensino, Desenvolvimento e Pesquisa (IDP). Pós-Graduado em Direito Processual Civil pela Faculdade Anhanguera-Uniderp. Graduado em Direito pela Pontifícia Universidade Católica de Goiás – PUC-GO. Professor. Advogado.

**Flávia Ximenes Aguiar de Sousa**
Mestre em Direito Constitucional pelo Instituto Brasileiro de Ensino, Desenvolvimento e Pesquisa (IDP). Pós-Graduada em Direito Penal e Processual Penal pela Universidade Estácio de Sá (UNESA). Pós-Graduada em Altos Estudos de Política e Estratégica pela Escola Superior de Guerra (ESG). Graduada em Direito pelo Centro de Ensino Unificado de Brasília (CEUB). Juíza Federal da Justiça Militar.

**Geórgia Valverde Leão Romeiro**
Mestre em Direito Constitucional pelo Instituto Brasileiro de Ensino, Desenvolvimento e Pesquisa (IDP). Pós-graduada em Direito Ambiental pela Universidade Católica do Rio de Janeiro (PUC-Rio). Pós-graduada em Assessoria Governamental e Relacionamento Institucional da Indústria da Energia pela Fundação Getúlio Vargas (FGV). Graduada em Direito pela Universidade Federal da Bahia (UFBA). Advogada.

**João Roberto Silva Ataíde**
Mestre em Direito Constitucional pelo Instituto Brasileiro de Ensino, Desenvolvimento e Pesquisa (IDP). Pós-graduado em Direito Constitu-

cional Aplicado pela Faculdade de Direito Damásio de Jesus (FDDJ). Graduado em Direito pela Universidade de Rio Verde (UniRV). Advogado. Professor.

**João Sérgio dos Santos Soares Pereira**
Doutorando em Direito pela Universidade de Brasília (UNB). Mestre em Direito Constitucional pelo Instituto Brasileiro de Ensino, Desenvolvimento e Pesquisa (IDP). Especialista em Direito Público e Privado pela Escola da Magistratura do Estado do Rio de Janeiro (EMERJ). Especialista em Direito Processual Civil Aplicado pela Escola Brasileira de Direito (EBRADI). Especialista em Direito e Advocacia Pública pela Universidade do Estado do Rio de Janeiro e Procuradoria Geral do Estado do Rio de Janeiro. Graduado em Direito pela Universidade Cândido Mendes-Centro (UCAM-RJ). Assessor de Órgão Julgador do Tribunal de Justiça do Estado do Rio de Janeiro (TJRJ).

**José Luiz De Mendonça Galvão Júnior**
Mestre em Direito Constitucional pelo Instituto Brasileiro de Ensino, Desenvolvimento e Pesquisa (IDP). Pós-Graduado em Ciências Penais pela LFG. Graduado em Direito pela Universidade Católica de Pernambuco (UNICAP). Presidente da Comissão de Direito Penal da OAB/PE. Professor. Advogado.

**Marcos Antônio Pereira**
Mestre em Direito Constitucional pelo Instituto Brasileiro de Ensino, Desenvolvimento e Pesquisa (IDP). Especialista em Direito e Processo Penal pela Universidade Presbiteriana Mackenzie. Graduado em Direito pela Universidade Paulista (UNIP). Membro-fundador da Comunidade de Juristas de Língua Portuguesa. Professor. Advogado.

**Maria Letícia Nascimento Gontijo**
Mestre em Direito Constitucional pelo Instituto Brasileiro de Ensino, Desenvolvimento e Pesquisa (IDP). Pós-graduada em Direito Penal e Direito Processual Penal pelo Instituto Brasileiro de Ensino, Desenvolvimento e Pesquisa (IDP). Especialista em Colaboração Premiada pela Fundação Getúlio Vargas (FGV). Graduada em Direito pela Universidade de Brasília (UnB). Advogada.

**Matheus Barra de Souza**
Mestre em Direito Constitucional pelo Instituto Brasileiro de Ensino, Desenvolvimento e Pesquisa (IDP). Graduado em Direito pela Universidade de Brasília (UNB). Membro da Comissão de Direito Eleitoral da OAB/DF. Advogado.

# APRESENTAÇÃO

O que têm em comum estudos sobre danos morais por atraso em voo com considerações críticas à política educacional de modelo cívico-militar? Ou os direitos fundamentais de refugiados venezuelanos com a polêmica em torno do foro por prerrogativa de função. Haverá o que relacione a *Internet of toys* com a crítica à criminalização da mera dívida do ICMS declarado? Como passar do tema da proteção de dados para o estudo sobre a judicialização do direito à saúde sob os auspícios do processo estrutural ou para a repercussão do Direito Humanitário no panorama da violência interna brasileira? Haverá quem aponte liame entre a Teoria da Agenda de Kingdon e o argumento do impacto orçamentário para fins de modulação de efeitos em processos tributários? Onde entraria, nessa mescla, o direito ao esquecimento em face dos registros de histórico criminal? Qual seria, enfim, o ponto de contato entre uma leitura de normas constitucionais para efeitos de proteção do trabalho precarizado, a teoria dos jogos no campo da celebração de compromisso de cessação de conduta e a jurisprudência sobre proibição de retrocesso ambiental? Pois esse é o temário que o índice deste livro anuncia.

Pode parecer que está sendo reunido num só volume um amontoado de estudos desprovidos de uma lógica que os coordene numa unidade de sentido. A impressão é enganosa. À parte a evidência de que todos são estudos jurídicos, há pontos de identidade que se conjugam para justificar a sua aglutinação numa única e proveitosa coletânea.

Todos os autores – começam aqui os traços de união que explicam a obra – são Mestres, que ingressaram, em 2019, em notável turma do

Programa de Mestrado do Instituto Brasileiro de Ensino, Desenvolvimento e Pesquisa – IDP. Os trabalhos aqui compilados refletem parte dos esforços dos mestrandos, completados nas dissertações de final de curso, devidamente aprovadas.

Além disso, a organicidade que põe os tantos estudos em perspectiva comum resulta de alguns outros fios condutores. Invariavelmente os temas são de interesse contemporâneo. Repõem, ainda, em compasso acadêmico o que é muitas vezes discutido alhures por meio de rotineiros reducionismos, com argumentos impressionistas ou intelectualmente apoucados, guiados por balizas repetidas da ortodoxia ideológica, tantas vezes confundindo erudição com artifícios de linguagem encantatória, obscura e gratuita.

Os artigos aqui postos ao diálogo com o leitor, bem diferentemente, são marcados pela sinceridade de propósitos intelectuais, e neles se ressalta a oposição a obtusas resistências que ideias desassombradas costumam atrair. Tem-se um mostruário de reflexões que solicitam o acompanhamento e a análise inteligente do leitor – como se espera de escritos produzidos por autênticos acadêmicos tornados Mestres.

É conhecido o aforismo de T. S. Eliot, para quem um bom livro é aquele que torna mais exigentes os critérios de julgamento do leitor. Não é excessivo dizer que esta obra dos ex-alunos do Mestrado do IDP corresponde a essa meta, no plano do seu bem-vindo mosaico de assuntos incitantes, os quais, abordados superiormente, se veem enriquecidos com um acervo de contribuições límpidas e perspicazes.

PAULO GUSTAVO GONET BRANCO

*Professor do Corpo Permanente do Programa de Pós-Graduação Stricto Sensu e do curso de Graduação em Direito do Instituto Brasileiro de Ensino, Desenvolvimento e Pesquisa – IDP.*

# PREFÁCIO

O Instituto Brasileiro de Ensino, Desenvolvimento e Pesquisa – IDP tem como uma de suas mais caras missões institucionais o fomento à pesquisa. Desde a fundação do Mestrado Acadêmico em Direito Constitucional no ano de 2007, a instituição fomentou, entre o seu corpo discente, a publicação de artigos, coletâneas e obras monográficas voltadas à inserção acadêmica dos jovens pesquisadores.

Essa tendência visa oxigenar a doutrina constitucional com novas ideias, novos objetos de pesquisa e, principalmente, novos enfoques teóricos dados a problemas contemporâneos. Ao dar esses passos, o IDP visa conferir maior veiculação a trabalhos empíricos ou textos de elevada densidade teórica que em geral são encontrados apenas em periódicos especializados que raramente atingem o grande público.

A presente obra, que tenho a honra de prefaciar, reflete o amadurecimento do Programa de Pós-Graduação *Strictu Sensu* do IDP, que hoje alberga três linhas de pesquisa em torno do eixo temático "Direito Constitucional e Sociedade". Os discentes autores dessa coletânea vinculam-se às referidas linhas que destrincham desafios sociais, jurídicos e estatais das intricadas relações entre constitucionalismo e democracia.

Os capítulos desta obra abordam temas de vanguarda da teoria constitucional, tais como o modelo cívico-militar como política educacional à luz da Constituição da República de 1988, o direito ao esquecimento e a relativização do histórico criminal e a proteção de dados como problemática constitucional. Ao passar por eles, o leitor terá contato com textos que, embora alinhados ao rigor metodológico acadêmico, contribuem avidamente para o tratamento de questões polêmicas, sobretudo na jurisprudência do Supremo Tribunal Federal.

Atual e provocativa, esta obra demonstra o quão promissor pode ser dar voz a jovens pesquisadores que se dedicam com afinco ao desenvolvimento de temas que, muitas vezes, escapam à formulação dos manuais e cursos de teoria geral dos diversos ramos do direito.

Boa leitura a todos,

GILMAR FERREIRA MENDES
*Ministro do Supremo Tribunal Federal – STF*

SUMÁRIO

1. ANÁLISE ECONÔMICA DOS DANOS MORAIS POR ATRASO INJUSTIFICADO DE VOO
*Ana Beatriz Brusco* 17

2. OS DIREITOS FUNDAMENTAIS SOCIAIS DOS TRABALHADORES *LATO SENSU*: UMA RELEITURA DO ÂMBITO DE PROTEÇÃO E DA EFICÁCIA DAS NORMAS DO ART. 7º DA CONSTITUIÇÃO FEDERAL
*Ana Paula Villas Boas* 37

3. O MODELO CÍVICO-MILITAR COMO POLÍTICA EDUCACIONAL À LUZ DA CONSTITUIÇÃO DA REPÚBLICA DE 1988
*Bárbara Nunes Ferreira Bueno* 77

4. JUDICIALIZAÇÃO DO DIREITO À SAÚDE E PROCESSO ESTRUTURAL: TRANSPOSIÇÃO DE ESTADOS DE COISAS
*Éder Machado Leite* 101

5. A PROIBIÇÃO DE RETROCESSO AMBIENTAL NOS TRIBUNAIS SUPERIORES E O JULGAMENTO DO CÓDIGO FLORESTAL
*Eurípedes José de Souza Junior* 151

6. PANORAMA DA VIOLÊNCIA INTERNA EXTREMA NO BRASIL À LUZ DO DIREITO INTERNACIONAL HUMANITÁRIO
*Flávia Ximenes Aguiar de Sousa* 173

7. O ARGUMENTO DO IMPACTO ORÇAMENTÁRIO NA MODULAÇÃO DE EFEITOS DE PROCESSOS TRIBUTÁRIOS
*Gabriela Lima* 197

8. FREIOS E CONTRAPESOS NO CONTROLE EXTERNO: UMA ANÁLISE DA REAÇÃO LEGISLATIVA À LUZ DA TEORIA DA AGENDA DE KINGDON
*Geórgia Valverde Leão Romeiro* 235

9. O FORO POR PRERROGATIVA NO SUPREMO TRIBUNAL FEDERAL E AS RAZÕES DE SUA "CIRANDA JURISPRUDENCIAL"
*João Roberto Silva Ataíde* 281

10. A PRIVACIDADE DAS CRIANÇAS E ADOLESCENTES E A *INTERNET OF TOYS*
*João Sérgio dos Santos Soares Pereira* 305

11. ANÁLISE DA DECISÃO DO STF NO RHC 163.334: CRÍTICA À CRIMINALIZAÇÃO DA MERA DÍVIDA DO ICMS (PRÓPRIO) DECLARADO
*José Luiz de Mendonça Galvão Júnior* 327

12. A UTILIZAÇÃO DA TEORIA DOS JOGOS COMO FORMA DE INCENTIVO À CELEBRAÇÃO DE TERMOS DE COMPROMISSO DE CESSAÇÃO POR PESSOAS FÍSICAS
*Luiz Guilherme Ros* 363

13. DIREITO AO ESQUECIMENTO NO BRASIL: DA RELATIVIZAÇÃO DO HISTÓRICO CRIMINAL AO PRECEDENTE DE REPERCUSSÃO GERAL
*Marcos Antônio Pereira* 395

14. MECANISMOS DE CONTROLE À ATUAÇÃO DO MINISTÉRIO PÚBLICO NO ACORDO DE NÃO PERSECUÇÃO PENAL
*Maria Letícia Nascimento Gontijo* 419

15. A PROTEÇÃO DE DADOS COMO PROBLEMÁTICA CONSTITUCIONAL: A IMPORTÂNCIA DA LIMITAÇÃO DO PODER DOS COMUNICADORES FIDUCIÁRIOS
*Matheus Barra de Souza* 449

# 1. ANÁLISE ECONÔMICA DOS DANOS MORAIS POR ATRASO INJUSTIFICADO DE VOO

Ana Beatriz Brusco

## Introdução

A aproximação entre Direito e Economia busca avaliar as consequências práticas das normas jurídicas e das decisões judiciais e compreende que o Direito não pode ser alheio à realidade concreta. Este trabalho estudará como a interdisciplinaridade da análise econômica do Direito pode auxiliar o julgador na quantificação de danos morais nos casos de atraso injustificado de voo.

A avaliação das consequências práticas das decisões judiciais permite aferir se a tutela dos bens jurídicos é adequada. A quantificação dos danos morais, sob essa perspectiva, leva em consideração a lesão extrapatrimonial sofrida e os reflexos do montante apurado sobre a conduta dos agentes envolvidos em casos futuros, a fim de atingir a proteção desejada do bem jurídico lesado.

A quantificação de indenização por danos morais não possui critério estabelecido na lei. Cabe ao julgador estimar o valor devido segundo seu prudente arbítrio e há necessidade de se fazer interpretação de valores jurídicos abstratos relativos à dignidade humana, pois as demandas que versam sobre danos morais apreciam a violação à cláusula geral de tutela da pessoa humana.

As decisões judiciais trazem regras jurídicas para os casos concretos colocados sob análise do julgador, mas também geram expectativas aos agentes quanto a casos futuros, por meio de efeitos prospectivos, de segunda ordem. Nesse contexto, o julgador deverá estar atento aos incentivos que suas decisões irão gerar na sociedade.

A positivação da preocupação com as consequências práticas das decisões judiciais no Brasil veio com a edição da Lei nº 13.655/2018, que inseriu o artigo 20 na Lei de Introdução às Normas do Direito Brasileiro. Passou-se a prever, expressamente, a necessidade de as decisões judiciais considerarem suas consequências práticas quando se valerem de valores jurídicos abstratos.

A consideração das consequências práticas das decisões judiciais é, justamente, o escopo da análise econômica do Direito. Cuida-se de disciplina que visa estudar o Direito, com o manejo do instrumental da Economia, para expandir a compreensão e o alcance das normas jurídicas e das decisões judiciais, aperfeiçoar seu desenvolvimento, observar sua aplicação e avaliar seus efeitos, tendo sempre em mente suas consequências práticas (GICO JUNIOR, 2019).

Nesse contexto, o objetivo central deste trabalho é investigar como a análise econômica do Direito pode auxiliar o julgador na quantificação do dano moral nos casos de atraso injustificado de voo.

Os objetivos específicos são estudar o que se entende por dano moral, compreender quais funções sua indenização deve cumprir, investigar como é feita a quantificação dos danos morais, analisar os principais pontos da análise econômica do Direito de danos e, ao fim, apresentar uma proposta para a quantificação dos danos morais por atraso injustificado de voo com base na jurisprudência do Superior Tribunal de Justiça (STJ) e nos conceitos de análise econômica do Direito.

A metodologia empregada é mista, qualitativa e quantitativa. O método qualitativo será utilizado no trabalho na revisão bibliográfica sobre danos morais e análise econômica do Direito de danos. Já a metodologia quantitativa se executará para análise dos julgados do STJ sobre danos morais por atraso injustificado de voo.

O trabalho é dividido em cinco tópicos subsequentes a esta introdução: apontamentos sobre o conceito de dano moral; funções da indenização por danos morais; quantificação dos danos morais; análise econômica do direito de danos e, no quinto tópico, a proposta dogmática de quantificação de danos morais à luz da análise econômica do Direito para o caso selecionado. Por fim, o último tópico apresentará as considerações finais do estudo.

## 1. Alguns apontamentos sobre o conceito de dano moral

O dano surge da violação do dever geral de não lesar outrem (*alterum laedere*) ou da ofensa a um dever especial, decorrente da convenção das partes em determinado negócio jurídico. A responsabilidade civil será extracontratual, se violado o dever geral de não lesar; e contratual, quando a violação de direitos ocorrer no contexto de um dever especial, pactuado entre as partes envolvidas (NERY JUNIOR; NERY, 2014).

Segundo Yussef Said Cahali, a noção de dano é conexa "[...] à ideia de um efeito penoso, isto é, de uma diminuição do bem-estar, seja moral, seja material; qualquer limitação conceitual que se pretenda impor à palavra *dano* mostra-se arbitrária e incompatível com os sentimentos humanos" (CAHALI, 2011, p. 23).

A ação ou a omissão voluntária do agente que causar lesão ao patrimônio material ou imaterial, monetizável ou não monetizável de outrem será capaz de gerar um dano (REIS, 2019). Assim, os danos material e moral têm a mesma causa, qual seja a violação de direitos, embora produzam efeitos diversos.

O dano material importa numa diminuição do patrimônio atual ou futuro da parte lesada e tutela o direito de propriedade, ao passo que o dano moral gera ofensa ao bem psíquico e tutela a pessoa humana na dimensão constitucional que lhe foi dada, e que se vivencia no século XXI (REIS, 2019).

A existência do dano moral decorre da proteção integral do ser humano nos aspectos corporal e psíquico (CAHALI, 2011). O ordenamento jurídico tutela a pessoa em sua integridade física e psíquica e na realização de seu projeto de vida. A ofensa a tais aspectos gera lesão de um bem jurídico e, portanto, dano.

A concepção tradicional de dano moral partia de noção negativa, segundo a qual dano moral seria todo dano não patrimonial. Conceituava-se essa espécie de lesão como as ofensas praticadas contra bens jurídicos do sujeito que não resultassem na diminuição do seu patrimônio.

A Constituição Federal trouxe novo paradigma e colocou a pessoa humana no centro da ordem jurídica. Não mais se orienta o direito positivo, primordialmente, pela tutela do patrimônio. A dignidade humana foi alçada a fundamento da República Federativa do Brasil[1] e,

[1] Vide art. 1º, III, da Constituição Federal (CF/88): "Art. 1º A República Federativa do Brasil, formada pela união indissolúvel dos Estados e Municípios e do Distrito Federal, constitui-se

nessa mudança de perspectiva patrimonialista para personalista[2], passou a ser a base de todos os valores morais, a essência de todos os direitos personalíssimos.

Assim, o dano moral não mais se conceitua de forma negativa, por exclusão da ofensa patrimonial. Com o advento da CF/88, o dano extrapatrimonial pode ser concebido como a violação do direito à dignidade (CAVALIERI FILHO, 2008), porquanto essa dignidade é a base e a essência dos bens jurídicos relativos à integridade física e psíquica da pessoa e a seu direito a um projeto de vida. Os bens jurídicos a ele pertinentes são definidos e tutelados pelo ordenamento jurídico, como aspectos da existência digna.

Como explica Paulo Gonet Branco, o princípio da dignidade humana inspira os típicos direitos fundamentais e atende às exigências do respeito à vida, à liberdade, à integridade e à estima de cada um. Ao mesmo tempo, esse princípio traz em si a necessidade de se limitar o poder, prevenir o arbítrio e a injustiça (BRANCO, 2018).

Maria Celina Bodin de Moraes esclarece acerca do dano extrapatrimonial que "[...] tanto será dano moral reparável o efeito não patrimonial de lesão a direito subjetivo patrimonial (hipótese de dano moral subjetivo), quanto a afronta a direito da personalidade (dano moral objetivo), sendo ambos os tipos admitidos no ordenamento jurídico brasileiro" (MORAES, 2017, p. 157).

A autora conclui que dano moral é a violação à cláusula geral de tutela da pessoa humana, que cause um prejuízo material, viole um direito da pessoa ou que consista na prática de um mal ou uma perturbação à dignidade do seu titular, ainda que não se reconheça categoria jurídica específica" (MORAES, 2017).

Dessa forma, estará caracterizado o dano moral quando houver a lesão a um direito patrimonial que acarrete efeitos não patrimoniais[3],

em Estado Democrático de Direito e tem como fundamentos: [...] III – a dignidade da pessoa humana; [...]".

[2] A propósito da mudança do ordenamento jurídico da visão patrimonialista para a personalista, confira-se a abordagem da problemática do dano moral dada por Maria Celina Bodin de Moraes (MORAES, 2017, p. 17).

[3] A título de exemplo de dano moral resultante da lesão a um direito patrimonial, cita-se o caso de cancelamento de voo internacional, como decidido pelo STJ no AgInt no AREsp

bem como nos casos de ofensa direta a um aspecto da personalidade do sujeito.[4]

Não se exige a presença de reação psíquica da vítima. A existência de dor, sofrimento, angústia, tristeza, vexame ou humilhação não é essencial para que se configure a lesão extrapatrimonial. Há dano moral com a mera violação da dignidade, ainda que não se verifiquem alterações anímicas no sujeito e independentemente de haver ou não categoria jurídica específica para o aspecto da dignidade violado (CAVALIERI FILHO, 2008).

O dano extrapatrimonial é a lesão à dignidade humana, é o dano com efeitos extramateriais que abarca os aspectos existenciais do ser humano. Funda-se na iníqua lesão, de qualquer ordem ou natureza, à pessoa, com efeitos nas situações jurídicas existenciais (FROTA, 2008).

Dano moral, portanto, consiste na lesão à dignidade humana decorrente da violação do dever geral de não lesar ou da ofensa a negócio jurídico celebrado entre as partes, ainda que não exista categoria jurídica específica para o aspecto da personalidade violado e independente de haver ou não reação psíquica da vítima.

## 2. As funções da indenização por danos morais

O objetivo principal do Direito Civil é o pleno desenvolvimento do projeto de vida de cada pessoa (MORAES, 2017). A reparação de danos morais é um dos instrumentos legais voltados a assegurar a concreção desse objetivo, pois confere compensação à vítima do ilícito, contribui para o sentimento de justiça e de valoração da dignidade humana e exterioriza a não aceitação da lesão praticada pela ordem jurídica.

Para Yussef Cahali, a regra geral da reparação de danos, *neminem laedere*, possui natureza mista de tutela e punição, pois "o dever de indenizar representa por si a obrigação fundada na sanção do ato ilícito" (CAHALI, 2011, p. 33).

Na jurisprudência do STJ, é possível encontrar julgados que enumeram apenas as funções compensatória e punitiva da indenização por danos

1612595/SP, Rel. Ministro Raul Araújo, Quarta Turma, julgado em 24/08/2020, DJe 15/09/2020.

[4] A ofensa direta a aspecto da personalidade pode ser exemplificada no caso de publicação difamatória de matéria jornalística, conforme julgado pelo STJ no REsp 1681339/PI, Rel. Ministra Nancy Andrighi, Terceira Turma, julgado em 15/09/2020, DJe 18/09/2020.

morais, enquanto outros trazem, de forma mais completa, a chamada tríplice função dos danos morais.

No julgamento do REsp nº 1771866/DF, por exemplo, o relator, Ministro Marco Aurélio Bellizze explica que "[...] a indenização por danos morais possui tríplice função, quais sejam: a) a compensatória, voltada a mitigar os danos sofridos pela vítima; b) a repressiva, a fim de responsabilizar o autor do ato ilícito; e c) a preventiva, marcada por um caráter pedagógico, visando coibir novas condutas". A Ministra Maria Isabel Gallotti elencou as mesmas funções da indenização por danos morais no REsp nº 1440721.

No REsp nº 1698701/RJ, o STJ deparou-se com a questão relativa ao dever de restituir o lucro obtido com o uso indevido do direito de imagem de atriz em campanha publicitária e fixou o entendimento de que não pode o agente causador da ofensa se apropriar do lucro resultante da lesão.

A sanção jurídica tem como função garantir o cumprimento do preceito. Sua natureza é híbrida, tanto de satisfação do interesse anteriormente sacrificado e de aflição imposta àquele que violou o direito (CAHALI, 2011).

Segundo Héctor Valverde Santana, a indenização de danos morais visa atender às finalidades compensatória, punitiva e preventiva, sendo que esta última deve ser entendida como medida de desestímulo e de intimação não só do ofensor, mas de todos os integrantes da coletividade (SANTANA, 2019).

Pablo Frota (2008) e Maria Celina Bodin de Moraes (2017) criticam a função punitiva dos danos morais e argumentam, em síntese, que o sistema jurídico não contemplou o caráter punitivo, que haveria duplo sancionamento do ofensor quando o mesmo fato for previsto como tipo penal, que se geraria insegurança jurídica, imprevisibilidade das decisões judiciais e incentivo à mercantilização das relações jurídicas existenciais.

Quanto à crítica de insegurança jurídica e da falta de previsão legal, idêntica objeção pode ser colocada em relação a todo e qualquer dano moral fixado, pois não existem parâmetros legais específicos para sua quantificação. A resolução da questão da insegurança jurídica passa pela uniformização da jurisprudência e pelo estabelecimento de *standards* gerais e particulares. Ainda, não se pode concluir, de antemão, que a fixação equitativa pelo magistrado, com base na razoabilidade e na proporcionalidade, exclui por completo a punição ao ofensor.

A objeção ao *bis in idem* na punição ao causador dos danos pode ser superada pela ponderação do cumprimento de sanção penal pelo ofensor no momento da fixação do montante punitivo da indenização por danos morais, bem como pela independência relativa das instâncias penal, administrativa e civil, tão sedimentada na jurisprudência dos Tribunais Superiores.

A mercantilização dos danos morais, por seu turno, está mais relacionada ao que se considera dano moral, ao tipo de lesão extrapatrimonial que merece a tutela jurídica, do que ao montante. A perseguição em juízo da reparação não deve ser combatida pelo número de demandas por si só.

Por fim, quanto ao argumento de ser contraditória a conciliação da função punitiva com o enriquecimento ilícito da vítima, o critério da punição do ofensor não é suficiente para mudar radicalmente a condição socioeconômica da vítima, bem como é possível utilizar a vedação ao enriquecimento ilícito como balizador do máximo do *quantum* indenizatório.

Dessa forma, é possível se extrair que o dano moral possui como finalidade reforçar o cumprimento do preceito de direito, por meio da sanção à conduta violadora da dignidade humana. A indenização fixada deve atender às funções compensatória, punitiva, preventiva e deve coibir o enriquecimento sem causa decorrente e o lucro de intervenção.

## 3. A quantificação dos danos morais

A edição nº 125 da *Jurisprudência em Teses*, que tratou do tema dano moral, trouxe uma coletânea de julgados sobre o método bifásico de quantificação dos danos morais.[5] A leitura do inteiro teor dos paradigmas colacionados na edição nº 125 permite se extrair como devem ser realizadas as duas etapas do aludido método.

Como explica o Ministro Paulo de Tarso Sanseverino, no julgamento do AgInt no REsp nº 1.533.342, na primeira fase, "[...] deve-se estabelecer um valor básico para a indenização, considerando o interesse jurídico lesado, com base em grupo de precedentes jurisprudenciais que apreciaram casos semelhantes."

[5] Disponível em: https://scon.stj.jus.br/SCON/jt/toc.jsp?edicao=EDI%C7%C3O%20N.%20125:%20RESPONSABILIDADE%20CIVIL%20-%20DANO%20MORAL. Acesso em: 18 out. 2020.

O julgador fixará um valor padrão na primeira etapa da quantificação. Para tanto, levará em consideração o interesse jurídico envolvido e observará julgados anteriores que apreciaram casos semelhantes.

A segunda etapa tem por finalidade permitir a valoração das peculiaridades do caso concreto para se chegar ao arbitramento definitivo do *quantum* indenizatório, como explica o Ministro Marco Aurélio Bellizze no REsp nº 1.771.866.

A Corte não se aprofundou sobre quais condições devem ser avaliadas pelo julgador para majorar ou reduzir o montante encontrado em casos anteriores similares (primeira etapa), de modo que o magistrado deverá se socorrer da doutrina na segunda etapa do método bifásico.

Os autores propõem que se leve em consideração as condições pessoais (idade, saúde, profissão e estado civil da vítima), a repercussão social e a gravidade do dano (FROTA, 2008), bem como o grau de culpa do ofensor, a intensidade de alteração anímica verificada na vítima, a repercussão do ato ilícito no meio social, a situação econômico-financeira do ofensor e as condições pessoais da vítima (SANTANA, 2019).

Também é apresentado como critério específico o combate à culpa lucrativa, com a graduação do dano moral para mais, de modo a abranger eventual ganho que o agente teve com a conduta lesiva (SANTOS, 2019; REIS, 2019).

Assim, à luz do método bifásico e das contribuições doutrinárias, a quantificação dos danos morais será feita tomando por base os valores já praticados na jurisprudência em casos análogos (primeira etapa), com a posterior consideração das particularidades indicadas pela doutrina, inclusive o incremento punitivo, o cômputo do lucro ilícito e a consideração da capacidade econômica do ofensor, atentando-se o magistrado às funções da indenização já analisadas.

## 4. Análise econômica do Direito de danos

### 4.1. Análise econômica do Direito de danos *lato sensu*

As leis de responsabilidade civil servem para que os custos dos danos (externalidades negativas) sejam internalizados por quem os causou, por meio da instituição do dever de ressarcir (COOTER; ULEN, 2008).

Dito de outra maneira, a ameaça de responsabilização serve como incentivo para que as partes tomem mais cuidado ou reduzam seu nível de atividade (VISSCHER, 2009) e, assim, diminua-se a probabilidade de ocorrência do dano.

O objetivo econômico da responsabilidade civil é minimizar os custos da precaução e dos danos causados por acidentes (COOTER; ULEN, 2008). As premissas de que os indivíduos são informados (conhecem os custos e benefícios de suas ações) e agem racionalmente (sopesam tais custos e benefícios antes de agir) servem para a construção e concepção do sistema jurídico de responsabilidade civil.

A formulação do sistema de responsabilidade civil também leva em conta os casos em que os indivíduos não são informados[6] ou não são capazes[7] de sopesar os custos e benefícios de suas ações antes de agir, com a previsão de normas específicas para tais situações.

Para a análise econômica do Direito, dano é a diminuição na função de utilidade ou de proveito da vítima e a indenização em dinheiro serve para corrigir os efeitos externos do evento danoso, com retorno ao estado anterior ou aumento de utilidade ou proveito à vítima (BATTESINI, 2010).

O objetivo da análise econômica do Direito é de maximizar a utilidade total da sociedade, ou seja, o resultado da comparação entre os custos da atividade e seus benefícios deve ser positivo em prol da coletividade. Assim, a compensação da vítima apenas irá contribuir para tal intento se a indenização lhe trouxer maior utilidade do que a redução de utilidade sofrida pelo agente (LINDNBERGH; KIPPERSLUIS, 2009).

O dano evitável pode ser visto como desperdício social e, como advertem Landes e Posner, ensejar indignação e desejo de retribuição. Nessa perspectiva, a responsabilidade civil serve de remédio e faz convergirem os conceitos de justiça e de eficiência (LANDES; POSNER, 1987).

[6] Nosso sistema jurídico regula a falta de informações, por exemplo, ao tratar da reserva mental (art. 110 do Código Civil), do vício redibitório (arts. 441 a 446 do Código Civil), no estabelecimento da responsabilidade do fornecedor por fato do produto ou do serviço ou por acidente de consumo em razão da insuficiência das informações (arts. 12 e 14 do Código de Defesa do Consumidor) e na vedação de publicidade enganosa (art. 37 do Código de Defesa do Consumidor).

[7] Nesse ponto, aplicam-se as regras pertinentes à incapacidade do agente (artigos 3º e 4º do Código Civil) e as respectivas causas de nulidade e anulabilidade dos negócios jurídicos (art. 104, I, 119, 166, I e 171, I do Código Civil) ou de responsabilidade civil (art. 928 do Código Civil).

Ao regular a responsabilidade civil, o Estado evita o manejo da tutela privada desordenada e favorece a criação de um ambiente de segurança jurídica. Nesse ponto, é importante que a jurisprudência seja capaz de estabelecer critérios de precaução eficientes e parâmetros claros de comportamento, sob pena de surgirem incentivos adversos para os agentes (PORTO, 2019).

Os *stardards* de comportamento adequados podem ser encontrados em normas, regulamentos, convenções sociais, normatizações administrativas, códigos de ética profissionais e precedentes judiciais (BATTESINI, 2010). As Cortes também podem obter informações de *experts* ou acessar regulamentos internos que especifiquem o comportamento esperado.

A análise econômica do Direito enxerga o aumento do valor das indenizações como fator que afeta o mercado e gera preços maiores ao consumidor. A limitação das indenizações não é capaz, por si só, de tornar seus valores mais previsíveis e, portanto, não serve para reduzir o montante de acidentes.

Assim, ao invés de impor teto indenizatório, é preferível ter valores estáveis e previsíveis (LINDNBERGH; KIPPERSLUIS, 2009), os quais contribuem para a segurança jurídica, estabilização das expectativas das partes e previsibilidade dos custos e benefícios das atividades.

O sistema de responsabilidade civil é parte intrínseca das instituições sociais para a promoção de segurança. Para funcionar adequadamente, do ponto de vista da análise econômica, os benefícios obtidos em termos de dissuasão na prática de danos devem superar os custos da litigância e outros custos associados (VELTHOVEN, 2009). Dessa forma, as leis que regulam os acidentes devem buscar reduzir os custos totais deles (MENDONÇA, 2012).

Seguindo o raciocínio de Cooter e Ulen, os custos administrativos são meramente instrumentais e sua redução, desacompanhada do aumento dos acidentes, é puro ganho. A redução dos custos administrativos ocorre com o aumento da responsabilização e a diminuição na frequência dos julgamentos (COOTER; ULEN, 2008).

A fixação da indenização deve levar em conta, ainda, o nível de atividade das partes, pois seu incremento favorece a ocorrência de danos. A otimização do bem-estar social exige que o causador de danos em potencial se engaje em níveis de atividade que balanceiem adequadamente a utilidade obtida da atividade em relação ao risco adicional criado (SHAVELL, 2007).

A análise econômica do Direito parte de um conceito instrumental de precaução, considerado a partir de sua capacidade de promover eficiência econômica (PORTO, 2019). A precaução será eficiente quando seu custo marginal[8] for igual à redução no custo esperado dos danos (COOTER; ULEN, 2008).

A compensação dada à vítima não precisa ser exata para induzir o aumento da precaução tomada pelo potencial causador do dano. Como explica Visscher (2009), contanto que os custos da precaução sejam mais baixos do que os custos de um nível menor de precaução somados à indenização fixada, haverá incentivo para que o agente aumente seu nível de cuidado.

A precaução não deve ser vista somente da perspectiva do causador do dano. A conduta da vítima também pode influenciar decisivamente a probabilidade de ocorrência do evento danoso. As medidas de precaução mais eficientes podem estar à disposição apenas da vítima.

Por isso, é necessário que os incentivos sejam desenhados para a vítima também adote níveis eficientes de precaução (PORTO, 2019) e a indenização deve se basear, igualmente, no cuidado adequado à vítima, como forma de induzi-la a mitigar suas perdas.

Também é objetivo da responsabilidade civil, correlato à criação de incentivos para a adoção de nível de precaução eficiente, que as partes obtenham nível de informação eficiente sobre o grau de risco, de modo que possam fazer a valoração acurada dos custos esperados dos acidentes e, assim, tomar decisões ótimas sobre o nível e o tipo de precaução a ser adotado (BATTESINI, 2010).

Shavell (2007) propõe uma abordagem combinada para a redução de riscos, que se valha de regulações de segurança e de responsabilização. Segundo o autor, é desejável que as partes necessitem observar padrões mínimos de segurança e que possam sofrer a imposição de pagar indenização. As regulações servem para os potenciais ofensores que não detêm níveis de informação adequados, fazendo-os adotarem certas precauções mesmo sem entenderem o porquê. Já a ameaça de responsabilização induz

[8] Custo marginal consiste no custo de se adotar uma unidade a mais de precaução em relação ao patamar já praticado pelo agente. Compara-se o custo de mais precaução com a respectiva redução dos danos. Haverá eficiência quando o valor gasto para o aumento da precaução for igual ao dos danos evitados com aquela precaução adicional.

o ofensor que possua um grau alto de informações a adotar o nível de precaução adequado.

Outro problema prático que se coloca é o fato de os juízes serem suscetíveis ao erro, pois não possuem informações suficientes para determinar o nível ótimo de precaução no caso concreto. As partes, por sua vez, tendem a apresentar informações enviesadas.

Os erros de estimativa do ofensor só afetam os custos de precaução se forem grandes e o erro judicial puramente aleatório não muda a expectativa de responsabilidade do causador do dano, pois os excessos e as deficiências se compensam (COOTER; ULEN, 2008).

Segundo o Teorema de Coase, o tratamento jurídico dado à responsabilidade civil não pode ter como finalidade apenas coibir danos. É preciso aferir se o ganho obtido ao impedir a atividade danosa ou ao determinar a internalização dos danos causados pelo agente causador supera a perda sofrida em razão do declínio da atividade (MENDONÇA, 2012).

A análise econômica do Direito de danos *lato sensu* conta, ainda, com a fórmula Hand, segundo a qual haverá culpa[9] se os custos marginais da adoção de determinada medida adicional de precaução forem menores que a consequente redução do dano marginal esperado (PORTO, 2019).[10] Essa formulação apresenta como critério de avaliação a conduta do agente causador do dano e permite sua classificação em diferentes gradações, o que viabiliza o estabelecimento de limites de redução ou de majoração do valor da indenização em relação ao dano[11].

[9] Os autores da *common law* referem-se à presença de negligência como necessária para a configuração do dever de indenizar. Nosso sistema, contudo, faz a diferenciação entre negligência, imprudência e imperícia, como subespécies de conduta culposa. Aqui, para se compreender a ideia da fórmula Hand, o termo "negligência" será utilizado como equivalente à conduta culposa, pois são requisitos similares para a responsabilização subjetiva em danos não intencionais nos dois sistemas.

[10] Custos marginais, ressalta-se novamente, são os custos para a adoção de precaução adicional. Assim, a fórmula Hand determina que se verifique a negligência (ou culpa, no nosso sistema) se houver custo-benefício na adoção de precaução adicional, pois os gastos em que incorreria o causador do dano seriam inferiores ao prejuízo de que foi poupada a vítima.

[11] Battesini (2010) propõe a graduação da culpa em levíssima, leve e grave conforme a relação de custo-benefício marginal do nível de precaução adotado pelo agente causador do dano e a participação da vítima, valendo-se da fórmula Hand como ponto de partida.

A noção de *cheapest cost avoider* ou *least cost avoider* aplica-se quando o risco do acidente puder ser eliminado, se qualquer uma das partes, ofensor ou vítima, adotar precaução. Assim, "[...] de acordo com o princípio do *cheapest cost avoider*, nas hipóteses em que qualquer das partes estivesse em condições de evitar o acidente, os custos primários devem ser suportados por quem poderia tê-lo feito a custos menores, eis que possuía vantagem comparativa para fazê-lo e não o fez [...]" (BATTESINI, 2010, p. 54).

Landes e Posner (1987) explicam que a aplicação da teoria do *cheapest cost avoider* deve olhar para a vítima e para o agente causador do dano e fazer a comparação dos custos. Agregam à análise, ainda, a teoria da *last clear chance*, segundo a qual será responsabilizada a parte que teve a última chance de evitar o evento danoso.

No que tange à fixação da indenização por danos imateriais, a fixação da indenização envolverá a harmonização entre a correta compensação da vítima e a criação adequada de incentivos para os causadores de danos reduzirem o risco de sua atividade (SHAVELL, 2007).

Posner (1998) propõe a utilização de estudos sobre custos com precaução, como gastos com equipamentos de segurança, salários para empregos arriscados e disposição a pagar mais caro por veículos mais seguros.

Geistfeld (1995) propõe uma análise *ex ante* de compensação integral nos casos de negligência, que consiste em considerar os danos atuais e futuros do demandante, bem como a falta de intenção do demandado em lesioná-lo. A análise *ex ante* leva em conta a soma de dinheiro que uma pessoa razoável aceitaria como justa compensação para o caso sob análise. O paradigma da pessoa racional e razoável servirá para apurar quanto seria pago para eliminar o risco e a amplitude desse risco.

Lindnbergh e Kippersluis (2009) explicam a abordagem da "predisposição a pagar" para a fixação de indenização por danos não pecuniários como uso do mecanismo de *trade off* implícito entre o dinheiro e o risco em escolhas de mercado.

Por sua vez, Acciarri (2014) traz ressalva quanto à complexidade de se trabalhar com um sistema de seguros para calcular o valor de indenização por danos extrapatrimoniais. O autor explica que a aversão ou predisposição ao risco operam como fatores importantes e que se deve levar em conta quanto a parte efetivamente gastou com precaução e quanto custaria a contratação de um seguro.

### 4.2. Análise econômica dos danos intencionais

Os valores praticados no mercado servem para guiar a fixação da indenização. O julgador deve se preocupar em criar um ambiente institucional em que a prática de danos intencionais não seja vantajosa. Dessa forma, o montante da reparação a ser paga pela vítima precisa superar o ganho que o agente teve ao evitar os custos de transação do mercado.

Posner (1998) explica que, como se busca viabilizar a alocação de recursos por meio do mercado tanto quanto possível, é preciso que ao sujeito não seja permitido ser indiferente entre roubar o carro do vizinho ou comprá-lo.

A imposição do dever de indenizar os danos intencionais deve se pautar pela necessidade de induzir as partes a se comportarem de modo eficiente quando a atividade envolvida é lícita e não se deseja a completa dissuasão de sua prática (LANDES; POSNER, 1987). Como já alertava Coase, é preciso avaliar o ganho total para a coletividade, que se beneficia da prática de certas atividades suscetíveis a causar danos para determinadas pessoas.

As vítimas que ingressam em juízo servem ao objetivo social de dissuasão, pois geram a possibilidade de os agentes internalizarem os danos que causaram. Nesse aspecto, os custos da litigância exercem importante influência no comportamento dos potenciais demandantes.

Se os custos forem muito altos, ainda que praticado o ato ofensivo, não haverá ingresso em juízo. Por outro lado, se os custos de litigar forem excessivamente reduzidos, as vítimas ingressarão em juízo, ainda que o nível de cuidado do agente tenha sido adequado (VISSCHER, 2009).

Em estudo sobre infrações de trânsito, Bar-Ilan e Sacerdote concluíram que multas mais altas aumentam a dissuasão em todos os grupos de condutores analisados. Os autores trazem o resultado das análises e de estudos que corroboram a assertiva de que criminosos tomam decisões racionais em relação à prática ou não de atividades ilícitas e que respondem a incentivos como o aumento das multas (BAR-ILAN; SACERDOTE, 2004).

Para a análise econômica do Direito, os atos ilícitos são ineficientes, porque resultam de transações involuntárias, por meio das quais se transfere, compulsoriamente, riqueza da vítima para o agente causador do dano num cenário de custos de transação baixos (POSNER, 1998).

A prática de ato ilícito será preferível para o potencial ofensor quando houver pequenas chances de ser pego ou em caso de punição insuficiente

(COOTER; ULEN, 2008). Dessa forma, para dissuadir o acontecimento do ilícito, é preciso modificar uma dessas variáveis, ou seja, aumentar a chance de responsabilização ou a punição esperada.

### 4.3. Análise econômica da indenização por quebra de contrato

Os danos contratuais, sob a perspectiva da análise econômica, têm por objetivo reforçar e incentivar o adimplemento espontâneo pelas partes. A quebra contratual não será incentivada se o inadimplemento for mais ineficiente do que o cumprimento da avença.

É preciso alinhar os incentivos para que não seja mais vantajoso para a parte romper o negócio do que o adimplir, pois os agentes deixarão de quebrar os contratos se os custos do rompimento forem maiores que seus benefícios (ZYLBERSZTAJN; SZTAJN, 2005).

Sob a concepção de expectativa, a indenização devida pelo rompimento do contrato deverá alcançar o montante necessário para colocar a vítima em uma situação similar àquela em que estaria se o contrato tivesse sido cumprido (COOTER; EISENBERG, 1985), pois o descumprimento da obrigação contratada causa à parte prejudicada uma privação da utilidade por ela barganhada na formação do negócio jurídico.

A medida de danos na quebra contratual será apropriada se levar em conta os valores que as partes alçariam caso tivessem barganhado o inadimplemento em condições ideais, uma vez que poderiam alinhar suas expectativas, proteger a confiança, facilitar o planejamento e fornecer os incentivos adequados para a performance específica e a precaução (COOTER; EISENBERG, 1985).

Cooter e Ulen (2008) sustentam que a parte que sofreu a inadimplência deve ser colocada na situação que estaria se o contrato fosse cumprido ou naquela em que estaria se nunca tivesse contratado com a outra parte.

Landes e Posner (1987) expõem que os fornecedores podem reduzir o número de eventos danosos mediante a adoção de medidas extras de precaução ou reduzindo o volume de produtos fornecidos. Assim, associa-se a redução de danos contratuais ao aumento da precaução ou à redução do nível de atividade por parte do fornecedor.

Timm e Guarisse (2019) tratam do inadimplemento contratual como natureza secundária da responsabilidade civil, ou seja, o inadimplente arcará com os custos da parte prejudicada e os lucros razoavelmente esperados do negócio.

## 5. Proposta dogmática para a quantificação dos danos morais por atraso injustificado de vôo

A inserção do art. 20 da LINDB buscou aproximar as decisões judiciais de suas consequências práticas. Enfocou-se o consequencialismo, na concepção de que não é possível ao Direito ficar alheio à realidade por ele tutelada. Não se impôs essa forma como única razão de decidir ou se buscou desvirtuar a literalidade das normas (JUSTEN FILHO, 2018).

Ao determinar que o julgador considere as consequências práticas de suas decisões quando analisar conceitos abstratos, a inovação legislativa abriu as portas para o diálogo da responsabilidade civil decorrente da violação de danos morais com a análise econômica do Direito.

Os danos morais envolvem conceitos abstratos por se relacionarem com a tutela jurídica da dignidade humana, que comporta valores constitucionais centrados na pessoa, ainda que não previstos em categoria jurídica específica. A análise econômica do Direito, por seu turno, tem por escopo estudar o Direito e suas consequências.

A proposta dogmática elaborada visa quantificar danos morais em casos de atraso injustificado de voo. O caso comporta o estudo sob a perspectiva da análise econômica do Direito, pois se trata de agente causador do dano pessoa jurídica com suficiente racionalidade, que opera sob a lógica de mercado, mediante elaboração de balanços contábeis e se sujeita à regulação estatal.

Propõe-se que a quantificação de danos seja feita a partir de uma leitura atualizada do método bifásico do STJ, que agregue a consideração das consequências práticas da decisão na fundamentação apresentada, em observância ao disposto no art. 20 da LINDB.

Primeiro, o julgador irá se basear na relevância do interesse jurídico lesado e, para tanto, tomará por base a média de valores de condenações que passaram pela uniformização do STJ. Depois, considerará as peculiaridades do caso concreto, inclusive a necessidade de incremento punitivo ou de coibir lucro proibitivo. Por fim, fará um teste de eficiência do montante apurado, utilizando-se dos conhecimentos da análise econômica do Direito de danos.

Para o estudo do caso proposto, fez-se pesquisa da jurisprudência do STJ utilizando os termos "dano moral atraso injustificado voo" e foram encontrados 44 resultados. Em nenhum deles, o método bifásico é expressamente mencionado, embora a Corte se valha da análise de casos similares e aprecie as peculiaridades do fato sob exame na maioria.[12]

A Corte não estabelece qual o padrão de comportamento esperado das partes, embora seja possível deduzir a partir das circunstâncias indicadas para fundamentar o valor da condenação (segunda etapa do método bifásico). Além disso, nenhuma das decisões menciona o art. 20 da LINDB ou se debruça sobre as consequências práticas da decisão tomada.

Para os casos de atraso injustificado de voo, portanto, o julgador deve partir da relevância do interesse lesado e tomará por base a média de valores concedidos nos casos anteriores. Nos julgados do STJ analisados, o valor é de pouco mais de R$ 11.000,00.

Na segunda etapa, são analisadas as peculiaridades do caso concreto. As principais especificidades encontradas nos julgados do STJ são: tempo de espera, assistência prestada pela companhia, oferta de alternativas, informações claras e precisas, compromisso e dias de viagem perdidos pelo passageiro, tipo de transporte concedido ao resolver o problema, profissão do passageiro, extravio de bagagem, consequências para o passageiro (pernoite em aeroporto, assalto sofrido em transporte terrestre ofertado ao final) e organização da empresa.

Por fim, passa-se ao teste de eficiência. Como se extrai da análise econômica do Direito de danos, o padrão de comportamento bem delineado permite a estabilização das expectativas, a maior previsibilidade para os casos futuros, a aferição do grau de culpa de cada um dos envolvidos. Assim, o padrão esperado das partes é a observância aos regulamentos da ANAC, às normas contratuais e internas da companhia aérea, bem como o fornecimento de alternativas para solucionar o problema e a prestação de informação clara, suficiente e tempestiva.

O custo de oportunidade das partes poderá ser valorado mediante a aferição da diferença de tarifas praticadas pela própria companhia em voos com e sem escala e para remarcação de passagens de última hora, em condições similares às que as próprias partes enfrentariam se barganhassem o inadimplemento contratual. Em relação ao passageiro, os custos das diárias de viagem e dos compromissos perdidos.

[12] Em cerca de metade dos julgados, há citação de algum outro caso similar e a maioria deles menciona fatores específicos que justificam a imposição de maior ou menor condenação.

O nível de atividade da companhia pode ser ajustado com a verificação do volume de voos ofertados e comparação com o percentual de atrasos em relação às demais companhias.[13] Caso se verifique reiteração dos atrasos injustificados, a majoração da condenação servirá como elemento dissuasório.

Por fim, há de se ponderar, como fez o STJ no REsp 575.486/RJ[14], se as partes buscaram mitigar os danos, de que formas o atraso poderia se dar com menor custo e qual foi a última oportunidade clara de evitar ou minorar os danos.

## Conclusões

A análise econômica do Direito possui o instrumental adequado para permitir a atualização do método bifásico e sua conformação ao disposto no art. 20 da LINDB. Com o teste de eficiência do montante de indenização fixado, será possível conferir tutela mais efetiva aos direitos da personalidade lesados, uma vez que se avaliarão as consequências práticas das decisões tomadas.

O estudo dos julgados do STJ sobre atraso injustificado de voos demonstrou que a Corte não utiliza de forma ordenada o método bifásico para apurar o valor danos morais, tampouco avalia as consequências práticas das decisões judiciais.

Embora mencionados casos similares anteriores e peculiaridades do caso concreto, não se avalia a coerência da condenação final com a desconformidade em relação ao comportamento esperado das partes. O atraso de poucas horas e aquele de mais de um dia recebem, ao final,

[13] A propósito, confira-se a seguinte informação extraída do site da ANAC: "Em atendimento à Resolução no 218, de 28 de fevereiro de 2012, e à Portaria SAS no 3.838, de 21 de novembro de 2017, os percentuais de atrasos e cancelamentos de voos regulares domésticos e internacionais de passageiros no Brasil referentes ao mês anterior devem ser apresentados pelas empresas aéreas quando ofertam as passagens aéreas. Esses percentuais são divulgados mensalmente pela ANAC e seguem os modelos estabelecidos na referida Portaria. A descrição dos metadados abaixo se refere ao Anexo I dos modelos divulgados pela Agência". Disponível em: https://www.anac.gov.br/acesso-a-informacao/dados-abertos/areas-de-atuacao/voos-e-operacoes-aereas/percentuais-de-atrasos-e-cancelamentos/50-percentuais-de-atrasos-e-cancelamentos. Acesso em: 15 out. 2021.

[14] Nesse caso, a Corte verificou que a companhia ofereceu alternativas de conexões e valorou essa circunstância.

a mesma indenização, ao passo que casos com idênticas peculiaridades identificadas são valorados com indenizações díspares. Não se avalia se o valor da condenação final é mais barato do que o adimplemento do contrato. Essa sistemática gera incentivos distorcidos para os agentes em casos futuros.

É importante, contudo, que se passe a adotar de forma efetiva o método bifásico na apuração dos danos morais. A uniformidade de metodologia permite a comparação de casos anteriores, o falseamento das premissas adotadas em relação às consequências práticas verificadas no caso concreto e a criação de um ambiente de segurança jurídica, com a estabilização das expectativas das partes.

## Referências

ACCIARRI, Hugo A. **Elementos da análise econômica do direito de danos**. São Paulo: Revista dos Tribunais, 2014.

BAR-ILAN, Avner; SACERDOTE, Bruce. *The response of criminals and noncriminals to fines*. ***The Journal of Law & Economics***, v. 47, n. 1, 2004, p. 1-17. Disponível em: www.jstor.org/stable/10.1086/380471. Acesso em: 17 nov. 2020.

BATTESINI, Eugênio. **Direito e economia:** novos horizontes no estudo da responsabilidade civil no Brasil. Tese de Doutorado. Universidade Federal do Rio Grande do Sul. Porto Alegre, 2010.

BRANCO, Paulo Gonet. Teoria geral dos direitos fundamentais. In: MENDES, Gilmar Ferreira; BRANCO, Paulo Gustavo Gonet. **Curso de Direito Constitucional**. 13. ed. São Paulo: Saraiva, 2018.

CAHALI, Yussef Said. **Dano moral**. 4. ed. São Paulo: Editora Revista dos Tribunais, 2011.

CAVALIERI FILHO, Sergio. **Programa de responsabilidade civil.** 8. ed. São Paulo: Atlas, 2008.

COOTER, Robert; EISENBERG, Melvin Aron. Damages for breach of contract. **California Law Review**, vol. 73, n. 5, 1985, p. 1432-1481. Disponível em: www.jstor.org/stable/3480408. Acesso em: 17 nov. 2020.

COOTER, Robert; ULEN, Thomas. **Law and economics.** 6. ed. Boston: Pearson/Addison Wesley, 2008.

FROTA, Pablo Malheiros da Cunha. **Danos morais e a pessoa jurídica.** São Paulo: Método, 2008.

GEISTFELD, Mark. Placing a price on pain and suffering: a method for helping juries determine tort damages for nonmonetary injuries. **California Law Review**, v. 83, n. 3, 1995, p. 773-852. Disponível em: www.jstor.org/stable/3480865. Acesso em: 18 set. 2020.

GICO JUNIOR, Ivo. Introdução ao direito e economia. In: TIMM, Luciano Benetti. **Direito e Economia no Brasil**. São Paulo: Foco, 2019.

JUSTEN FILHO, Marçal. Art. 20 da LINDB: dever de transparência, concretude e proporcionalidade nas decisões públicas. **Revista de Direito Administrativo**, ed. esp., p. 13-41, nov. 2018. Disponível em: https://doi.org/10.12660/rda.v0.2018.77648. Acesso em: 20 jun. 2020.

LANDES, William M.; POSNER, Richard A. **The economic structure of tort law.** Cambridge: Harvard University Press, 1987.

LINDNBERGH, Siewert D.; KIPPERSLUIS, Peter P. M. van. Non pecuniary losses. In: FAURE, Michael (Ed.). **Tort law and economics**. 2. ed. Northampton: Edward Elgar Publishing, 2009.

MORAES, Maria Celina Bodin. **Danos à pessoa humana**: uma leitura civil-constitucional dos danos morais. 2. ed. Rio de Janeiro: Forense, 2017.

MENDONÇA, Diogo Naves. **Análise econômica da responsabilidade civil**: o dano e a sua quantificação. São Paulo: Atlas, 2012.

NERY JUNIOR, Nelson; NERY, Rosa Maria de Andrade. **Código civil comentado.** 11. ed. São Paulo: Revista dos Tribunais, 2014.

PORTO, Antônio José Maristrello. Análise econômica da responsabilidade civil. In: TIMM, Luciano Benetti. **Direito e Economia no Brasil**. São Paulo: Foco, 2019.

POSNER, Richard A. ***Economic analysis of law.*** 5. ed. Nova Iorque: *Aspen Law & Business*, 1998.

REIS, Clayton. **Dano moral**. São Paulo: Thomson Reuters Brasil, 2019.

SANTANA, Héctor Valverde. **Dano moral no direito do consumidor**. 2. ed. São Paulo: Thomson Reuters Brasil, 2019.

SANTOS, Antonio Jeová. **Dano moral indenizável.** 7. ed. Salvador: JusPodivm, 2019.

SHAVELL, Steven. **Economic analysis of accident law.** Cambridge: Harvard University Press, 2007.

TIMM, Luciano Benetti; GUARISSE, João Francisco Menegol. Análise econômica dos contratos. In: TIMM, Luciano Benetti. **Direito e economia no Brasil**. São Paulo: Foco, 2019.

VELTHOVEN, Ben C. J. van. Empirics of tort. In: FAURE, Michael (Ed.). **Tort law and economics**. 2. ed. Northampton: Edward Elgar Publishing, 2009.

VISSCHER, Louis T. Tort damages. In: FAURE, Michael (Ed.). **Tort law and economics**. 2. ed. Northampton: Edward Elgar Publishing, 2009.

ZYLBERSZTAJN, Decio; SZTAJN, Rachel. Análise econômica do direito e das organizações. In: ZYLBERSZTAJN, Decio; SZTAJN, Rachel (Org.). **Direito & Economia**: análise econômica do direito e das organizações. Rio de Janeiro: Elsevier, 2005.

# 2. OS DIREITOS FUNDAMENTAIS SOCIAIS DOS TRABALHADORES *LATO SENSU*: UMA RELEITURA DO ÂMBITO DE PROTEÇÃO E DA EFICÁCIA DAS NORMAS DO ART. 7º DA CONSTITUIÇÃO FEDERAL

Ana Paula Villas Boas

**Introdução**

Refletir sobre o mundo do trabalho e sua morfologia nos tempos atuais implica expandir em grau máximo a compreensão acerca dos fenômenos sociais e as novas relações jurídicas travadas no século XXI. Diz-se isso porque as mudanças e redefinições observadas a partir da chamada Revolução Industrial 4.0 aconteceram em uma intensidade vertiginosa, repercutindo no fenômeno "trabalho", que ganha novos formatos: o trabalho terceirizado, pejotizado, intermitente, plataformizado e, em linhas gerais, precarizado, como regra – e não exceção – a realidade social brasileira, o que também repercute em escala global.

Nessas novas dinâmicas, que se intensificam sobretudo após a Quarta Revolução Industrial, sobressalta-se uma perversa realidade que não é regulada em medida suficiente pelo nosso ordenamento jurídico: a superexploração do trabalhador. É certo que a história do trabalho nunca se apartou dessa dura constatação. No entanto, é nosso escopo investigar as nuances e dimensões que a dita superexploração assume no contexto atual e – o mais importante – especular como a ordem constitucional pode oferecer respaldos para a tutela da dignidade do trabalhador do século XXI.

A hipótese que vislumbramos é que há lastro constitucional para a tutela de direitos sociais trabalhistas ligados à dignidade da pessoa de todo trabalhador – para além do trabalho regulado – a partir de uma interpretação não restritiva acerca do âmbito de proteção e que confere eficácia imediata a alguns direitos sociais previstos no rol do art. 7º da Constituição. Esse dispositivo compreende normas com estrutura de regras – com alta densidade normativa – com parâmetros objetivos estabelecidos, cujo conteúdo deve servir de base para a proteção mínima de todo aquele que dispõe da sua força de trabalho.

Entendemos que a interpretação do termo "trabalhadores" do *caput* do art. 7º deve ser, como dito, "não restritiva" (o que é mais preciso do que afirmar que o dispositivo merece leitura "ampliada"), primeiramente a partir da sugestão do art. 1º da Carta, que elege como fundamento da República Federativa do Brasil os valores sociais do trabalho (inciso IV do art. 1º), princípio que tem como âmbito de proteção todo labor humano, não sendo plausível interpretação limitada daquele. Também corrobora com tal compreensão o direito social ao trabalho garantido pelo art. 6º da Constituição; os objetivos fundamentais da República Federativa do Brasil explicitados no art. 3º do mesmo diploma, especialmente os de erradicar a pobreza e a marginalização e reduzir as desigualdades sociais e regionais.

Reforça, ainda, tal entendimento a extensão da competência da Justiça do Trabalho conferida pela EC nº 45/04, que implantou no texto o termo "trabalho", que ostenta uma semântica abrangente. O legislador constituinte derivado, no caso, fez a distinção explícita entre os termos "emprego" e "trabalho", substituindo aquele por este, em uma clara ampliação da competência da Justiça Laboral, a despeito da tendência, em sede jurisprudencial, de se restringir as atribuições daquela Justiça Especializada.

Nessa linha, buscaremos superar, a partir de um renovado olhar hermenêutico, a interpretação doutrinária mais consagrada alusiva a determinados direitos que limitam o âmbito de proteção da norma ao trabalho regulado, a partir de indicativos decorrentes da própria Constituição.

Deveras, a interpretação restritiva, apesar de usual, não observa razões de coerência com o texto constitucional, pois nossa Carta permite concluir que todos os trabalhadores, independentemente de terem ou não vínculo empregatício, merecem a proteção social, e todo trabalho, sendo ou não regulado por legislação infraconstitucional, tem um valor social destacado. Assumindo esse pressuposto, é consistente interpretar o art. 7º como depositário de normas que, na medida do possível, devem se direcionar a todos os trabalhadores, indistintamente.

Em uma segunda etapa do caminho teórico trilhado nestes estudos, superada a discussão sobre o âmbito de proteção da norma, abordaremos a questão da eficácia dos direitos inseridos no art. 7º da Carta da República. Este conjunto normativo prevê uma gama extensa de direitos dos trabalhadores, os quais, em sua grande maioria, são exequíveis quase exclusivamente para o empregado, seja contratado sob o regime celetista, seja regido por leis específicas. Isso porque contemplaram institutos já existentes na legislação trabalhista anterior à Constituição de 1988, aqueles direcionados aos empregados.

No entanto, essa é uma contingência histórica que não invalida o fato de que os preceitos previstos devem ser inspiração para o legislador, para conformar outras situações envolvendo o amparo protetivo de todo trabalhador. Além disso, atentamos para a existência de algumas normas no catálogo do art. 7º que protegem a dignidade dos trabalhadores e têm estrutura funcional de regra, aplicáveis imediatamente a todos aqueles, ou seja, sem necessidade de intermediação legislativa. Outras, geram uma obrigação de não fazer de todo tomador de serviços, também independentemente de *interpositio legislatoris*. Seria um patamar mínimo de direitos imposto a todas as relações que envolvem a contratação da força de trabalho de um indivíduo e que deve peremptoriamente ser observado, por força constitucional.

Conferindo maior concretude à base teórica até então edificada, pensaremos na operacionalização de dois direitos que entendemos ser de inquestionável fundamentalidade material e fortemente atrelados à dignidade da pessoa do trabalhador: o direito à limitação de jornada e o direito ao salário mínimo, dentro do qual se pode fazer incluir o direito à proteção do salário. Elegemos tais direitos para abordar como se daria a sua aplicação imediata a todos os trabalhadores, irrestritamente, a partir dos parâmetros já traçados na legislação constitucional e – se a integração demonstrar viabilidade – infraconstitucional.

Vale acrescentar que direcionamos foco ao novo proletariado de serviços (o "precariado"), aos trabalhadores autônomos, aos informais e todos aqueles que estão à margem da proteção trabalhista, por não se caracterizarem como "empregados" pelos requisitos da conformação legal de tal *status*, os quais são delineados pela Consolidação das Leis do

Trabalho (CLT), e por apresentarem uma situação de vulnerabilidade socioeconômica que implica mitigação ou até a supressão da autonomia da vontade daqueles mesmos trabalhadores no tocante ao formato e condicionantes da relação que é travada.

A partir de tal recorte subjetivo, portanto, ressaltam-se os trabalhadores precarizados, cuja relação com os tomadores do serviço é assimétrica, marcada por um "submeter-se" para além dos limites do que se pode ser entendido por trabalho digno. Adverte-se para o próprio fundamento de existência do Direito do Trabalho, que lança olhares ao trabalhador hipossuficiente, em posição de desigualdade em relação ao capital e que, por isso, roga a proteção do Estado.

## 1. A nova morfologia do trabalho do século XXI e o esmorecimento do trabalho regulado

As características conformadoras do mundo do trabalho na atualidade ambientam-se na Revolução Industrial 4.0, que exacerbou a automação e a inteligência artificial nos processos de produção. Nesse cenário, observa-se o fenômeno da erosão do trabalho contratado e regulamentado, dominante desde o século XX, e sua substituição pelas diversas modalidades de trabalho, na sua maioria precarizadas. São exemplos os contratos terceirizados, "uberizados",[1] "pejotizados",[2] "intermitentes", "flexíveis", "zerados",[3] os trabalhos pagos a *voucher*, como acontece na Itália, ou por "recibos verdes", estes em Portugal.[4] Essa nova polissemia aponta para o

[1] Em referência ao Uber, mas a terminologia é utilizada para abranger todas as modalidades de trabalho em plataforma digital.

[2] O termo diz respeito ao fenômeno da "pejotização", que é uma fraude pela qual o trabalhador constitui uma pessoa jurídica e celebra com o seu empregador um contrato de prestação de serviços, no intuito de simularem uma relação civilista, esquivando o verdadeiro empregador dos ônus trabalhistas decorrentes do reconhecimento de vínculo de emprego.

[3] Em referência ao chamado "zero hour contract", exemplo de modalidade de contrato que germinou no Reino Unido, em que os trabalhadores das mais diversas atividades ficam à disposição esperando uma chamada, e ganham estritamente tão somente pelo que fizeram (ANTUNES, 2018, p. 34).

[4] Formas de pagar as horas de trabalho por vouchers, que depois são trocados pelo equivalente monetário. Segundo Antunes (2018, p. 35), trata-se de uma forma de precarização ainda maior do trabalho ocasional e intermitente.

vilipêndio que é a precarização do trabalho, em escala global, marcada, sobretudo, pela informalização.

Segundo o sociólogo Ricardo Antunes, tal metamorfose da classe-que-vive-do-trabalho[5] abrange os terceirizados, precarizados, subcontratados, flexibilizados,[6] trabalhadores em tempo parcial, ciberproletariados (Ursula Huws), entre outros, ao passo que a nova morfologia do trabalho também revela a ampliação da cifra de desempregados, subocupados e dos chamados desalentados, englobando os indivíduos que desistiram de insistir na busca de um emprego. Nesse contexto, que perpassa o século XX e avança nos tempos atuais, avulta-se a chamada "trípode destrutiva" em relação ao trabalho: "a terceirização, a informalidade e a flexibilidade" (ANTUNES, 2018).

Ante esse novo arranjo que se afigura, nos deparamos com uma realidade excludente e perversa, que não conta com a tutela efetiva do Estado na sua proteção e regulamentação, o que se agrava no contexto em que temos uma classe trabalhadora cada vez mais fragmentada, mais heterogênea e mais complexificada (ANTUNES, 2005). Essa constatação nos conduz à conclusão de que cada vez é mais urgente lançar um olhar cuidadoso aos trabalhadores precarizados e pensar em soluções que promovam a sua dignidade.

A tendência que vem se intensificando no país se revela nas sucessivas rupturas com o que já tinha sido edificado em termos de legislação social protetiva do trabalho e com as garantias plasmadas em nossa Constituição. Cuida-se do apregoado desmonte do Direito do Trabalho e da própria Justiça do Trabalho, que vemos se efetivar pelas iniciativas legislativas perniciosas aos trabalhadores; pela atuação do Judiciário, quando legitima o esfacelamento dos direitos trabalhistas, e pelas políticas de Estado que vêm consolidando um movimento de flexibilização e desregulamentação de direitos laborais, todos permeados pelos discursos de viés neoliberal,

[5] A "classe-que-vive-do-trabalho" é conceito que, segundo Antunes (2011, p. 103), engloba a totalidade dos trabalhadores assalariados (produtivos ou improdutivos), ou seja, todos aqueles que vendem sua força de trabalho em troca de salários.

[6] Delgado (2007, p. 71) refere-se ao fenômeno da flexibilização trabalhista, que é a possibilidade jurídica, estipulada por norma estatal ou por norma coletiva negociada, de atenuação da força imperativa das normas componentes do Direito do Trabalho, de modo a mitigar a amplitude de seus comandos e/ou os parâmetros próprios para a sua incidência.

tendenciosamente pró-empresa e sob a falácia desenvolvimentista, porém insensível às abissais desigualdades do nosso país.

E o que mais nos interessa enfatizar é que, apesar de estarem sendo vilipendiados os direitos dos empregados, há – cada vez mais – uma expressiva parcela de trabalhadores que jamais foi alvo de proteção estatal, e que permanece invisibilizada. Tal exclusão opera consequências devastadoras, as quais ficaram em evidência nesse século XXI, marcado pela pandemia da Covid-19, que ressaltou a realidade dos trabalhadores precarizados, incitando uma reflexão mais aguçada e consciente sobre o olhar protetivo que a eles deve ser direcionado.

Nessa conjuntura, merecem destaque os trabalhadores para aplicativos, cuja força de trabalho é intermediada por plataformas digitais, e que são vistos como prestadores de serviços "autônomos", inseridos na perversa lógica de desproteção que, ao nosso ver, não se legitima ante os mandamentos constitucionais que promovem os direitos fundamentais sociais de todo trabalhador, indistintamente. Aqui, vale antecipar a reflexão segundo a qual a grande maioria desses prestadores de serviço tem um campo de autonomia limitado (afinal, não há arbítrio quando a necessidade é a lei que impera na vida de um indivíduo), e por isso devem contar – mais urgentemente – com o amparo estatal.

A mencionada categoria de trabalhadores é representativa de tantas outras que permanece à margem da regulação do labor, e que, igualmente, sofrem violações no que há de mais elementar quanto às condições de trabalho, especialmente a garantia do salário mínimo, a limitação de jornada, o meio ambiente de trabalho digno, com adequada proteção à segurança e à saúde do trabalhador. É o que determina nossa ordem constitucional, avalizada pelas normas protetivas de direito internacional do trabalho.

O que temos com as inovações tecnológicas da indústria 4.0 é "mais precarização, mais informalidade, mais subemprego, mais desemprego, mais trabalhadores intermitentes, mais eliminação de postos de trabalho, menos pessoas trabalhando com os direitos preservados" (ANTUNES, 2018, p. 38). E ainda segundo Ricardo Antunes, para tentar amenizar essa realidade, "propaga-se em todo canto um novo subterfúgio: o "empreendedorismo".

É pertinente ponderar que essa cultura de autoempreendedorismo pode significar apenas um discurso eufemístico para se ampliar o campo da desproteção. "O efeito ideológico é tão forte que muitas vezes os trabalhadores sequer se reconhecem como parte da produção e incorporam, por uma escolha mediada desde o início pela coerção da sobrevivência, a figura do autônomo (CAVALCANTE; FILGUEIRAS, 2020. p. 176). Da mesma forma, o repisado tema da flexibilidade no mundo do trabalho, por exemplo, dos entregadores em plataformas é apenas um ardil retórico, para escamotear novas modalidades de servidão.

O século XXI acolhe novas formas de trabalho, que não aderem à tipologia estabelecida pela CLT do famigerado "vínculo de emprego". E por não se tipificarem como emprego, disseminaram-se formas precárias de contratação, deixando desprotegidos (especialmente quanto às normas trabalhistas e previdenciárias) a maior parcela dos trabalhadores, que se submetem a jornadas exaustivas, recebem salários aviltantes e vivem a incerteza de manter o seu sustento e o medo do porvir.

A partir da chamada Quarta Revolução Industrial, fica em evidência o desenvolvimento de um novo contingente de proletariado ligado aos serviços (terceiro setor), e cujo formato é marcado pela superexploração do trabalho. Trata-se do precariado (com ressalvas feitas por Antunes (2018) ao termo cunhado por Guy Standing),[7] que responde às características do paradigma da Indústria 4.0, a qual absorve os impactos que as tecnologias da informação e comunicação produziram no mundo contemporâneo. Esse fenômeno tem escala global, atingindo países capitalistas centrais de forma exponencial, ao passo que no Brasil, diferentemente, a condição precariedade é traço definidor da ontogênese do proletariado desde a sua origem (ANTUNES, 2018).

O novo léxico que define o atual mundo do trabalho, em grande medida, não é alcançado pelo formato estabelecido pela CLT, a qual não se adequa facilmente à complexidade das novas relações de trabalho, mostrando-se anacrônico para tal fim. O trabalho fragmentado, plataformizado e todas as suas múltiplas formas não foi pensado pelo legislador de 1943, e não poderia ser diferente. E o que fazer nesse embate? Que lei se aplica (ou não se aplica)?

[7] Segundo Antunes (2018, p. 58), o precariado não constitui uma nova classe trabalhadora, como sustenta Guy Standing, a quem se atribui a criação do termo, mas cuida-se, de fato, de parcela do proletariado.

Um caminho seria simplesmente a negativa de aplicação da Norma Consolidada, considerada a dificuldade de subsunção dos novos formatos de trabalho ao suporte fático normativo que caracteriza o vínculo empregatício. Outra direção possível seria a tentativa de adequação à regulação protetiva do trabalho a partir de uma integração analógica, ou mesmo do desenvolvimento teórico evolutivo de institutos do direito laboral. Se o ordenamento jurídico permite ou não essa manobra, contudo, só se poderá afirmar a partir de uma análise pormenorizada de cada caso, envolvendo a categoria específica de trabalhador, inserido em uma dinâmica particular de trabalho.

Entendemos que, para muitas situações, fica claro esse anacronismo. Quando se fala no "trabalho em multidão" (*taskers*), nos serviços intermediados por plataformas como o Get Ninjas, no trabalho de *youtubers*, para dar alguns exemplos, e tentamos, como exercício mental, inseri-los na regulação desenhada pelo ordenamento jurídico, naturalmente não é fácil adequar. De toda sorte, entendemos que a dificuldade de operacionalizar os direitos sociais trabalhistas não pode ser impeditivo para a busca de concretização do patamar mínimo de direitos trabalhistas com lastro nas normas constitucionais.

Deveras, novas configurações do trabalho desenvolvem-se na mesma intensidade que se retrai a proteção do labor em todo mundo. No Brasil, é muito disseminada a crítica acerca do desmonte da legislação social protetora do trabalho, especialmente após a reforma trabalhista ocorrida em 11.11.2017.[8] De fato, a dita reforma e leis subsequentes, com destaque à criticável lei que permite a terceirização irrestrita (Lei n. 13.429/2017), certamente contribuiu para esmorecer, quando não minar, a proteção ao trabalhador. Os trabalhadores contratados mediante intermediação de mão de obra, em tempo parcial, intermitentes, entre outros, estão dentro do conceito de trabalho regulado, porém com déficits protetivos inquestionáveis.

O declínio da relação de emprego foi anunciado pela Organização Internacional do Trabalho (OIT) que, em 2015, na publicação *The*

[8] Destaca-se, como pontos impactantes da reforma, a prevalência do negociado sobre o legislado quanto a determinados direitos trabalhistas; a criação da figura do trabalhador intermitente; regras que mitigaram o acesso à Justiça aos trabalhadores; e o fim da contribuição sindical compulsória; para citar algumas alterações lesivas ao trabalhador.

*Changing Nature of Jobs* retratou a tendência de queda do modelo de emprego:

> *New technology and changes in the way enterprises organize production are key factors behind the shift in employment relationships and the spread of new forms of work. Achieving the standard employment model for the majority of workers is becoming more difficult.*[9]

O fenômeno "trabalho no Brasil do século XXI", assim, reverbera um movimento global, e os seus contornos morfológicos compreendem, por um lado, várias iniciativas de recuo da legislação ordinária, desprotegendo o emprego e, por outro, o redimensionamento dos vazios regulativos, aumentando o quantitativo de trabalhadores sem qualquer proteção da legislação social. Nessas zonas de desregulamentação, porém, uma proteção mínima deve ser garantida a todo e qualquer trabalhador, exaltando-se o papel dos órgãos executivos/ reguladores e também do Judiciário, com a missão basilar de fazer cumprir os mandamentos constitucionais.

## 2. Âmbito de proteção do catálogo de direitos sociais enunciados pelo art. 7º da Constituição: quem são os trabalhadores aduzidos no preceito constitucional?

O termo "trabalhadores urbanos e rurais", assim anunciado textualmente no *caput* do art. 7º da Constituição, sugere, de relance, uma leitura abrangente, englobando todas as modalidades de trabalhadores, entre as quais os empregados. Deveras, o termo "trabalhador", no campo da dogmática juslaboral, tem conotação genérica, distinguindo-se da modalidade "emprego", cujos elementos constitutivos se encontram enumerados na Consolidação das Leis do Trabalho.

Convém esclarecer que o Direito do Trabalho se construiu a partir da categoria socioeconômica básica do empregado. Ou seja, o vínculo de emprego é uma específica relação jurídica de trabalho que ensejou o

[9] Tradução livre: Novas tecnologias e mudanças na forma como as empresas organizam a produção são fatores-chave por trás das alterações nas relações empregatícias e na difusão de novas formas de trabalho. Alcançar o modelo de emprego padrão para a maioria dos trabalhadores está se tornando mais difícil.

desenvolvimento daquele ramo especializado do Direito. Não obstante isso, a especialidade juslaboral "tem demonstrado, porém, importante tendência expansionista em direção a outras relações jurídicas trabalhistas próximas, de natureza não empregatícia" (DELGADO, 2019. p. 70). Percebe-se, nessa toada, que o Direito Constitucional do Trabalho nos propicia essa percepção ampliada do objeto do Direito Laboral.

A despeito da distinção apresentada, é muito comum se verificar uma identidade conceitual entre "trabalho" e "emprego" nos textos normativos e nas decisões judiciais, muitas vezes para interpretar que a competência da Justiça Laboral se restringe às relações de trabalho (em referência a emprego, sendo este último o termo mais preciso). Tal metonímia gera uma confusão, pois o termo "trabalho" é utilizado para além do seu contexto semântico normal em razão da contiguidade com o referente (o vínculo empregatício), este com sentido mais restrito, tomando-se o todo pela parte.

Nas polêmicas discussões sobre competência material da Justiça Especializada, vê-se uma tendência da jurisprudência do STJ, por exemplo, em identificar a relação de trabalho como sendo a relação empregatícia, o que tem levado a uma desidratação da competência da Justiça do Trabalho, ainda que passados 17 anos da EC nº 45/2004.

O STF, por seu turno, já se posicionou sobre a questão na ADI nº 3.395, excluindo da competência da Justiça Laboral as relações estatutárias. No entanto, na oportunidade do julgamento não delimitou os contornos do conceito de trabalhador.

Observa-se, nos julgados do STJ (competente para discernir sobre os conflitos de competência entre a Justiça Comum e a Justiça Especializada, nos termos do art. 105, I, *d*, da Constituição), uma tendência a compreender que a Justiça Laboral somente é competente para processar e julgar casos que envolvam relação de emprego, portanto, celetista, em visão reducionista do termo "trabalhador". E a tendência é considerar as demais relações trabalhistas como relações regidas exclusivamente pelo Direito Civil.

Em emblemática e recente decisão, a Segunda Seção do STJ, no Conflito de Competência n º 164.544/MG, entendeu de forma unânime que "não há relação de emprego" entre o motorista de aplicativo (Uber) e a empresa proprietária da plataforma. Na ementa do referido incidente processual, ao afastar o vínculo empregatício, os julgadores concluem apressadamente que o contrato firmado seria de cunho eminentemente civil, pois os motoristas seriam empreendedores individuais. Ou seja, não há enfrentamento teórico sobre as nuances da competência da Justiça do Trabalho envolvendo o trabalho *lato sensu*, no que este se distinguiria do contrato de natureza civil.

Ou seja, mais uma vez o Superior Tribunal de Justiça tendenciosamente retirou da Justiça Especializada a competência de processar a julgar relações de trabalho em sentido lato, sempre com base na dualidade relação de emprego *versus* relação de natureza civil de prestação de serviços. No entanto, a prestação de serviços pode ser considerada "trabalho", e essa discussão deve vir à tona para que possamos aprofundar a análise dos institutos e sua aplicação, devendo a coerência nortear o esforço hermenêutico do julgador.

Nessa toada, firmado que a Constituição prevê direitos que são garantidos para além das relações de emprego, e que o legislador constituinte derivado estabeleceu ampliação da competência da Justiça Laboral para contemplar a relação de trabalho, deveria haver o enfrentamento da questão de forma mais aprofundada pelos órgãos jurisdicionais, especialmente aquele destinado a resolver os conflitos de competência como os que se apresentam, que é o Superior Tribunal de Justiça.

Emerge, desse tema, uma interpretação constitucional em sentido estrito, que é simplesmente, segundo Riccardo Guastini, "adscrever significado a um texto normativo ("T" significa "S")", o que é diferente de "elaborar teorias ou doutrinas gerais destinadas a orientar a interpretação e, ainda mais, a fornecer argumentos para a construção de normas implícitas" (GUASTINI, 2021, p. 321).

Deve-se investigar a abrangência da norma a partir do significado do termo "trabalhador", de acordo com o que permite os usos da linguagem, passando ao largo de uma "superinterpretação"[10] do texto constitucional, que para Guastini é tendência difundida entre os operadores do direito. O que se pretende, portanto, do intérprete, é apenas que enuncie o sentido do texto, sem maiores malabarismos, a partir de uma contextualização da própria Carta.

[10] Que é um "conjunto de técnicas de interpretação – ou melhor dizendo, de integração do direito – que consiste em manipular um texto normativo para que, com isso, se extraiam normas implícitas em grande quantidade" (GUASTINI, 2021, p. 318).

Para solucionar essa ambiguidade, que faz oscilar entre um sentido mais estrito e outro ampliado do texto, valemo-nos dos elementos tradicionais da interpretação jurídica, a partir de uma premissa de que a interpretação é ato de conhecimento, e não de vontade. Apesar de não haver interpretação neutra, entendemos que a operação cognitiva de atribuição de significado a um texto normativo, ainda que tenha seu subjetivismo inexorável, pode ser feita a partir de parâmetros de racionalidade, a qual deve ser construída argumentativamente, e só assim ser considerada legítima.

Vejamos que a equivocidade dos textos normativos e a peremptoriedade da interpretação (atribuição de significado) torna a distinção entre textos "claros" e "obscuros" ou casos fáceis e difíceis de menor relevância. "Atribuir a um texto dado significado e não outro, assim como incluir uma certa hipótese no campo de aplicação de uma determinada norma, ainda que possam parecer operações óbvias e pacíficas, constituem, de todo modo, aplicação" (GUASTINI, 2021, p. 355).

Não é a aplicação que pressupõe interpretação, mas, a interpretação que pressupõe necessariamente aplicação (GUASTINI, 2021) e, por isso, a relevância de buscarmos especular no caso concreto como aconteceria essa operação cognitiva. Sendo assim, pensemos na hipótese do motoboy que labora como entregador de aplicativo: há embasamento jurídico para que venha invocar o direito constitucional do trabalho para buscar resguardo da sua dignidade enquanto sujeito trabalhador? Acreditamos que sim, porquanto a ordem constitucional confere tal proteção a todos os trabalhadores. No âmbito jurisdicional, independentemente da competência para tanto, o fato é que deve haver tutela estatal com base nos direitos fundamentais sociais trabalhistas, mesmo que ao lado da incidência de legislação civilista ou mesmo consumerista.

Em que medida se estenderia essa proteção, quais limitações e condicionantes existentes e como se operacionalizaria a incidência da norma constitucional é uma questão de segunda ordem.

Superada a questão da competência, sobre a qual não nos demoramos por fugir do nosso escopo de pesquisa, devemos nos atentar a um possível equívoco no raciocínio, que é interpretar eficácia de uma norma como se tratasse de validade. Isso porque, ao investigarmos os destinatários da norma constitucional, no campo da incidência prática, nos debruçando sobre os dispositivos que compõem o art. 7º, é notória a presença de institutos há décadas regulados pela CLT e tradicionalmente destinados aos empregados.[11]

Essa contingência conduz-nos à compreensão dúbia acerca da extensão protetiva – extensiva ou limitada? – do conjunto normativo. Tal evidência no campo da facticidade acentua a compreensão reducionista do termo "trabalhador" na medida em que leva a confundir o plano da eficácia com o da validade da norma. Antecipa-se o axioma: o comando constitucional dirige-se a todos (é válida para todos), mas a eficácia restringe-se a alguns.

De fato, a expressiva maioria dos direitos enunciados no art. 7º realmente são alusivos a institutos já consagrados e regulamentados no direito laboral, de modo que houve uma constitucionalização, e mais, uma "fundamentalização" daqueles pelo legislador constituinte originário, que acolheu, na Carta, direitos já garantidos e regulados pormenorizadamente na legislação infraconstitucional, especialmente na Norma Consolidada. A guinada foi expressiva: alçaram o *status* de direitos fundamentais sociais.

Nessa etapa se pergunta: os demais trabalhadores (não empregados) seriam, por ilação lógica, excluídos da tutela constitucional? Parece defender que sim o senso comum teórico tradicional, que sinaliza que os direitos sociais trabalhistas de que trata a Constituição só se aplicariam ao trabalho regulado, assim entendido como aquele que reúne os requisitos para se configurar vínculo empregatício e, portanto, não seriam obrigatórios em relação aos trabalhadores sem vínculo. É a construção que, nas últimas décadas, tem ecoado no campo da dogmática jurídica, mas que atualmente tende a ser reformulada.

Se o alcance dos direitos dos trabalhadores tem ficado restrito ao empregado, isso que ocorre por razões circunstanciais, remissivas à conformação legislativa histórica, o que, aliás, não é compatível com a elevação do valor social do trabalho como fundamento da República Federativa do Brasil (inciso IV do art. 1º da CF/88), que deve abarcar toda e qualquer forma de trabalho, nem com os objetivos do nosso Estado Democrático de Direito.

O trabalho, por ser meio de subsistência do indivíduo, está imbricado no próprio direito fundamental à vida e, consequentemente, no

[11] Teoricamente, "trabalho" é um termo genérico, que contempla o "emprego" como espécie.

princípio da dignidade, e por essas entre outras razões merece proteção integral. Sendo ou não regulado, todo trabalho tem um valor social destacado, e todo trabalhador merece tutela do Estado, pela dignidade que ostenta. Sem proteção, inverte-se o jargão, e o trabalho indignifica o homem.

Esse entendimento está em franca conexão com os objetivos da Federação, tais como a justiça social (art. 3º, I e III, art. 5º, XXIII e art. 170, *caput*, todos da CF) e a erradicação da pobreza e da marginalização e a redução das desigualdades sociais e regionais (art. 3º, III, da CF). Até mesmo por um imperativo de isonomia, o sentido *prima facie* a ser atribuído à norma descrita no art. 1º do mesmo diploma fundamental seria algum que não permitisse a exclusão de 38 milhões de trabalhadores brasileiros, em uma conjuntura social que supera o índice de 40% de informalidade (IBGE, 2020).

Se o legislador, ao atribuir valor social ao trabalho, estivesse remetendo tão somente ao trabalho formal, estaria chancelando todo tipo de omissão do Estado em relação à maioria dos trabalhadores, tanto os que se encontram na informalidade quanto aqueles que não se amoldam à tipologia da CLT. Não é consistente esse entendimento, conquanto o fenômeno social "trabalho", *lato sensu*, tem e deve ter reconhecido seu valor, e todo aquele trabalho desamparado pela legislação não por isso pode ser exercido em condições indignas, perigosas, degradantes.

Repare-se que, quando o Estado proíbe o trabalho em condições análogas à de escravo, não se questiona se há vínculo formal para se combater a referida perversidade. Quando veda o trabalho infantil, não interessa o vínculo empregatício, que tecnicamente sequer pode existir. Ao proibir que uma atividade empresarial exponha os trabalhadores a risco, não importa se os trabalhadores são autônomos ou contratados pela CLT, pois o que interessa é o valor social do trabalho, a dignidade do trabalhador, e não o rótulo da relação.

Na crise pandêmica (biológica, econômica, social e de tantas ordens) que assolou o mundo e com maior intensidade o nosso país, o auxílio emergencial lançou holofotes na informalidade. A criação do benefício financeiro pelo Governo Federal, a fim de minimizar os danos decorrentes da pandemia do novo Coronavírus e medidas concernentes, expõe, nas entrelinhas, o reconhecimento do valor social do trabalho informal, que é fonte de sustento de ao menos 38 milhões de brasileiros.

Deveras, o valor social do trabalho, destacado como um dos fundamentos do Estado (art. 1º, IV, e o art. 170, ambos da CF) sobreleva o papel do labor como garantidor da própria vida e subsistência do trabalhador, importando na necessária garantia do trabalho digno e a valorização da pessoa do trabalhador. A partir dessa compreensão, Gabriela Neves Delgado, aduz que o direito fundamental ao trabalho digno, é "identificado como condição essencial do homem, capaz de honrá-lo como pessoa e de integrá-lo na sociedade, quando prestado dignamente" (DELGADO, 2015, p. 27). E essa dignidade é aferida nas condições em que o trabalho é realizado.

Aliás, é simbólico o fato de o valor social do trabalho aparecer na Constituição logo antes do valor da livre iniciativa. Segundo Otávio Calvet, isso não acontece por acaso, mas "como a que a lembrar que os fins econômicos não justificam os meios, sendo verdadeiro freio à exploração capitalista a dignidade da pessoa humana do trabalhador, esta também elevada a fundamento da República" (CALVET, 2006, p. 15).

Como fundamento básico do Estado Democrático de Direito, que também se firma sob o princípio isonômico, não há como entender que somente uma modalidade de trabalho e não outra tenha o seu valor social. Na medida do possível, deve-se concretizar a condição de dignidade para o exercício de toda forma de labor, garantindo-se um patamar mínimo de direitos para aquele que vende sua força de trabalho.

Observa-se, nessa linha, que é inafastável a interpretação sistemática e teleológica do texto para se aferir o seu melhor sentido. Assim, encontrar um sentido para o conceito "trabalho" ou "trabalhador" é um processo intelectivo que não prescinde da investigação de todo o sistema normativo, extraindo-se coerência das normas que interagem, dentro da mesma pauta ideológica, com aquela investigada. A interpretação da lei, nos termos aqui defendidos, é um desenvolvimento do Direito imanente à lei (e não superador da lei), utilizando-se da terminologia de Karl Larenz (1997), que acontece no plano originário, dentro da teleologia da lei (no caso, a Constituição).

A "teleologia imanente" do texto normativo abrange as dimensões subjetiva – propósitos e decisões conscientemente tomadas pelo legislador – e objetiva – fins objetivos do Direito e princípios jurídicos gerais insertos na lei (LARENZ, 1997). Ressalvadas as dificuldades acerca da interpretação originalista da Constituição,[12] entendemos que há um fio de racionalidade que permeia tanto as discussões da Assembleia Nacional Constituinte, em que é possível encontrar algumas ideias consensuais e linhas de pensamento ressonantes, quanto a teia de regras, princípios e valores que compõem a objetividade da nossa Lei Maior.

Com lastro nessa racionalidade é que foram construídos, discursivamente, os argumentos que levaram à conclusão da acepção ampla do termo "trabalhadores". É oportuno registrar que, a partir da leitura das Atas da Subcomissão dos Direitos dos Trabalhadores e Servidores Públicos, dentro da Comissão da Ordem Social da Assembleia Nacional Constituinte (BRASIL, 1987), não há registros de discussão sobre a titularidade dos direitos, utilizando-se o termo "trabalhadores assalariados", com bastante frequência, e não "empregados" propriamente.

Deveras, não há qualquer coisa permanente ou objetiva chamada "trabalho", de modo que a distinção linguística do termo é produto de um contexto social, em que significados são criados (GRINT, 1998). Por isso, o que se verifica no padrão mental dos legisladores constituintes é, naturalmente, reflexo do momento histórico que vivenciaram, sendo que a ideia de "trabalhador", à época, remetia sobretudo ao operariado de indústrias, ferroviários, metroviários, aeroviários, mineiros, valendo lembrar que até a década de 1980 a economia no Brasil era marcada pela forte expansão industrial.

Feitas essas digressões, o que se pode afirmar é que, na perspectiva de uma interpretação originalista, não há elementos plausíveis decorrentes dos debates havidos na Constituinte, que venham a sugerir que as normas protetivas só poderiam ser direcionadas ao trabalhador assalariado, assim entendido como "empregado celetista"". Aliás, a Subcomissão também tinha o escopo de discutir os direitos trabalhistas dos servidores públicos, como indica o próprio nome da Subcomissão. É dizer, não há limitação explícita nem implícita da terminologia "trabalhador" pelos legisladores constituintes, a assinalar uma semântica restritiva.

[12] Segundo Guastini (2021), não faz sentido falar em intenção ou vontade de um órgão colegiado, afinal, a intenção é "um estado mental individual, e não parece próprio que existam estados mentais 'colegiados'", assim como não se poderia aferir os propósitos da Assembleia Nacional Constituinte, ao se pensar no tema em comento.

Como destacado, a divisão tipológica entre trabalho e emprego positivou-se, posteriormente, com a EC n. 45/2004, que se revela bem elucidativa nessa aplicação conceitual. Ao modificar o art. 114 da Constituição, fez constar textualmente: "Compete à Justiça do Trabalho processar e julgar [...] as ações oriundas da relação de trabalho [...]", ampliando, assim, a competência da Justiça Especializada, que antes era destinada às lides envolvendo relações de emprego tão somente.

Nesse tópico, vale a reflexão: o direito instrumental não poderia, por si só, definir os contornos do direito material, mas quando amplia sua competência, dá sinais que a amplitude da proteção, antes de tudo, derivaria do direito substantivo. Simbolicamente, temos mais um trecho da Carta que, *a posteriori*, por meio do poder constituinte derivado, corroborou com a semântica não restritiva do termo "trabalhador".

Por todo o argumentado, não é lícito afirmar que os trabalhadores *amplo sensu* estariam excluídos do feixe de proteção da norma do art. 7º. Dito isso, é de se observar que:

A própria existência de legislação extensiva aponta para a generalidade dos destinatários dos direitos fundamentais do trabalho. Afinal, os direitos fundamentais também vinculam o Legislativo – que evidencia o caráter todo-abrangente desses direitos ao sentir-se compungido a efetivá--los através de legislação infraconstitucional (NASCIMENTO, 2021, p. 58).

Com efeito, uma interpretação restritiva dos direitos sociais fundamentais previstos no catálogo do art. 7º levaria à conclusão, por um raciocínio *a contrario sensu*, que os demais trabalhadores (não empregados) poderiam receber salários aquém do mínimo ou serem submetidos a uma jornada exaustiva ou, ainda, que seria lícito o trabalho de menor de 16 anos ou a discriminação no trabalho em razão de sexo, idade, cor ou estado civil, desde que a relação trabalhista seja diferente daquela regulada pela CLT. Não há dúvidas de que tais conclusões seriam absurdas e totalmente contrárias ao espírito da Constituição.

Se existe alguma sugestão decorrente dos valores e princípios encrustados na Carta, que têm a vocação de orientar a atividade interpretativa, é a de que todas as modalidades de trabalho – inclusive o informal – estão resguardadas pela proteção social, sobretudo ao se considerar que as normas constitucionais devem estar abertas às transformações sociais (incluindo novos arranjos no mundo laboral) e é isso que as faz perdurar.

Não fosse essa maleabilidade, contemplando espaços para o novo, não se sustentaria por mais de 30 anos, como é o caso da nossa Carta Maior.

O vetor hermenêutico constitucional adotado, como já salientado, ancora-se nos princípios e diretrizes extraídas da própria Carta Maior, as quais devem servir de metanormas em relação às regras. Como tal, cumprem função orientadora, informadora e crítica da ordem jurídica para, racionalmente, sustentar a melhor interpretação do art. 7º, *caput* e dispositivos, em conformidade à própria Constituição, em uma perspectiva sistemática e teleológica. E, a partir dos princípios estruturais da nossa Lei Fundamental, vislumbramos razões de ordem teleológica e axiológica que nos conduzem à compreensão ampliativa dos direitos que consubstanciam um patamar mínimo de proteção à dignidade do trabalhador *lato sensu*.

Repensar o trabalho de forma ampliativa é o olhar que pretendemos conferir aos direitos fundamentais sociais trabalhistas protegidos na Constituição, o que se mostra ainda mais relevante com a nova morfologia do trabalho que marca os séculos XX e XXI, em que se expande a informalidade, a precarização e novos formatos de trabalho que estão às margens da proteção legislativa. Mais do que nunca, um apelo à concretização do patamar mínimo de direitos para todos os trabalhadores, irrestritamente, mostra-se uma questão de alta premência.

## 3. Eficácia dos direitos fundamentais sociais do trabalhador: no que a Constituição pode contribuir para a proteção do trabalhador *lato sensu*?

Conforme já elaborado, revela-se equivocado o raciocínio indutivo segundo o qual todas as normas do art. 7º seriam destinadas tão somente a empregados, porque algumas delas são contingencialmente regulamentadas para empregados. Além de erro lógico, implicaria extrair da sistemática constitucional algo que não se autoriza, afinal os elementos linguísticos decorrentes da análise global dos enunciados referidos não levam a essa conclusão. Pode-se afirmar, portanto, que o comando se estende a todos os trabalhadores.

Para além do *status* de validade das normas constitucionais em discussão, questiona-se a eficácia daquelas para o trabalho não subordinado. É sabido que grande parte dos dispositivos insertos no art. 7º da Carta exige, inevitavelmente, uma regulação legal para sua concretização. E no nosso ordenamento jurídico, desde tempos anteriores à ordem constitucional inaugurada pela Constituição Cidadã, a CLT, em 1943, entre outras leis trabalhistas, já albergava uma gama de direitos dos trabalhadores empregados. O mencionado diploma, aliás, regulava muitos dos direitos que estão expressos na Carta, os quais ganharam, de forma superveniente, a nota da fundamentalidade.

Vale destacar que outras categorias de trabalhadores receberam proteção no campo infraconstitucional por meio de leis específicas. É o caso dos trabalhadores domésticos e rurais que foram expressamente excluídos do âmbito de incidência da Norma Consolidada, sendo tutelados pela LC 150/15 e Lei 5.889/73 respectivamente. Entre outras modalidades de trabalho não celetistas, tem-se o caso do trabalhador temporário (Lei nº 6.019/74), dos servidores públicos (Lei nº 8.112/90), e do estagiário (Lei nº 1.788/08), para ilustrar, em que houve a garantia, por lei, de muitos daqueles direitos elencados no catálogo do art. 7º.

Com efeito, o legislador não tem o dever de inserir todos os indivíduos na mesma posição jurídica, e não há falha em categorizar os empregados, conferindo-lhes proteção. Pelo contrário, há acerto, decorrente de uma escolha adequada e que elucida o momento histórico em que a categoria básica socioeconômica vigente era o empregado. Acontece que a escolha legislativa, que reverberou na Carta, não mais reflete a realidade do mundo do trabalho dos nossos tempos.

Vejamos que não estamos diante de lacuna normativa constitucional a exigir integração do intérprete, pois os preceitos estão bem definidos e constituem, em sua maioria, referências a institutos já existentes e/ou dependentes de atuação do Legislativo, o que não significa que são lacunosos; poderia ser uma lacuna técnica heterônoma, como quer Canotilho (1999), o que não é propriamente uma lacuna. Ou seja, não há incompletude na própria Constituição no que tange à proteção ao trabalhador, há apenas remissão ao legislador.

O fato de os dispositivos, em maioria, remeterem à atuação do Legislativo não significa que são lacunosos, isso porque a Carta não afasta a tutela de uma ou outra modalidade de trabalhador, inspirando, sim, a regulamentação de outras tipologias de pacto laboral. Por outro lado, no plano infraconstitucional, para as categorias de trabalhadores desamparados de proteção reguladora estatal, há evidente lacuna normativa.

Na esteira dos ensinamentos de Luís Roberto Barroso, há de se distinguir duas situações: a) quando tenha havido uma atuação do Legislativo ou do Executivo em relação ao tema; e b) quando não tenha havido tal atuação (BARROSO, 2017). Na segunda hipótese, em que o Legislativo se quedou inerte, seja porque não pode, não quis ou não formou maioria, haverá uma lacuna no ordenamento (LARENZ, 1997). Essa última situação abre espaço para o protagonismo do Judiciário, como aconteceu no caso da greve no serviço público, em que o STF se deparou com a contingência de atuar como legislador positivo, até que o Congresso se posicionasse.[13]

Conquanto o órgão legiferante se queda inerte, há lacuna no ordenamento jurídico em relação à proteção do trabalho em modalidades diferentes àquela conceituada pela CLT, pois, muito embora a Constituição forneça algumas diretrizes aplicáveis a todos os trabalhadores, na maioria dos preceitos falta suporte normativo para explicitar as condições de aplicação da norma. Assim, tal lacuna observa-se pela própria carência de normas específicas protetivas ao trabalho não subordinado, consideradas suas diversas modalidades, em plano infraconstitucional.

Constatada a situação de lacuna, ou seja, falta de lei para o caso concreto, questiona-se acerca da aplicabilidade do método de integração consistente na analogia para os trabalhadores não subordinados, especialmente às novas modalidades de trabalho que se intensificaram no século XXI, a exemplo do novo proletariado de serviços na era digital.

Primeiramente, frise-se que a valoração deve ser feita em cada caso para se aferir se há ou não situação fática congênere. Não há como se concluir aprioristicamente que, para uma determinada categoria de trabalhador/relação laboral, haveria a similitude fática necessária para se autorizar a integração analógica.

Muito embora seja temerário afirmar que as relações de trabalho envolvendo o novo proletariado de serviços na era digital podem ser consideradas *prima facie* como situações semelhantes àquelas que traduzem a relação de emprego, a justificar a integração analógica da lacuna normativa (com a aplicação da CLT para o caso), há fatos-tipo que revelam, com maior clareza, uma forte equivalência com o modelo de emprego prescrito na norma celetista. De todo modo, o recurso da analogia será, na maioria dos casos, de difícil incidência e grande complexidade, a sugerir a regulamentação do direito pelas vias legislativas.

[13] STF – Mandados de Injunção n. 670, 708 e 702.

Esse tópico foi destinado a assentar que: a) não estamos diante uma lacuna constitucional propriamente dita; b) há lacuna normativa infraconstitucional em relação à tutela do trabalhador não empregado no ordenamento jurídico; e c) a integração analógica deve ser avaliada casuisticamente, a depender da similitude fática do modelo em discussão. Essa discussão é necessária, mas nos conduz ao entendimento de que, inevitavelmente, os parâmetros constitucionais é que vinculam toda atividade interpretativa ou legislativa para a tutela dos direitos do trabalhador em sentido amplo.

Superadas essas premissas, trataremos sobre a eficácia das normas constitucionais a partir de considerações acerca da estrutura daquelas, perpassando pela clássica distinção entre normas e princípios, acentuando uma visão crítica que aponta para o teor dúctil dessa classificação.

Os direitos fundamentais sociais acolhidos pela Constituição de 1988, em geral, ostentam cunho programático e marcadamente dirigente, de modo que muitas disposições se mostram dependentes de regulamentação legislativa, estabelecendo programas, fins, tarefas (SARLET, 2018). No caso do art. 7º, temos a menção expressa à intermediação do legislador em 10 dos 33 incisos (I, IV, X, XI, XII, XIX, XX, XXI, XXIII, XXVII). Saliente-se que o inciso XXII fala de "norma" e não de "lei", que pode ser emitida pela autoridade administrativa, não sendo propriamente emanada do Poder Legislativo, razão de não ter sido contabilizado.

Ainda, há previsão de direitos, como o FGTS, o seguro-desemprego, licença à gestante, aposentadoria, seguro contra acidentes de trabalho, entre outros, que implicitamente dependem de previsão legal para surtirem efeitos (a exemplo, dos incisos II, III, V, IX, XVIII, XXIV, XXV e XXVIII). Em decorrência disso, pelo menos 18 dos 33 direitos previstos são dependentes da atividade legislativa.

Prescindem, no entanto, dessa intermediação, muitos dos direitos fundamentais sociais previstos no art. 7º, os quais não podem ser simplesmente ignorados por falta de norma regulamentadora. Principalmente porque têm em sua estrutura normativa um mandamento executável, de alta densidade normativa, e que conferem, na objetividade dos seus respectivos enunciados, viabilidade de eficácia em alguma medida, que merece ser considerada.

Os direitos sociais costumam ser classificados como normas de caráter programático, ou normas-objetivo, cujo nível de exigibilidade é reduzido, enquanto direitos subjetivos dedutíveis em juízo. Na casuística, a maior polêmica diz respeito ao direito à saúde, que invoca reflexões acerca da reserva do economicamente possível e os limites da juridicização da política, lançando a questão sobre a exigibilidade dos direitos sociais como direitos subjetivos a prestações por meio do Poder Judiciário. No mesmo sentido, espelham essa celeuma os direitos fundamentais à moradia, ao lazer, à educação, ao meio ambiente saudável.

Na divisão das normas entre regras e princípios, desenvolvida no campo dogmático inicialmente e com maior profundidade por Robert Alexy (2008) e por Ronald Dworkin, os direitos sociais – e também os individuais – consubstanciam princípios, os quais apresentam, em geral, uma tessitura aberta e polissêmica, o que impõe uma tarefa interpretativa mais delicada, e que, na maioria das vezes, dependem de uma intermediação do legislador ou ponderação do intérprete para que sejam efetivados.

Não obstante essa tendência, é possível que algumas outras normas de direitos fundamentais se apresentem com características estruturais ou funcionais mais próprias de regras, sendo certo que a teoria das regras e princípios não se sustenta a partir de uma distinção qualitativa forte entre as duas categorias de normas mencionadas.

Segundo André Rufino do Vale (2012), há falhas na tese da distinção qualitativa forte, que ignora a existência de uma zona de penumbra, com alto grau de indeterminação semântica. Segundo Rufino, tais teóricos desprezam a zona de certeza semântica, sendo certo que a própria estrutura da norma pode, sim, oferecer razões definitivas ou *prima facie*, e que há enunciados jurídicos que não geram qualquer dúvida sobre o seu significado normativo.

Nessa linha de argumentação, o referido autor propõe uma teoria intermediária da distinção dúctil, que opera tanto no plano funcional como no estrutural, de modo que as propriedades funcionais e estruturais de regras podem ser encontradas em princípios e vice-versa. Propõe, assim, uma escala de gradação entre regras e princípios, que nos extremos abriga as regras e princípios em zonas de certeza, e absorve uma zona intermediária em que há uma indeterminação semântica, podendo existir regras que são ou atuam como princípios e princípios que são ou atuam como regras.

A partir dessa perspectiva teórica, questionaremos como se caracterizam os enunciados linguísticos do art. 7º da Constituição e seus incisos, que veiculam direitos fundamentais sociais, e como a estrutura normativa pode interferir na sua aplicação – ainda que em um patamar mínimo – aos trabalhadores de um modo geral, dentro do seu âmbito normativo.

Para tanto, analisaremos detidamente alguns enunciados específicos, em estrutura (padrão normativo) e a consequente eficácia decorrente daqueles. Ressaltamos, como pressuposto teórico, a aplicabilidade imediata de todos os direitos fundamentais, incluindo os direitos fundamentais sociais previstos no art. 7º da CF.[14]

Inicialmente, devemos considerar que alguns dispositivos do art. 7º da Carta da República, em relação à forma de positivação, não podem ser classificados como normas meramente programáticas, pois o suporte fático dos direitos lá positivados é bem objetivo e claro, não materializando apenas diretrizes políticas. Tal constatação impacta na maior eficácia jurídica de tais normas definidoras de direitos fundamentais.

Analisando o conteúdo do art. 7º da CF/88, é possível extrair preceitos cuja eficácia depende totalmente da ação do legislador e, também, preceitos com plena eficácia. Muitas vezes, no mesmo enunciado, há um trecho que se pode visualizar aplicabilidade imediata e outro que reclama a *interpositio legislatoris*.

Em todas as hipóteses, contudo, considerando que o art. 5º, § 1º, é norma principiológica, que deve ser vista como um mandado de otimização (ou maximização), é certo que os órgãos estatais devem conferir a maior eficácia possível aos direitos fundamentais sociais.

Entre as normas consagradoras de direitos do trabalhador, há comandos que definem seu suporte fático de forma precisa, prescrevendo condutas determinadas e que não abrem margens para indeterminação semântica (apesar de nenhuma norma prescindir de interpretação, é possível teorizar essas nuances). Estas revelam funcionalidade de princípios, mas estrutura típica das regras, ensejando razões peremptórias para a aplicação (VALE, 2012).

Muitos dos enunciados normativos que analisaremos doravante, por sua estrutura mais fechada, nos permite concluir – a partir do marco teórico que recusa a distinção qualitativa forte, mas aceita que existem

[14] Apesar da falta de rigor científico e de técnica legislativa adequada, está consagrado na doutrina que a despeito da posição topográfica do § 1º do art. 5º, situado ao final do rol do art. 5º, mas antes dos demais direitos fundamentais do Título, não significa que excluiu do seu âmbito de incidência os demais direitos fundamentais sociais (SARLET, 2018).

zonas de certeza semântica, descortinando uma diferença de grau entre regras e princípios – que constituem princípios que podem funcionar, em certa medida, como regras. A partir dessa premissa, devem ser aplicadas como razões definitivas, a todos os trabalhadores, garantindo-se o mínimo civilizatório almejado pela Carta ao disciplinar os direitos fundamentais sociais daqueles.

Por outro lado, assinale-se que a maioria dos direitos do art. 7º confiam ao legislador a incumbência de definir o conteúdo do direito fundamental, de modo que temos um âmbito de proteção estritamente normativo. Há, nesses casos, uma necessidade de conformação pelo legislador (MENDES, 2000).

Há normas proibitivas, por exemplo, que têm o suporte fático delimitado. É o caso das normas que proíbem o trabalho de menores de 16 anos, de menores de 18 anos em atividades penosas, bem como o trabalho noturno, perigoso ou insalubre (inciso XXXIII), a discriminação no tocante ao salário em determinadas situações (incisos XXX e XXXI), a norma que dispõe sobre a irredutibilidade salarial (VI) e que veda, a contrário *sensu*, o pagamento de salário inferior ao mínimo para quem percebe remuneração variável (VII).

Essas normas ostentam maior grau de concretude e, portanto, o maior grau de vinculação do aplicador e intérprete. Além de o suporte fático ser fechado, a consequência jurídica é bem definida, no sentido da ilicitude da prática, permitindo sua aplicação imediata nos casos concretos.

Quanto à duração do trabalho, temos um direito estatuído com parâmetros bem definidos pela Carta e, portanto, passível de reivindicação por todas as modalidades de trabalhador, e cuja inobservância pode implicar na vulneração de direitos fundamentais relacionados à saúde física e mental daqueles. Especial cuidado deve ser direcionado aos trabalhadores com autonomia mitigada: aqueles que estão em situação de vulnerabilidade e sem gozar de liberdade material de contratar.

Do mesmo modo, as normas de proteção ao salário têm estrutura de regras, muito embora sejam funcionalmente princípios, que devem ser otimizados. É dizer, são enunciados linguísticos com menor grau de abstração, sobretudo ao se considerar que o legislador define sistematicamente o seu valor, com grande determinabilidade. Há, então, aplicabilidade direta a partir do seu complexo normativo, que não se circunscreve ao caso específico do trabalhador empregado.

Ilustrativamente, ao pensarmos em um pedreiro que é contratado para uma pequena empreitada, uma babá, para trabalhar no final de semana, ou o entregador mediante aplicativo digital – todos eles considerados trabalhadores autônomos em linhas gerais – estes trabalhadores não poderiam ter idade inferior a 16 anos, não poderiam sofrer superexploração, sendo submetidos a jornadas exaustivas, tampouco receber salário inferior ao mínimo, em decorrência da aplicação imediata das normas constitucionais.

Os preceitos que serão explorados comportam um sentido preciso, com maior concretude, sendo inquestionável a viabilidade da sua aplicação direta e imediata nos casos concretos envolvendo o trabalho *lato sensu*. E, com a estrutura de regras, não geram o estado de "mal-estar hermenêutico" (COELHO, 2011) próprio dos princípios, que incitam um ponto de partida para a norma que será criada para decidir *in concreto*, ou mandados de otimização, ordenando-se que algo se realize, na maior medida possível.

Em contrapartida, por se manterem funcionalmente como princípios, não perdem caráter de fundamentalidade daqueles (que têm maior elevação hierárquica). De todo modo, pelo seu alto grau de determinação material, as normas devem ser aplicadas imediatamente, dentro da precisão de sentido que permite sê-lo. É o que prega o postulado da máxima efetividade dos direitos fundamentais.

Visualizamos, no caso, um conteúdo mínimo estrutural do texto jurídico que incita um grau de eficácia, que deve se estender a todos os trabalhadores, especialmente precarizados. Isso porque dizem respeito a um patamar mínimo de direitos sociais que estão fortemente conexos ao princípio da dignidade humana.

Nesse campo, é relevante notar a diferença, no aspecto estrutural e funcional, entre alguns direitos sociais previstos no art. 7º. A maioria, como já exposto, impõe inexorável tarefa de concretização ao Estado, como é o caso do aviso prévio, 13º salário, férias, seguro-desemprego etc. Isso porque as proposições constitucionais não oferecem as condições de aplicação da norma.

É dizer, o operador do Direito fica dependente de uma lei para dizer o que é "justa causa" (inciso I), quais os requisitos para o "seguro-desemprego", (inciso II) do que se trata e quais as condições para a concretização do "fundo de garantia do tempo de serviço" (inciso III), como se aplicaria o 13º salário (inciso VIII), em que patamar a remuneração do trabalho noturno deve ser superior ao diurno (inciso IX), como se pagaria pelo repouso semanal (inciso XV), para citar alguns exemplos. Todos eles dizem respeito a regras (estruturalmente falando, por sua alta densidade normativa) que conduzem à necessidade de suplementação por lei ordinária.

Não é por outro motivo que grande parte dos enunciados conduz à condicionante "nos termos da lei" ou expressão similar. Se não houvesse lei, não haveria condições de aplicação da maioria dos direitos sociais dos trabalhadores. Aliás, imaginemos que não houvesse a CLT (esse parece ser um bom exercício especulativo), o que seria da eficácia do art. 7º?

A CLT precede a Constituição e já tinha consagrado os institutos jurídicos que este último contemplou. No entanto, há a abertura para que o legislador, no exercício da sua liberdade de conformação dos direitos fundamentais, venha a regular os mesmos direitos para modalidades outras de trabalhadores, que não empregados, que era o padrão conhecido na época da constituinte, mas que não representa a vastidão de modalidades de trabalho na era em que vivemos, em que o trabalho celetista caminha para ser a ser exceção, e não mais regra.

Dito isto, pode-se imaginar uma situação em que o Poder Judiciário é provocado para determinar a autoaplicação de alguma dessas normas de alta densidade normativa. Por exemplo, uma empresa que contrate trabalhadores autônomos e que remunere ostensivamente de forma diferenciada homens e mulheres que desempenham a mesma função poderia ser autuada administrativamente ou condenada pelo Judiciário à obrigação de não fazer consistente em não discriminar seus funcionários em razão de sexo, por exemplo (o que equivaleria a uma obrigação positiva de equiparar salários referentes a homens e mulheres).

Do mesmo modo, a mesma empresa não poderia contratar um menor de dezesseis anos, salvo aprendiz (conceito este que carece de definição legal). Ou, em nenhuma hipótese, poderia utilizar-se da força de trabalho de um menor de quatorze anos. Caso o fizesse, estaria transgredindo essa regra proibitiva. Ou seja, não é necessário qualquer esclarecimento sobre a vedação da proibição do trabalho de menores de 16 anos. Não há indefinição semântica nesses dispositivos citados, todos autoaplicáveis.

Assim, a vedação constitucional ao trabalho infantil independe da modalidade de trabalho exercido, além disso, é mandamento que não exige maiores esforços especulativos para ser observada. Naturalmente, quando a norma expressa a proibição "de qualquer trabalho a menores de dezesseis anos", não confere margens para se excepcionar a proibição a depender de a modalidade contratual configurar ou não vínculo empregatício.

Em relação à limitação de jornada, além do direito à "duração do trabalho normal, não superior a oito horas diárias e quarenta e quatro semanais, facultada a compensação de horários e a redução da jornada, mediante acordo ou convenção coletiva" (art. 7º da Constituição, inciso XIII), tem-se, no mesmo complexo temático de normas protetivas do tempo do trabalhador, o direito à "jornada de seis horas para o trabalho realizado em turnos ininterruptos de revezamento, salvo negociação coletiva" (inciso XIV), e o inciso XVI, que define como direito a "remuneração do serviço extraordinário superior, no mínimo, em cinquenta por cento à do normal".

Deveras, o excesso de jornada é reconhecidamente agravador dos riscos de acidentes de trabalho, sendo norma que tutela a saúde do trabalhador, bem como o direito da desconexão, termo cunhado por Souto Maior (2003), a partir de um paralelo com a tecnologia, identificando o direito ao não-trabalho como um "bem da vida", e, em perspectiva mais filosófica, um "fator de resgate da natureza humana". A conduta de submeter o empregado a jornadas excessivas, aliás, tem sido reconhecida pelas cortes trabalhistas como ato ilícito, gerando danos existenciais passíveis de indenização. Além da responsabilidade civil, pode configurar modalidade do tipo penal previsto no art. 149 do Código Penal, consistente na submissão de outrem a trabalho em condições análogas à de escravo, em razão da jornada exaustiva.

Do direito internacional também emana essa proteção,[15] valendo citar a Declaração Universal dos Direitos Humanos, que prevê o direito ao descanso e ao lazer, que deve repercutir em uma "limitação razoável" da jornada de trabalho. Acrescente-se o Pacto Internacional dos Direitos Econômicos, Sociais e Culturais, que fixa limites da jornada de trabalho como elementos do direito a condições de trabalho justas e favoráveis, e, no mesmo sentido, o Protocolo de San Salvador define, no seu artigo 7º,

[15] Convém citar: Convenção n. 1: limita em 8h diárias e 48h semanais a jornada nas indústrias; Convenção n. 14: descanso semanal nas indústrias (1921); Convenção n. 30: sobre horas de trabalho no comércio e escritórios (1930): Convenção n. 47: sobre horas semanais (1935); Convenção n. 106: sobre descanso semanal no comércio e escritórios (1957).

g, que os Estados devem assegurar, em suas legislações, uma "limitação razoável das horas de trabalho, tanto diárias quanto semanais."

A Consolidação das Leis Trabalhistas prevê a possibilidade de remuneração das horas trabalhadas em sobrejornada, que não pode superar o limite de duas horas extraordinárias ou simplesmente – e como é mais usual – "horas extras". O texto da lei impõe, desta feita, que "a duração diária do trabalho poderá ser acrescida de horas extras, em número não excedente de duas, por acordo individual, convenção coletiva ou acordo coletivo de trabalho" (art. 59) e que "a remuneração da hora extra será, pelo menos, 50% (cinquenta por cento) superior à da hora normal" (§ 1º do art. 59).

Notamos que está implícito no texto constitucional que o serviço "extraordinário" é lícito, mas também se sugere, pelo próprio sentido do termo, que tal serviço não poderia ser ordinarizado, salvo norma coletiva. Ou seja, a leitura do enunciado constitucional induz à ilação de que as horas extras habituais configurariam uma ilicitude.

No entanto, não é essa a perspectiva da doutrina juslaboral, que apenas impõe consequências patrimoniais para a sobrejornada habitual. Quanto ao trabalho que excede às duas horas extras, considera-se ilícita, mas não há previsão de qualquer sanção legal para a inobservância desses limites, o que facilita a sua transgressão no mundo dos fatos, o que ocorre, aliás, rotineiramente. Na via jurisprudencial, não obstante, está se consolidando a tese do dano existencial no caso de jornadas exaustivas de trabalho.

Em síntese, há um permissivo de horas extras na Constituição, pois esta prevê o adicional mínimo de 50% de remuneração das horas extraordinárias. Na legislação infraconstitucional (CLT) há um limitador quantitativo (máximo de duas horas extras diárias), mas não há proibição de que o serviço extraordinário seja prestado sistematicamente. Ou seja, não há, pela Norma Consolidada, a ilicitude da figura das horas extras habituais, e a construção jurisprudencial é no sentido de, configurada a habitualidade, as horas extraordinárias devem ser pagas com adicional e gerar reflexos nas verbas salariais. Seria a única consequência.

De tal configuração do instituto, decorre o juízo crítico de Souto Maior, para quem a hora-extra, ordinariamente prestada, é um ato ilícito, e o efeito meramente econômico não poderia estar pré-fixado em lei, por contrariar a própria lógica constitucional. No entanto, como dito, o entendimento dominante apenas olha para os reflexos patrimoniais. Nesse ponto, cabe citar Jorge Souto Maior, quando denuncia as "falácias da forma jurídica" no caso de o direito atribuir à limitação da jornada caráter de direito fundamental, e ao mesmo tempo permitir a supressão desse direito pela hora extra. A limitação da jornada é conquista histórica dos trabalhadores, e a hora extra é o instituto que serve para a destruição desse direito (SOUTO MAIOR, 2017).

De fato, os limites impostos pela CLT em relação à sobrejornada são amiúde descumpridos pelos empregadores, os quais impõem jornadas ao trabalhador que extrapolam o máximo de duas horas. Nesses casos, o entendimento mais aceito pelos doutrinadores e no trato jurisprudencial do tema é que tais horas excedentes devem ser remuneradas com o adicional legal, e nada mais. Cabe o registro, para evitar qualquer omissão, que a tendência jurisprudencial no Tribunal Superior do Trabalho é sancionar casos de jornadas extenuantes, mediante reconhecimento de dano existencial ao trabalhador submetido a tal exigência e reconhecimento de responsabilidade civil do empregador mediante imposição de indenização.

A rigor, além do reconhecimento do dano existencial, também poderia se extrair da análise sistemática do direito do trabalho que uma sanção para a transgressão do limite das horas extras seria a justa causa do empregador, nos moldes do art. 483, a, da Norma Consolidada.[16] Não podemos nos olvidar, por fim, que submeter alguém a jornada exaustiva de trabalho é uma modalidade de trabalho escravo contemporâneo, constituindo ilícito de natureza penal (art. 149 do CP).

Ora, se o próprio Código Penal considera ilícito de natureza penal o fato de submeter alguém a uma jornada exaustiva, não há como se possa dizer, na esfera trabalhista, que o exercício de trabalho em extensas jornadas seja mero inadimplemento contratual (SOUTO MAIOR, 2017).

De todo modo, é importante frisar que há norma permissiva da sobrejornada, explícita no inciso XVI do artigo 7º da Constituição, pelo qual a "remuneração do serviço extraordinário superior, no mínimo, em cinquenta por cento à do normal", ou seja, legitimando as horas extras como instituto juslaboral. A polêmica que se apontou refere-se à

[16] Art. 483. O empregado poderá considerar rescindido o contrato e pleitear a devida indenização quando: a) forem exigidos serviços superiores às suas forças.

habitualidade daquelas, o que não será objeto de maiores elucubrações, por fugir do escopo do estudo.

Construída essa moldura legal acerca da proteção do tempo do trabalho subordinado no tocante à jornada de trabalho, vejamos como poderia ser aplicado para o trabalho não regulado. Antes de tudo, assumindo a premissa teórica de que a limitação prevista na norma constitucional é aplicável a todos os trabalhadores, considerando sua estrutura normativa de regra, com parâmetros objetivos que permitem sua autoaplicabilidade, cumpre nos questionar sobre os desdobramentos dessa operacionalização.

Primeiramente, há de se compreender as particularidades de cada modalidade contratual, para se aferir se a relação travada se subsuma à relação de emprego descrita pela CLT, ou, caso não se amolde aos requisitos do art. 3º, se as situações fáticas são semelhantes, a ensejar o recurso de integração da norma por analogia. Note-se que semelhança significa que as situações de fato concordam em alguns aspectos, mas não em outros. Assim, precisam concordar "precisamente nos aspectos decisivos para a valoração jurídica", e para saber quais elementos da hipótese legal são relevantes para a valoração, é preciso recorrer à *ratio legis,* ou seja, aos "fins e ideias fundamentais da regulação legal" (LARENZ, 1997).

Nesse exercício interpretativo, será necessária perspicácia para transcender os discursos retóricos que buscam afastar a relação tipicamente subordinada que existe em tantos tipos contratuais. Muitas vezes se fala em "autonomia" do trabalhador, quando este, na verdade, não pode dispor de seu tempo nem planejar a logística de execução do seu labor. Muitas empresas, ademais, constroem uma narrativa como se elas só atuassem na área tecnológica, como meras intermediadoras, chamando os trabalhadores eufemisticamente como "parceiros" ou "colaboradores", para escamotear uma verdadeira subordinação daqueles, em típica relação hierárquica.

Especificamente em relação ao instituto da jornada de trabalho, há de se diferenciar a situação em que o trabalhador, de fato, faz a gestão do seu tempo de labor, daquelas em que é submetido a alguma forma de controle de jornada, implicitamente ou não. Imaginemos a hipótese de um trabalhador que organiza livremente seus horários de trabalho, enquanto entregador mediante aplicativo. Inclusive, tem a liberdade de prestar serviços para outras empresas. Nesse caso, não há justificativa, em primeira análise, para se impor a disciplina jurídica relacionada ao controle de jornada.

A hipótese seria semelhante à figura do trabalhador intermitente, sem entrar na discussão acerca da (in)constitucionalidade dessa categorização. Para o intermitente, "o período de inatividade não será considerado tempo à disposição do empregador, podendo o trabalhador prestar serviços a outros contratantes" (§ 5o do art. 452-A da CLT). A *ratio* se adequa com mais precisão, até porque é sabido que a modalidade de trabalhador que usamos de exemplo pode cumular outros contratos com plataformas diversas, com suposta liberdade na configuração da sua jornada.

Não podemos, no entanto, deixar escapar algumas sutilezas que envolvem relações assimétricas de trabalho, e que por isso sugerem uma suposta liberdade que, na verdade, é sujeição. Nesses casos, incide a dimensão objetiva dos direitos fundamentais, a tutelar os direitos sociais trabalhistas independentemente da declaração de vontade, conforme disporemos no item "d".

Feitas essas considerações, e sob a premissa de que todos os trabalhadores são contemplados pela Carta, que protege o valor social do trabalho e lhes garante um trabalho digno, é certo que a proteção da jornada do trabalhador em sentido amplo deve se lastrear nos conceitos estampados na norma constitucional, que apelam para os usos da linguagem, o que exige uma tarefa hermenêutica em delimitar a incidência do seu conteúdo semântico. Iniciaremos este percurso refletindo sobre a extensão interpretativa do conteúdo do dispositivo constitucional, que convém reproduzir: "É direito do trabalhador: duração do trabalho normal não superior a oito horas diárias e quarenta e quatro semanais, facultada a compensação de horários e a redução da jornada, mediante acordo ou convenção coletiva" (BRASIL, 1988).

Dissecando o enunciado normativo, verificamos que ele traz muitos elementos e pressupõe conceitos. A começar pela "duração do trabalho". Sabemos que o tempo à disposição do empregador é considerado tempo de trabalho para fins de legislação trabalhista. No entanto, essa construção só seria válida para outras hipóteses caso guardada a similitude fática. De todo modo, o conteúdo mínimo que se pode extrair desse texto é que, enquanto estiver trabalhando (pintando uma casa, cuidando de alguém, prestando uma consultoria, entregando uma encomenda), a limitação do tempo de jornada deve ser observada. Essa seria a zona de certeza em relação ao preceito.

Assim, extrai-se do texto que existe um direito fundamental à limitação de jornada. E há um limite de 8h diárias e 44h semanais para situações "normais", ou seja, não extraordinárias, o que deverá ser apreciado casuisticamente. Assim, o enunciado constitucional é claro ao fixar que a jornada, *a priori*, não deve exceder a 8 horas diárias e 44h semanais. Também prevê o adicional mínimo de 50% pela hora extra prestada. Nessa toada, vê-se que o suporte fático é bem objetivo e não há espaço para dissenso hermenêutico acerca da objetividade da norma.

O que intencionamos frisar, de antemão, é que um contratante de força de trabalho só pode fixar a jornada daquele trabalhador no limite de 8 horas diárias, que pode ser adicionado horas extraordinárias, as quais devem devidamente remuneradas as horas suplementares, sempre devendo ser respeitado o valor do salário mínimo hora.

Uma relação contratual qualquer, que tenha como objeto a força de trabalho humana, geralmente traduzida na prestação de um serviço, deve observar os parâmetros mínimos previstos constitucionalmente para tutelar o tempo do trabalhador, sendo vedada, por consequência, a superexploração daquele. Essa vedação, aliás, decorre de várias outras normas de matiz constitucional, como o direito fundamental à dignidade, à saúde (que abarca a saúde mental), ao lazer, ao convívio familiar, ao meio ambiente de trabalho saudável, para citar algumas.

Desta feita, um particular, por exemplo, que contrata um jardineiro para cuidar da área verde de sua casa, uma empresa que contrata um eletricista para fazer uns reparos na estrutura elétrica de seu estabelecimento, ou uma pessoa jurídica que gerencia uma plataforma digital para prestação de serviços, todos eles têm o dever de cumprir os parâmetros constitucionais limitativos de jornada, não sendo lícito, portanto, contratar um desses trabalhadores para laborar por 10h, 12h ou mais horas.

Jornadas iguais ou superiores a dez horas prestadas sistematicamente certamente violam o que se buscou tutelar de direitos sociais dos trabalhadores. Se não existem circunstâncias extraordinárias que justifiquem ultrapassar esse patamar, haverá afronta aos parâmetros estabelecidos constitucionalmente.

Explicitada a afronta ao mínimo protetivo, pode ser pleiteada individual ou coletivamente a tutela jurisdicional, requerendo ao Estado-juiz que imponha uma obrigação de fazer ao tomador de serviços no sentido de adequar a jornada de trabalho aos parâmetros legais e uma obrigação de não fazer, quanto às suas técnicas de gestão, de modo a não incentivar a sobrejornada.

Vejamos a dinâmica dos entregadores e motoristas em aplicativos. A Uber, por exemplo, reforça nos seus contratos que é uma plataforma de intermediação digital e a total responsabilidade do parceiro, sendo que a relação negocial se formaria entre trabalhador e usuário, sem participação da Uber. Essa suposta neutralidade, portanto, é forjada e fomenta sofisticados debates acerca da natureza jurídica da relação existente no trabalho por aplicativo, da qual emerge, entre outras, o instituto da subordinação algorítmica.

Ultrapassando a discussão sobre a natureza do vínculo, que foge ao nosso propósito, destacamos que, independentemente da configuração ou não da relação de emprego, os parâmetros constitucionais devem ser observados em relação à limitação de jornada. São normas de observância obrigatória que dizem respeito à tutela da dignidade do trabalhador, e cuja garantia é de responsabilidade daquele que veicula a prestação de serviços.

Em pesquisa que envolveu entrevista com 102 motoristas de Uber na cidade de São Paulo, Renan Kalil constatou que "a carga horária dos motoristas é alta: 53% trabalham mais de 10 horas por dia" (KALIL, 2019, p. 153). Some-se a esses dados, que um terço dos motoristas entrevistados trabalhavam mais de 60 horas na semana (KALIL, 2019, p. 167). Também merece nota a prática de incentivar metas de circulação do motorista, o que é feito por técnicas de ludificação (ou gamificação),[17] que ganha vantagens quem completa muitas horas seguidas de trabalho.

A jornada excessiva permitida e, pior, incentivada é ilegal, inequivocamente violadora dos direitos sociais do trabalhador (à saúde física e mental) e deve ser objeto de controle do Estado. Entre outras medidas, pode-se impor que a empresa apresente um modelo de gestão de serviços, por exemplo, a) que impeça que o trabalhador labore por mais de 10h diárias; b) que qualifique como tempo de trabalho o tempo à disposição, c) que proíba a utilização das técnicas de gamificação ou qualquer outra

[17] Exemplo da ludificação é a maneira pela qual engenheiros de *software* programam o algoritmo da plataforma para manipular a oferta de bônus aos motoristas com objetivo de fazê-los dirigir por mais horas. Os trabalhadores são comparados a coelhos, em que se deve manter a cenoura (ou o dinheiro) à sua vista para que continuem andando (ou dirigindo) (KALIL, 2019, p. 160).

que tenha por resultado estimular o motorista a fazer jornadas exaustivas e em horários oscilantes, respeitando o direito à desconexão daquele.

Assim, o gestor da plataforma digital pode ser instado, seja por provocação administrativa seja por mandamento jurisdicional, a se adequar aos mandamentos mínimos de tutela do tempo – e consequentemente da saúde – do trabalhador, e várias medidas de efetividade estão previstas no ordenamento jurídico pátrio, pelos órgãos de fiscalização, podendo ser impostas multas e proibição de funcionamento, além de outras medidas de ordem administrativa ou judicial.

Obviamente, o direito não é capaz de prever e regulamentar todas as situações da vida, ainda com mais intensidade na era complexa em que vivemos. Por isso, resgatar o patamar mínimo civilizatório desenhado pela Carta da República é um imperativo de tutela da dignidade do trabalhador brasileiro. Um marco regulatório, sobretudo para tutelar os direitos dos trabalhadores precarizados, é o que mais convém, devendo, contudo, atentar para a proteção constitucional já consagrada.

Além do direito à limitação de jornada, temos o direito ao salário mínimo legal, consagrado pelo art. 7º, inciso IV, da CF/88[18], que merece considerações. O referido direito depende de concretização legislativa, mas, apesar disso, na prática, há leis, sucessivamente atualizadas, fixando o salário mínimo, desde 1940. A despeito da farta discussão acerca da efetividade do valor do piso remuneratório para cumprir o escopo da norma (parece óbvio que o programa social anunciado jamais fora atendido pelo salário mínimo no Brasil), nosso escopo é lançar luzes sobre a eficácia da norma, antes trazendo a legislação internacional sobre o tema.

A Declaração Universal dos Direitos do Homem e do Cidadão, no art. XXIII, item 3, prevê que "todo ser humano que trabalha tem direito a uma remuneração justa e satisfatória, que lhe assegure, assim como à sua família, uma existência compatível com a dignidade humana e a que se acrescentarão, se necessário, outros meios de proteção social". O Pacto Internacional sobre Direitos Econômicos, Sociais e Culturais (decreto

[18] Outros dispositivos relacionados protegem o piso remuneratório, impondo-o em valor proporcional à extensão e complexidade do trabalho, garantindo-o mesmo para aqueles trabalhadores que percebem remuneração variável e proibindo a sua redução (princípio da irredutibilidade salarial) ressalvada norma coletiva, ou retenção dolosa, respectivamente nos incisos V, VII e VI e X, todos do art. 7º da Constituição.

n. 591/1992), por seu turno, assegura "o direito de toda pessoa de gozar de condições de trabalho justas e favoráveis, que assegurem especialmente: a) uma remuneração que proporcione, no mínimo, a todos os trabalhadores [...], *ii*) uma existência decente para eles e suas famílias, em conformidade com as disposições do presente Pacto".

Observe-se que fica muito explícita, do texto dos enunciados, a vocação universalizante dos tratados de direitos humanos, a sua natureza ampliativa em relação aos titulares dos direitos ao mínimo existencial. Diz-se dos direitos de "todo ser humano que trabalha", e de "toda pessoa" e "todos os trabalhadores", o sentido das normas que tutelam a dignidade do trabalhador não poderia comportar uma restrição circunstancial acerca da titularidade daqueles direitos, afinal a dignidade é atributo inerente à condição humana.

Seguem a mesma tendência os textos das leis pátrias que concretizam o salário mínimo, cujo teor é bem objetivo e não faz ressalvas, simplesmente fixando o valor do salário mínimo (assim como do seu correspondente diário e do salário mínimo hora). Considerando que sempre houve concretização do mandamento constitucional por parte do legislador, o fato é que, ainda que se trate de uma norma constitucional de eficácia limitada, é consolidada historicamente, por um costume político-legislativo que se renova.

Dessa feita, estando certo de que existe um parâmetro, a eficácia da norma constitucional de direito fundamental deve ser peremptória, com razão para ser amplamente observada, pelo princípio da máxima efetividade das normas consagradoras de direitos fundamentais. A sua aplicabilidade imediata, pois, impõe ao Poder Público e ao particular, ao contratar força de trabalho, observar o salário mínimo hora.

Apesar dos desafios de se conformar a norma às situações *in concreto*, somados à morfologia cada vez mais complexa que caracteriza o mundo do trabalho, é seguro que, dentre as possíveis situações concretas, muitas delas operam em uma zona de certeza em que é possível garantir tutela ao direito social ao salário mínimo.

Do mesmo modo, as normas constitucionais protetivas do salário se mantêm efetivas. Vejamos a irredutibilidade salarial, que é uma norma proibitiva, cujo suporte fático é fechado, contendo um mandamento imediatamente executável. A norma que proíbe a redução salarial – do mesmo modo daquela que veda o trabalho de menor de 16 anos, ou trabalho noturno, perigoso ou insalubre para menores de 18 anos – é de aplicabilidade plena.

Notemos que outros mandamentos proibitivos insertos no art. 7º, como é o caso daqueles que impõe isonomia salarial, também são autoexecutáveis, e sua garantia, no plano concreto, dependerá de se verificar se os discrímens sexo, idade, ou estado civil (XXX), trabalho manual, técnico e intelectual (XXXII), ser portador de deficiência (XXXI), ou ser trabalhador avulso (XXXIV) estão presentes, de forma a desprestigiar um trabalhador em detrimento do outro no tocante à remuneração.

De toda sorte, é certo que o salário mínimo deve ser observado, que a remuneração pactuada com o trabalhador não pode ser reduzida arbitrariamente, e é vedado que a contraprestação seja discriminatória. Há sutilezas que dependerão da interpretação do aplicador da lei – e isso naturalmente irá se verificar –, mas o que nos interessa é a assertiva de que a concretização do objetivo constitucional não dependerá da tarefa legislativa. Qualquer complexidade que se afigure é resultante da inexorável interpretação da lei quando se aplica às situações da vida.

No campo das relações privadas, por exemplo, não poderia um particular contratar, por exemplo, uma cuidadora de idoso, seja mediante uma empresa terceirizada de serviço ou não, e pagar a ela valor inferior ao salário mínimo hora. Outrossim, seria ilícito que o trabalhador do Uber ou plataforma congênere recebesse contraprestação inferior ao piso remuneratório, em razão do mandamento constitucional. A oscilação entre tarifas (método de gestão de preços, também chamada precificação dinâmica ou diferencial), que configura uma remuneração variável, é legítima dentro das regras da economia, mas jamais poderá implicar em percepção de valor inferior ao mínimo estabelecido constitucionalmente.

Inclusive, também é princípio com estrutura de norma, portanto com alta densidade normativa e eficácia imediata, o mandamento que preconiza a "garantia de salário, nunca inferior ao mínimo, para os que percebem remuneração variável" (inciso VII do art. 7º da CF/88). Do mesmo modo, uma vez estabelecido o piso salarial, este não poderá ser reduzido, pelo imperativo de irredutibilidade salarial (inciso VI do mesmo dispositivo), que também tem um suporte fático bem determinado, eficácia plena e ilimitada e que reclama aplicação imediata.

Diferentemente, são de eficácia limitada a previsão da remuneração do trabalho noturno superior à do diurno (IX), pela própria estrutura da norma, que deixa em aberto qual seria esse critério, tanto para se fixar o que é noturno e qual seria o percentual superior; da participação nos lucros da empresa (XI), por menção expressa do legislador constituinte acerca de necessidade de lei; e do salário-família em razão do dependente do trabalhador de baixa renda (XII). Explícita ou não a reserva de lei, é certo que tais previsões não têm aplicabilidade imediata.

Enfim, por certo que uma contraprestação aviltante, inferior ao salário mínimo-hora, é flagrantemente violadora da norma constitucional prevista no inciso IV do art. 7º, e que mais materializa a dignidade do trabalhador, podendo se sujeitar ao controle ou provocação dos órgãos de fiscalização do Poder Executivo competente, do Ministério Público do Trabalho, da Defensoria Pública da União ou do Judiciário Trabalhista, no sentido de coibir a prática, impor obrigação de adequação à norma ou de ressarcimento pela violação em relação a qualquer trabalhador, incluindo o trabalho não regulado, independentemente de marco legislativo.

Vale, por fim, lançar uma provocação, que tem muita pertinência com o tema, a partir da assertiva de que não há autonomia quando há precarização. Em outra abordagem: não há que se falar em renunciabilidade de direitos quando estamos diante de um trabalhador hipossuficiente, em que sua capacidade de escolha está contingenciada às necessidades de sobrevivência. Nesses casos, onde se nota uma vulnerabilidade, há de se aplicar a dimensão objetiva dos direitos fundamentais trabalhistas.

Um sujeito tem a liberdade *prima facie* de exercer sua profissão (inciso XIII do art. 5º da Constituição Federal, o que não implica a liberdade de se submeter a qualquer trabalho, em quaisquer condições. É o caso do trabalho em condições análogas à de escravo, por exemplo, que traduz uma explícita violação à dignidade humana, e que não pode ceder à vontade do sujeito explorado.

Da dimensão objetiva dos direitos fundamentais, exsurge o dever de proteção do Estado a agressões em face desses direitos, seja por parte de particulares, seja advindo dos próprios Poderes Públicos. Acrescente-se que também devem ser resguardados tais direitos da violação pelo próprio particular ou por terceiro mediante o consentimento daquele, o que é chamado de eficácia horizontal dos direitos fundamentais. Tal se justifica com mais intensidade ao se considerar a *ratio* do Direito do Trabalho, fundada na desigualdade entre as partes da relação.

Assim, impõe-se a garantia de um mínimo civilizatório aos trabalhadores em situação de vulnerabilidade, com base nos direitos fundamentais sociais contidos no art. 7º da Constituição, como é o caso do direito de receber contraprestação equivalente ao salário mínimo por um serviço, do direito de ter limitação da jornada de trabalho, do direito a medidas de segurança no trabalho, para citar alguns exemplos. Os trabalhadores vulneráveis, dentro da morfologia do trabalho da nossa era, não costumam usufruir sequer desse mínimo.

Assim, uma vez reconhecida a nota da precariedade na relação laboral, estando o sujeito que labora em situação de vulnerabilidade, o tomador dos serviços tem um dever constitucional de observar os parâmetros de dignidade que a Carta impõe, bem como o dever de não violar as normas proibitivas constantes no nosso diploma maior. Na mesma medida, o Estado tem o dever de proteção a tais normas, sobrelevando-se a dimensão objetiva dos direitos fundamentais.

## Conclusões

A título de conclusão, deixamos a mensagem de que o que se almeja para se concretizar os planos da Constituição é a intensificação do dever de proteção do Estado e dos particulares na garantia de direitos sociais trabalhistas mínimos àqueles trabalhadores não subordinados que representam uma expressiva massa de trabalhadores em condição de labor precária, como é o caso dos novos proletários de serviços. Devemos resgatar a supremacia e imperatividade do texto constitucional para, nesse século XXI, em que vemos se esvaindo os direitos e condições mínimas dos trabalhadores, termos uma perspectiva protetiva mais alvissareira.

## Referências

ALEXY, Robert. **Teoria dos direitos fundamentais**. São Paulo: Malheiros, 2008.

ANTUNES, Ricardo. **O caracol e sua concha**: ensaios sobre a nova morfologia do trabalho. São Paulo: Boitempo, 2005.

______. **Adeus ao trabalho?** Ensaio sobre as metamorfoses e a centralidade do mundo do trabalho. 15. ed. São Paulo: Cortez, 2011.

______. **O privilégio da servidão**: o novo proletariado de serviços na era digital. São Paulo: Boitempo, 2018.

BRASIL. Assembleia Nacional Constituinte. **Atas das Comissões.** Comissão da Ordem Social. Subcomissão dos Direitos dos Trabalhadores e Servidores Públicos. Diário da Assembleia Nacional Constituinte. Brasília, 1987. Disponível em: https://

www2.camara.leg.br/atividade-legislativa/legislacao/Constituicoes_Brasileiras/constituicao-cidada/publicacoes/diarios_anc. Acesso em: 20 set. 2019.

BRASIL. **Constituição da República Federativa do Brasil de 1988**. 1988. Disponível em: http://www.planalto.gov.br/ccivil_03/constituicao/constituicao.htm. Acesso em: 20 set. 2019.

BARROSO, Luís Roberto. **Grandes transformações do direito contemporâneo e o pensamento de Robert Alexy**. 2017. Disponível em: https://www.conjur.com.br/dl/palestra-barroso-alexy.pdf. Acesso em: 4 jun. 2021.

CANOTILHO. José J. Gomes. **Direito constitucional e teoria da constituição**. 3. ed. Coimbra, Portugal: Almedina, 1999.

CALVET, Otávio Amaral. **Direito ao lazer nas relações de trabalho**. São Paulo: Ltr, 2006.

CAVALCANTE, Sávio; FILGUEIRAS, Vitor. Um novo adeus à classe trabalhadora? In: ANTUNES, Ricardo (Org.). **Uberização, trabalho digital e indústria 4.0**. São Paulo: Boitempo, 2020.

COELHO, Inocêncio Mártires. **Interpretação constitucional**. 4. ed. São Paulo: Saraiva, 2011.

DELGADO, Gabriela Neves. **O direito fundamental ao trabalho digno**. 2. ed. São Paulo: LTr, 2015.

DELGADO, Maurício Godinho. Direitos Fundamentais nas relações de trabalho. **Revista de Direitos e Garantias Fundamentais**, n. 2, p.71-72, 2007.

_______. **Curso de direito do trabalho**: atualizada conforme a lei da reforma trabalhista e inovações normativas e jurisprudenciais posteriores. 18. ed. São Paulo: LTr, 2019.

GRINT, Keith. **Sociologia do trabalho**. Lisboa: Piaget, 1998.

GUASTINI, Riccardo. **Interpretar e argumentar**. Belo Horizonte: D'Plácido, 2021.

INSTITUTO BRASILEIRO DE GEOGRAFIA E ESTATÍSTICA. **Pesquisa nacional por amostra de domicílios contínua**. 2020. Disponível em: https://biblioteca.ibge.gov.br/visualizacao/periodicos/2421/pnact_2020_1tri.pdf. Acesso em: 4 jun. 2021.

INTERNATIONAL LABOUR ORGANIZATION. **World employment and social outlook 2015**: the changing nature of jobs. Genebra: Internacional Labour Office, 2015.

KALIL, Renan Bernardi. **Capitalismo de plataforma e direito do trabalho**: *crowdwork* e trabalho sob demanda por meio de aplicativos. Tese de Doutorado. Universidade de São Paulo. São Paulo, 2019.

LARENZ, Karl. **Metodologia da ciência do direito**. 3. ed. Lisboa: Fundação Calouste Gulbenkian, 1997.

MENDES, Gilmar. **Hermenêutica constitucional e direitos fundamentais**. Brasília: Brasília Jurídica, 2000.

NASCIMENTO, Marcelo Pinheiro. **A eficácia horizontal dos direitos fundamentais do trabalho no capitalismo de multidão**. Dissertação de Mestrado. Instituto Brasileiro de Ensino, Desenvolvimento e Pesquisa. Teresina, 2021.

SARLET, Ingo Wolfgang. **A eficácia dos direitos fundamentais**: uma teoria geral dos direitos fundamentais na perspectiva constitucional. Porto Alegre: Livraria do Advogado, 2018.

SOUTO MAIOR, Jorge Luiz. **História do direito do trabalho no Brasil**: curso de direito do trabalho. V. 1. São Paulo: LTr, 2017.

______. Do direito à desconexão do trabalho. **Revista do Tribunal Regional do Trabalho da 15ª Região**, Campinas, n. 23, 2003. Disponível em: https://juslaboris.tst.jus.br/handle/20.500.12178/108056. Acesso em: 20 set. 2019.

VALE, André Rufino. **Estrutura das normas de direitos fundamentais**. São Paulo: Saraiva, 2012.

# 3. O MODELO CÍVICO-MILITAR COMO POLÍTICA EDUCACIONAL À LUZ DA CONSTITUIÇÃO DA REPÚBLICA DE 1988

Bárbara Nunes Ferreira Bueno

## Introdução

A entrega da gestão de escolas públicas do país para instituições militares remete a reflexões e discussões sobre o valor do direito fundamental à educação, que vem expresso no art. 227 da Constituição Federal, sobre o papel da escola na sociedade, além de todo o contexto econômico, político e social em que esse fenômeno acontece.

Com o tema "O modelo cívico-militar como política educacional à luz da Constituição Federal de 1988", a pergunta a que se buscou responder com o problema de pesquisa que deu origem a este artigo foi "quais são os limites constitucionais de um modelo de escola cívico-militar?"

A pesquisa, que investigou o movimento de militarização das escolas públicas brasileiras – com o objetivo de descobrir como tem se dado, e se tem se dado, a efetivação da garantia do direito à educação nesse modelo de gestão – será apresentada em três tópicos. No primeiro, serão revisitados os marcos constitucionais e legais do direito à educação e do direito à segurança pública, que constituem exigências inarredáveis do exercício efetivo de todas as liberdades e garantias da igualdade de oportunidades. O segundo tópico cuidará do que fundamenta a implementação de escolas cívico-militares, da unicidade de "segurança pública", nos discursos dos gestores, da gênese e da essência de uma educação democrática. No terceiro e último tópico, será feita análise da possibilidade de a militarização escolar conflitar abertamente com o modelo de educação estabelecido na Constituição de 1988 sob três prismas: constitucional, infraconstitucional e administrativo. Por fim, apresentaremos reflexões sobre possíveis consequências da penetração da cultura militar na escola, inclusive com diálogos interdisciplinares do Direito com a Educação, com vistas a concluir se a possibilidade de a militarização conflitar com o modelo de ensino estabelecido na Constituição tem se concretizado ou não.

## 1. Marcos legais e constitucionais dos direitos à educação e à segurança pública

A Constituição Federal de 1988 garante ao direito à educação o *status* de direito fundamental. O Estatuto da Criança e do Adolescente regulamenta as orientações gerais conferidas pela Constituição e, em ambos, a criança e o adolescente são sujeitos e não objetos de direitos.

Mas, apesar dessas disposições, o Instituto Brasileiro de Geografia e Estatística (IBGE) divulgou, ao final de 2019, dados da Pesquisa Nacional por Amostra de Domicílio, que demonstraram que mais de 70 mil de brasileiros com mais de 14 anos de idade não completaram o ensino fundamental (IBGE, 2021); que o abandono escolar é oito vezes maior entre jovens de famílias mais pobres (SARAIVA, 2019) e que são quase 4 milhões de crianças e adolescentes, entre 04 e 17 anos de idade, que não frequentam nenhuma instituição de ensino (UNICEF, 2014).

Sob o argumento, então, de que a Educação do Brasil ganharia reforço, em 2019, o Ministério da Educação anunciou que implantaria, até 2023, 108 Escolas Militares. Desde então, o Governo Federal tem defendido o modelo cívico-militar de ensino como o mais indicado para o incremento da aprendizagem, para a melhoria da noção disciplinar de alunos e, também – em alguns Colégios onde o convívio com a sensação de insegurança é mais alarmante – para a maior segurança de alunos em regiões mais violentas.

Um dos objetos centrais desta análise foi o próprio *Manual das Escolas Cívico-Militares*. O Manual traz normas que, quando se propõem a garantir o direito à educação, não se coadunam com os variados aspectos compreendidos pela legislação brasileira com relação ao direito à educação, ao direito à liberdade, ao respeito e à dignidade de crianças e adolescentes.

Os Direitos Fundamentais e a própria Constituição muito têm em comum. E, nesse momento, em que haverá um redirecionamento de olhares a alguns direitos fundamentais específicos da Constituição, é imprescindível que tenhamos a clareza de que tanto uns quanto a outra lutam por uma igualdade em dignidade de direitos.

A trajetória que levou à gradativa consagração dos direitos fundamentais, no âmbito do Direito Constitucional e do Direito Internacional dos Direitos Humanos, demonstra que esses constituem construção definitivamente integrada ao patrimônio comum da humanidade. Não há – praticamente – mais nenhum Estado que não tenha aderido a algum dos principais pactos internacionais (ainda que regionais) sobre direitos humanos ou que, pelo menos, não tenha reconhecido um núcleo de direitos fundamentais, no âmbito de suas próprias Constituições. Em que pese, todavia, o inquestionável progresso na esfera da sua positivação e toda a evolução alcançada, no que tange ao seu conteúdo – representado pelo esquema das diversas gerações de direitos, que atua como indicativo seguro de sua mutabilidade histórica – percebe-se que, mesmo hoje, no limiar do terceiro milênio e em plena era tecnológica, longe estamos de ter solucionado a quantidade de problemas e desafios que a matéria suscita (SARLET, 2018).

Tendo em vista que a proteção da liberdade por meio dos direitos fundamentais é, na verdade, proteção juridicamente mediada, pode-se afirmar, com segurança, na esteira do que leciona a melhor doutrina, que o Estado Constitucional (e, nesse sentido, a própria Constituição) na medida em que calcula atuação programada dos órgãos estatais, constitui condição de existência das liberdades fundamentais. Os direitos fundamentais, de tal sorte, somente poderão aspirar à eficácia no âmbito de um autêntico Estado Constitucional (SARLET, 2018). A tarefa permanente de uma Constituição e de um Estado Constitucional é a de concretizar seus direitos fundamentais (STERN apud SARLET, 2018). Consoante oportunamente averbou Hans-P. Schneider (apud SARLET, 2018), os direitos fundamentais são *conditio sine qua non* de um Estado constitucional democrático.

O estudo de qualquer direito fundamental implica uma tomada de posição quanto ao enfoque adotado, mas sem que seja perdida de vista a relação e interpenetração de cada um dos direitos entre si. Então, foram focos da pesquisa que originou este artigo: o direito fundamental à educação e o direito fundamental à segurança pública, com seus respectivos marcos legais e constitucionais.

Este tópico objetiva, primeiro, conduzir o leitor à compreensão da importância dos marcos legais e constitucionais da educação, fazê-lo conhecer o caminho que o direito à educação percorreu nas Constituições Federais anteriores e, finalmente, muni-lo de elementos que o possibilitem enxergar o núcleo material específico da educação e como este é ferido, quando colocado, no âmbito de uma instituição de ensino, ao lado dos marcos legais do direito fundamental à segurança pública.

A Constituição de 1988 foi fruto de um vasto processo de debates, oportunizados pela redemocratização do País, após mais de vinte anos de ditadura militar. Assim, ela representa um pacto de transição de um regime autoritário para um Estado democrático de direito.

O direito fundamental e social à educação foi priorizado, com seção própria, dentro da Constituição, somente a partir da promulgação da atual, em 1988. A Constituição Política do Império do Brazil, de 25 de março 1824 previa o direito à educação, mas de maneira excludente, já que nem todos eram, segundo seus dispositivos, considerados "cidadãos", conforme seu Art. 6º.

A Constituição da República dos Estados Unidos do Brasil, de 24 de fevereiro 1891, também não tratou amplamente do direito à educação. Se observadas as duas Constituições, a de 1824, do período imperial, e a de 1891, já do período republicano, vê-se que em ambas prevalecia a necessidade de atender às demandas das oligarquias que sustentavam o Estado do século XIX, banindo, para um espaço ensombrado e ofuscado, as necessidades e aspirações de um povo sem *status*, sem dinheiro e sem terra. Afinava-se essa questão à retórica liberal do Ocidente, em que coexistiam liberalismo e exploração do trabalhador. Nessas duas Constituições, a Educação tem um tratamento breve, tímido, em poucos artigos, com redações genéricas, que se misturam com outros, que versam sobre os assuntos gerais dos direitos civis e políticos dos cidadãos brasileiros.

Já em 1934, a nova Constituição fez com que nascesse, também, uma nova fase da história constitucional brasileira. Foram enunciadas, em seu texto, normas que exorbitam os temas eminentemente constitucionais. Decretada e promulgada para organizar um regime de democracia, que assegurasse à Nação a unidade, a justiça, a liberdade e o bem-estar social e econômico, a Constituição daquele ano, fruto da Revolução Constitucionalista de 1932, positivou direitos econômicos, sociais e culturais. As diretrizes da educação nacional passaram a competir privativamente à União (art. 5º, XIV). Pela primeira vez, a educação compôs o título de um Capítulo, ao lado da cultura, e recebeu especial atenção, em artigo específico.

A Constituição de 1937, apelidada de "Polaca", inspirada, segundo narra a história, no modelo semifascista polonês, foi outorgada pelo presidente à época, Getúlio Vargas, em 10 de novembro de 1937, e concedia ao Governo poderes – praticamente – ilimitados. Excessivamente centralizadora, a Constituição trouxe fortes mudanças, já que o texto constitucional vinculou a educação a novos valores.

Segundo Gina Vidal Marcílio Pompeu (2005), a Polaca deu prioridade ao ensino ministrado em instituições particulares, o que criou um hiato entre o ensino dos pobres, classes menos favorecidas e o ensino daqueles de classes mais altas e favorecidas, que podiam pagar. O ensino gratuito era exceção, não regra, já que, aos que não alegassem escassez de recursos, seria cobrada uma contribuição mensal.

Já em 1946, voltaram à tona os princípios presentes nas Constituições de 1891 e 1934. A Constituição de 1946 definiu que a educação era um direito de todos, devendo ser dada tanto no lar quanto na escola, e que deveria inspirar-se nos princípios de liberdade e nos ideais de solidariedade humana.

Com algumas mudanças, a exemplo do texto constitucional anterior, a Constituição da República Federativa do Brasil de 1967 manteve a estrutura organizacional da educação do país, e a preservou como um direito de todos, assegurando, também, a igualdade de oportunidades, que se inspirava tanto no princípio da unidade nacional como nos ideais de liberdade e de solidariedade.[1]

Por meio de ato convocatório decorrente da Emenda Constitucional nº 26, de 27 de novembro de 1985, ficou decidido, após mensagem do Governo ao Congresso Nacional com proposta de convocação de uma Assembleia Nacional Constituinte, que esta seria instalada e composta por Deputados e Senadores eleitos, os quais, após a elaboração da Constituição, continuariam o exercício de seus mandatos. Sabe-se que a Assembleia Nacional Constituinte se instalou em um momento delicado da história do Brasil: o da transição de um regime militar autoritário para um regime de

[1] Art. 168 – A educação é direito de todos e será dada no lar e na escola; assegurada a igualdade de oportunidade, deve inspirar-se no princípio da unidade nacional e nos ideais de liberdade e de solidariedade humana.

democracia. A própria sociedade já se mobilizava contra aquele primeiro e em defesa de uma nova aparência – democrática – para o país (VIANA, 2013). Era, então, essencial que a Constituição que seria elaborada avançasse em direção a garantir o compromisso do Estado com a educação de seu povo.[2]

A Assembleia Nacional Constituinte de 1987 foi instalada em um momento de ruptura política e de grande anseio pelo retorno à normalidade jurídico-institucional, em virtude das duas décadas de autoritarismo, que chegaram ao fim no ano de 1985 (CORBUCCI et al., 2009). Após calorosas discussões[3], no processo constituinte, sobre a necessidade de consolidação do direito à educação como direito fundamental, a Constituição Federal de 1988 consagra a educação como direito de todos, dever do Estado e da família.[4]

À luz do marco principiológico constitucional e legal para o ensino em estabelecimentos oficiais, é possível que identifiquemos determinadas previsões constitucionais para a educação básica pública que lhe asseguram um núcleo material específico. Interessam-nos, para os objetivos da pesquisa e para definição do marco constitucional e legal da educação, os princípios do ensino, conformados, também, pelo art. 206 da Constituição Federal de 1988 (BRASIL, 1988):

[2] "[...] devemos garantir na nova Constituição a livre manifestação pública de pensamento e informação, sendo proibida toda e qualquer forma de censura. A todos deve ser assegurada a liberdade de ensinar e aprender, sem quaisquer imposições ou restrições de natureza filosófica, ideológica, religiosa ou política. O ensino, a pesquisa e a extensão devem ser organizados e exercidos em todo o território nacional de forma a garantir, plenamente, a sua liberdade e autonomia" (BRASIL, 1987, p.149).

[3] União Nacional dos Estudantes, que o fará através da sua Presidenta, Gisela Moulin Mendonça. A SRA. GISELA MOULIN MENDONÇA: "[...] a democracia das instituições de ensino deverá ser assegurada mediante a liberdade de pensamento, informação, e a lei regulamentará a participação das comunidades escolar, científica e entidades da sociedade civil no controle da execução da política educacional e da gestão universitária." Representante da Associação de Educação Católica do Brasil, seu Presidente, Padre Agostinho Castejon: "Defendemos todo empenho e todo esforço concreto que levem à construção de uma sociedade em que todos gozem dos mesmos direitos, onde não seja tolerado qualquer tipo de discriminação" (BRASIL, 1987, p. 342, 414).

[4] Art. 205. A educação, direito de todos e dever do Estado e da família, será promovida e incentivada com a colaboração da sociedade, visando ao pleno desenvolvimento da pessoa, seu preparo para o exercício da cidadania e sua qualificação para o trabalho.

> Art. 206. O ensino será ministrado com base nos seguintes princípios:
>
> I – igualdade de condições para o acesso e permanência na escola;
>
> II – liberdade de aprender, ensinar, pesquisar e divulgar o pensamento, a arte e o saber;
>
> III – pluralismo de ideias e de concepções pedagógicas, e coexistência de instituições públicas e privadas de ensino;
>
> IV – gratuidade do ensino público em estabelecimentos oficiais;
>
> V – valorização dos profissionais da educação escolar, garantidos, na forma da lei, planos de carreira, com ingresso exclusivamente por concurso público de provas e títulos, aos das redes públicas; (Redação dada pela Emenda Constitucional nº 53, de 2006)
>
> VI – gestão democrática do ensino público, na forma da lei;
>
> VII – garantia de padrão de qualidade.
>
> VIII – piso salarial profissional nacional para os profissionais da educação escolar pública, nos termos de lei federal. (Incluído pela Emenda Constitucional nº 53, de 2006)

Os mesmos marcos constitucionais e legais foram encontrados, também, para o direito à segurança pública, até para que fosse embasada a reflexão sobre "até que ponto é constitucional a polícia administrar uma escola pública?" Encontrar aqueles marcos para este outro direito social, igualmente previsto pela Constituição, é proporcionar ao leitor elementos para que ele compreenda o porquê de soarem inconstitucionais a segurança pública ser fundamento para a implementação do modelo de ensino cívico-militar e de o militar se tornar escola.

À luz do ordenamento constitucional vigente, segurança pública é a manutenção da ordem pública interna de um Estado. A ordem pública interna é o contrário da desarmonia social, da desorganização, do caos, já que visa preservar a incolumidade da pessoa e do patrimônio (BULOS, 2015). Porém, não é toda e qualquer atividade que pode ser simplesmente qualificada como preservação da ordem pública; não é todo e qualquer órgão governamental que se incumbe dos temas da segurança pública e daquele dever de preservação. Em qualquer relação que o sistema de segurança pública travar, deve ser preservado aquilo que for próprio dele, em respeito aos princípios da legalidade e finalidade administrativa.

O rol do artigo 144 da Constituição Federal, que elenca órgãos responsáveis pela garantia da segurança pública, exercida para a preservação da ordem, não inclui escolas. O rol dos artigos 205 e 206 do mesmo diploma, à luz do marco constitucional, legal e principiológico da educação, não inclui, por sua vez, preservação da ordem pública, da incolumidade das pessoas e do patrimônio. Sendo assim, inconstitucionais podem ser as consequências da implementação de escolas cívico-militares, se não cumpridos os mandamentos da Constituição que regem a educação e a segurança pública.

## 2. O que fundamenta a implementação do modelo cívico-militar de ensino

Policiais fardados e armados juntos a crianças em situação escolar não parecem fazer bem ao processo educativo, tampouco a obediência heterônoma que calca as rígidas normas de disciplina – que, a não ser o adestramento a comportamentos padronizados, inclusive de fala, postura, tratamento, cumprimento – pouco (ou nenhum) resultado pedagógico alcança. Negar a crianças e a adolescentes o direito à diversidade e à individualidade, obrigando que adotem corte de cabelo determinado ou proibindo-os de usar certos adereços, próprios da idade, não parece – mais uma vez – fazer qualquer bem.

No mês de julho do ano de 2019, sob a presidência de Jair Bolsonaro, o Ministério da Educação (MEC), em parceria com a União Nacional dos Dirigentes Municipais (Undime) e com o Conselho Nacional de Secretários de Educação (Consed), publicou documento batizado de "Compromisso Nacional pela Educação Básica". Os envolvidos em sua elaboração afirmavam que, até 2030, o Brasil se tornaria referência em educação básica na América Latina. Propagaram aquilo no que acreditavam: que o insucesso escolar na educação básica era um problema concentrado na rede pública de ensino (PERA; MENEZES, 2019).

Na reorganização do Ministério da Educação, no início daquele ano, foi, então, incorporada à Secretaria de Educação Básica a competência de "promover, fomentar, acompanhar e avaliar, por meio de parcerias, a adoção por adesão do modelo de Escolas Cívico-Militares nos sistemas de ensino municipais, estaduais e distrital tendo como base a gestão administrativa, educacional e didático-pedagógica adotada por colégios militares do Exército, Polícias e Bombeiros Militares".[5] Pelo mesmo ato, foi

[5] Decreto 9.665/2019, art. 11, art. XVI – BRASIL, 2019.

criada a Subsecretaria de Fomento às Escolas Cívico-Militares, que ficaria responsável, a partir daquela data, por desenvolver o Programa Nacional de Implantação das Escolas Cívico-Militares, anunciado como um dos braços mais fortes daquele Compromisso Nacional.

Pautada, então, no argumento de que a qualidade educacional não é alcançada pela rede pública de educação básica, a implementação do modelo cívico-militar de ensino ocupou, e continua ocupando, relevante espaço na agenda de muitos governos estaduais e do governo federal.

Em razão dos bons resultados escolares conquistados pelos alunos dos colégios militares *stricto sensu,* os governadores justificam a necessidade da transferência da gestão escolar para a Polícia Militar de seus Estados, proporcionando um rigoroso padrão de qualidade expressado pelas avaliações de larga escala como o Índice de Desenvolvimento da Educação Básica (IDEB) ou pelo Exame Nacional do Ensino Médio (ENEM). As supostas e defendidas "credibilidade" e "eficácia" dessas escolas, aliadas ao controle disciplinar rigoroso e ao respeito à hierarquia, além da valorização do civismo, seriam razões suficientes para entregar a gestão da escola pública à corporação dos policiais militares. Aliados a esses argumentos, o combate à violência e ao envolvimento com drogas também povoam o imaginário das famílias como fortes argumentos para apoiarem a iniciativa governamental (MENDONÇA, 2019).

Em pleno século XXI, a associação entre disciplina, ou bom comportamento, com limitação do tamanho dos cabelos masculinos e obrigatoriedade de coque, para as meninas, parece ser o retrocesso – constitucionalmente vedado – dos avanços pedagógicos conquistados ao longo de séculos.[6]

Já dizia Anísio Teixeira que "há educação e educação." Há educação que é treino, domesticação. E há educação que é formação do homem livre. Há educação para alguns, há educação para muitos e há educação para todos. A educação faz-nos livres pelo conhecimento e pelo saber e iguais pela capacidade de desenvolver ao máximo os nossos poderes inatos (TEIXEIRA, 2009).

[6] As escolas (propriamente) militares organizam-se com base em rígida hierarquia, férrea disciplina, obediência incontestável aos superiores, proibição de determinados comportamentos socialmente normais em outros ambientes, como demonstração de afeto, uso de adereços, cortes personalizados de cabelo, dentre outros elementos que marcam a identidade das pessoas, particularmente em uma fase como a adolescência (MENDONÇA, 2019, p. 595).

Refletir sobre o processo de militarização das escolas públicas no Brasil nos remete a discussões que vão além daqueles índices. Refletir sobre esse processo envolve encarar o fato de vivermos em um país que possa jamais ter feito da educação um serviço da República verdadeiramente fundamental. Refletir sobre o processo nos faz questionar a forma pela qual a nossa sociedade se organiza, o papel da educação e da escola para a (e na) sociedade brasileira, além do contexto político, social e econômico em que esse fenômeno acontece. A reflexão sobre o ensino cívico-militar nos obriga a analisar um país fundado na desigualdade social (SANTOS et al., 2019).

A verdadeira educação escolar, compreendida como um trabalho coletivo, requer uma disciplina interativamente consciente, que deve ser analisada como meio e não como fim (em si mesma). Não se faz trabalho pedagógico significativo sem disciplina, mas não é a disciplina o fim último do processo educativo.

Com a instituição do Programa Nacional das Escolas Cívico-Militares, foi apresentado e discutido, durante a 1ª Capacitação dos Profissionais Participantes do Programa Nacional das Escolas Cívico-Militares, o Manual das Escolas Cívico-Militares, objeto de estudo da pesquisa. Construído, "democraticamente", pelo MEC, com a participação de representantes das redes municipais e estaduais de educação; o documento foi, então, elaborado, aprovado e publicado para servir como Programa Piloto, em 2020. Um Piloto que prevê como falta comportamental e atitudinal, entre outras, "ter em seu poder, introduzir, ler ou distribuir, dentro da escola, cartazes, jornais ou publicações que atentem contra a moral" (BRASIL, 2020, p. 297). Ora, se o Manual, de fato, fora construído democraticamente pelo MEC, a mesma democracia não se aplicou a algumas de suas disposições.

Teixeira (2009), à sua época, mas com fala que, se lida, hoje, continua sendo atual, afirmava que problemas graves sofridos pela educação refletiam o fato de o Brasil nunca ter tido regime que fosse, na real concepção de democracia, a integração de todo o povo "com" e "em" seu governo. Para o educador, a educação sempre foi a base da democracia. Todos os regimes, desde os mais mecânicos e menos humanos, dependem da educação. Mas, a democracia depende da mais difícil das educações: aquela que deve fazer do filho do homem não um bicho ensinado, mas um homem (SANTOS et al., 2019).

Mas, a história da educação brasileira parece caminhar em sentido contrário do que defendia o educador. A história da educação no Brasil abre-nos os olhos para uma escola que sofre ataques que comprometem a efetivação do direito à educação para todos. Os embates travados, desde a elaboração da Constituição de 1934, do projeto da primeira Lei de Diretrizes e Bases da Educação, da Assembleia Constituinte de 1987, até hoje – com a discussão da gestão compartilhada de escolas por professores e policiais militares –, pode nos trazer à tona realidade assoprada por Teixeira há alguns anos: a de que a educação ainda não é um serviço fundamental da República. Para educadores e professores brasileiros, a militarização das escolas públicas é um processo que vem colocando em risco, não só a escola pública, mas a educação de forma mais ampla, a formação das próximas gerações e a própria democracia (SANTOS et al., 2019).

Considerando que tanto o direito à educação quanto o direito à segurança possuem seus núcleos materiais específicos; considerando que a proposta de uma padronização do comportamento discente, aliada a uma postura que fortalece a ausência de debate crítico e democrático, não é admitida pelo nosso ordenamento jurídico, será feita a análise da possibilidade de a militarização escolar conflitar abertamente com o modelo de educação estabelecido na Constituição de 1988, já que seus princípios de hierarquia e disciplina não podem ser compatibilizados com o caráter democrático do processo educativo, único meio de garantir-se o pluralismo e respeito aos processos de formação de crianças e adolescente (XIMENES; STUCHI; MOREIRA, 2019).

## 3. A (in)compatibilidade entre a militarização e o desenho normativo afirmado na Constituição e em leis infraconstitucionais

A verdadeira educação escolar, compreendida como um trabalho coletivo, requer uma disciplina consciente, que deve ser analisada como meio e não como fim. É certo que não se faz trabalho pedagógico significativo sem disciplina, mas não é a disciplina o fim último do processo educativo. Os resultados positivos alcançados pelos Colégios Militares não se dão porque eles são regidos pela doutrina militar de disciplina e rigidez, mas pelas condições específicas de que são dotadas essas unidades, com reforço de pessoal, maiores recursos, processos seletivos e, especialmente, com a dispensa de alunos que não se adaptam aos rigores dos padrões militares.

Só que a escola – verdadeiramente – pública é para todos e todas, não cabendo a discriminação de quem são aqueles que poderão ficar e quais deverão ser excluídos

Uma das primeiras perguntas que se deve fazer é: a militarização de uma escola civil encontra amparo no ordenamento jurídico brasileiro? Pode uma escola civil ser escola cívico-militar? E, ainda, pode o militar ser escola? Para os que entendem que, para todos os efeitos jurídicos, a escola sob gestão militar é uma escola pública: o que prevê a Constituição Federal para as escolas públicas?

Investigando a compatibilidade ou incompatibilidade entre a militarização e o desenho normativo afirmado na Constituição e em leis infraconstitucionais, pode ser notado que o *Manual das Escolas Cívico-Militares* divide a gestão escolar: uns ficam encarregados da gestão pedagógica e há aqueles que se encarregam da gestão disciplinar. Isso fere o princípio da gestão democrática do ensino público, segundo o qual a escola pública deve ser gerida democraticamente, sem divisões estanques de tarefas.

O art. 9º do documento prevê que a organização geral das Escolas Cívico-Militares (Ecim) tem a seguinte composição: I – Direção Escolar; II – Secretaria Escolar; III – Divisão de Ensino; IV – Divisão Administrativa; e V – Corpo de Monitores. Na seção dos apêndices, o Manual discrimina, já no Apêndice A (BRASIL, 2020), quem comporá cada um dos três "tipos" de gestão: a gestão educacional fica a cargo do corpo de monitores e do Oficial de Gestão Educacional, todos militares; a gestão didático-pedagógica é competência da divisão de ensino (coordenações pedagógicas de ano, corpo docente, seção de supervisão escolar etc.); e, por último, a gestão administrativa é atribuída à própria divisão administrativa, que conta com seção de pessoas, de serviços gerais e de materiais, patrimônio e finanças.

O Corpo de Monitores, segundo o Manual das Escolas Cívico-Militares, é, então, o responsável pela Gestão Educacional e tem o dever de atuar na promoção de atividades que visem à difusão de valores cívicos, humanos, que estimulem o desenvolvimento da disciplina, de bons comportamentos e atitudes do aluno e a sua formação integral como cidadão em ambiente escolar externo à sala de aula. Os militares do Corpo de Monitores, incluindo também o Oficial de Gestão Escolar, não têm formação pedagógica e não estarão vinculados ao Ministério da Educação, mas, sim, administrativamente, ao Ministério da Defesa, ou aos órgãos de segurança estaduais e municipais, conforme o caso (BRASIL, 2020).

Mesmo que a Lei de Diretrizes e Bases da Educação preveja, em seu artigo 62, que a formação de docentes para atuar na educação básica será feita em nível superior, em curso de licenciatura plena, admitida, como formação mínima para o exercício do magistério na educação infantil e nos cinco primeiros anos do ensino fundamental, a oferecida em nível médio, na modalidade normal, a capacitação dos militares, segundo redação do Manual das Ecim, ocorrerá somente antes do início de cada ano "e também como formação continuada ao longo do ano letivo" (BRASIL, 2020). Os militares que compõem o Corpo de Monitores são "capacitados" para exercerem "adequadamente" funções escolares.

Submetida aos princípios da gestão democrática, para a gestão escolar, não há previsão constitucional e infraconstitucional de uma separação de tarefas estanques e independentes entre militares brevemente capacitados e docentes formados e licenciados. Ao contrário, processos pedagógicos – de gestão ou disciplinares – devem funcionar como dimensões de uma mesma realidade, que se expressam por meio de atividades diferenciadas, mas visando objetivos comuns. Outorgar à corporação militar, sem formação para atuar na educação, uma dimensão do "fazer" escolar é fragmentar um processo que deveria se dar de maneira integrada, coerente e harmoniosa e deveria ser conduzido estritamente por aqueles que se preparam para tanto (MENDONÇA, 2019). Segundo Francisco Mata Machado Tavares:

> Se as polícias militares querem gerir escolas, elas não podem gerir de qualquer maneira, elas têm que gerir na forma da lei. E na forma da lei pode, por exemplo, um conselho de pais e estudantes se reunir e dizer "ninguém vai usar farda", e dizer "o aluno vai ter o cabelo do comprimento, da cor e do jeito que ele quiser" e dizer "o nosso projeto disciplinar aqui não prevê chefe de turma". E cabe à figura que ocupa a direção da escola, seja um oficial, seja quem for cumprir as decisões da comunidade. Quem conhece tão bem de hierarquia como um/a policial militar poderia aproveitar para cumprir bem a decisão daquele que hierarquicamente, segundo a Constituição da República, dispõe sobre as decisões didático-pedagógicas, administrativo-gerenciais, de uma escola. Que são: pais, estudantes e comunidade. De um modo bem simples: quem decide sobre o regimento disciplinar, as opções pedagógicas,

o vestuário dos estudantes e todos os detalhes de uma escola pública é a respectiva comunidade, constituída de pais/mães, mestres e estudantes. O/a militar que se comportar em descompasso com esta premissa estará a malferir a Constituição da República e, portanto, cometerá falta grave (TAVARES, 2016 p. 56)

Continuando a análise sob o prisma constitucional, quando o Manual das Ecim prevê a transferência compulsória de um aluno que tenha cometido faltas "gravíssimas" ou ingressado no rol dos que se comportam "mal" e, então, mudam o aluno para outro estabelecimento de ensino "que se encaixe em seu perfil estudantil, com a finalidade de lhe proporcionar melhor desenvolvimento educacional" (BRASIL, 2020, p. 283), o *Manual* visivelmente seleciona quais alunos aquela Escola Cívico-Militar terá e exclui os que apresentem dificuldades comportamentais. Além de essa disposição ser uma maneira de a Ecim não ter que lidar com o aluno com "mau" comportamento, isso vai de encontro com o direito de permanecer na escola, previsto pela Constituição Federal, LDB e Estatuto da Criança e do Adolescente.

Os dispositivos dispostos na seção de "Normas de Condutas e Atitudes" são agentes inibidores que relacionam as faltas comportamentais, atitudinais e a sua classificação, enumeram as causas e circunstâncias que influem em seu julgamento, especificam as medidas educativas, estabelecendo uniformidade de critério na sua aplicação em todas as Ecim, e regulam o grau de comportamento dos alunos, discriminando os recursos e as recompensas (BRASIL, 2020).

As normas atuam para impedir o erro disciplinar e manter a obediência pelo medo, sob o argumento de "aprimorar as relações interpessoais no ambiente escolar e garantir os direitos fundamentais das crianças, dos adolescentes e dos jovens". Assim, estabelece-se uma noção de infrapenalidade, de um "mini" Código Penal, como prevê Foucault (1987, p.149): na essência de todos os sistemas disciplinares, funciona um pequeno mecanismo penal; é beneficiado por uma espécie de privilégio de justiça, com suas leis próprias, seus delitos especificados, suas formas particulares de sanção, suas instâncias de julgamento. As disciplinas estabelecem uma 'infrapenalidade'; quadriculam um espaço deixado vazio pelas leis; qualificam e reprimem um conjunto de comportamentos que escapava aos grandes sistemas de castigo por sua indiferença.

O *Manual do Modelo Cívico-Militar* define como transgressões trinta faltas comportamentais e atitudinais, entre elas "comportar-se de maneira inadequada", "portar-se de modo inconveniente", "apresentar-se com uniforme diferente do que foi previamente estabelecido", "deixar de cumprir o prescrito nos regulamentos, normas e orientações, ou contribuir para tal", "publicar ou contribuir para que sejam publicadas mensagens, fotos ou qualquer outro documento, na internet, que possam concorrer para denegrir a imagem de integrantes da escola".

O Manual das Ecim também define como transgressão a atitude do aluno de "ter em seu poder, introduzir, ler ou distribuir, dentro da escola, cartazes, jornais ou publicações que atentem contra a moral", que fere o pluralismo político, fundamento da República Federativa do Brasil (art. 1º, V, CF), a livre manifestação do pensamento (art. 5º, IV, CF), o direito de não ser privado de direitos por motivo de crença religiosa ou de convicção filosófica ou política (art. 5º, VIII), a livre expressão da atividade intelectual, artística, científica e de comunicação, independentemente de censura ou licença (art. 5º, IX, CF), o direito do estudante à liberdade de aprender, ensinar, pesquisar e divulgar o pensamento, a arte e o saber do estudante (art. 206, II), o princípio da educação que versa sobre o pluralismo de ideias (art. 206, III). Fere, ainda, dispositivo da Constituição Federal que garante que "a manifestação do pensamento, a criação, a expressão e a informação, sob qualquer forma, processo ou veículo não sofrerão qualquer restrição, observado o disposto nesta Constituição" (Art. 220), vedando, em seu §2º, toda e qualquer censura de natureza política, ideológica e artística. Viola, por último, o artigo XIX, da Declaração Universal dos Direitos Humanos, que prevê que "Todo ser humano tem direito à liberdade de opinião e expressão; este direito inclui a liberdade de, sem interferência, ter opiniões e de procurar, receber e transmitir informações e ideias por quaisquer meios e independentemente de fronteiras."

Para Ives Gandra, a liberdade de expressão pressupõe o acesso à educação, ela se vincula diretamente à ideia de sociabilidade e interação com o outro através da comunicação. A livre manifestação do pensamento – limitada pelo Manual das Escolas Cívico-Militares –, nada representaria sem as garantias de existência digna, sem as quais o ser humano estaria muito mais preocupado com a sua sobrevivência do que com a afirmação das suas opiniões. Os laços de solidariedade se fortalecem quando as opiniões se manifestam num ambiente democrático, pluralista, culturalmente fortalecido, tolerante, livre de discriminações, num debate livre e racional capaz de fortalecer a própria ideia de cidadania (GANDRA; MENDES; NASCIMENTO, 2021).

Por força do artigo 50 do *Manual*, as canções entoadas no âmbito escolar devem despertar o entusiasmo pela escola, pelos heróis nacionais e pela Pátria. Não são autorizadas canções que usem palavras depreciativas, discriminatórias, que exaltem a violência ou que violem os valores éticos e morais da sociedade. As canções devem ser previamente submetidas ao Diretor pelo Oficial de Gestão Educacional, para que ele faça a triagem, o que viola, mais uma vez, os dispositivos constitucionais que resguardam a liberdade e a livre expressão da atividade intelectual, artística, científica e de comunicação.

A Constituição Federal e o Estatuto da Criança e do Adolescente garantem o direito à organização autônoma dos estudantes em entidades próprias, cuja atuação não pode ser limitada ou tutelada. Entretanto, o *Manual* (BRASIL, 2020) prevê, em seu artigo 191, que a "Ecim poderá congregar os alunos em grêmios, clubes, núcleos e grupos que reflitam interesses comuns de seus integrantes", acrescentando: "desde que estejam autorizados pelo Diretor, alinhados às orientações didático-pedagógicas das Ecim e sob a supervisão de um orientador civil ou militar". Essa disposição normativa viola o art. 53, IV do Estatuto da Criança e do Adolescente, que garante à criança e ao adolescente a educação, visando ao pleno desenvolvimento de sua pessoa, preparo para o exercício da cidadania e qualificação para o trabalho, assegurando-lhes o direito de organização e participação em entidades estudantis, sem qualquer censura ou controle, tendo em vista que a Constituição Federal veda toda e qualquer censura de natureza política, ideológica e artística.

Dando continuidade à análise da militarização das escolas públicas sob o enfoque de diferentes ramos do direito, propôs-se a analisar esse processo, também, à luz do direito administrativo, o que significa olhar para os aspectos do regime jurídico da operacionalização desse modelo: os princípios que orientam a ação estatal no sentido do interesse público; os procedimentos administrativos de tomada de decisão; os agentes públicos; os bens públicos; a transparência dos atos; as formas de controle sobre a Administração Pública; as figuras da Administração utilizadas e sua organização interna; as formas de contratação e eventuais parcerias com entidades privadas.

Administrativamente, uma das primeiras questões que se deve abordar é se a transformação de escolas públicas em Escolas Cívico-Militares, sem qualquer alteração à Constituição Federal ou à legislação federal, sem base na representação política e na regra da maioria, atende ao interesse público. Num Estado Democrático de Direito, não pode haver subjetividade na definição do que é interesse público e, por isso, este deve ser definido na lei. Nesse sentido, a militarização das escolas públicas, no modelo proposto, fere o princípio da legalidade (art. 37, CF) e da finalidade pública (art. 2º da Lei 9.784/1999), já que, enquanto na administração particular é permitido fazer tudo que a lei não proibir, na Administração Pública só é permitido fazer o que a lei autorizar.

Administrar escolas não é a finalidade pública da Polícia. De acordo com o princípio da finalidade pública, a Administração deve sempre atuar para alcançar o fim público definido pela lei. Sem definição prévia de finalidade por lei, todo ato que tiver fim diverso daquele explícita ou implicitamente previsto na regra de competência, poderá ser invalidado por desvio de finalidade (Lei 4717/1968, art. 2º, parágrafo único, "e") (XIMENES; STUCHI; MOREIRA, 2019).

Conforme visto, dois têm sido os principais argumentos a favor da transformação das escolas civis em cívico-militares: i) atenuar altos índices de violência em áreas de periferia; e ii) melhorar o Índice de Desenvolvimento da Educação Básica das escolas. A primeira justificativa atribui à escola missão diferente daquela que a Constituição e que a legislação educacional prescreve, o que poderia até configurar, de novo, aquele desvio. A segunda, se apoiada no princípio da eficiência da Administração Pública, poderia ser uma justificativa real e plausível, mas não se confirma[7] (XIMENES; STUCHI; MOREIRA, 2019).

Outro ponto, dentro da seara do Direito Administrativo, envolve uma – não por acaso – recente alteração da Constituição Federal, por meio da Emenda Constitucional 101/2019 (inclusão do § 3º do art. 42), que passou a permitir que militares dos Estados, do Distrito Federal e dos Territórios possam acumular seus cargos de militares dos Estados com: i) um cargo de

[7] Nos Colégios Militares *stricto sensu* há processo seletivo e reserva de vagas, conforme a pesquisadora confirma em sua pesquisa. A reserva de vagas por meio de processo seletivo, "seleciona" discentes com melhores desempenhos e exclui os demais, o que, por óbvio, garante, sem muito esforço, a melhora dos Índices.

professor; ii) um cargo técnico ou científico; ou iii) um cargo ou emprego privativo de profissionais de saúde, com profissões regulamentadas (art. 37, inciso XVI), com prevalência da atividade militar. Entretanto, é importante entender como se dá o acúmulo de funções de policiamento e ensino entre os militares e se há respaldo legal para o exercício de uma terceira função: a de administração das escolas da rede pública estadual.

Entre as atribuições da polícia militar e dos corpos de bombeiros militares, não há a de administrar as escolas públicas. O desvio de função é nítido, o que pode configurar, inclusive, crime de improbidade administrativa do gestor que autorizar tal medida, conforme Lei nº 8429/1992. Segundo o *caput* do art. 144, a segurança pública destina-se à preservação da ordem pública e da incolumidade das pessoas e do patrimônio. O arranjo realizado denota uma compreensão equivocada do papel reservado às polícias em relação à educação (XIMENES; STUCHI; MOREIRA, 2019). Não cabe à Polícia Militar, portanto, sob nenhuma hipótese, ministrar, gerir, organizar, fornecer ou lidar, direta ou obliquamente, com o serviço de educação pública.

Quando uma instituição (armada ou não) exerce, sem respaldo Constitucional, uma atividade que não se inclui em sua esfera jurídica de competências, está-se em uma situação de grave ruptura com a ordem democrática. Não cabe à Polícia Militar gerir escolas públicas e, a propósito, o militar que o fizer irá contradizer e trair o seu juramento de cumprir a Constituição.

## Conclusões

> Muitos são, hoje, da opinião de que não existem duas coisas mais dissonantes e menos congruentes que a vida civil e a militar. Vê-se, diariamente, que, quando um homem ingressa no exército, ele imediatamente muda. Além de suas vestes e de sua indumentária, muda o seu comportamento, suas companhias, sua tez, sua maneira de falar, e este se investe para despojar-se, se vendo livre de tudo que possa parecer comum da vida civil. O homem, almejando estar pronto para qualquer sorte de violência, despreza a indumentária padrão do civil e crê que nenhum traje servirá ao seu propósito, que não a farda-armadura. E quanto à civilidade e polidez, como se pode esperar encontrá-las em alguém que imagina que tais coisas o fariam parecer afeminado e que tais coisas seriam um obstáculo ao seu serviço,

> especialmente quando tal sujeito pensa que é seu dever, ao invés de conversar e comportar-se como os outros homens, ameaçar qualquer um que encontre, com uma saraivada de pragas e um temível par de bigodes? (MAQUIAVEL apud OLIVEIRA; SILVA, 2016, p. 4).

Pela força das normas do manual, a cultura militar penetra a escola, integra-se a ela e deixa sua marca na gestão escolar, na construção do currículo, nas práticas docentes, nas atividades dentro e fora da escola. Não são apenas normas que compõem a cultura escolar. Práticas que induzam comportamentos, pensamentos e produzam consequências múltiplas e variadas no espaço escolar também compõem aquela. Nesse sentido, estudar normas juntamente com as práticas nos permite compreender os processos educacionais que se estabelecem na instituição. Assim, partindo do estudo de normas e práticas, com base nos dados coletados, duas características de escolarização ficaram evidentes: uma que atua sobre o corpo e outra sobre o comportamento dos indivíduos (OLIVEIRA; SILVA, 2016).

Michel Foucault define disciplinas como "métodos que permitem o controle minucioso das operações do corpo, que realizam a sujeição constante de suas forças e lhes impõe uma relação de docilidade-utilidade" (FOUCAULT, 2011, p. 133). A hierarquia e a disciplina têm o objetivo de fabricar corpos submissos, isto é, corpos dóceis. A disciplina, para Foucault, na medida em que aumenta a utilidade e a submissão do corpo, acaba reduzindo a força política deste. São inerentes à formação militar técnicas disciplinares que, para além de homogeneizar comportamentos, visam à anulação da individualidade do aluno-soldado. É neste processo de supressão da individualidade – em favor de uma coletividade – que reside o caráter totalizador das instituições militares (OLIVEIRA; SILVA, 2016). O *Manual das Escolas Cívico-Militares* reproduz normas que levam ao risco de desnaturação dos conceitos constitucionais de educação, do princípio da finalidade dos atos administrativos e do núcleo material do regramento constitucional da educação e da segurança pública.

O país tem necessidade de uma educação para a responsabilidade social e política, que coloque seu educando em diálogo constante com o outro, que o predisponha a constantes debates, e não uma educação que leve a criança e o adolescente a posições convenientes, quietas ou mansas. Segundo Kant, nada pode ser repassado a um educando sem que o mesmo compreenda.

O ideal de educação é, acima de tudo, uma tentativa constante de mudança de atitude que não tema o debate. Mas, quando o Manual prevê cortes padrões de cabelos, cerceia a liberdade do professor em classe, controla linguagem e estética corporal de seu educando, modela seu comportamento, impõe obediência, define como uma das trinta transgressões o fato de o aluno "ter em seu poder, introduzir, ler ou distribuir, dentro da escola, cartazes, jornais ou publicações que atentem contra a moral", ele fere o pluralismo político, fundamento da República Federativa do Brasil, a livre manifestação do pensamento, o direito de não ser privado de direitos por motivo de crença religiosa ou de convicção filosófica ou política, a livre a expressão da atividade intelectual, independentemente de censura ou licença, o direito do estudante à liberdade de aprender, ensinar, pesquisar e divulgar o pensamento. E fere, ainda, o artigo XIX, da Declaração Universal dos Direitos Humanos, que prevê que "Todo ser humano tem direito à liberdade de opinião e expressão."

A política de militarização das escolas públicas apresenta-se inconstitucional por diversas perspectivas e viola tratados e compromissos internacionais firmados pelo Brasil. Considerando as incoerências, as tensões e contradições causadas pelos ideais de educação militar, quando colocados diante do que proclama a Constituição Federal sobre o direito fundamental à educação, essa doutrina não mais pode ser defendida como a "mais adequada" à educação e ao desenvolvimento de uma criança ou de um adolescente ou ao alcance da qualidade de ensino.

Vimos que a identidade ambígua das escolas militarizadas atribui a elas vínculos com dois sistemas estaduais: a educação e a segurança pública. Os valores e princípios do ensino militarizado são compatíveis com finalidade própria do Sistema de Ensino do Exército: formar quadros militares. Sua transposição para o ensino civil jamais poderia ser automática. A promessa de garantir disciplina dos alunos de escolas públicas que já foram, ou serão militarizadas advém da vida militar, que valoriza a subordinação ao chefe, o seu poder de dirigir e punir.

Policiais fardados e armados juntos a crianças e adolescentes em situação escolar não parecem fazer bem ao processo educativo, muito menos a obediência que calca as normas de disciplina das instituições militares. A não ser o adestramento a comportamentos padronizados de fala, postura e tratamento, pouco (ou nenhum) resultado pedagógico aquelas normas alcançam. Negar a crianças e a adolescentes o direito à diversidade e à individualidade, obrigando que eles adotem corte de cabelo determinado ou proibindo o uso de certos adereços, próprios da idade, não parece – de novo – fazer qualquer bem.

A habilidade mais refinada do oficial militar é – e deve ser – a administração da violência; sua responsabilidade é a segurança militar da sociedade. Quanto às razões que favorecem o discurso em favor das escolas militarizadas, segundo os que seguem a linha do discurso do medo e da violência, para ampliar ou simplesmente instalar uma política de controle, na ótica do Estado e de boa parte da sociedade, nada melhor e mais eficiente que transformar a escola em um quartel. A cultura do medo e a prática militarista propagam a ideia de que a militarização das escolas é uma solução para ampliar a segurança dentro delas, além de servir de combate à violência. O discurso da segurança pública tem se tornado um instrumento importante para muitos governantes, que pautam suas falas no argumento de que a única forma de garantir a segurança está na ampliação dos mecanismos de controle.

A narrativa do medo decorrente da espetacularização da violência criou no imaginário de alguns pais ou responsáveis pelas crianças e adolescentes em idade escolar a ideia de que o policial armado dentro da escola é a solução. Os pais têm razão em temer pela integridade e segurança de seus filhos e de reconhecer que algumas escolas não oferecem a sensação de resguardo devida. No entanto, sabe-se que a violência não se cria dentro da escola, mas ela reflete a violência do lado de lá dos muros. A escola não é uma bolha isenta das mazelas sociais. A polícia que é chamada para impedir a violência na escola é a mesma que não consegue entregar resultados à sociedade em relação às políticas públicas de segurança para as quais ela efetivamente foi criada e existe (MENDONÇA, 2019). Entretanto, o discurso do medo sequer tem compromisso com a verdade, mas apenas com ele próprio. Uma observação mais atenta evidencia que o discurso do medo sobrevive mais por meio de falácias do que por meio dos fatos (OLIVEIRA, 2016).

Por mais que se reconheça que a formação de soldados, oficiais do Exército, das Forças Armadas, da Aeronáutica e da Marinha seja imprescindível para a manutenção da segurança nacional de um país, o ensino civil reorientado para a lógica militar, na qual o castigo e a punição são respostas à desobediência, é diametralmente oposto aos ideais, aos princípios que regem o direito fundamental à educação e ao núcleo material específico da educação pública. Alguns ordenamentos constitucionais consagram a expressa proteção do núcleo essencial, como se lê no art. 19, II, da Lei Fundamental alemã de 1949, que estabelece que "em nenhum caso poderá ser um direito fundamental violado em sua essência" (GONET; MENDES, 2018, p. 212).

A ordem constitucional brasileira não contemplou direta e expressamente a proteção do núcleo essencial de direitos fundamentais. Sabe-se, contudo, que o texto constitucional veda expressamente qualquer proposta de emenda tendente a abolir os direitos e garantias individuais (CF, art. 60, §4º, IV). Embora omissa no texto constitucional brasileiro, a ideia de um núcleo essencial decorre do próprio modelo garantístico utilizado pelo constituinte. A não admissão de um limite ao afazer legislativo tornaria inócua qualquer proteção fundamental (GONET; MENDES, 2018).

Paulo Freire, assim como nós, estava convencido de que a contribuição a ser trazida pelo educador brasileiro à sua sociedade, ao lado dos economistas, dos sociólogos, como de todos os especialistas voltados para a melhoria dos seus padrões, haveria de ser a de uma educação crítica e criticizadora; de uma educação que tentasse a passagem da transitividade ingênua à transitividade crítica. Uma educação que armasse seus alunos contra a força dos irracionalismos, e não com armas de fogo. O país tem necessidade de uma educação para a responsabilidade social e política. Não há nada que mais contradiga e comprometa a emersão popular do que uma educação que não propicie ao estudante condições de verdadeira participação, que não jogue o educando às experiências do debate e da análise dos problemas (FREIRE, 1967). O ideal de educação é, acima de tudo, uma tentativa constante de mudança de atitude.

## Referências

BRASIL. Assembleia Nacional Constituinte. **Atas das comissões.** Propostas à Assembleia Nacional Constituinte. Relatório 2: Educação e Constituinte. Brasília, 1987. Disponível em: https://www.senado.leg.br/publicacoes/anais/constituinte/sistema.pdf.

BRASIL. **Constituição da República Federativa do Brasil de 1988**. Disponível em: http://www.planalto.gov.br/ccivil_03/constituicao/constituicao.htm.

BRASIL. Ministério da educação. **Manual das escolas cívico-militares**. Brasília, 2020.

BULOS, Uadi Lammêgo. **Constituição Federal anotada**. 11. ed. São Paulo: Saraiva, 2015.

CORBUCCI, Paulo Roberto; BARRETO, Angela Maria Rabelo Ferreira; CASTRO, Jorge Abrahão; CHAVES, José Valente; CODES, Ana Luiza Machado. Vinte anos da Constituição Federal de 1988: avanços e desafios na educação brasileira. In: **Políticas sociais: acompanhamento e análise**: vinte anos da Constituição Federal. V. 2. Brasília: IPEA, 2009.

FREIRE, Paulo. **Educação como prática da liberdade**. Rio de Janeiro: Paz e Terra, 1967.

FOUCAULT, Michel. **Vigiar e punir**: o nascimento da prisão. Petrópolis: Vozes, 1987.

FOUCAULT, Michel. **Vigiar e punir**: o nascimento da prisão. Petrópolis: Vozes, 2011.

GANDRA, Ives; MENDES, Gilmar Ferreira; NASCIMENTO, Carlos Valder. **Tratado de direito constitucional**. V. 1. São Paulo: Saraiva, 2012.

GONET, Paulo Gustavo; MENDES, Gilmar Ferreira. **Curso de Direito Constitucional.** 13. ed. São Paulo: Saraiva, 2018.

INSTITUTO BRASILEIRO DE GEOGRAFIA E ESTATÍSTICA. **Pesquisa nacional por amostra de domicílios contínua**. 2021. Disponível em: https://sidra.ibge.gov.br/tabela/5919#resultado.

MENDONÇA, Erasto Fortes. Militarização de escolas públicas no DF: a gestão democrática sob ameaça. **Revista Brasileira de Política e Administração da Educação**, v. 35, n. 3, p. 594, dez. 2019. Disponível em: https://seer.ufrgs.br/rbpae/article/view/96052. Acesso em: 20 jan. 2022.

OLIVEIRA, Ian Caetano; SILVA, Victor Hugo Viegas de Freitas (Orgs.). **Estado de exceção escolar**: uma avaliação crítica das escolas militarizadas. Aparecida de Goiânia: Escultura, 2016.

OLIVEIRA, Dijaci David. As escolas militares: o controle, a cultura do medo e da violência. In: OLIVEIRA, Ian Caetano; SILVA, Victor Hugo Viegas de Freitas (Orgs.). **Estado de exceção escolar**: uma avaliação crítica das escolas militarizadas. Aparecida de Goiânia: Escultura, 2016.

PERA, Guilherme; MENEZES, Dyelle. **MEC firma compromisso para tornar Brasil referência na América Latina até 2030.** Brasília: MEC, 2019 Disponível em: http://portal.mec.gov.br/busca-geral/211-noticias/218175739/77991-mec-firma-compromisso-para-tornar-brasil-referencia-na-america-latina-ate-2030. Acesso em: 12 out. 2020.

POMPEU, Gina Vidal Marcílio. **Direito à educação**: controle social e exigibilidade judicial. Rio de Janeiro/São Paulo: ABC, 2005.

SANTOS, Catarina de Almeida; ALVES, Miriam Fábia; MOCARZEL, Marcelo; MOEHLECKE, Sabrina. Militarização das escolas públicas no Brasil: um debate necessário. **Revista Brasileira de Política e Administração da Educação**, v. 35, n. 3, p. 580, dez. 2019. Disponível em: https://seer.ufrgs.br/rbpae/article/view/99295. Acesso em: 20 jan. 2022.

SARAIVA, Adriana. **Abandono escolar é oito vezes maior entre jovens de famílias mais pobres**. 2019. Disponível em: https://agenciadenoticias.ibge.gov.br/agencia-noticias/2012-agencia-de-noticias/noticias/25883-abandono-escolar-e-oito-vezes-maior-entre-jovens-de-familias-mais-pobres.

SARLET, Ingo Wolfgang. **A eficácia dos direitos fundamentais**: uma teoria geral dos direitos fundamentais na perspectiva constitucional. 13. ed. Porto Alegre: Livraria do Advogado, 2018.

TAVARES, Francisco Mata Machado. Quem quer manter a ordem? A ilegalidade da militarização das Escolas em Goiás. In: OLIVEIRA, Ian Caetano; SILVA, Victor Hugo Viegas de Freitas (Orgs.). **Estado de exceção escolar**: uma avaliação crítica das escolas militarizadas. Aparecida de Goiânia: Escultura, 2016.

TEIXEIRA, Anísio Spínola. **Educação é um direito**. Rio de Janeiro: EdUERJ, 2009.

UNICEF. **O enfrentamento da exclusão escolar no Brasil**. Brasília, 2014. Disponível em: http://www.foradaescolanaopode.org.br/downloads/Livro_O_Enfrentamento_da_Exclusao_Escolar_no_Brasil.pdf.

VIANA, Natércia Micheletti. **Educação na Assembleia Constituinte**: debates da subcomissão de educação e cultura sobre ensino médio de 1987 a 1988. Brasília, 2013.

XIMENES, Salomão Barros; STUCHI, Carolina Gabas; MOREIRA, Márcio Alan Menezes. A militarização das escolas públicas sob os enfoques de três direitos: constitucional, educacional e administrativo. **Revista Brasileira de Política e Administração da Educação**, v. 35, n. 3, p. 612, dez. 2019. Disponível em: https://seer.ufrgs.br/rbpae/article/view/96483. Acesso em: 20 jan. 2022.

# 4. JUDICIALIZAÇÃO DO DIREITO À SAÚDE E PROCESSO ESTRUTURAL: TRANSPOSIÇÃO DE ESTADOS DE COISAS

Éder Machado Leite

## Introdução

No Brasil, o direito à saúde está vinculado a políticas públicas bem estruturadas, com progressivos avanços dos programas de atenção básica e de emergências. Pode-se destacar programas bem-sucedidos, apesar de algumas regiões menos favorecidas economicamente contarem com restrições de acesso e com programas menos eficientes. Conquanto se identifique ampliação do acesso a consultas médicas, a consultas odontológicas e a internações, o acesso à saúde e a cobertura dos programas públicos ainda estão aquém das necessidades da população, especialmente para a faixa de menor renda, com menor cobertura por planos privados, mesmo em regiões mais bem desenvolvidas economicamente. Dentre os serviços com maior problema de cobertura uniforme estão os de alta complexidade ambulatorial e hospitalar. Entretanto, as ações judiciais são mais prevalentes nos casos de acesso a medicamentos (VIEIRA, 2020).[1]

[1] Essa, aliás, a grande crítica feita por Ramiro Sant'Ana (2017). Ao destacar esse elemento de fato, registra que os trabalhos acadêmicos têm se concentrado em analisar os impactos orçamentários decorrentes das ações que pretendem acesso a medicamentos raros ou que estão fora das listas do SUS. Isso atrairia, segundo ele, um viés que ignora a importância da judicialização para garantir acesso a outros tratamentos, muitos dos quais já previstos na própria política pública, como cirurgias, por exemplo. A esse propósito, destaca-se o estudo em que foi identificado um menor tempo de espera pelos indivíduos que dependem de uma cirurgia e judicialização da questão (FREITAS FILHO; SANT'ANA, 2016). Todavia, nesse caso, tal qual se destaca neste trabalho, o direito é aplicado pelo Estado apenas em prol do

Seja em virtude de questões orçamentárias, seja em virtude de contingências próprias do processo político, as lacunas, as falhas e os resultados indesejados das políticas públicas têm gerado uma elevada litigiosidade. Segundo as pesquisas empíricas dedicadas ao estudo do direito à saúde, é possível observar "que as causas da judicialização são diversas e que variam no território nacional" (VIEIRA, 2020, p. 28). As questões judicializadas estão relacionadas tanto a bens e serviços de saúde já previstos nas políticas públicas, quanto a produtos e serviços não contemplados por elas (VIEIRA, 2020). Em qualquer dos casos, seja por meio de ações individuais ou coletivas, a judicialização visa ao acesso direto aos bens e serviços de saúde, a fim de obter do Estado tudo o que, individualmente, se entende necessário para a materialização do direito.

Mesmo nos casos em que se propõem ações civis públicas, o Ministério Público, de maneira predominante, requer acesso a medicamentos e insumos contra o Estado em nome de um interesse eminentemente individual, "sem consequências estruturais como reforma da política de saúde ou incorporação massiva de alguma tecnologia de saúde no âmbito de produtos disponibilizado pela assistência farmacêutica do SUS" (CNJ, 2018, p. 81).

O resultado dessa forma de litígio é o aumento exponencial no número de demandas que requerem a garantia do direito à saúde. No período de 2008 a 2017, verifica-se, na evolução ano a ano, "aumento de aproximadamente 130% no número de demandas de primeira instância relativas ao direito à saúde" (CNJ, 2019, p. 46). Esse crescimento também é identificado quando se focalizam os números de processos de segunda instância, em que se observa aumento de 85% no período compreendido entre 2009 e 2017. Dentro desse universo de processos, há considerável prevalência de ações relacionadas à saúde suplementar (CNJ, 2019). Todavia, o volume de demandas relativas à saúde pública é representativo.[2]

interesse individual, sem que a estrutura seja remodelada para que o direito se materialize de forma ampla, com efetiva remoção ou inibição do ilícito.

[2] Segundo a pesquisa produzida pelo CNJ (2019, p. 46), o volume de ações contra o Estado seria de 11,782% dos casos. Entretanto, em pesquisa posterior (VIEIRA, 2020, p. 27), constatou-se que esse número é subestimado, tendo em vista a utilização de mais de uma classificação que contempla esses tipos de processo. A análise comparativa das duas pesquisas permite concluir que esses 11,782% referem-se a processos classificados como "tratamento médico hospitalar e/ou fornecimento de medicamentos". Além desse percentual, é possível

Desse fato deriva extenso debate acerca das possibilidades e limites ao exercício da jurisdição, o que tem sido objeto de inúmeros trabalhos acadêmicos dedicados a: a) avaliar como a judicialização do direito à saúde se dá no Brasil;[3] b) os impactos decorrentes das decisões judiciais;[4] c) a forma como as decisões representam apropriação de recursos públicos[5] e d) as injustiças que existem na concretização do direito à saúde.[6]

A análise conjunta e comparada desses estudos revela que pouco se pode concluir acerca da judicialização tendo por base as pretensões de acesso a medicamentos (CATANHEIDE; LISBOA; SOUZA, 2016). Entretanto, não se pode negar que a ausência de uma abordagem estrutural do problema incorre em aumento da litigiosidade, risco de impacto financeiro das decisões judiciais, risco de desestruturação das políticas públicas, risco de transferência de responsabilidades e competências entre os entes Federados fora dos limites definidos pela legislação.

Essas questões são tratadas nas defesas apresentadas pelo Estado nos litígios em que se pretende acesso ao direito à saúde. Nelas, o ente público invoca fundamentos eminentemente argumentativos, por meio dos quais argumenta que a alocação de recursos escassos seria a razão para negar as pretensões do indivíduo. As defesas estão alicerçadas, portanto, no conceito de reserva do financeiramente possível para justificar a restrição do direito e pretender a manutenção do estado de coisas[7] em

identificar que outros 24,4% de processos referem-se exclusivamente a demandas por medicamentos no SUS.

[3] PEPE et al., 2010; MAZZA; MENDES, 2014; GRINOVER; PINTO, 2014; MENDES; OLIVEIRA; ARANTES, 2018; ALMEIDA; FREIRE, 2018; FERRAZ, 2019; VIEIRA, 2020.

[4] VIEIRA; ZUCCHI, 2007; FERRAZ, 2009; CHIEFFI; BARATA, 2009; WANG et al., 2014.

[5] CHIEFFI; BARATA, 2009; CAMPOS NETO, 2012.

[6] SANT'ANA, 2017. Ramiro Nóbrega Sant'Ana critica grande parte desses trabalhos, alicerçando sua posição na estrutura das defensorias públicas, no indevido foco da análise sobre o acesso a medicamentos (OLIVEIRA et. al., 2015), na priorização da saúde complementar e suplementar, bem como nas injustiças que essa priorização atrai. Entretanto, concorda que "o impacto da judicialização pode ser apontado como algo a ser equalizado", ainda que não possa ser visto como algo relevante para desestruturar o sistema.

[7] Humberto Ávila, em sua Teoria dos Princípios, estatui que princípios "instituem um dever de adotar comportamentos necessários à realização de um determinado estado de coisas" e que "o que for necessário para promover o fim é devido". É nesse sentido, portanto, que se faz referência ao termo "estado de coisas", como um fim devido em virtude de uma imposição normativa (ÁVILA, 2021).

que o descumprimento do direito se encontra. Ao conceito de reserva do possível é associada a pretensão estatal de salvaguardar a liberdade de conformação do legislador. Essa prerrogativa é apresentada como se a liberdade para definir as prioridades das políticas públicas e para decidir acerca da aplicação dos recursos do Estado autorizasse a manutenção de um estado de descumprimento dos deveres fundamentais.

A jurisprudência dos Tribunais tem sistematicamente afastado o princípio da reserva do possível e da liberdade de conformação para deferir os pedidos que obrigam o Estado a fornecer medicamentos, tratamentos, cirurgias, internações etc. Mesmo nas ações coletivas, a prevalência da postura adversarial, bipolar e binária produz soluções destinadas a determinar o cumprimento de obrigações que se relacionam com a consequência do problema, e não com a solução de suas causas.

Essa forma de aplicação do direito à saúde, por vezes, apesar de almejar equilíbrio da jurisdição para com as competências dos poderes político-administrativos, subverte a própria estrutura formal e normativa da proteção e redimensiona as fronteiras na esfera da implementação de políticas de saúde (ALMEIDA; FREIRE, 2018). Isso decorre, em grande medida, da solução individual aplicada aos casos concretos sem atenção ao panorama coletivo e estrutural revelado pelo conjunto de ações movidas na busca do direito fundamental social à saúde. Por conseguinte, os números elevados da litigiosidade são indicativos de que a forma como a jurisdição é prestada não é suficiente para transpor o estado de coisas em que esse direito é restringido ou mesmo violado. Isso exige, portanto, uma revisão crítica do modelo processual com que a questão é abordada.

Essa necessidade de analisar a forma como os litígios envolvendo o direito à saúde são processados pelo Judiciário ganha especial relevo ao se observar que o processo de formulação de políticas públicas sofre "desvios" por pressões dos grupos de interesse (VIANA, 1996; HOWLETT; RAMESH, 2013; SECCHI, 2019). A partir desse dado, este trabalho pretende verificar a importância de o Judiciário avaliar os problemas estruturais que possam desviar a atuação dos poderes políticos dos deveres discricionários[8], de modo a permitir que a atuação jurisdicional promova a remoção e/ou a inibição do ilícito, fonte das ações judiciais, e não apenas solucione os casos individuais.

[8] A propósito do conceito de deveres discricionários, conferir Bandeira de Mello (2017).

A simples constatação de que a garantia do direito pode repercutir em elementos que afetam tanto o direito de terceiros quanto políticas públicas se mostra como alerta para verificar se a pretensão não está vinculada a um estado de desconformidade. Essa verificação se faz necessária ainda que se tenha um padrão decisório ou tese fixada para a aplicação do direito a casos concretos semelhantes, ainda que se reconheça a possibilidade de judicialização, ainda que se reconheça a obrigação de o Estado cumprir com o dever de garantir a saúde e, com isso, fornecer os bens e serviços necessários ao tratamento das doenças e intercorrências físicas de cada indivíduo.

Apesar de as ações propostas pelo modelo adversarial serem aptas a provocar o controle e eventual intervenção do Judiciário nas decisões do Poder Público, nem todas as demandas propostas sob a perspectiva individual poderão exaurir a máxima efetividade do direito à saúde. Isso porque, "uma demanda individual dificilmente revela alguma omissão estatal que gera efeitos para toda a comunidade, e não somente o indivíduo" (ALVES, 2014). Por conseguinte, tendo em vista o caráter coletivo do direito e a possível existência de um problema estrutural como causa da mora estatal, é preciso adotar a técnica processual que se harmonize com o direito material, que lhe garanta tutela específica e que seja capaz de solucionar a própria origem do estado de desconformidade com o direito.

Tendo em vista que o direito à saúde se insere na atuação estatal tanto em seu nível político-administrativo quanto em seu nível jurisdicional, é possível dizer que está relacionado tanto a litígios sociológicos quanto a litígios jurídicos. Os níveis político-administrativo e jurisdicional estão intimamente conectados e qualquer atuação em um nível repercute na outra.[9] A política pública efetiva tem por consequência diminuição de ações judiciais, enquanto decisões judiciais influenciam a maneira de formular políticas públicas. A questão subjacente, entretanto, está no fato de lacunas, falhas e/ou resultados indesejados das políticas públicas implicarem judicialização, ao passo que falhas na forma de decidir judicialmente possam implicar agravamento do estado de desconformidade com o direito.

[9] Nesse sentido, Owen Fiss destaca que os magistrados estão constantemente apoiados em dois mundos, o mundo do ideal e o mundo do prático, o mundo do valor público e o mundo da preferência subjetiva, o mundo da Constituição e o mundo da política (FISS, 1979).

Com efeito, é necessário equalizar a tensão que há entre o caráter individual e o coletivo do direito à saúde, de modo a permitir que a garantia do direito para um não implique comprometimento do direito para os demais titulares e que a solução dada pela jurisdição permita a transposição de um estado de desconformidade para um estado de conformidade com o direito. Para atender a essa necessidade, este trabalho se destina a uma abordagem que revisa o modelo liberal de processo (adversarial, bipolar e binário), a fim de contribuir para estabilização e conformação da atuação dos Poderes da República nos casos em que o Judiciário é chamado a atuar em conflitos cujo objeto é o direito à saúde. Afinal, o impacto das decisões provenientes desse modelo no plano da coletividade, no plano da indispensável universalização desse direito fundamental social é constantemente ignorado (ALMEIDA; FREIRE, 2018).

Diante dessa perspectiva, o estudo do processo estrutural é proposto como técnica ou modelo destinado à solução jurídica da causa dos litígios (o problema estrutural). O problema estrutural caracteriza-se por uma lesão ou ameaça que decorre de uma desconformidade com o estado de coisas definido pelo direito. Nesse sentido, o processo estrutural destina-se a promover uma transição do estado de desconformidade para um estado de conformidade. Por meio dessa técnica, presta-se tutela específica e adequada ao direito material, em harmonia com os demais direitos cuja materialização ou manutenção também dependem do estado de coisas pretendido ou, ainda, de outros estados de coisas relacionados com as pretensões e posições jurídicas envolvidas.

A relevância do estudo reside na necessidade de equalizar as tensões entre coletivo e individual, entre a dimensão jurídica e a político-administrativa. Ela também decorre das próprias críticas à atuação do Judiciário em direitos fundamentais sociais, possíveis de serem assim sintetizadas: a) as decisões em casos individuais ou mesmo coletivos, propostos pelo modelo adversarial, intervêm indevidamente nas políticas públicas, nas escolhas políticas feitas pelo Executivo e pelo Legislativo; b) a judicialização tem feito que o Judiciário defina a forma como deve ser aplicado o orçamento público, à revelia das decisões tomadas no processo político-administrativo; c) as decisões judiciais invadem as competências constitucionais dos demais poderes sem haver equivalente amparo democrático.

O ponto de análise, portanto, está em verificar como o processo estrutural pode garantir aplicação do direito que não se destina exclusivamente à solução do litígio pela perspectiva subjetiva individual, que não aborda apenas a consequência do estado de coisas, que considera a ação necessária para a remoção ou inibição do ilícito, de modo a alcançar a meta exigida pela norma. E, apesar de não ser necessariamente uma ação coletiva, mesmo sendo essa a forma prevalente, como pode contribuir para a análise do direito completo, uma vez que o estado de coisas congrega múltiplos interesses e posições jurídicas relacionadas/conectadas. É a partir desses problemas que este estudo se propõe a debater as formas de judicialização do direito fundamental social à saúde[10].

## 1. Materialização do direito à saúde: o conceito do direito e o processo de formulação de políticas públicas

O Direito à Saúde está expressamente inserido no sistema constitucional brasileiro na categoria de fundamental. Segundo o texto da Constituição Federal, trata-se de um direito fundamental social[11], de proteção especial e vinculação de todo Estado em todos os níveis e esferas. Além disso, esse direito deriva diretamente do direito à vida, o qual protege um atributo do ser, que é condição para a titularidade de qualquer direito e sem o qual não se pode pensar em ações para a manutenção da saúde. Por consequência,

[10] Conquanto seja utilizado o termo "judicialização da política" para descrição do fenômeno, ele será evitado em virtude da sua inadequação e das confusões que dele podem decorrer. Embora direito e política tenham na judicialização de direitos fundamentais sociais um elo de contato e de recíproca influência, cada subsistema (Político e Jurídico) opera segundo códigos distintos (CAMPILONGO, 2011). Dessa feita, para que se evite uma vinculação do uso dos códigos próprios da política no exercício da jurisdição e para que não se desvirtue a análise normativa a que se propõe esta dissertação, será dado o enfoque a partir da judicialização do direito fundamental à saúde. Para melhor compreensão da crítica ao termo "judicialização da política", conferir Koerner, Inatomi e Baratto (2011) cuja conclusão é: "a expressão judicialização da política é teoricamente inválida, porque apresenta deslizes conceituais, ao simplificar as relações entre os tribunais e a política, revelando uma concepção estreita da jurisdição e do direito; ela representa uma abordagem parcial e enviesada sobre as transformações dos Estados contemporâneos e, enfim, ela apresenta ambiguidades sobre o seu campo de aplicação, as relações entre Judiciário e política, o que a torna analiticamente inútil."

[11] A propósito dos direitos fundamentais sociais, necessário registrar que, independentemente da inserção desses direitos no título dedicado aos direitos e garantias fundamentais da Constituição Federal de 1988, é possível defender sua fundamentalidade a partir da *Teoria dos Direitos Fundamentais* de Robert Alexy (2017). Nesse sentido, conferir o Capítulo 9 dessa obra, em especial o tópico IV.

a fundamentalidade do direito à saúde também decorre logicamente da fundamentalidade e ligação direta com o direito à vida. Também concorre em favor da fundamentalidade do direito à saúde o princípio da dignidade humana, capaz de ampliar a compreensão do conceito saúde para que ele não se restrinja à simples sobrevivência.

Todavia, essa identificação não é suficiente para extrair do texto da norma jurídica um conceito que defina em que consiste o direito fundamental à saúde. Elaborar um conceito jurídico para o direito fundamental à saúde é apenas o primeiro passo para sua concretização, o que perpassa pela "atribuição de um significado aos enunciados linguísticos do texto constitucional" (CANOTILHO, 2003, p. 1215).

Um segundo passo para a concretização do direito fundamental à saúde está no processo de formulação de políticas públicas. É por meio das políticas públicas que o Estado cumpre com o dever que lhe é imposto pela norma constitucional. Por conseguinte, a análise do fenômeno da judicialização perpassa pela compreensão de como as políticas públicas são gestadas pelos poderes político-administrativos, pela identificação da origem das falhas que, ao fim e ao cabo, geram as restrições ou violações ao direito.

### 1.1. O conceito de direito à saúde

A fundamentalidade do direito à saúde faz com que dele decorram posições jurídicas tão importantes que não podem estar totalmente dependentes das maiorias parlamentares. Dessa forma, a compreensão do direito à saúde exige identificar seus atribuídos de regras e de princípios (ALEXY, 2017). Nesse sentido, o direito à saúde possui uma carga principiológica, de posição *prima facie* e restringível[12], verificada quando o direito orienta as ações do Estado[13] como mandamentos de otimização. Possui, também,

[12] A restrição do direito à saúde somente se verifica mediante a necessidade de sopesamento com outros direitos fundamentais ou princípios que, em certas condições, possam com ele conflitar. Não se trata, portanto, da admissão de uma restrição normativa ou fática oponível ao direito à saúde, e sim o reconhecimento que, em certas circunstâncias, o direito pode ter que ceder frente a princípios que tenham algum tipo fundamentado de precedência.

[13] Quando se faz referência ao destinatário das normas de direito fundamental, especialmente em seu sentido positivo ou prestacional, o termo Estado é utilizado fazendo referência à Administração Pública, e não a uma ordem jurídica soberana. Essa distinção se faz necessária em virtude da advertência trazida por Maria Paula Dallari Bucci (2013, p. 48): "[a]s expressões

uma carga de regra, de posição definitiva, verificada por criar para o Estado obrigações, deveres e proibições.

Alexy distingue regras de princípios identificando que os "princípios são normas com grau de generalidade relativamente alto, enquanto o grau de generalidade das regras é relativamente baixo" (ALEXY, 2017, p. 87). Portanto, princípios são "normas que ordenam que algo seja realizado na maior medida possível dentro das possibilidades jurídicas e fáticas existentes". Dadas as limitações fáticas e jurídicas, os princípios encerram "mandamentos de otimização, que são caracterizados por poderem ser satisfeitos em graus variados e pelo fato de que a medida devida de sua satisfação não depende somente das possibilidades fáticas, mas também das possibilidades jurídicas" (ALEXY, 2017, p. 90).

Destas lições fica claro que o caráter principiológico do direito não o insere no conceito de valor. O direito à saúde, enquanto mandamento de otimização, consiste em uma norma-princípio que pertence ao âmbito deontológico, ao passo que enquanto valor se insere no nível axiológico (ALEXY, 2017). Dessa maneira, a norma-princípio contida no direito à saúde está no plano do dever-ser, e não no plano do que se pode considerar bom (ABBOUD, 2021).

Com efeito, o direito à saúde, enquanto princípio, não contém um mandamento definitivo, típicos das regras, mas apenas *prima facie*, o qual se pode caracterizar como razões que podem ser afastadas por razões antagônicas (ALEXY, 2017). Nesse sentido, *prima facie*, o direito à saúde exige a maior proteção possível para todo e qualquer indivíduo, nacional ou estrangeiro, que esteja em território brasileiro. O critério de universalidade e de acesso igualitário, associado às ações e serviços criados por meio de políticas públicas, indica um mandamento de otimização que será cumprido ou restringido mediante a concretização das normas de direito fundamental, consequência do processo de sopesamento.

Nesse processo de sopesamento, o direito à saúde é analisado a partir da sua carga principiológica, segundo as circunstâncias de cada caso

Estado, governo e Administração Pública não são sinônimas, mas suas distinções nem sempre são percebidas, numa visão sistêmica. O que se chama Estado muitas vezes é assimilado como sinônimo, sem maior rigor, aos termos governo ou Administração Pública". Como não se pretende aprofundar nessa questão teórica e como há uma prática regular no uso desses termos como sinônimo, não se fará distinção tão criteriosa neste artigo.

concreto e mediante a identificação de eventuais princípios ou direitos fundamentais que, eventualmente colidentes, indicarão se há ou não relação de precedência capaz de fazê-lo ceder. Evidente, portanto, que o direito à saúde não é absoluto e poderá ser restringido em certos casos concretos, seja pela formulação de uma política pública, seja pela aplicação do direito para solução de um conflito pelo Judiciário.

Ocorre que a norma-princípio contida no direito à saúde também está vinculada a um estado de coisas a ser buscado, indicando fins a serem promovidos pelo Estado, ainda que sem a previsão dos meios que deverão ser adotados para serem realizados (ÁVILA, 2021). Essa ideia complementa a noção de mandamento de otimização, na medida em que a norma-princípio estabelece um estado de coisas predefinido pelo direito como o seu objetivo finalístico, a ser materializado por meio da aplicação da norma no plano material. Em assim sendo, um estado de coisas em que a saúde não é assegurada a um indivíduo ou classe de indivíduos está em desacordo com a norma e deverá ser superado para alcançar um estado em que a finalidade do direito seja cumprida. Para essa transição entre estados de coisas não há uma definição específica das condutas que devem ser adotadas, apenas a definição de que seja alcançado o status definido pelo direito. O foco está, portanto, em concretizar o estado de coisas definido pela norma como devido.

Por conseguinte, enquanto regra, o direito à saúde será satisfeito ou não. O atributo de regra representa uma posição definitiva que exige seja feito exatamente aquilo que se ordena, segundo a determinação da extensão de seu conteúdo no âmbito das possibilidades jurídicas e fáticas. Essa ordem é extraída do próprio texto da norma e do resultado do processo de sopesamento de eventuais princípios colidentes. Dadas as circunstâncias jurídicas e fáticas em que o direito à saúde se aplica ao caso concreto, sua caraterística de regra tem validade definitiva, podendo apenas ser cumprida ou descumprida.

Entretanto, isso não significa que a regra não encerre uma finalidade (ÁVILA, 2021). A diferença básica é que a regra indica as ações necessárias à concretização dessa finalidade e, se as ações não são cumpridas, pode-se dizer que há violação da norma-regra. Todavia, em um caso específico, é possível que a adoção das ações definidas pela regra não represente a concretização da finalidade do direito e, assim, também é possível excepcionar a conduta em deferência à finalidade contida na norma, e não à conduta pré-definida. Nesse sentido, o critério "tudo ou nada só tem sentido quando todas as questões relacionadas à validade, ao sentido e à subsunção final dos fatos já estiverem superadas" (ÁVILA, 2021, p. 69).

Com efeito, a caraterística norma-regra corresponde a uma disposição eminentemente comportamental, indica comportamentos e ações permitidos, proibidos ou obrigatórios. Dessa forma, o legislador constituinte, ao estabelecer uma norma-regra, promove antecipadamente a "escolha de um meio que exclui a escolha de outros pelo julgador" (ÁVILA, 2021, p. 95).

Seja na qualidade de norma-princípio, seja na qualidade de norma-regra, o direito à saúde, enquanto direito fundamental, pode se referir tanto a direitos individuais quanto a interesses coletivos, não se exigindo a vinculação entre o conceito de princípio e o conceito de direito individual ou coletivo (ALEXY, 2017). Portanto, o direito à saúde, dada a sua fundamentalidade, é composto de regra e princípio, como faces de uma mesma moeda. E o caráter regra ou o caráter princípio não estão atrelados ao nível individual ou coletivo do direito ou da proteção. Além disso, há uma relação de primazia das regras, mas que não é estrita ou absoluta. Há casos em que o nível dos princípios terá precedência frente às regras e isso ocorre sempre que as razões para outras determinações sejam tão fortes que "também o princípio da vinculação ao teor literal da Constituição possa ser afastado" (ALEXY, 2017, p. 141).

Por consequência, o direito à saúde, enquanto norma-regra, define-se pela determinação de comportamentos a serem adotados (proibição, permissão ou obrigatoriedade), com restrição à escolha de outros comportamentos pelo aplicador do direito. Enquanto norma-princípio, o direito à saúde não enumera exaustivamente "os fatos em presença dos quais produzem a consequência jurídica" (ÁVILA, 2021. p. 157), havendo possibilidade de se adotar diversos comportamentos, desde que todos estejam destinados à promoção do estado de coisas definido pelo direito.

Analisando o tema a partir do texto da Constituição Federal brasileira, é possível constatar que o direito à saúde, enquanto norma-regra, determina que o Estado cumpra o dever de prestar a ação necessária para garantia da saúde do indivíduo ou sua recuperação. Enquanto norma-princípio, determina que o Estado cumpra o dever de "adotar comportamentos necessários à realização de um determinado estado de coisas" (ÁVILA, 2021, p. 162), de realizar o que for necessário para promover o fim estabelecido pela norma, sem haver exatamente um comportamento predefinido pelo direito. É nesse espaço da norma-princípio que estaria a liberdade de conformação dos poderes político-administrativos para formular suas políticas públicas.

Conquanto seja possível identificar esses limites normativos, ao direito à saúde adere à vagueza do próprio conceito de saúde, a falta de precisão em seu conteúdo, a indeterminação de suas dimensões e limites fisiológicos.

Por conseguinte, enquanto categoria jurídica, a análise desses direitos deve passar de um foco nas teorias da justiça (categoria valorativa) para um foco jurídico-constitucional. A experiência mostra que a consagração conjunta dos direitos sociais e das políticas públicas sociais podem dar origem a problemas constitucionais complexos.[14] Em assim sendo, a delimitação conceitual dos direitos sociais não pode se dedicar exclusivamente à interpretação das regras que os consagram para atribuir-lhes significado por meio de procedimentos eminentemente hermenêuticos (CANOTILHO, 1998), do mesmo modo que não pode se restringir aos meios criados pelo Estado para prestá-los. Um conceito para o direito deve estar atrelado tanto ao seu significado jurídico quanto aos elementos empíricos, aos meios e formas necessários para a concretização da norma e para a concretização do direito substancial.

Com efeito, é preciso delimitar o conteúdo do direito à saúde para que se possam construir estruturas que o garantam, para que se possa materializar o estado de coisas. Todavia, conforme já se afirmou, essa delimitação esbarra no fato de não haver uma determinação conceitual e empírica do que seja a saúde em si. Ainda que a saúde seja considerada condição necessária à vida digna, segundo a Declaração Universal dos Direitos do Homem (Art. 25), seu conceito está atrelado a um estado de bem-estar físico, mental e social; ele não representa apenas a ausência de doença. Nesse sentido, os sanitaristas questionam o conceito por entender que ele corresponde à definição de felicidade, a qual não é operacional. Dessa forma, evidente a dificuldade em definir o que seja o direito à saúde, dada a amplitude da significação do termo saúde e a dependência do "frágil equilíbrio" entre liberdade e igualdade, "permeado pela necessidade de

[14] Complexidade não é sinônimo de dificuldade na implementação, tampouco de limitações fáticas. A complexidade se traduz em haver diversas formas para que os problemas possam ser solucionados, em haver várias fórmulas igualmente lícitas para que o problema seja superado pela atuação estatal.

reconhecimento do direito do Estado ao desenvolvimento" (DALLARI, 1988, p. 60).

O direito à saúde, portanto, está mais ligado às estruturas disponíveis para obter a prevenção dos problemas de saúde e o restabelecimento das condições físicas normais[15] em caso de adoecimento. A esse propósito, destaca-se a alusão feita por Sueli Gandolfi Dallari à estrutura jurídica necessária para que o indivíduo possa exercer controle sobre o direito à saúde. Segundo a autora: "qualquer esforço para assegurar o direito à saúde deve, necessariamente, prever mecanismos acessíveis e ágeis de responsabilização formal". E complementa que "apenas uma estrutura judiciária que possibilite, efetivamente, o acesso da população à justiça, e a rapidez na obtenção da resposta jurídica permite o controle popular relativo ao direito à saúde" (DALLARI, 1988, p. 61).

Por consequência, o direito à saúde perpassa o processo político-administrativo de formulação das políticas públicas, as estruturas por elas criadas e a estrutura jurisdicional necessária para garantir a responsabilização formal do Estado para atender às necessidades individuais. Nesses termos, o direito à saúde está vinculado aos meios fornecidos pelo Estado para que cada indivíduo possa ser livre para procurar um completo bem-estar físico, psíquico e social, inclusive com a possibilidade de participar do estabelecimento do tratamento em caso de adoecimento (DALLARI, 1988, p. 59).

Garantir o direito à saúde, portanto, seria garantir meios para que cada indivíduo possa escolher as formas de alcançar esses estados físicos e mentais. Todavia, é preciso considerar que o direito à saúde não contempla sejam fornecidos os meios que o indivíduo entende necessários, sem qualquer critério científico. O direito à saúde contempla, portanto, os bens e serviços que, cientificamente, são eficientes e eficazes para o tratamento das moléstias, recuperação dos padrões de saúde física e mental, bem como para a sua preservação[16]. Há, portanto, uma íntima ligação entre o

[15] E aqui aparece mais um complicador, definir o que seriam condições físicas normais. O estado de normalidade física é um conceito tão ou mais abstrato do que saúde, o que impede uma definição precisa do direito à saúde fora das estruturas disponibilizadas pelo Estado.

[16] A propósito dos critérios científicos que devem ser considerados para reconhecer um tratamento como direito, conferir Gebran Neto e Schulze (2015).

direito à saúde e as possibilidades financeiras do Estado. Todavia, ele não se confunde com as limitações econômico-financeiras.

Essa indeterminação e abertura conceitual influencia tanto as políticas públicas quanto a jurisdição. "Não há uma distinção substancial entre normas jurídicas que estabelecem direitos fundamentais e as regras de programas de políticas públicas" (KOERNER; INATOMI; BARATTTO, 2011, p. 17). O direito à saúde, portanto, depende das condutas e proibições fixadas pelo texto constitucional, em função de programas mais ou menos indeterminados cuja concretização depende do concurso dos agentes estatais: juízes, administradores, corpo legislativo e agentes sociais.

Em outra perspectiva, as novas tecnologias incorporaram novos diagnósticos e tratamentos para doenças raras.[17] Esses tratamentos são de elevado custo e, segundo os padrões clássicos de avaliação de tecnologias em saúde, dificilmente há uma relação custo-efetividade que permitiria a incorporação das novas tecnologias aos serviços de saúde. Todavia, no contexto brasileiro, a política pública prevê assistência terapêutica integral[18] e a possibilidade de incorporação de medicamentos cuja eficiência seja comprovada cientificamente[19]. Em virtude desse fenômeno:

> "... estão em ação no contexto atual diferentes concepções científicas, tecnológicas, econômicas, éticas e políticas na medicina e nas políticas de saúde, as quais apresentam dificuldades em dialogar e frequentemente entram em conflito (NOVAES; SOÁREZ, 2019, p. 358).

Tendo em vista o aumento da importância dos medicamentos de alto custo, influenciada pela judicialização do direito à saúde para ter acesso a eles, o conceito de saúde pública sofreu mudanças, "passando a ser

[17] A denominação de "doenças raras" é atribuída a algumas enfermidades quando seus portadores são em número inferior a 200 000 pessoas (definição adotada nos EUA) ou inferior a ½ 2 000 pessoas (definição adotada na União Europeia). No Brasil, adotou-se a definição da Organização Mundial de Saúde (doença que afeta até 65 pessoas em cada 100 mil indivíduos, ou seja, 1,3 pessoas para cada 2 000 indivíduos). Já as definições de doenças ultrarraras (DUR), não menos arbitrárias, utilizam critérios de prevalência ainda mais restritos. São enfermidades crônicas e progressivas graves, que muitas vezes colocam a vida em risco (NOVAES; SOÁREZ, 2019, p. 336).

[18] Lei 12.401/2011, art. 19-M.

[19] Lei 12.401/2011, art. 19-Q.

entendida menos como prevenção e cuidados primários e mais como acesso a medicamentos e terceirização de cuidados comunitários" (SANT'ANA, 2017, p. 342). A saúde pública, portanto, de meio para garantia das condições físicas necessárias a um estado de bem-estar "tem se tornado cada vez mais "medicamentalizada" e privatizada" (SANT'ANA, 2017, p. 342).

Apesar da tendência de medicamentalização da saúde e da definição de padrões científicos para a incorporação de tecnologias, persiste a vagueza conceitual acerca do que seria o direito à saúde propriamente dito, assim como uma dependência desse direito das prestações positivas do Estado, destinadas à construção do estado de coisas normativamente definido.

As ações estatais, portanto, inserem-se em uma perspectiva meio-fim, em que o titular do direito fundamental tem um direito a uma ação estatal, que é imprescindível para a proteção do próprio direito fundamental constitucionalmente protegido. Segundo a perspectiva individual, o titular tem direito às medidas estatais necessárias à realização do direito fundamental, inclusive as de caráter organizacional. Segundo a perspectiva do Estado, há um dever de criar e manter estruturas adequadas para garantir aos titulares do direito individual o máximo possível de realização do direito fundamental, sem abandonar os interesses dos diferentes titulares de direitos fundamentais. Esse dever, além de expressar com clareza o caráter principiológico das normas de direitos fundamentais, permite compreender o direito à saúde como uma ação positiva, veiculada pelo Estado por meio de deveres definitivos a ele impostos pela norma constitucional (ALEXY, 2017), destinados à materialização de um estado de coisas.

A problemática que se cria está, portanto, na coexistência de direitos fundamentais individuais frente à obrigação do Estado de realizá-los harmonicamente, garantindo a todos os titulares a máxima concretização possível, sem que o exercício do direito por um comprometa ou invada o direito de outro. Em matéria de saúde, esse problema fica evidente em qualquer análise que se faça, tanto da formulação de políticas públicas quanto da judicialização de pretensões envolvendo a materialização do direito. O equilíbrio entre a perspectiva individual do direito e a perspectiva dos interesses coletivos, aqui tratados como o conjunto de feixes de direitos individuais dos demais titulares de direitos fundamentais, compõe o direito fundamental completo (ALEXY, 2017).

Ante o exposto, é possível afirmar, em apertada síntese, que o direito à saúde é um direito fundamental social, de proteção especial, vinculado ao direito à vida e à dignidade, em que estão contidas uma norma-princípio e uma norma-regra. Enquanto princípio, representa um mandamento de otimização e estabelece um estado de coisas que deverá ser construído e mantido pelo Estado. Enquanto regra, estabelece as condutas que deverão ser adotadas para atingir as finalidades normativas (direcionamento das políticas sociais e econômicas como meio de garantir o direito à saúde para todos, reduzindo os riscos de doença e outros agravos, bem como de prover ações e serviços de saúde). Além disso, estabelece posições individuais, oponíveis contra o Estado, que limitam e orientam competências e poderes. Nesse sentido, exerce papel contramajoritário em prol tanto do indivíduo quanto da coletividade.

### 1.2. Formação de políticas públicas e as consequências do elemento político para a materialização do direito à saúde

Diante da análise conceitual apresentada, capaz de orientar tanto a atuação político-administrativa quanto a jurisdicional, fica evidente que a materialização do direito à saúde é passível de ocorrer por diversas maneiras igualmente válidas. Seja pelas diversas nuances e perspectivas (coletivas e individuais), seja pelo critério de fundamentalidade, seja pela imprecisão do que venha a ser a saúde propriamente dita, os poderes político-administrativos podem escolher como materializar esse direito. Todavia, por ser um direito fundamental e contramajoritário, não há a discricionariedade para decidir se ele será materializado ou não.

Conquanto o Legislativo e o Executivo gozem de discricionariedade quanto à forma de materialização, não há liberdade ampla e irrestrita para decidir se o direito fundamental será materializado. Os poderes discricionários sofrem limitações exatamente pelo que está definido nas normas de direito fundamental, razão pela qual há liberdade apenas para escolha da melhor técnica que consiga promover um estado de coisas capaz de equalizar as posições jurídicas dos titulares do direito à saúde nos níveis individual, coletivo e completo.

Por conseguinte, passa-se à análise de como as políticas públicas são formuladas, de como se dá esse processo político administrativo. O objetivo dessa análise é tornar claras a forma com que o direito à saúde é materializado pela atuação político-administrativa e, assim, pontuar as irracionalidades desse processo.

As políticas públicas são processos juridicamente regulados que visam "coordenar os meios à disposição do Estado e as atividades privadas, para a realização de objetivos socialmente relevantes e politicamente determinados" (BUCCI, 2013, p. 38). Enquanto tipo ideal, são o meio de "realização de objetivos definidos, expressando a seleção de prioridades, a reserva de meios necessários à sua consecução e o intervalo de tempo em que se espera o atingimento dos resultados" (BUCCI, 2013, p. 38). São, portanto, "programas de ação governamental, em cuja formação há um elemento processual estruturante" (BUCCI, 2013, 109) ou, ainda, trabalhos normativamente orientados.

Aplicando esse conceito ao direito objeto deste trabalho, as políticas públicas são o meio pelo qual o direito à saúde cuja relevância social está predeterminada pelo próprio texto da Constituição, é materializado. É, portanto, o meio pelo qual o Estado cumpre o dever imposto pela norma constitucional, o qual estabelece a posição jurídica definitiva dos indivíduos e da coletividade como credores de uma ação estatal positiva.

Existem várias formas teóricas de abordar o processo de formação dessas políticas públicas, por meio das quais se pretende uma simplificação didática para permitir os estudos, análises e, ao mesmo tempo, ditar a forma como os processos são remodelados a partir da teoria. Apesar de algumas diferenças entre os diversos modelos de análise, destinadas a solucionar falhas reciprocamente identificadas, há uma constatação que abrange a todos, divisão do processo de formulação de políticas públicas em fases básicas. Essas fases podem ser resumidas em: a) reconhecimento do problema – montagem da agenda; b) proposta de solução – formulação da política; c) escolha da solução – tomada de decisões; d) efetivação da solução – implementação da política; e) monitoramento dos resultados – avaliação da política (VIANA, 1996; HOWLETT; RAMESH; PERL, 2013; SECCHI, 2019).

A política pública representa uma espiral em que novas soluções, novas tecnologias podem aderir aos programas do Estado, assim como se pode simplesmente abandonar soluções ultrapassadas, incapazes de gerar resultados para a transposição entre os estados de coisas.

A transposição entre estado de coisas é fator primordial para que se compreendam as contribuições do Processo Estrutural para solucionar as lides que têm origem em restrições ou violações ao direito fundamental à saúde, as quais são frutos de eventuais falhas no processo de formulação de políticas públicas. Em ambos os processos, político-administrativo e judicial, busca-se a superação de um estado de coisas (*status quo*) que se apresenta contrário ao direito para um que estará em conformidade com o direito.

A fase de monitoramento dos resultados ganha, assim, relevante importância, porquanto é o momento em que se verifica "se houve modificação; a magnitude dessa modificação; quais segmentos afetou e em que medida; e quais foram as contribuições dos distintos componentes da política na realização de seus objetivos" (VIANA, 1996, p. 36).

Também aqui há importante retorno cognitivo em prol das fases dos ciclos de políticas públicas, uma vez que permite verificar a existência de lacunas na política, suas consequências e as medidas necessárias para suprir eventual descumprimento do dever para com alguns titulares do direito materializado pela ação estatal. Por conseguinte, a avaliação permite que a política pública receba um redesenho incremental, por meio do qual se promovem modificações marginais para correção dos efeitos e das consequências da ação estatal (SECCHI, 2019, p. 76).

Ocorre que, também nessa fase, o elemento político pode contaminar a avaliação empírica da política pública. Como não há um "modo definitivo de determinar a forma correta de avaliação" e como não há um critério preestabelecido sobre o que representa sucesso ou insucesso, "a interpretação que prevalecerá será aquela que resultar em última análise dos conflitos e acordos políticos entre os vários atores". Todavia, esse elemento político não significa que não acontecem avaliações significativas do programa implementado (HOWLETT; RAMESH; PERL, 2013).

Fica evidente, portanto, que o processo de formulação de políticas públicas não é simplesmente "um processo de resolução de conflitos" (HOWLETT; RAMESH; PERL, 2013, p. 236). Ele representa o meio pelo qual se obtém aprendizagem política, influenciada pela atuação dos formuladores de políticas públicas (HOWLETT; RAMESH; PERL, 2013). Por consequência, problemas estruturados podem receber soluções politicamente viáveis, mas que não atendem ao estado de coisas determinado pelo direito. Ainda que todo o processo seja democrático e segundo os padrões definidos pelas maiorias, suas consequências podem não atender às exigências do direito fundamental.

As influências e pressões exercidas pelos inúmeros atores, em cada uma das fases do processo de formulação de políticas públicas, bem como escassez de recursos ou deficiências institucionais, podem comprometer o resultado esperado: solução do problema capturado pela agenda institucional. As causas de falhas nas políticas públicas, portanto, decorrem das inúmeras combinações entre atores, agendas, formuladores e executores, política e público-alvo, decisões e resultados, necessidades e possibilidades etc. Dessa infinidade de causas, que perpassam por questões culturais e históricas, destacam-se alguns elementos relacionados com as interações entre os poderes, interações com atores internacionais, formas de governo, sistemas de governo etc. (HOWLETT; RAMESH; PERL, 2013).

Ainda que não se pretenda esgotar todas as causas de falhas nas políticas públicas, dada a amplitude que esse estudo exigiria, é possível identificar que as lacunas, falhas e resultados indesejados não decorrem exclusivamente das escolhas e decisões adotadas pelos formuladores de políticas públicas. O que se verifica é que o próprio processo de formulação de políticas públicas permite influências internas e externas que podem desencadear esses tipos de problemas estruturais[20], os quais acabam judicializados.

Isso encontra relevância em virtude das críticas que se fazem à atuação jurisdicional, sob o argumento de que o Judiciário não poderia decidir sobre direitos fundamentais sociais para não invadir o espaço de decisão do Executivo e do Legislativo. Todavia, a formulação das políticas nacionais depende da capacidade de consenso, o qual é formado a partir de acordos intergovernamentais, que envolvem negociações complexas e extensas. Essas complexidades podem restringir a habilidade do governo de realizar seus objetivos (HOWLETT; RAMESH; PERL, 2013).

O elemento consenso é fundamental para o sucesso de qualquer política pública e pode ser obtido em diferentes níveis. Entre os atores políticos com direito a voz, voto e veto, entre formuladores e implementadores de políticas públicas, entre formuladores e público-alvo. A interação entre esses diferentes atores, em seus diferentes níveis, tem poder de influir no sucesso ou no fracasso da concretização dos direitos (VIANA, 1996).

[20] Esses elementos seriam capazes de gerar outros estudos mais aprofundados. Entretanto, como o nosso foco é analisar os modelos processuais de judicialização e a análise conjunta das decisões para identificar problemas estruturais por meio da atuação Jurisdicional, não se fará esse aprofundamento.

Por conta da influência dos atores no processo de formulação de políticas públicas, elas acabam sendo projetadas para garantir apoio dos grupos politicamente poderosos, em detrimento dos interesses públicos de longo prazo, sub-representados no sistema político. Nesse sentido, "o processo político está repleto de irracionalidades, de inconsistências e de razões para a falta de coordenação, e essas deficiências são todas, fundamentalmente, fonte de políticas pouco resistentes" (HOWLETT; RAMESH; PERL, 2013, p. vii). As contradições entre políticas e suas respectivas ineficácias são consequência do efeito cumulativo da condução das políticas por grupos de interesse.

O consenso necessário para a concretização de direitos fundamentais sociais também é fortemente influenciado pelo contexto político-econômico e pelas pressões que decorrem da atuação de atores internacionais – empresas multinacionais, organismos internacionais (FMI, OMC, BID, Banco Mundial) e blocos econômicos. As pressões exercidas por esses atores sobre os atores políticos domésticos são capazes de desvirtuar as políticas públicas, de alterar as decisões para atender os interesses deles em detrimento dos interesses dos indivíduos que compõem as maiorias representadas pelo Executivo e pelo Legislativo (HOWLETT; RAMESH; PERL, 2013). As reações dos mercados internacionais e desses organismos às decisões internas acabam conduzindo as escolhas políticas, ainda que elas não se destinem a solucionar os problemas que compõem a agenda social. Isso, mesmo para os problemas ligados à concretização de direitos fundamentais sociais cuja função contramajoritária é uma importante característica.

Com efeito, conquanto a norma constitucional estabeleça restrição à discricionariedade em favor do cumprimento de um dever fundamental definido pela norma, há redução da margem de discricionariedade política diante de "compromissos e padrões internacionais oficialmente chancelados de atendimento a certos direitos e mesmo quanto à forma de cumprimento de certos deveres pelo Estado" (BUCCI, 2013, p. 100). Nesse sentido, destaca-se o pensamento dos pós-positivistas,[21] no sentido de que

[21] A análise pós-positivista, que combina análises empíricas e normativas, procede em dois níveis [...]. No nível micro, o estudo põe o foco nas questões relativas aos programas reais que estão em funcionamento, nos problemas com os quais se embate e nos envolvidos na criação e implementação do programa. Questões típicas nesse nível incluem: "O programa atende a seus objetivos declarados?"; "O programa atende a esses objetivos de forma mais eficiente do

"as políticas raramente têm objetivos livres de ambiguidade e raras vezes os *policy makers* escolhem de fato os meios mais eficientes para alcançá-los" (HOWLETT; RAMESH; PERL, 2013, p. 32).

Em assim sendo, as políticas públicas não são resultado apenas da tomada de decisões segundo interesses majoritários, representados pelos discursos políticos acolhidos pelo sufrágio. As pressões dos diferentes grupos de interesse exercem forte poder sobre os programas e são capazes de comprometer a relação entre a política formulada e a implementação, a relação entre a política formulada e o público-alvo.

Portanto, diferente do que os modelos de análise e estudos das Ciências Políticas sobre políticas públicas possam fazer parecer, "o processo da política pública não é a rigor tão estritamente sequencial e orientado para objetivos" (HOWLETT; RAMESH; PERL, 2013, p. 223). O trabalho desenvolvido nos níveis político-legislativo e executivo não são exclusivamente racionais e normativos. Todo o processo está sujeito a complexidades, influências e irracionalidades decorrentes da atuação dos diversos atores políticos e sociais, que se ativam na construção de consensos para equalização das forças políticas e de suas agendas.

O que se verifica ao estudar os processos e ciclos de formulação de políticas públicas é um grande nível de aleatoriedade, ausência de coordenação e de ordenação (HOWLETT; RAMESH; PERL, 2013). Esses fatores, conquanto componham a atuação democrática dos representantes eleitos, contribuem para o surgimento de falhas estruturais e lacunas que podem desencadear, em certas circunstâncias, violações ao direito ou, no mínimo, restrições de acesso fora dos limites estabelecidos pela norma constitucional.

Dessa feita, o argumento de respeito à decisão política como impeditivo do exercício da jurisdição ressai enfraquecido, uma vez que lacunas e falhas não são, pontual e efetivamente, uma escolha direta feita pelo gestor público, pelo político eleito. Em verdade, há uma grande cadeia de fases

que o fariam os meios alternativos disponíveis?"; "Os objetivos do programa são relevantes para o problema?". No nível macro, a análise pós-positivista diz respeito a metas e contextos abstratos. A meta da política "agrega valor para a sociedade como um todo?"; "A meta da política causa problemas imprevistos com consequências importantes para a sociedade?" Finalmente, o analista tem que se reportar aos valores mais amplos, que sustentam a conceituação dos problemas e dos esforços públicos, com a finalidade de discuti-los (HOWLETT; RAMESH; PERL, 2013).

e ciclos que, dentro do sistema burocrático de administração, envolve a atuação individual de vários atores em vários níveis. A política pública é, portanto, fruto de um emaranhado de decisões tomadas em diversos níveis, muitas delas contraditórias entre si, que nem sempre estão em conformidade com as diretrizes e determinações constitucionais. As decisões político-administrativas não são o exato reflexo da "vontade desimpedida dos tomadores de decisão governamentais". Pelo contrário, representam a interação entre interesses e restrições geradas pelos "atores, estruturas e ideias presentes em determinada conjuntura política e social" (SHARKANSKY, 1971 apud HOWLETT; RAMESH; PERL, 2013, p. 9).

Com efeito, ainda que se anulassem as limitações técnicas ou mesmo a capacidade financeira, é preciso considerar que "a escolha política concreta é uma decisão também política, não técnica, limitada por instituições políticas e tomada por atores políticos em resposta a pressões, ideologias e interesses próprios, entre outros fatores" (HOWLETT; RAMESH; PERL, 2013, p. 31). Não por acaso, a análise dos discursos políticos que abordam o direito à saúde revela exatamente a ausência de proposições práticas e a adoção de argumentos de conotação meramente persuasiva e genérica (GARCIA; MIRANDA, 2019) a despeito de o tema ser uma prioridade para 87% da população brasileira.[22]

Com efeito, ainda que se altere a teoria por meio da qual se analise a política pública, constata-se que os problemas inerentes à materialização dos direitos fundamentais sociais têm sua origem, em maior ou menor medida, no próprio processo de formulação de política pública. A questão não é simplesmente orçamentária, de deferência pela decisão que delimita a alocação de recursos escassos ou de aplicação do princípio majoritário ou democrático. As lacunas ou falhas na materialização dos direitos fundamentais sociais não decorrem apenas da escassez de recursos ou da extensão das necessidades infinitas da sociedade; elas podem estar atreladas aos problemas enfrentados pelo Executivo e pelo Legislativo no próprio processo de formulação de políticas públicas, à estrutura que os poderes políticos criam para concretizar os direitos fundamentais sociais que, no caso brasileiro, estão positivados na Constituição Federal.

[22] DATAFOLHA. **Opinião dos brasileiros sobre o atendimento na área de saúde.** 2014. Disponível em: https://portal.cfm.org.br/images/PDF/apresentao-integra-datafolha203.pdf. Acesso em: 30 out. 2020.

## 2. O fenômeno da judicialização e o modelo tradicional de processo

O direito à saúde não se define pelos limites do seu financiamento, tampouco se confunde com as políticas públicas criadas para sua materialização. O fato de o direito à saúde depender de políticas públicas para sua concretização material não é capaz de fazê-lo confundir com as políticas públicas criadas para esse desiderato (CANOTILHO, 1998). A norma que positiva o direito à saúde, enquanto categoria necessária para sua garantia, ainda que esteja relacionada com os meios político-administrativos para sua concretização, não se limita a eles. Da mesma forma, o fato de depender da alocação de recursos escassos não é capaz de definir ou delimitar o que venha a ser o direito à saúde.

Também ficou demonstrado que o processo de formulação de políticas públicas, conquanto tenha por missão decidir sobre a alocação de recursos escassos para solucionar problemas públicos, não é um processo racional e linear, capaz de garantir que a solução pensada seja efetivamente implementada (HOWLETT; RAMESH; PERL, 2013). Em decorrência disso, surgem lacunas ou resultados indesejados que têm por consequência a restrição ou violação ao direito à saúde.

Nesse sentido, a judicialização tem por função precípua a garantia do direito indevidamente restringido ou violado. Por consequência, o processo judicial adotado deve ser técnica adequada a essa finalidade, proporcionando tutela específica, inclusive para inibir ou remover ilícitos, independentemente de se ter verificado algum dano (MARINONI, 2019).

Em assim sendo, o procedimento a ser adotado deve ser flexível, a fim de que se adapte às especificidades do direito objeto do litígio e, assim, garanta a solução das controvérsias, "assegurando aos cidadãos que as situações jurídicas sejam tuteladas e os direitos realizados praticamente" (OLIVEIRA, 2018, p. 122). Essa forma de atuação, para que seja plena e efetiva, deve observar toda a amplitude da norma aplicada ao caso concreto, não se restringindo à solução do caso individual sempre que: a) houver um estado de coisas a ser construído por força do direito e b) a decisão judicial puder interferir no interesse dos demais titulares do direito.

Não se defende que a atuação jurisdicional seja ampliada para promover atuação de ofício e sem limites. O que se verifica é a necessidade de o direito ser aplicado em toda a sua amplitude, a partir da provocação de qualquer de seus titulares. Dessa forma, a garantia para um não compromete a garantia para os outros, a tutela para o indivíduo não compromete o estado de coisas a que estão conectados os direitos de outros titulares. Pelo contrário, adéqua-o para que o estado de conformidade seja construído segundo o próprio direito. Com isso, propicia-se uma atuação vinculada aos direitos fundamentais, cumprindo o Judiciário com a obrigação de garanti-lo em sua máxima efetividade, sem promover restrições inconstitucionais e promovendo a solução para o conflito em sua perspectiva macro e completa.

Analisado o direito à saúde em suas múltiplas facetas e a partir dessa perspectiva, necessário aprofundar o estudo a propósito dos procedimentos por meio dos quais o Judiciário poderá atuar. Por se tratar de uma forma que avalia a harmonia entre a ação estatal e o direito, ela se apresenta como via que é provocada quando há alguma falha no ordinário processo político de materialização. Exatamente por isso, é preciso que o procedimento judicial adotado equilibre, de um lado, a imperatividade do direito e, de outro, as prerrogativas, competências e discricionariedades dos Poderes Executivo e Legislativo. Além disso, deverá equilibrar as múltiplas perspectivas do direito, bem como a multiplicidade de direitos que compõe o direito fundamental completo (ALEXY, 2017) e, por conseguinte, a multiplicidade de interesses.

Isso porque, a análise de um problema ou violação de um direito não deve se ater à sua perspectiva individual ou coletiva. A dupla função, coletiva e individual, também deve ser conciliada no momento da concretização do direito material pela via judicial. Essa conciliação não deve ser observada apenas no momento de formulação das políticas públicas, mas também na prestação jurisdicional. Por essa razão, o procedimento adotado deverá ser capaz de exercer essa conciliação, sob a pena de as decisões judiciais proferidas pela perspectiva estritamente individual desestruturarem as políticas existentes e, ainda que de maneira indireta, comprometer o direito de terceiros.

As inconsistências que porventura gerem lacunas, falhas estruturais ou resultados indesejados e que possam se converter em restrições aos direitos fundamentais não podem ser transportadas para a jurisdição. Do mesmo modo, as políticas públicas não condicionam a atuação jurisdicional, desde que seu exercício não agrave esses vícios que decorrem da atividade administrativa, tampouco crie outros tantos que violem o direito geral de igualdade (ALEXY, 2017).

Especialmente em se tratando do direito à saúde cujo caráter universal está expressamente consagrado no programa da norma, a atuação jurisdicional deve destinar-se a solucionar o problema estrutural que gerou a violação, transpondo um estado de coisas em desconformidade com o direito, para alcançar um estado de coisas em conformidade com o direito. Não se trata de uma possibilidade de escolha ou de simplesmente utilizar o princípio da demanda em favor dos titulares do direito que possuem reais condições de provocar o Poder Judiciário para obter a concretização de sua pretensão. Ao se verificar que um direito é violado em ambas as dimensões, individual e coletiva, e que o exercício da jurisdição poderá atingir múltiplos interesses e direitos de terceiros, deve-se adotar ferramentas e meios para solucionar a lesão ou a ameaça ao direito em sua dimensão completa.

A hipótese defendida neste trabalho apresenta o processo estrutural como ferramenta procedimental capaz de adaptar o processo ao direito material e, com isso, contribuir tanto para o aperfeiçoamento das políticas públicas quanto para garantir o respeito aos deveres impostos pela Constituição ao Estado.

### 2.1. Processo tradicional como fonte de decisões desestruturantes e manutenção dos estados de desconformidade com o direito

O modelo de procedimento adotado no Brasil é marcado por um procedimento rígido e formal, características que são vistas como a base para a produção de segurança jurídica. Da rigidez decorreria a contenção dos poderes dos magistrados e a previsibilidade do procedimento, efeitos que protegeriam os indivíduos e as suas liberdades das arbitrariedades do poder estatal (OLIVEIRA, 2018). Além disso, esse modelo se desenvolveu como um meio de solução para conflitos interindividuais entre particulares (CINTRA; GRINOVER; DINAMARCO, 2010), em que uma parte é sagrada vencedora e a outra sucumbente. Por consequência, apesar de atualmente haver certo consenso quanto à possibilidade de obtenção de tutela específica para o direito material, durante um longo período, visando à preservação das liberdades individuais (OLIVEIRA, 2018), repudiava-se qualquer interferência do Estado junto aos particulares e o processo era instrumento para eles resolverem os seus conflitos. Dessa forma, as lesões aos direitos eram convertidas em perdas e danos, não se cogitando de decisões mandamentais destinadas à inibição ou remoção dos ilícitos (MARINONI, 2019).

Com efeito, o processo é tradicionalmente marcado pela bipolaridade, em que as partes ficam divididas em lados opostos e que, apesar da possibilidade de intervenção de terceiros juridicamente interessados, prevalece a ideia de disputa como em um cabo de guerra. Dessa bipolaridade advém a marca da adversariedade, em que uma parte atua como "inimiga" da outra, e a característica binária, em que uma parte vence e a outra sucumbe. Com isso, não há espaço para uma solução ampla do litígio ou da causa da violação ou restrição do direito. Nessa lógica, aplicada ao litígio cujo objeto é o direito à saúde, um indivíduo disputa em face do Estado o acesso a um bem ou serviço de saúde para tratamento de suas doenças, podendo ser contemplado com uma decisão de procedência ou de improcedência.

Esse modelo processual, apesar da sua importância científica, afastou o processo das disposições do direito material (OLIVEIRA, 2018). Apesar das razões históricas e culturais dessas características e, ainda, da importância que elas exercem para grande parte dos litígios submetidos ao Judiciário atualmente, esse modelo não se mostra suficiente para as demandas em que os polos não são necessariamente compostos por partes com interesses comuns e unitários. A depender do direito material objeto da demanda, por exemplo, o direito à saúde, há uma atração de múltiplos interesses que tanto podem ser comuns como heterogêneos. Em se tratando de demandas individuais, a decisão judicial "tem amplo impacto coletivo" (FREITAS FILHO, 2015 p. 37), com poder de influenciar diretamente os interesses de terceiros que não fazem parte do processo. Em se tratando de ações coletivas, os interesses dos indivíduos que compõem os polos da ação podem diferir em níveis de intensidade, segundo os níveis de comprometimento para cada grupo ou parte de um grupo, podendo chegar a serem antagônicos entre si (LIMA, 2015).

Por conseguinte, o modelo de processo tradicional não é mais suficiente para dar conta dos conflitos que envolvem direitos que, apesar de coletivos, podem ser individualmente pretendidos. A depender do tipo de direito, há um conflito multipolar de elevada complexidade (ARENHART, 2019), que envolve múltiplos interesses, tanto no possível grupo que venha compor o polo ativo da ação quanto na coletividade que poderá ser impactada em virtude das repercussões da decisão judicial sobre as políticas públicas. Desconectado dessas peculiaridades, o modelo processual tradicional faz com que sejam proferidas decisões que entregam direitos sociais sem qualquer deferência às políticas públicas, aos interesses de terceiros (litisconsortes invisíveis) (SILVA, 2018) e aos juízos de oportunidade promovidos pelo Legislativo e pelo Executivo.[23]

Nos litígios em que se pretende acesso ao direito à saúde, o Judiciário tem determinado que o Poder Público forneça os bens e serviços que são negligenciados aos titulares do direito. E o faz a partir de uma visão micro do problema, porquanto lida com a controvérsia a partir dos elementos restritos do processo tradicional: individual e voltado para exame de casos privados/particulares, desconsiderando a carga universal e coletiva do direito. Além disso, ainda que a demanda seja proposta de maneira coletiva ou objetiva, são ignorados os elementos estruturais necessários para o cumprimento das decisões, a necessidade de real diálogo com os demais poderes para que esse cumprimento seja efetivo e para que não se rompa com a repartição funcional de competências prevista na Constituição Federal.

Apesar de se argumentar que os processos judiciais servem para corrigir falhas em políticas públicas, que as demandas judiciais refletem um amplo movimento cívico para realizar os direitos sociais e fundamentais, a judicialização pelo modelo adversarial, bipolar e binário tem aumentado as desigualdades, comprometido a execução das políticas públicas e ampliado o uso irracional de recursos escassos. Nesse sentido, a judicialização individual, segundo o modelo bipolar, adversarial e binário de ação, ainda que bem parametrizado,[24] encerra "uma má compreensão a respeito do significado do paradigma do Estado Democrático de Direito e da normatividade dos direitos fundamentais (especialmente os de índole socioeconômica)" (QUINTAS, 2016, p. 41).

[23] Nesse sentido, Waldron (2006) apresenta importante crítica ao Judicial Review, informando a necessidade de o Judiciário respeitar as opções políticas feitas pelo Executivo e pelo Judiciário. A análise é feita a partir de uma premissa fundamental de que isso deve ocorrer em Estados que tenham respeito e deferência aos direitos fundamentais dos indivíduos. Entretanto, apesar de muitas premissas poderem não ser aplicadas ao direito brasileiro, a defesa de respeito aos juízos políticos de oportunidade é tema que merece destaque no debate da judicialização dos direitos sociais.

[24] O Judiciário tem buscado a padronização das decisões, seja por meio de Súmulas Vinculantes, do uso da repercussão geral, de decisões em Incidente de Resolução de Demandas Repetitivas, Recurso Especial e Recurso Extraordinário Repetitivos. Além disso, há decisões, como o acórdão proferido na STA 175/CE, que estabelecem os parâmetros e limites para análise do direito material de forma uniforme para todos os litigantes.

Ainda que se considerem as ferramentas processuais criadas para solução coletiva de demandas em massa (Súmulas Vinculantes, Incidente de Resolução de Demandas Repetitivas – IRDR, Recurso Especial e Extraordinário Repetitivos – REER, Repercussão Geral, Incidente de Assunção de Competência – IAC) (CAVALCANTI, 2016), o modo de julgamento promove a tutela coletiva dos direitos sociais sem ter em conta seu elemento estrutural. Nesse sentido, pertinente a observação de Dierle, no sentido de que a redução da carga de trabalho do Poder Judiciário, por meio desses métodos de solução coletiva das demandas de massa, não garante que a aplicação do Direito se torne qualitativamente melhor (THEODORO JR; NUNES; BAHIA; PEDRON, 2015).

A propósito das distorções que uma decisão judicial pode causar no sistema, destaca-se a conclusão alcançada por Fábio Quintas (2016, p. 42), para quem "é necessário pensar numa prática judicial que preserve a complexidade estrutural do direito, resguarde o pluralismo da sociedade e promova a democracia como forma de tomada de decisões políticas."

Sobre a complexidade estrutural do direito e, por consequência, dos litígios que julgam demandas que requerem a concessão de direitos sociais (individuais homogêneos por excelência), destaca-se a conclusão de Lima (2019), no sentido de que "boa parte dos operadores envolvidos em um processo relativo a um litígio estrutural sequer percebe, conscientemente, sua posição."

Essa deficiência influencia diretamente a forma como as demandas são propostas. Nesse sentido, as diversas demandas, individuais ou mesmo coletivas, que pretendem acesso aos direitos sociais previstos na Constituição Federal, por questões e influências históricas, são propostas sem considerar esse caráter estruturante e, por isso, apresentam pedidos que não se destinam à efetiva solução do problema contido na política pública deficiente. Talvez essa a razão pela qual são ignoradas as razões e peculiaridades contidas nas formulações das políticas públicas[25] e, portanto, criadas as disfuncionalidades no sistema de entrega dos próprios direitos sociais.

[25] O CNJ (2019), por meio de pesquisa conduzida pelo INSPER, concluiu que a maioria das decisões judiciais sobre o direito à saúde sequer menciona os programas do SUS, as listas de dispersão de medicamentos do sistema público de saúde, os tratamentos e alternativas terapêuticas para os medicamentos reivindicados por meio das ações judiciais individuais.

É o fato de envolver o interesse de inúmeros grupos, o caráter multifacetário do litígio e a identificação de um estado de coisas contrário ao direito que torna o litígio estruturante. Como os direitos sociais são coletivos em sua essência, qualquer demanda que os pretenda atrai, ao menos em potencial, o interesse de toda a coletividade, de todos os grupos que compõem a sociedade. Há, portanto, múltiplos polos de interesse, que se apresentam em oposições e alianças parciais, uma vez que a violação ao direito é sentida em níveis distintos pelos indivíduos e grupos atingidos (LIMA, 2015). Não por acaso, esses direitos sociais compõem as pautas de debate no Legislativo e a agenda de políticas implementadas pelo Executivo.

Com efeito, qualquer decisão proferida pelo Judiciário repercute em todas essas esferas e atinge, ainda que indiretamente, o direito de grupos ou subgrupos que podem sequer estar representados na ação.[26] Esse fato, dada sua relevância, deve ser observado pelos atores do Judiciário (advogados, membros do Ministério Público e magistrados), mas não o são na maioria das vezes. E, mesmo quando se tem a plena noção do caráter estrutural, as influências do modelo tradicional impõem obstáculos para que a decisão proferida respeite a natureza coletivo-estruturante do direito.

A união dos processos para uma tutela coletiva dos direitos e interesses individuais, ainda que de massa, representa uma possível solução para a litigiosidade, para a gestão processual e para a definição de uma decisão uniforme para os diversos casos individuais apresentados ao judiciário, do que decorreria segurança jurídica e uniformidade (ARENHART, 2014). Todavia, a coletivização por si só não é capaz de garantir que a atuação do Judiciário, enquanto poder estatal, se comprometa com a materialização dos direitos fundamentais sociais em seu conceito mais amplo (completo e estrutural).

Mesmo as demandas coletivas têm se apresentado como um procedimento que visa à solução coletiva para uma lide que adota a perspectiva procedência *versus* improcedência, sem atentar para a composição dos múltiplos interesses legítimos envolvidos na solução que o direito exige

[26] Arenhart (2014) aborda com profundidade as questões de representatividade adequada em ações coletivas, destacando a importância desse elemento para qualquer tutela que proveja direitos e interesses coletivos, especialmente os individuais homogêneos.

para o caso concreto. Do mesmo modo, não há preocupação com a operacionalidade das políticas públicas vigentes, tampouco para a necessidade de adequação do orçamento, elaborado pelo Executivo e aprovado pelo Legislativo (ÁVILA, 2016; ALVES, 2014; MAZZA; MENDES, 2014).

Em se tratando de direitos que dependem diretamente de políticas públicas, como o direito à saúde, a identificação de que a pretensão decorre de uma falha, lacuna ou resultado indesejado do programa político-administrativo, bem como da existência de múltiplos interesses, coletivos e individuais, e da repercussão financeira de eventual provimento sobre as políticas vigentes, requer sejam sopesados o direito dos titulares e os limites impostos pelo macrossistema estatal. Do contrário, há o risco de a decisão judicial, com a intenção de garantir e materializar o direito individual objeto da pretensão, desestruturar todo o sistema de políticas públicas.

Diversos estudos têm analisado as consequências práticas das decisões proferidas nas ações cujo objeto é o direito à saúde e que tramitam sob o modelo adversarial, bipolar e binário, ainda que um dos polos seja composto por uma coletividade. Em suas diversas perspectivas, mesmo em se admitindo a possibilidade de criticar ou revisar algumas das conclusões, fica evidente que as decisões judiciais proferidas nesses tipos de demandas interferem em políticas públicas, em maior ou menor medida.

Nesses estudos são analisadas as repercussões orçamentárias e a interferência das decisões sobre a competência para destinação dos recursos públicos (CAMPELLI; CALVO, 2007; FERRAZ; VIEIRA, 2009; CHIEFFI; BARATA, 2009; ALVES, 2014; MAZZA,; MENDES, 2014; FERRAZ, 2019; VIEIRA, 2020), a apropriação de recursos públicos pelas classes mais favorecidas da sociedade (VIEIRA, 2007), a utilização dos litígios individuais para defesa dos interesses da indústria farmacêutica e para provocar a inclusão de medicamentos nas listas de dispersão do SUS (CHIEFFI; BARATA, 2010; CAMPOS NETO et al., 2012), a interferência na organização federativa do SUS (WANG et al., 2014; ALMEIDA; FREIRE, 2018), a interferência do Judiciário no planejamento das ações de saúde (CHIEFFI; BARATA, 2009), a criação de estruturas paralelas às previstas nas políticas públicas (PEPE et al., 2010).

Ainda que não exista unidade nas análises e nas metodologias de pesquisa, esses trabalhos permitem verificar que a judicialização tem potencial para causar distorções no sistema público de saúde, afetando sua segurança, eficácia, racionalidade, sustentabilidade e, sobretudo, equidade (FERRAZ, 2019). Por conseguinte, é possível afirmar que as decisões proferidas pelo modelo adversarial, bipolar e binário tem como efeito a desestruturação do sistema, e não a solução para a causa do litígio (violação ou restrição ao direito à saúde).

A despeito de alguns desses estudos terem sido objeto de crítica quanto às suas conclusões (OLIVEIRA et al., 2015; CATANHEIDE; LISBOA; SOUZA, 2016; SANT'ANA, 2017), nenhuma descartou a importância de adequação/adaptação da atuação jurisdicional frente aos problemas neles enfrentados. Pelo contrário, a partir desses estudos é possível reforçar a compreensão de que há violações a direitos fundamentais que não são, necessariamente, fruto da escassez de recursos (CAMPELLI; CALVO, 2007; SANT'ANA, 2017). Segundo as revisões feitas por Catanheide et al. (2016), não é possível afirmar categoricamente que as demandas judiciais estão comprometendo o orçamento do SUS, mas é possível concluir que os valores despendidos com o cumprimento das decisões são elevados e que nem sempre se destinam a garantir o acesso a medicamentos de segurança e eficácia comprovadas.

Catanheide et al. (2016) a partir das pesquisas que revisaram, observaram que, para a maioria das demandas que pretendiam o fornecimento de medicamentos específicos, havia uma outra droga como alternativa terapêutica nas listas de dispersão do Sistema Único de Saúde. E é nesse sentido que se constatou uma tendência à desestruturação nas políticas públicas desenhadas pelo processo político-administrativo. Afinal, as alternativas terapêuticas previstas nas listas do SUS, caso observadas, evitariam a maioria das ações (CATANHEIDE et al., 2016). Em assim sendo, a atuação jurisdicional decorre do descumprimento do direito e a prestação jurisdicional deve adotar procedimento adequado ao direito material objeto da demanda.

Segundo Ramiro Nóbrega Sant'Ana (2017), a prevalência das análises sobre o fornecimento de medicamentos de alto custo, fornecimento de medicamentos fora das listas do SUS e medicamentos pendentes de aprovação pela ANVISA deturpa o exame do fenômeno. Segundo o autor, a judicialização tem servido de instrumento para garantir o fornecimento de outros bens e serviços de saúde pública, razão pela qual o foco em medicamentos de alto custo acaba fazendo as análises se concentrarem sobre as consequências orçamentárias da judicialização.

Para ultrapassar o viés da medicamentalização do direito à saúde, Roberto Freitas Filho e Ramiro Nóbrega Sant'Ana apresentam estudo que aborda o caso das filas e demora no atendimento de cirurgias eletivas. Segundo esse estudo, "o serviço é ofertado pelo SUS, mas em quantidade muito inferior à demanda" (FREITAS FILHO; SANT'ANA, 2016, p. 77), o que acarreta longas filas de espera, sem qualquer perspectiva de atendimento. Ao analisarem as decisões liminares proferidas em amostra estatística de processos, indicam que a judicialização é "caminho quase inevitável" e que ela representa "incremento de eficiência temporal no atendimento" (FREITAS FILHO; SANT'ANA, 2016, p. 88).

Conquanto defendam que o argumento de respeito à política pública e de tratamento isonômico seja vazio, tendo em vista que "o fato da existência da fila não é confirmado" (FREITAS FILHO; SANT'ANA, 2016, p. 97), não se pode negar que a reunião de pessoas em uma espera pela cirurgia seja uma realidade, ainda que essa espera não seja organizada em uma efetiva fila. Tanto assim o é, que a amostra de processos que buscam o tratamento para as necessidades de saúde permitiu a realização do próprio estudo.

Ainda que seja necessário "interpretar o direito em favor de seus titulares", segundo defendido naquele estudo, não é a propositura da ação que faz do indivíduo titular do direito, e sim a aplicação da norma, que pode ocorrer tanto por meio da política pública quanto pela decisão judicial. Dessa forma, ainda que os terceiros sejam desconhecidos quando se analisa a questão pela perspectiva tradicional, não se pode negar que eles existam, porquanto haveria inequívoca exclusão dos indivíduos que enfrentem qualquer limite de acesso ao Judiciário.

Com efeito, fica claro que as políticas públicas de saúde, apesar de estruturadas em todos os níveis federativos, não são suficientes para atender à demanda social. Dessa forma, a judicialização mostra-se instrumento indispensável para a realização do direito no plano prático. Todavia, a defesa da necessidade de judicialização não altera o fato de que decisões judiciais acabam por interferir nas políticas públicas, na alocação de recursos, na organização das competências de cada nível federativo, na ordem de atendimento. Ainda que não exista uma eficiência das políticas públicas em saúde (FREITAS FILHO; SANT'ANA, 2016, p. 86), a interferência do Judiciário sobre a atividade administrativa atinge os demais titulares do direito sem que isso represente um incremento funcional para a melhora da política pública. Afinal, o alto nível de judicialização não tem garantido redução da litigiosidade, e sim seu incremento.

Evidencia-se, portanto, que as decisões judiciais não têm garantido que a atuação estatal passe a se conformar com o direito, sob a perspectiva completa. Seja pela falta de medicamentos indispensáveis, seja pela falha na prestação do serviço contido nos protocolos de atendimento do SUS, a política pública que não é capaz de garantir a efetividade do direito acarreta judicialização do litígio e a judicialização tem o potencial risco de desestruturar as políticas públicas. Mesmo quando a decisão determina a realização de uma cirurgia eletiva, haverá desestruturação em virtude de ser quebrada a ordem de atendimento definida pela Administração para atender a uma ordem judicial ou de se depender de uma ordem judicial para ter acesso ao direito à saúde. Além disso, o indivíduo que não provocar o Judiciário será prejudicado na fila de espera em benefício do indivíduo que dele se socorrer.

Fica evidente, portanto, que: a) a materialização do direito fundamental à saúde pode ser comprometida por falhas, lacunas ou resultados indesejados das políticas públicas; b) o judiciário, ao exercer sua função de garantir a materialização por meio da aplicação do direito com técnicas processuais tradicionais, em vez de reestruturar o programa para conformá-lo ao direito, agrava o cenário.

Dessas evidências, fica claro que, das consequências dos provimentos jurisdicionais processados segundo o modelo tradicional, decorrem o aumento da litigiosidade e, no mínimo, o risco de agravamento do resultado das falhas, lacunas e resultados indesejados das políticas públicas em execução.

A prevalência de demandas em que o direito fundamental à saúde é analisado exclusivamente pela perspectiva individual (MENDES; OLIVEIRA; ARANTES, 2018) contribui para que decisões judiciais produzam efeitos desestruturantes. Por conseguinte, deve-se adotar um procedimento que se adapte ao direito material objeto da demanda, por meio do qual será possível buscar a supressão das falhas estruturais para garantia do direito em suas múltiplas perspectivas, e não a garantia do direito como um fim em si mesmo.

Com efeito, a avaliação e o controle das políticas públicas pela perspectiva jurídica não se restringem à verificação de que um medicamento foi ou não fornecido, de que um tratamento foi ou não garantido, de que um medicamento é ou não necessário para solucionar um litígio individual. Os mecanismos processuais devem ser adaptados para se adequarem à análise mais ampla (BRASIL; CASTELLO, 2013), exigida pela própria natureza do direito material.

A jurisdição e o direito não podem se limitar às contingências fáticas e aos possíveis vícios contidos nas políticas públicas, todavia também não podem ser indiferentes a esse instrumento da ação estatal, indispensável para a materialização do direito à saúde. Como o processo adversarial, bipolar e binário se destina primordialmente à solução da pretensão de apropriação individual do direito à saúde, resta dificultado o equilíbrio entre essas duas perspectivas de materialização do direito (política e jurisdicional), o que permite a produção de decisões judiciais que interferem nas políticas públicas vigentes sem critério e sem orientar a solução do problema estrutural que dá ensejo às violações aos direitos.

## 3. O processo estrutural: vocação para transposição de estados de coisas

O processo estrutural (LIMA, 2018; GALDINO, 2019; DIDIER Jr.; ZANETI Jr., 2020) é técnica ou modelo de prestação jurisdicional adotado sempre que se identifica um problema estrutural, caracterizado por uma lesão ou ameaça ao direito que decorre de uma desconformidade com o estado de coisas definido pelo direito, a fim de promover uma transição para um estado de conformidade, prestando tutela específica e adequada ao direito material, em harmonia com os demais direitos cuja materialização ou manutenção também dependem do estado de coisas pretendido ou, ainda, de outros estados de coisas relacionados com as pretensões e posições jurídicas envolvidas.

Trata-se, portanto, de método de aplicação do direito que não se destina exclusivamente à solução do litígio pela perspectiva subjetiva individual, que não aborda apenas a consequência do estado de coisas e que considera a ação necessária para a remoção ou inibição da conduta que impede a realização do estado de coisas exigido pela norma. Apesar de não ser necessariamente uma ação coletiva, mesmo sendo essa a forma prevalente, é método que deve pressupor a análise do direito em sua completude, uma vez que o estado de coisas congrega múltiplos interesses e posições jurídicas relacionadas/conectadas.

Dessa forma, o processo estrutural desenvolve-se a partir de um modelo bifásico, em que primeiro se reconhece e define o problema estrutural, bem como o estado de coisas exigido pelo direito (meta) para, em uma segunda fase, definir o programa ou projeto de reestruturação que será seguido.

Conforme se verificou até este ponto, o direito fundamental à saúde depende do fornecimento de bens e serviços pelo Estado (políticas públicas), possui duplo caráter (norma-princípio e norma-regra), é coletivo na essência, apesar de individualmente tutelável. Tendo em vista as características de bipolaridade, adversariedade e binariedade do processo tradicional, verificou-se que o modelo de processo tradicional, além de não ser capaz de equilibrar todas essas nuances, pode desencadear processos desestruturantes sobre as próprias políticas públicas vigentes, inclusive com o comprometimento de direitos de terceiros. Nesse sentido, propõe-se que o processo estrutural seja utilizado como técnica capaz de garantir tutela específica do direito material destinada a obter a solução para a origem das indevidas restrições impostas pelo estado de coisas.

Para tanto, o preponderante, portanto, é identificar que se trata de modelo por meio do qual se altera a racionalidade causa-efeito para uma relação meio-fim, com o que se busca a tutela específica de um direito cuja materialização depende de um estado de coisas. Essas características básicas podem ser verificadas em processos coletivos ou individuais, institucionais ou não institucionais. Por conseguinte, o processo estrutural seria ferramenta à disposição do Judiciário para promover uma transição de um estado de coisas contrário ao direito para um estado de coisas em conformidade com o direito. Transição essa que permite sejam harmonizados diversos estados de coisas e, assim, sejam preservados direitos e interesses de terceiros, inclusive vinculados a outros direitos fundamentais. Como resultado, o processo estrutural produziria "normas-princípio, fixando o estado de coisas pretendido e, posteriormente, normas-regra definindo as condutas para o alcance daquele estado de coisas" (GALDINO, 2019, p. 126).

O processo estrutural não se aplica exclusivamente em litígios que envolvam direitos fundamentais sociais, tampouco representa um método de atuação exclusiva para casos que impliquem interferência em políticas ou instituições públicas (GALDINO, 2019). Processo estrutural é "um ato jurídico complexo que tem por ato final uma transição não imediata entre estados de coisa"; que "serve para a produção de normas-princípio e normas-regra, estabelecendo os fins e os meios para alcance da transição que tem por objeto"; e que "gera uma relação jurídica com uma tendência ao fenômeno da multipolaridade" (GALDINO, 2019, p. 133).

Nesse sentido, importante a análise feita por Matheus Souza Galdino, dedicada a identificar as características tipológicas que definem o processo estrutural: a) existência de um problema estrutural, caracterizado por um estado de coisas em desacordo com o estabelecido pelas normas[27], "uma situação de desconformidade estruturada" (DIDIER Jr.; ZANETI Jr., 2020, p. 577); b) meio para transitar de um estado de coisas em desacordo com a norma para um estado de coisas em conformidade com o definido na norma,[28] com o que são adequadas as ações que impedem ou distanciam a ação estruturada do Estado do estado de coisas previsto na norma; c) procedimento bifásico em que a atuação jurisdicional, na primeira fase, destina-se ao reconhecimento, definição do problema estrutural e estado de coisas a ser construído (meta), e na segunda destina-se à definição do programa para a reestruturação a ser seguido até concretização do estado de coisas definido pela norma; d) procedimento flexível para adaptação do procedimento às exigências do direito, razão pela qual se deve permitir "adoção de formas atípicas de intervenção de terceiros e de medidas executivas, de alteração do objeto litigioso, de utilização de mecanismos de cooperação judiciária" (DIDIER Jr.; ZANETI Jr., 2020, p. 577); e) consensualidade e adaptação do processo, especialmente na segunda fase do litígio (DIDIER Jr.; ZANETI Jr., 2020).

[27] A propósito do estado de coisas, conferir Humberto Ávila (2021). O autor destaca a relação entre normas-princípio e estado de coisas, indicando que os princípios definem estado de coisas a serem concretizados em tempo e modo adequados ao direito. Dessa forma, ao se falar em estado de coisas se está vinculando um estado previsto pela norma e que deve ser observado. Aplicando essa máxima aos direitos fundamentais, fica clara a vinculação do Estado aos estados de coisas definidos pelas normas de direito fundamental. E é nesse sentido que se admite a característica do processo estrutural vinculada à normatividade contida na Constituição Federal, em que são definidos pelas suas normas, dotadas de força normativa, os estados que devem ser alcançados pela ação estatal.

[28] A ideia de transição entre estado de coisas é apresentada por Galdino (2019), a partir das concepções filosóficas de Georg H. von Wright (1963).

Tendo em vista o objeto de análise deste trabalho, o foco será no Processo Estrutural institucional, uma vez que o estado de coisas conforme o direito à saúde exige que o Estado e suas instituições adotem soluções capazes de materializá-lo. Para tanto, o Processo Estrutural é visto como método de exercício da jurisdição em que ao Estado é imposta uma transição na forma de atuação para que os direitos não materializados se concretizem, exatamente como defendido por Owen Fiss (1979; 2019).

Partindo da consciência de que a completude das políticas públicas é uma ilusão, assim como a completude do direito se revelou uma utopia, a judicialização é instrumento da ação estatal para aperfeiçoamento dos programas definidos para a materialização dos direitos fundamentais sociais, mediante a aplicação deles em casos concretos. Há, portanto, destaque para função de aperfeiçoamento que deve ser guiado pelas finalidades previstas no direito.

O direito à saúde, enquanto norma-regra, define as ações do Estado para a sua materialização (finalidade da norma). Enquanto norma-princípio, estabelece um estado de coisas a ser atingido por ações estatais que poderão ser definidas pelas políticas públicas. A conjugação de norma-regra e norma-princípio, característica dos direitos fundamentais, exige uma atenção às finalidades e aos meios para atingi-las, de modo que nem a aplicação da regra nem a busca pelo estado de coisas se distanciem das finalidades normativas.

Nesse sentido, para que não ocorra a desestruturação das políticas públicas e para que os fins constitucionais sejam atendidos (tanto os previstos nas normas-princípios, quanto os previstos nas normas-regra), o modelo processual deve permitir que a atuação do Judiciário promova a transição de um estado de coisas em desacordo com o direito para um estado de coisas em conformidade com o direito (GALDINO, 2019). Exatamente por não ter sido promovido pela ação estatal externada por meio das políticas públicas, a jurisdição deve estabelecer o limite jurídico do exercício das competências do Executivo e do Legislativo.

O direito é, em grande medida, solução para problemas públicos, que se transformam segundo os momentos históricos e as necessidades de cada sociedade (HOLMES; SUSTEIN, 2019). Nessa linha, tanto os poderes político-administrativos quanto os Tribunais constroem o direito ao definirem as soluções para os problemas públicos por meio das normas[29] (política) e ao definirem como elas se aplicam aos casos concretos (direito).

A questão que se apresenta, portanto, está centrada na forma de atuação do Judiciário nessa construção do direito. O processo deve ser instrumento e enquanto instrumento deve ser adequado ao direito material. Dessa forma, não deve romper com os limites das competências de aplicação das normas e não deve representar meio capaz de desestruturar as ações estatais criadas para os problemas públicos. Portanto, não deve haver substituição nas funções de livre escolha da solução prática para problemas públicos (política), o que não significa inibir a função de juridicamente determinar ações que superem as falhas que ocorrem entre solução pré-definida e concretização da finalidade contida na norma constitucional.

Tomado o direito à saúde como objeto de análise dessa realidade, verificou-se que ele detém fundamentalidade (o que lhe atribui um caráter de norma-princípio e de norma-regra), uma característica coletiva que pode ser individualmente pretendida e uma força contramajoritária que retira sua materialização da simples condição de formação de maiorias. Dessa forma, eventual limite ao direito somente pode ser observado por meio do exercício do sopesamento para equalização de eventual colisão do direito à saúde com outros direitos fundamentais.

Ocorre que, quando o direito à saúde é judicializado pelo modelo tradicional, verificou-se que há potencial efeito desestruturante sobre as ações definidas pelo Estado para a materialização de direitos, inclusive sobre o próprio direito à saúde. Por conseguinte, pode-se concluir que é necessária a adaptação de procedimentos para que eles se adequem ao direito material, a fim de que se preserve a inafastabilidade da jurisdição, promova segurança jurídica, preserve as ações estatais em funcionamento, respeite as competências de cada poder e observe a necessidade de que o direito de terceiros seja preservado.

É nesse contexto que o Processo Estrutural se apresenta como possível ferramenta procedimental capaz de equilibrar todas essas nuances e de garantir a tutela específica do direito material. Trata-se, portanto, de uma forma de flexibilização-adaptativa (OLIVEIRA, 2018) para que o

[29] Como normas deve-se entender não apenas as leis editadas pelo parlamento, mas também e especialmente a própria Constituição que, no caso brasileiro, traz em seu bojo os direitos fundamentais sociais expressamente positivados.

processo atenda às especificidades do direito material em litígio. Tendo se demonstrado que os direitos fundamentais possuem duplo caráter, de norma-regra e norma princípio (ALEXY, 2017), deve-se aplicar a máxima de que "os princípios [...] instituem o dever de adotar comportamentos necessários à realização de um determinado estado de coisas", razão pela qual "o que for necessário para promover o fim é devido" (ÁVILA, 2021, p. 162).

A aplicação da norma-princípio contida no direito fundamental volta-se então para um estado de coisas, não se restringe a um direito subjetivo ou interesse individual. Por conseguinte, "se há diferentes interesses no seio do mesmo litígio coletivo, isso significa que uma decisão não vai dar a todas as pessoas a mesma tutela" (LIMA, 2015, p. 68). Nesse sentido, é preciso dinamizar a forma de julgamento segundo o direito material, levando em conta os reflexos das decisões sobre a coletividade, segundo a conflituosidade verificada em cada caso concreto. Conflituosidade essa que irradia (LIMA, 2015), e cuja decisão que pretende solucionar o litígio produz distintos efeitos, diretamente proporcional ao nível de dependência do indivíduo para obter acesso ao direito fundamental social.

Há que se buscar, portanto, um equilíbrio das tensões entre princípios e regras constitucionais, especialmente entre aqueles que protegem os cidadãos e aqueles que atribuem poderes ao Estado (ÁVILA, 2021). Com essa constatação em mente, é possível identificar a principal razão para distinguir os processos estruturais dos não estruturais: "mudança de racionalidade do processo, de uma relação causa-efeito (retrospectiva) para uma relação meio-fim (prospectiva)" (GALDINO, 2019, p. 15).

Em assim sendo, o modelo de processo deve ser capaz de conduzir a decisão judicial para a aplicação da norma em sua completude, garantido que se transite do estado de coisas contrário ao direito (fruto da ausência de uma política pública ou de lacunas, falhas e resultados indesejados das políticas públicas existentes) para um estado em conformidade com o direito (em que o direito não sofre restrições inconstitucionais).

Tendo em vista a inspiração norte-americana para o desenvolvimento do processo estrutural, muito se fala em atuação ativista e em busca pela implementação de valores constitucionais. Entretanto, imprescindível a lição de Tushnet (2019), para quem o ato de observação das semelhanças nas formulações da doutrina constitucional pode fazer ignorar as inerentes diferenças de aplicação, porque os observadores são insuficientemente conscientes dos contextos locais e pequenas diferenças nos detalhes podem ter grandes consequências, doutrinária e empiricamente.

Nesse sentido, é preciso fazer uma importante distinção entre os sistemas constitucionais para compreender: o que é considerado ativismo nos EUA não é, necessariamente, ativismo no Brasil. O enquadramento nesse conceito depende da análise dos diferentes sistemas constitucionais. A partir dessa perspectiva é possível identificar, já em uma primeira análise, a diferença que decorre dos tipos de constituição. Enquanto nos EUA há uma constituição sintética, no Brasil há uma constituição analítica.

No Brasil, a Constituição Federal positivou os direitos fundamentais, os deveres impostos ao Estado e os limites ao exercício da discricionariedade político-administrativa. Portanto, a aplicação dos direitos fundamentais dispensa a remissão a valores constitucionais para justificar a imposição deles no ordenamento jurídico brasileiro. Ainda que valores possam ser invocados para fundamentar decisões que versam sobre direitos fundamentais, no caso brasileiro é possível se ater estritamente à normatividade e ao direito positivo. "Os direitos fundamentais, a partir do momento em que são positivados no texto constitucional, passam a ser considerados direito vigente, adquirindo caráter estatal-normativo" (ABBOUD, 2019, p. 923).

Com efeito, a jurisdição exercida por meio do Processo Estrutural não é sinônimo de atuação ativista, simplesmente porque aplica o direito fundamental para impor a construção de um estado de coisas previsto no texto constitucional. Ainda que seja possível a atuação ativista por meio dessa forma de procedimento, ele não se confunde com o ativismo. Tanto que, mesmo em se adotando os procedimentos tradicionais (de característica adversarial, bipolar e binária), também é possível identificar uma atuação ativista em virtude da imposição de valores e subjetivismos que não se restringem ao direito positivo. Há grande diferença entre corrigir o direito vigente (ABBOUD, 2021) e corrigir a ação estatal que está em desacordo com o direito.

Com base nessas premissas, o Processo Estrutural é ferramenta que se constrói em harmonia com a preocupação em trabalhar "construções doutrinárias que [...] não atropelem o desenrolar do processo político democrático, principal responsável pelo ajuste entre o projeto constitucional e a realidade socioeconômica subjacente" (RAMOS, 2007). Nesse sentido, o processo, além de garantir a efetividade do direito material e a ele se adequar, deve permitir o sopesamento da liberdade de conformação e do princípio democrático com o direito à saúde, a fim de que não se anulem reciprocamente.

Conforme se verifica, o Processo Estrutural aplicado à judicialização da saúde consiste em uma demanda em que se identifica o descumprimento de um dever fundamental imposto ao Estado pelas normas jurídicas, especialmente pela Constituição Federal, e que se tem a plena percepção da necessidade de reforma na própria estrutura do sistema para que a ação estatal passe a condizer com os mandamentos constitucionais. Diante dessa perspectiva, pode-se dizer que o universo tradicional de medidas judiciais é inadequado e que o Processo Estrutural se apresenta como medida apropriada para promover a reestruturação das burocracias e organizações estatais. É dizer, o Processo Estrutural consiste em uma ordem judicial de caráter preventivo, destinada a evitar danos futuros, e não à mera reparação de ilícitos passados (FISS, 2004). Por conseguinte, viabiliza uma decisão judicial que suplanta a possibilidade de, em se analisando casos particulares, gerar efeitos desestruturantes sobre as ações em curso.

Em resposta às críticas feitas aos Processos Estruturais, pertinente a análise feita por Fiss (2019), para quem o Judiciário compõe todo um sistema de governo democrático, definido pela própria Constituição. É essa norma que exige que todas as instituições, órgãos e poderes atuem em conformidade com suas regras, cabendo ao Judiciário o dever de impor condutas de modo a garantir o respeito a elas. E a decisão deve estar em poder do Judiciário para que seja preservada a unidade entre o remédio processual e o direito constitucional (FISS, 2019). Nesse sentido, a sociedade civil organizada passa a também direcionar as decisões do Estado por meio dos processos estruturantes, uma vez que compete a ela a propositura das demandas em que são atacadas as lacunas, falhas e resultados indesejados das políticas públicas.

O cerne da questão é garantir universalização dos direitos sociais constitucionalmente garantidos e impedir que as decisões proferidas em demandas individuais possam agravar as consequências das políticas públicas que não respondem ao estado de coisas determinado pelo direito. Todavia, os casos estruturais só podem ser entendidos se for observado que a construção do litígio não é um fato dado, mas o produto de uma atividade complexa dos juízes. Essa atividade confere relevância jurídica a certos elementos, que aparecem estruturalmente incorporados nos polos da relação jurídica. Com isso, é possível, como efeito imediato, ampliar suas competências sobre áreas da realidade que até então estavam além de seu alcance (PUGA, 2019). Disso se percebe que não basta a forma como a lide é apresentada em juízo, a forma como ela é recebida pelos juízes é decisiva para que o processo adote o modelo adequado à análise do litígio estrutural.

Nesse sentido, Mariela Puga identifica algumas características próprias das demandas estruturais que aproveitam ao exame da judicialização do direito à saúde: a) a assimilação entre o ato prejudicial e o próprio agravo; b) abandono da acusação, do modelo adversarial; e c) preeminência de critérios corretivos ou distributivos na relação causal (PUGA, 2019). O abandono do modelo adversarial faz com que o Juiz deixe de ocupar a posição de um terceiro imparcial para se revelar como órgão do Estado, constituído para interpretar, concretizar e impedir a violação à Constituição (FISS, 2019).

A propósito da identificação do Judiciário como órgão do Estado destinado a concretizar e impedir a violação à Constituição Federal, Matheus Souza Galdino (2019) verifica importante marca do Processo Estrutural, centrada não em objetivos sancionatórios, mas em "objetivos de identificação e correção da violação", o que permite migrar de uma análise centrada na relação casual ("descoberta de fatos ocorridos") para uma análise teleológica ("previsão de ocorrência de eventos e resultados"). Por consequência, os litígios que contêm "uma reinvindicação sobre o funcionamento de políticas públicas" reclamam a adoção dessa forma judicialização para que a decisão judicial supere a perspectiva individual do direito.

Para isso, pode ser necessário abrir mão, ainda que momentaneamente, do que é o aparente centro do conflito para tratar do impacto sobre a coletividade e dos efeitos desestruturantes que podem advir de uma decisão exclusivamente centrada no interesse individual. Esse objetivo exige, portanto, que o processo tome o estado de coisas definido pela norma constitucional como fim a ser concretizado pelo Estado e articule os meios necessários para transitar de um estado de coisas contrário ao direito (causa do litígio e das violações aos direitos) para um estado de coisas em conformidade com o direito (GALDINO, 2019).

## Conclusões

A positivação dos direitos fundamentais na Constituição Federal não garante a concretização no plano factual. Conquanto os direitos fundamentais tenham aplicabilidade direta e imediata, estejam positivados em um rol não exaustivo e estejam protegidos contra a abolição ou supressão (ZANETI Jr., 2013), permanecem dependendo das políticas públicas. Dessa forma, as limitações/restrições ou violações a esses direitos estão intimamente ligadas ao processo político-administrativo. Nesse sentido, direito e política estão intimamente relacionados, razão pela qual se apresentou-se, no primeiro tópico deste artigo, uma compreensão geral de como o processo de construção das políticas públicas se desenvolve para, então, compreender como surgem as restrições ao direito à saúde.

Reconhecida a importância conjunta atribuída ao direito e à política (BUCCI, 2013) para a materialização do direito à saúde, concluiu-se que o direito vincula a política. Por consequência, ainda que a formulação de políticas públicas esteja em um espaço de livre conformação pelos poderes político-administrativos, há um dever de materializar o direito, por meio de ações efetivas e eficazes. Por força do direito e de sua fundamentalidade, a escolha está em se permitir a seleção da solução que melhor se adeque às deliberações políticas, desde que os resultados atinjam o estado de coisas imposto pela norma constitucional.

Tendo em vista que o Judiciário deve atuar para garantir o respeito às normas, especialmente as constitucionais, é necessário ter a compreensão do processo de formulação de políticas públicas para ter condições de proferir decisões que, mesmo em se analisando casos individuais, busquem a solução da origem da violação ao direito. Isso porque, não é possível separar as políticas públicas das normas jurídicas que as constituem, do mesmo modo que não se pode reduzir as políticas públicas à sua dimensão normativa (ÁVILA, 2016).

Como o modelo processual tradicional mantém o estado de coisas contrário ao direito, não promove a solução do litígio contido na demanda. Os estados de desconformidade não são superados pelo exercício da jurisdição centralizada no modelo de processo tradicional, ainda que coletivo, uma vez que a lógica individual, adversarial e binária do direito prevalece na aplicação do direito ao caso concreto.

Nesse sentido, os provimentos resultantes das ações que buscam a materialização individual dos direitos fundamentais sociais como o direito à saúde têm o paradoxal poder de intensificar a violação a direitos fundamentais sociais, especialmente quando ela decorre de falhas estruturais.[30] Essas intensificações que decorrem dos provimentos individuais atingem com mais gravidade os indivíduos que não têm capacidade para demandar em juízo.[31]

Por consequência, é preciso pensar a prestação jurisdicional que envolve violação de direitos fundamentais sociais em sua perspectiva estrutural e a partir da necessidade de solucionar a macrolide, atingindo o problema estrutural que dá causa à restrição ou à violação ao direito, atingindo a causa da judicialização e da litigiosidade em massa.

Nesse sentido, o Processo Estrutural é técnica capaz de identificar a origem da violação ao direito, promover a solução que garanta a resolução da macrolide, do conflito estrutural, de modo a promover a transição do estado de desconformidade para um estado de conformidade com o direito. Ao promover essa transição entre estado de coisas, a jurisdição aplica o direito ao caso concreto, equaliza as perspectivas individual e coletiva do direito e acaba por respeitar a universalização do direito fundamental social, eliminar, inibir ou remover a causa do ilícito e preservar ao máximo as competências e prerrogativas dos poderes político-administrativos.

Se é o estado de coisas que afasta a ação estatal dos limites do direito, a forma de atuação do Judiciário deve condizer com o papel de garantidor de direitos, razão pela qual deve ter como alvo a origem da violação aos direitos, em suas múltiplas formas e apreensões. Em assim sendo, a técnica processual é adaptada para alcançar uma solução que equalize as tensões entre individual e coletivo, jurídico e político.

Essa perspectiva demonstrou a necessidade de revisar as formas ortodoxas de judicialização para, em uma nova mirada, trazer os demais

[30] Esses impactos tanto podem ser em razão do comprometimento orçamentário (nesse sentido conferir VIEIRA, 2020; CHIEFFI; BARATA, 2009; ALVES, 2014) quanto das interferências nas ordens de prioridade e filas criadas pelo SUS para atendimento das demandas.

[31] Ainda que se reconheça o formidável trabalho que algumas Defensorias Públicas exercem na judicialização de direitos fundamentais sociais, especialmente nos casos de saúde e educação (SANT'ANA, 2017; MENDES et. al., 2018), é fato que elas não dão conta das necessidades de toda a população que depende desses direitos. Tanto que diversas pesquisas, ainda que passíveis de críticas quanto a algumas de suas conclusões, noticiam que as ações que judicializam o direito à saúde beneficiam as classes 1 e 2 da sociedade. Nesse sentido, conferir: SILVA, 2007; VIEIRA; ZUCCHI, 2007; FERRAZ; VIEIRA, 2009.

poderes para o centro do debate judicial, em que o Poder Judiciário deixa de proferir uma decisão que condena ou absolve para proferir uma decisão que obriga a adoção de medidas tendentes a efetivar os direitos, a transformar os estados de coisas para que eles atendam aos reclames do direito. Dessa forma, é possível manter as escolhas políticas na formulação dos planos, desde que isso não seja feito de modo a impedir ou manter a restrição de acesso ou proteção insuficiente.

Com efeito, ao se ter consciência de que os resultados das políticas públicas não são necessariamente a expressão da decisão política e que, portanto, há problemas na burocracia estatal que restringem o direito fundamental à saúde, constata-se a necessidade de adotar técnica processual que permita a reestruturação da ação estatal para corrigir os desvios e garantir o cumprimento do dever fundamental imposto ao Estado. Dessa forma, a aplicação do direito fundamental atende tanto ao caráter de norma-princípio quanto ao de norma-regra, removendo ou inibindo o ilícito e assegurando a aplicação do direito tanto em sua perspectiva individual quanto em sua perspectiva completa.

O Processo Estrutural, tendo em vista a vocação para transposição entre estados de coisas, promove a solução de maneira ampla, em benefício de todos os titulares do direito. O processo é conduzido em prol da superação do entrave na burocracia estatal que impede a realização do direito em sua perspectiva completa. Dessa forma, além de solucionar o caso para o indivíduo, promove a solução para a coletividade. Nesse sentido, o Processo Estrutural se revela apropriado exatamente por se dedicar à transposição do estado de desconformidade para o estado de conformidade com o direito.

Nesse sentido, ainda que o modelo de processo tradicional mantenha a sua importância para a solução de casos particulares, os litígios que envolvam estados de desconformidade dependem de técnica processual adequada para tratamento da origem da restrição ao direito. Como o estado de desconformidade em que o direito fundamental à saúde se insere está diretamente ligado às políticas públicas, a técnica do Processo Estrutural se apresenta como uma solução capaz de promover a remodelação das burocracias estatais, em processo que prestigia a formação conjunta da solução necessária para a transposição para um estado de conformidade com o direito. Dessa forma, permite-se a construção que atenda tanto ao direito individual quanto ao direito coletivo. E, como a decisão judicial permite a construção conjunta da solução após declarado o estado de desconformidade, permite-se a equalização entre as competências político-administrativas e jurisdicionais.

Diante do exposto, é possível concluir que o modelo de Processo Estrutural contribui para que a jurisdição garanta os direitos fundamentais sociais não cumpridos, solucionando a origem das suas violações ou restrições por meio da transposição de estados de coisas. Dessa forma, concilia as tensões entre individual e coletivo, político-administrativo e jurídico. Ao assim conduzir a aplicação do direito, o Processo Estrutural previne decisões desestruturantes por promover a solução do problema estrutural, o que beneficia a todos os titulares do direito.

## Referências

ABBOUD, Georges. **Processo constitucional brasileiro**. 3. ed., São Paulo: RT, 2019.

______. **Direito constitucional pós-moderno**. São Paulo: Thomson Reuters Brasil, 2021

ALEXY, Robert. **Teoria dos direitos fundamentais**. 2. ed. São Paulo: Malheiros, 2017.

ALMEIDA, Andrija Oliveira; FREIRE, Marco Valério Viana. Direito à saúde no Brasil: reserva do possível e mínimo existencial nas decisões do superior tribunal de justiça (2010-2016). **Revista de Direito Sanitário**, 19(2), p. 55-77.

ALVES, Lucélia de Sena. **A judicialização da saúde e seu impacto no orçamento**: em busca de uma tutela adequada a partir do caso do estado e Minas Gerais. Dissertação de Mestrado. Universidade de Itaúna. Itaúna, 2014.

ARENHART, Sérgio Cruz. **A tutela coletiva de interesses individuais**: para além da proteção dos interesses individuais homogêneos. 2. ed. São Paulo: Revista dos Tribunais, 2014.

______. Processo multipolar, participação e representação de interesses concorrentes. In: ARENHART, Sergio Cruz; JOBIM, Marco Félix. **Processos estruturais**. Salvador: Juspodivm, 2017.

ÁVILA, Humberto. **Teoria dos princípios**: da definição à aplicação dos princípios jurídicos. 20. ed. São Paulo: Malheiros, 2021.

ÁVILA, Luciano Coelho. **Políticas públicas de prestação social**: entre o método, a abertura participativa e a revisão judicial. Belo Horizonte: D'Plácido, 2016.

BANDEIRA DE MELLO, Celso Antônio. **Discricionariedade e controle jurisdicional**. 2. ed. São Paulo: Malheiros, 2017.

BRASIL, Samuel Meira; CASTELLO, Juliana Justo Botelho. O cumprimento coercitivo das decisões judiciais no tocante às políticas públicas. In: GRINOVER, Ada

Pellegrini; WATANABE. Kazuo (Coords.). **O controle jurisdicional de política públicas**. 2. ed. Rio de Janeiro: Forense, 2013.

BUCCI, Maria Paula Dallari. **Fundamentos para uma teoria jurídica das políticas públicas**. São Paulo: Saraiva, 2013.

CAMPELLI, Magali Geovana Ramlow; CALVO, Maria Cristina M. O cumprimento da Emenda Constitucional no. 29 no Brasil. **Cad. Saúde Pública**, Rio de Janeiro, v. 23, n. 7, p. 1613-1623, jul, 2007.

CAMPILONGO, Celso Fernandes. **Política, sistema jurídico e decisão judicial**. 2. ed. São Paulo: Saraiva, 2011.

CAMPOS NETO, Orozimbo Henriques et al. Médicos, advogados e indústria farmacêutica na judicialização da saúde em Minas Gerais, Brasil. **Rev Saúde Pública**, v. 46, n. 5, p.784-90, 2012.

CANOTILHO, José Joaquim Gomes. Metodología *fuzzy* y camaleones normativos en la problemática actual de los derechos económicos, sociales y culturales. **Derechos y libertades: Revista del Instituto Bartolomé de las Casas**, año 3, n. 6, p. 35-50, 1998.

______. **Direito constitucional e teoria da constituição**. 7. ed. Coimbra: Almedina, 2003.

CATANHEIDE, Izamara Damasceno; LISBOA, Erick Soares; SOUZA, Luis Eugenio Portela Fernandes. Características da judicialização do acesso a medicamentos no Brasil: uma revisão sistemática. **Physis Revista de Saúde Coletiva**, Rio de Janeiro, v. 26, n. 4, p.1335-1356, 2016.

CAVALCANTI, Marcos de Araújo. **Incidente de resolução de demandas repetitivas (IRDR)**. São Paulo: Revista dos Tribunais, 2016.

CHIEFFI, Ana Luiza; BARATA, Rita Barradas. Judicialização da política pública de assistência farmacêutica e equidade. **Cad. Saúde Pública**, Rio de Janeiro, v. 25, n. 8, p. 1839-1849, ago. 2009.

______. Ações judiciais: estratégia da indústria farmacêutica para introdução de novos medicamentos. **Rev Saúde Pública**, v. 44, n. 3, p. 421-9, 2010.

CINTRA, Antônio Carlos de Araújo; GRINOVER, Ada Pellegrini; DINAMARCO, Cândido Rangel. **Teoria geral do processo**. 26. ed. São Paulo: Malheiros, 2010.

CONSELHO NACIONAL DE JUSTIÇA. Judicialização da saúde no brasil: perfil das demandas, causas e propostas de solução. **Justiça Pesquisa**. Relatório analítico propositivo. INSPER, 2019.

______. Direitos e garantias fundamentais. Ações coletivas no Brasil: temas, atores e desafios da tutela coletiva. **Justiça Pesquisa**. Relatório analítico propositivo. 2018.

DALLARI, Sueli Gandolfi. O direito à saúde. **Revista Saúde Pública**, São Paulo, v. 22, n. 1, p. 57-63, 1988.

DIDIER JUNIOR, Fredie; ZANETI JUNIOR, Hermes. **Curso de direito processual civil**: processo coletivo. 14. ed. Salvador: Juspodivum, 2020.

FERRAZ, Octávio Luiz Motta. Para equacionar a judicialização da saúde no Brasil. **Revista Direito GV**, São Paulo, v. 15, n. 3, 2019.

FERRAZ, Octávio Luiz Motta; VIEIRA, Fabiola Sulpino. Direito à saúde, recursos escassos e equidade: os riscos da interpretação judicial dominante. **DADOS: Revista de Ciências Sociais**, Rio de Janeiro, v. 52, n.1, p. 223-251, 2009.

FISS, Owen. The Supreme Court 1978 term: foreword: the forms of justice. **Harvard Law Review**, v. 93, n.1, p. 1-58, 1979.

______. To make the constitution a living truth: four lectures on the structural injunction. In: ARENHART, Sergio Cruz; JOBIM, Marco Félix. **Processos estruturais**. Salvador: Juspodivm, 2019.

FREITAS FILHO, Roberto (Org.). **Políticas públicas e protagonismo judicial no STF**. Brasília: IDP, 2015. Disponível em: http://www.idp.edu.br/publicacoes/portal-de-ebooks.

FREITAS FILHO, Roberto; SANT'ANA, Ramiro Nóbrega. Direito fundamental à saúde no SUS e a demora no atendimento em cirurgias eletivas. **DPU n. 67**: Parte Geral – Doutrina. Jan.-fev. 2016.

GALDINO, Matheus Souza. **Elementos para uma compreensão tipológica dos processos estruturais**. Dissertação de Mestrado. Universidade Federal da Bahia. Salvador, 2019.

______. Breves reflexões sobre as consequências de uma compreensão teleológica dos fatos para a teoria do processo estrutural. In: ARENHART, Sergio Cruz; JOBIM, Marco Félix. Processos estruturais. Salvador: Juspodivm, 2019.

______. Processos estruturais: uma transição entre estados de coisa para a tutela dos direitos. **Revista Eletrônica de Direito Processual**, Rio de Janeiro, ano 13, v. 20, n. 3, p. 358-385, set. –dez. 2019.

GARCIA, Marcelo Rocha; MIRANDA, Alcides Silva. Discursos eleitorais para políticas governamentais de saúde nas duas cidades mais populosas do Brasil. **Saúde Debate**, Rio de Janeiro, v. 43, n. 120, p. 98-109, jan.-mar. 2019.

GRINOVER, Ada Pellegrini; SICA, Ligia Paula P. Pinto (Coords.). **Avaliação da prestação jurisdicional coletiva e individual a partir da judicialização da saúde**. São Paulo: FGV, 2014.

HOLMES, Stephen; SUSTEIN, Cass. **O custo dos direitos**: por que a liberdade depende de impostos. São Paulo: WMF Martins Fontes, 2019.

HOWLETT, Michael; RAMESH, M; PERL, Anthony. **Política pública**: seus ciclos e subsistemas, uma abordagem integral. Rio de Janeiro: Elsevier, 2013.

KOERNER, Andrei; INATOMI, Celly Cook; BARATTTO, Márcia. Sobre o Judiciário e a judicialização. **Nuevos Paradigmas de las Ciencias Sociales Latinoamericanas**, v. II, n. 4, p. 17-52, jul.-dez. 2011.

LIMA, Edilson Vitorelli Diniz. **O devido processo legal coletivo**: representação, participação e efetividade da tutela jurisdicional. Tese de Doutorado. Universidade Federal do Paraná. Curitiba, 2015.

______. Levando os conceitos a sério: processo estrutural, processo coletivo, processo estratégico e suas diferenças. **Revista de Processo**. São Paulo: Thomson Reuters, 2018.

______.Litígios estruturais: decisão e implementação de mudanças socialmente relevantes pela via processual. In: ARENHART, Sergio Cruz; JOBIM, Marco Félix. **Processos estruturais**. Salvador: Juspodivm, 2019.

MARINONI, Luiz Guilherme. **Técnica processual e tutela dos direitos**. 6. ed. São Paulo: Revista dos Tribunais, 2019.

MAZZA, Fábio Ferreira; MENDES, Áquilas Nogueira. Decisões judiciais e orçamento: um olhar sobre a saúde pública. **Revista de Direito Sanitário**, São Paulo, v. 14, n. 3, p. 42-65, nov. 2013/ fev. 2014

MENDES, Conrado Hubner; OLIVEIRA, Vanessa Elias; ARANTES, Rogério Bastos (Coords.). Direitos e garantias fundamentais, ações coletivas no Brasil: temas, atores e desafios da tutela coletiva. **Justiça Pesquisa**. Relatório Analítico Propositivo. Conselho Nacional de Justiça: 2018.

GEBRAN NETO, João Pedro; SCHULZE, Clenio Jair. **Direito à saúde**: análise à luz da judicialização. Porto Alegre: Verbo Jurídico, 2015.

NOVAES, Hillegonda Maria Dutilh; SOÁREZ, Patrícia Coelho. Doenças raras, drogas órfãs e as políticas para avaliação e incorporação de tecnologias nos sistemas de saúde. **Sociologias**, Porto Alegre, ano 21, n. 51, p. 332-364, maio-ago. 2019.

OLIVEIRA, Paulo Mendes. **Segurança jurídica e processo**: da rigidez à flexibilização processual. São Paulo: Thomson Reuters, 2018.

PEPE, Vera Lúcia Edais; FIGUEIREDO, Tatiana de Aragão Figueiredo; SIMAS Luciana; OSÓRIO-DE-CASTRO, Claudia Garcia Serpa; VENTURA, Míriam. A judicialização da saúde e os novos desafios da gestão da assistência farmacêutica. **Ciência & Saúde Coletiva**, v. 15, n. 5, p. 2405-2414, 2010.

PUGA, Mariela. La litis estructural en el caso Brown v. Board of Education. In: ARENHART, Sergio Cruz; JOBIM, Marco Félix. **Processos estruturais**. Salvador: Juspodivm, 2019.

QUINTAS, Fábio Lima. Juízes-administradores: a intervenção judicial na efetivação dos direitos sociais. **Revista de Informação Legislativa**, v. 53, n. 209, p. 31-51, jan./mar. 2016.

RAMOS, Elival da Silva. Controle jurisdicional de políticas públicas: a efetivação dos direitos sociais à luz da Constituição brasileira de 1988. **Revista da Faculdade de Direito da Universidade de São Paulo**, v. 102, p. 327-356, jan./dez. 2007.

SANT'ANA, Ramiro Nóbrega. **A judicialização como instrumento de acesso à saúde**: propostas de enfrentamento da injustiça na saúde pública. Tese de Doutorado. Centro Universitário de Brasília. Brasília, 2017.

SECCHI, Leonardo. **Análise de políticas públicas**: diagnóstico de problemas, recomendação de soluções. São Paulo: Cangage Learning, 2019

SILVA, Alexandre Vitorino. **O estado de coisas inconstitucional como modalidade de litigância estrutural**: uma alternativa imperfeita para o controle de políticas públicas no Brasil. Tese de Doutorado. Universidade de São Paulo. São Paulo, 2018.

SILVA, Virgílio Afonso. **Taking from the poor to give to the rich**: individualistic enforcement of social rights. 2007. Disponível em: http://citeseerx.ist.psu.edu/viewdoc/summary?doi=10.1.1.624.9890. Acesso em: 25 nov. 2020.

THEODORO JUNIOR, Humberto; NUNES, Dierle; BAHIA, Alexandre Melo Franco; PEDRON, Flávio Quinaud. **Novo CPC**: fundamentos e sistematização. 2. ed. Rio de Janeiro: Forense, 2015.

TUSHNET, Mark. A response to David Landu: responding to David Landu, the reality of social rights enforcement. 53 Harv. Int'l L.j. 189. 2012. In: ARENHART, Sergio Cruz; JOBIM, Marco Félix. **Processos estruturais**. Salvador: Juspodivm, 2019.

VIANA, Ana Luiza. Abordagens metodológicas em políticas públicas. **Revista de Administração Pública**, 1996. Disponível em: https://bibliotecadigital.fgv.br/ojs/index.php/rap/article/view/8095.

VIEIRA, Fabiola Sulpino; ZUCCHI, Paola. Distorções causadas pelas ações judiciais à política de medicamentos no Brasil. **Rev Saúde Pública**, v. 41, n. 2, p. 214-22, 2007.

______. Direito à saúde no Brasil: seus contornos, judicialização e a necessidade da macrojustiça.**Texto para discussão**. Brasília/Rio de Janeiro: IPEA , 2020.

WALDRON, Jeremy. **The core of the case against judicial review**. 115 Yale L.J, 2006.

WANG, Daniel Wei L.; VASCONCELOS, Natália Pires; OLIVEIRA, Vanessa Elias; TERRAZAS, Fernanda Vargas. Os impactos da judicialização da saúde no município de São Paulo: gasto público e organização federativa. **Rev. Adm. Pública**, Rio de Janeiro, v. 48, n. 5, p.1191-1206, set.-out. 2014.

WRIGHT, Georg Henrik von. **Norm and action**: a logical enquiry. Londres: Routledge & Kegan Paul, 1963.

ZANETI JUNIOR, Hermes. A teoria da separação de poderes e o Estado Democrático Constitucional: funções de governo e funções de garantia. In: GRINOVER, Ada Pellegrini; WATANABE, Kazuo (Coords.). **O controle jurisdicional de políticas públicas**. Rio de Janeiro: Forense, 2013.

# 5. A PROIBIÇÃO DE RETROCESSO AMBIENTAL NOS TRIBUNAIS SUPERIORES E O JULGAMENTO DO CÓDIGO FLORESTAL

Eurípedes José de Souza Junior

## Introdução

O princípio da proibição de retrocesso ambiental é consideravelmente consagrado na doutrina de Direito Ambiental brasileira, tendo como os principais e mais destacados defensores os professores Tiago Fensterseifer e Ingo Wolfgang Sarlet, que, em dois artigos, um de 2010 e outro de 2019, expuseram as principais e mais difundidas ideias sobre o tema atualmente.

De maneira resumida, Fensterseifer e Sarlet sustentam que a proibição de retrocesso ambiental seria um princípio implícito do ordenamento constitucional brasileiro, que decorre de outros princípios de matriz constitucional, como o Estado de Direito, princípio da dignidade humana, princípio da máxima eficácia e efetividade dos direitos fundamentais, princípio da segurança jurídica e dever de progressividade em matéria de direitos sociais, econômicos, culturais e ambientais (SARLET; FENSTERSEIFER, 2010). Ainda, afirmam que a proibição de retrocesso se encontra no campo da eficácia negativa dos direitos fundamentais, de modo a constituir um dever de abstenção ou não-fazer do Estado, no que se refere à supressão ou redução de direitos e garantias previamente já consolidadas, e permitir o controle judicial de inovações legislativas que venham a atentar contra esse bloco normativo, constitucional ou infraconstitucional, também já consolidado (SARLET; FENSTERSEIFER, 2010).

Para os autores, uma correta compreensão da proibição de retrocesso ambiental deve partir do pressuposto de que a proteção existente já é insuficiente, de modo que deixam claro sua posição no sentido de não admitir nenhum recuo nos níveis de proteção ambiental, em especial quando afirmam que o dever de progressividade deve atuar (SARLET; FENSTERSEIFER, 2010, p. 10)

> a fim de ampliar a qualidade de vida existente hoje e atender a padrões cada vez mais rigorosos de tutela da dignidade humana, não admitindo o retrocesso, em termos normativos, a um nível de proteção inferior àquele verificado hoje.

No texto mais recente, além de reafirmar e reforçar os fundamentos para o reconhecimento de um princípio da proibição de retrocesso, Fensterseifer e Sarlet avançam para reconhecer um caráter absoluto ao princípio, dando-o o seguinte contorno conceitual:

> A garantia da proibição de retrocesso ecológico, nessa perspectiva, seria concebida no sentido de que a tutela jurídica ambiental – tanto sob a perspectiva constitucional quanto infraconstitucional – deve operar de modo progressivo tanto no âmbito normativo quanto institucional, a fim de assegurar a ampliação da qualidade de vida existente hoje e atender a padrões mais rigorosos de tutela da dignidade da pessoa humana, não admitindo redução no seu regime jurídico, em termos normativos e fáticos, a um nível de proteção inferior àquele já consolidado e existente na atualidade (SARLET; FENSTERSEIFER, 2019, p. 6).

Em resumo, a proibição de retrocesso ambiental é um princípio constitucional vocacionado a permitir que o Poder Judiciário exerça o controle – notadamente o controle de constitucionalidade – de atos do Poder Executivo e Legislativo, com o objetivo de preservar os níveis de proteção ambiental até então consagrados, de modo a não se admitir qualquer diminuição nos níveis de proteção. Seria, portanto, inconstitucional qualquer medida, especialmente legislativa, que implicasse algum retrocesso na proteção ao meio ambiente.

Aqueles que defendem uma versão mais branda do princípio (mais popularmente conhecida como proibição “relativa”) associam os limites do retrocesso à proteção do núcleo essencial do direito ao meio ambiente ecologicamente equilibrado, ou à garantia de um mínimo existencial ecológico, entre outros fundamentos que, em maior ou menor medida, reforçam esses institutos. O importante, para os fins deste estudo, é compreender o papel e a pretensão do princípio da proibição de retrocesso, que, caso ainda não esteja evidentemente claro, enuncia-se: impedir que reformas legislativas diminuam os níveis consagrados de proteção ao meio ambiente.

O Código Florestal, Lei 12.651/2012, tão logo entrou em vigência, se viu atacado por quatro Ações Diretas de Inconstitucionalidade contra a nova norma (ADIs 4.901, 4.902, 4.903 e 4.937), todas fundamentadas, basicamente, na proibição de retrocesso ambiental. A favor da constitucionalidade da lei, foi proposta a Ação Declaratória de Constitucionalidade nº 42. Todo o debate girou em torno do princípio da proibição de retrocesso ambiental, e o resultado foi consideravelmente decepcionante para a doutrina, que apostava na proibição de retrocesso como trunfo contra a lei, e viu a maioria dos Ministros do Supremo rejeitar uma visão absoluta (ou quase absoluta) do princípio da proibição de retrocesso, inclusive com críticas importantes. A decisão majoritária, embora tenha declarado a inconstitucionalidade de alguns dispositivos da lei, manteve as principais vigas estruturais do novo Código Florestal, reconhecendo a constitucionalidade de diversas alterações que foram duramente criticadas por constituírem retrocessos (pretensamente inconstitucionais).

Esse resultado, embora não represente uma rejeição categórica ao princípio da proibição de retrocesso ambiental, certamente demanda uma reflexão acerca do instituto, em especial a fim de enfrentar as críticas dogmáticas de diversos Ministros no caso do Código Florestal. A provocação justifica-se pelo fato de que não parece haver uma verdadeira disposição doutrinária em dialogar com a decisão do Supremo Tribunal Federal com o objetivo de responder às críticas que o princípio recebeu e, como consequência, aprimorar seus fundamentos teórico-dogmáticos. Apesar de salutar e urgente, este estudo não se destina a esse objetivo, pois o interesse aqui é investigar a caminhada do princípio da proibição de retrocesso ambiental na jurisprudência dos Tribunais Superiores até o julgamento do Código Florestal, dissecando os fundamentos dos julgados que consagraram o princípio e os fundamentos do Supremo Tribunal Federal ao rejeitar, em grande parte, aplicação ao princípio, no que certamente foi o seu principal teste de aplicação prática – o julgamento do Código Florestal.

Com isso em mente, e guiado por essa curiosidade, pretende-se verificar se, e em que medida, o princípio da proibição do retrocesso ambiental foi, ou é, aplicado pela jurisprudência brasileira nos moldes propostos pelas formulações teóricas descritas no início desta introdução. Dito de outro modo, o que se pretende é avaliar os casos em que o princípio foi testado na prática para saber qual foi seu desempenho efetivo no controle de medidas que representam retrocessos, em especial no caso do Código Florestal.

A primeira parte do trabalho é de cunho dogmático, tratando dos principais e mais relevantes aspectos de um estudo voltado à análise de decisões e precedentes. Para que se possa dizer que determinada decisão foi em tal ou qual sentido, é importante saber identificar qual foi a razão de decidir (*ratio decidendi*), o que nem sempre é tarefa fácil nas decisões colegiadas dos Tribunais Superiores. Assim, serão estabelecidas as bases teóricas que guiam o estudo, em especial a metodologia de análise das decisões.

A segunda parte se dividirá em duas: uma primeira destinada à aplicação da metodologia de análise às decisões do Superior Tribunal de Justiça e a segunda fará o mesmo com relação às decisões do Supremo Tribunal Federal. Por evidente, serão esclarecidos todos os critérios de seleção das decisões, e ao final serão apresentados os resultados da análise guiados pela metodologia proposta. Infelizmente, em razão do pouco espaço, não será possível a demonstração analítica e detalhada da análise empírica, com a transcrição dos principais trechos das decisões e destaque dos pontos relevantes, porém a parte em que se analisam os resultados condensará todas as informações mais importantes que o leitor certamente encontrará caso decida trilhar o mesmo caminho metodológico desta pesquisa.

Como resultado, ficará demonstrado que há um hiato entre aquilo que é defendido pela doutrina como sendo o conteúdo do princípio da proibição de retrocesso ambiental e sua aplicação prática pelo Superior Tribunal de Justiça e Supremo Tribunal Federal, o que reforça, ainda mais uma vez, a necessidade de que a doutrina revisite o princípio a fim de responder as críticas dogmáticas tão fortemente ressaltadas no julgamento do Código Florestal.

## 1. Os precedentes em posição de destaque no Brasil e o problema da *ratio decidendi* nos julgamentos colegiados

Há um certo consenso sobre a afirmação de que o ponto de partida para a formação de um sistema de precedentes brasileiro[1] foi a Emenda Constitucional nº 45/2004, em que foram criados os institutos da Súmula Vinculante e da Repercussão Geral – este último responsável pelo fenômeno da "objetivação do Recurso Extraordinário" (MENDES; BRANCO, 2014, p. 974). O Código de Processo Civil de 2015 foi um grande passo na valorização dos precedentes, com a criação e fortalecimento de mecanismos de formação de precedentes vinculantes e o controle de sua aplicação. O respeito às decisões judiciais, especialmente quando dotadas de caráter vinculante, tornou-se imperativo e obrigatório aos juízes de primeiro grau, ainda que estes não concordem com a interpretação jurídica da legislação.

Essa nova forma de enxergar o precedente, no entanto, demanda uma mudança na própria forma de operar o direito. Devido à tradição jurídica de *civil law*, centrada na legislação como fonte primária, o jurista brasileiro nunca aprendeu a adequadamente lidar com precedentes, até porque sempre foi treinado para interpretar e aplicar apenas as leis. Na prática judiciária é muito comum que a utilização de precedentes se limite à transcrição de ementas, as quais nem sempre traduzem com fidelidade os fundamentos determinantes da decisão, e isso é um retrato que ilustra a afirmação de que os juristas brasileiros não foram treinados para aplicar precedentes. Aplicar precedentes, afinal, demanda um trabalho minucioso de análise de decisões, o que vai muito além do simples exame da ementa, assim como a interpretação da lei vai muito além do simples exame do enunciado linguístico do dispositivo legal.

Em um genuíno sistema de precedentes a *ratio decidendi* assume importância considerável, pois é o que efetivamente vincula em um precedente no sistema do *common law*. É a partir do conhecimento da *ratio decidendi* de uma decisão que se pode afirmar se aquela solução é, ou não, aplicável ao caso concreto em análise (MARINONI, 2017). Se no ordenamento jurídico brasileiro se pretende aplicar com seriedade os precedentes

[1] Existem inúmeras críticas extremamente pertinentes acerca da pretensão de parcela da doutrina processualista brasileira em afirmar que o Brasil possui um "sistema de precedentes". Ver, a título ilustrativo, ABBOUD (2019, p.1008).

judiciais, cabe à doutrina voltar os olhos ao desenvolvimento de métodos minimamente seguros para que a *ratio* possa ser encontrada e devidamente aplicada nos casos futuros.

Não é tarefa fácil, no entanto, encontrar a melhor forma (ou forma correta) de definir e encontrar a *ratio decidendi*. Georges Abboud, por exemplo, faz referência ao trabalho de Pierluigi Chiassoni, no qual este autor reuniu em um quadro 11 propostas de critérios metodológicos para encontrar a *ratio decidendi* de um julgado. Abboud, então, consigna que é "gritante quão dúbia é a definição desse elemento vinculante e importante à doutrina dos precedentes" (ABBOUD, 2019, p. 1037).

A sistemática de julgamento colegiado no Brasil contribui ainda mais para o aumento dessa complexidade, na medida em que se adota o modelo de decisão *seriatim*. Nesse modelo, cada integrante do colegiado pode adotar uma das seguintes posturas: (i) apenas acompanhar o voto do relator e sua fundamentação; (ii) acompanhar o voto do relator e declinar sua própria fundamentação (oralmente ou por escrito); (iii) divergir do relator, estando, nesse caso, obrigado a declinar a fundamentação, se for o primeiro a divergir; e (iv) acompanhar a divergência já inaugurada pelos seus próprios fundamentos ou declinar sua própria fundamentação (oral ou escrita)[2]. Essa sistemática de julgamento pode dificultar, a depender do comportamento individual dos julgadores, a definição da *ratio decidendi*.

A partir dessas reflexões, é preciso avaliar com cautela afirmações peremptórias de que o Supremo Tribunal Federal, por exemplo, teria, em determinado caso, consagrado um princípio, como já se afirmou com relação ao princípio da proibição de retrocesso ambiental.[3] Quer-se dizer que uma análise mais cuidadosa do inteiro teor da decisão pode revelar algo diferente da impressão inicial.

[2] André Rufino do Vale destaca que "o resultado da deliberação é apresentado em texto composto pelos diversos votos e suas respectivas *ratio decidendi*, tornando bastante complicada em algumas ocasiões a tarefa de definir com precisão o fundamento determinante da decisão do tribunal, a qual normalmente pode ser realizada pela extração do 'mínimo comum' entre os distintos argumentos individuais" (VALE, 2019, p. 149).

[3] Fensterseifer e Sarlet (2019) enumeram alguns julgados do Supremo Tribunal Federal e do Superior Tribunal de Justiça como exemplos de consagração jurisprudencial do princípio da proibição de retrocesso. A análise dos julgados, no entanto, não foi aprofundada e analítica, como será feita adiante, momento em que os resultados da presente análise serão confrontados com as afirmações de Fensterseifer e Sarlet.

### 1.1. A metodologia de análise e o critério de seleção das decisões

Apesar da imensa dificuldade em definir qual a *ratio decidendi*, é necessário adotar um método que guie a análise das decisões, pois buscarei a *ratio* de precedentes que tratam sobre o princípio da proibição de retrocesso ambiental para saber se o princípio está, de fato, contido na *ratio decidendi*.

A doutrina brasileira adota, em geral, a ideia de que a *ratio decidendi* é composta pelos fundamentos determinantes do precedente, sem os quais não seria possível que o resultado do julgamento fosse aquele.[4] Essa é a fórmula[5] proposta por Eugene Wambaugh (apud MACÊDO, 2015), que elabora um teste bifásico para a identificação da *ratio*: primeiro, faz-se uma proposição jurídica (tese) representativa do fundamento relevante do julgado e, após, inverte-se essa proposição. A *ratio* será a proposição jurídica se a sua inversão alterar o resultado do julgamento, pois se não houver alteração no resultado, aquela proposição não é fundamento determinante, logo não é *ratio decidendi*. Em outras palavras, se determinado fundamento for retirado da equação argumentativa e o resultado não for alterado, então o fundamento não é, efetivamente, uma razão de decidir.

É preciso aprofundar um pouco mais a questão da sistemática decisória dos colegiados no Brasil para fins de identificação da *ratio decidendi*. Já foi ressaltado que o integrante de um colegiado jurisdicional pode adotar quatro diferentes condutas durante um julgamento[6], entre acompanhar ou divergir, com ou sem fundamentação declinada. Tomando como exemplo o Supremo Tribunal Federal, é possível suscitar dois exemplos interessantes

[4] Para Fredie Didier Jr., Paula Sarno Braga e Rafael Alexandria de Oliveira, a *ratio* "são os fundamentos jurídicos que sustentam a decisão; a opção hermenêutica adotada na sentença, sem a qual a decisão não teria sido proferida como foi" (DIDIER JR.; BRAGA; ALEXANDRIA, 2016, p. 455). José Rogério Cruz e Tucci define a *ratio* como "a essência da tese jurídica suficiente para decidir o caso concreto (*rule of law*)" (TUCCI, 2004, p. 175).

[5] No *common law* o debate em torno de um método de identificação da *ratio decidendi* não é novidade e já existem inúmeros trabalhos avançados.

[6] Para relembrar: (i) apenas acompanhar o voto do relator e sua fundamentação; (ii) acompanhar o voto do relator e declinar sua própria fundamentação (oralmente ou por escrito); (iii) divergir do relator, estando, nesse caso, obrigado a declinar a fundamentação se for o primeiro a divergir; e (iv) acompanhar a divergência já inaugurada pelos seus próprios fundamentos ou declinar sua própria fundamentação (oral ou escrita).

decorrentes dessas possibilidades: (i) pode ocorrer, como já ocorreu, de um julgamento ser unânime, porém com 11 votos escritos e juntados no acórdão; (i) pode ocorrer, por outro lado, de um julgamento com apertada maioria (6x5) com apenas um voto na corrente vencedora.

Guilherme Klafke e Bruna Pretzel, em estudo empírico destinado a investigar a procedência de críticas relacionadas à ausência de debates efetivos entre os Ministros do Supremo Tribunal Federal – o que originou a metáfora das 11 ilhas –, desenvolveram alguns conceitos interessantes que serão tomados de empréstimo para a metodologia de análise deste estudo. As críticas consistem na dificuldade em se encontrar uma maioria coesa na fundamentação, pois nem sempre os ministros que integram a corrente vencedora concordam nos fundamentos, embora concordem no resultado. Ainda que seja possível identificar os mesmos fundamentos nos diversos votos, o só fato de existirem diversos votos em igual sentido dificulta a identificação da *ratio decidendi* (KLAFKE; PRETZEL, 2014). Essa crítica não se aplica apenas ao Supremo Tribunal Federal, mas a qualquer órgão jurisdicional colegiado no Brasil, embora nos Tribunais Superiores isso seja perceptível com muito mais frequência.

Os conceitos desenvolvidos no estudo mencionado que nos interessam consistem na ideia de "concentração" e "dispersão" da fundamentação. A concentração significa que o acórdão possui uma única (ou poucas) fundamentação na corrente vencedora, enquanto que a dispersão significa que existem inúmeras fundamentações na corrente vencedora (veja que aqui se fala em fundamentações, e não em fundamentos). Disso decorre que em colegiados com mais de três integrantes (como é o caso do Supremo Tribunal Federal e do Superior Tribunal de Justiça) é possível verificar graus de concentração e dispersão da fundamentação dos acórdãos. Uma decisão com concentração máxima significa que há apenas uma fundamentação na corrente vencedora, com o qual todos os outros integrantes do bloco vencedor concordam. Já uma decisão com dispersão máxima é aquela em que cada integrante do bloco vencedor declinou sua própria fundamentação. Há ainda, as decisões com concentrações submáximas, quando menos da metade dos integrantes do bloco vencedor declinaram suas próprias fundamentações (KLAFKE; PRETZEL, 2014).

Naturalmente, Klafke e Pretzel argumentam, com razão, que quanto mais dispersa for a fundamentação de um determinado acórdão, mais difícil é identificar a *ratio decidendi* de um julgado, o que não acontece, naturalmente, com as decisões em que exista apenas um voto na corrente vencedora (KLAFKE; PRETZEL, 2014).

O critério de análise das decisões buscou responder aos seguintes questionamentos: qual o conteúdo dado ao princípio da proibição de retrocesso ambiental no caso? É possível afirmar que o princípio da proibição de retrocesso ambiental foi o fundamento determinante do caso?

## 2. Seleção das decisões a serem analisadas

O universo de análise compreenderá apenas acórdãos, tendo em vista que decisões monocráticas podem, muitas vezes, refletir um posicionamento isolado de um ou outro julgador que não corresponde ao entendimento da maioria.

Serão selecionadas decisões do Supremo Tribunal Federal e Superior Tribunal de Justiça pela relevância desses tribunais na estrutura do sistema de justiça brasileiro. Comecemos pelo Superior Tribunal de Justiça.

### 2.1. Superior Tribunal de Justiça

Utilizando a ferramenta de pesquisa de jurisprudência do Superior Tribunal de Justiça[7] foi possível encontrar 31 (trinta e um) acórdãos[8] com os critérios de pesquisa "proibição retrocesso ambiental" e "vedação retrocesso ambiental"[9]. São 10 (dez) de relatoria do Ministro Francisco Falcão[10], 7 (sete) de relatoria do Ministro Mauro Campbell Marques[11], 6 (seis) de relatoria do Ministro Herman Benjamin[12], 3 (três) de relatoria da Ministra Assussete Magalhães[13], 3 (três) de relatoria do Ministro

[7] Disponível em: https://scon.stj.jus.br/SCON/.

[8] A pesquisa foi feita no mês de agosto de 2020 e atualizada por último aos 16 de setembro de 2020.

[9] A troca das palavras "proibição" e "vedação" não afetou o resultado da pesquisa. Os mesmos precedentes foram encontrados.

[10] AgInt no AREsp 1.719.552; AgInt no AREsp 1.704.047; ED no REsp 1.717.736; AgInt no AREsp 1.708.568; AgInt no REsp 1.726.737; AgInt no REsp 1.795.237; AgInt no ED no REsp 1.715.932; ED no AgInt no REsp 1.719.552; REsp 1.717.736.

[11] AgInt no AREsp 1.115.534; AgInt no AREsp 1.326.910; AgInt no AREsp 1.759.746; AgInt no AREsp 1.744.609; AgInt no AREsp 1.759.746; AgInt no AREsp 1.687.335.

[12] REsp 302.906; REsp 1.662.799; REsp 1.676.447.

[13] AgInt no REsp 1.800.781; ED no AgInt no AREsp 1.800.781; AgInt no AREsp 1.382.

Og Fernandes[14] e 2 (dois) de relatoria do Ministro Napoleão Nunes Maia Filho.[15]

Dos acórdãos analisados, o mais antigo é do ano de 2010, quando se supõe que pela primeira vez o princípio da proibição de retrocesso ambiental foi mencionado na Corte. Os demais são todos posteriores ao ano de 2017. Há uma interessante razão para esse longo período de tempo sem a aparição da proibição de retrocesso na jurisprudência do Superior Tribunal de Justiça, o que se explicitará adiante.

Um último dado relevante antes de adentrar à análise dos precedentes: de todos os 31 acórdãos analisados, 29 trataram da aplicação do Novo Código Florestal (Lei 12.651/2012) em diversas situações, porém em contextos relativamente semelhantes. Fora, portanto, o primeiro julgado (de 2010) e o segundo (de 2017), em termos cronológicos, todos os demais versavam sobre questões relacionadas à aplicação e interpretação do Novo Código Florestal (que, não custa ressaltar, é objeto central deste estudo como um todo).

De que forma, então, o Superior Tribunal de Justiça aplicou o princípio da proibição de retrocesso ambiental nos 31 acórdãos que sua ferramenta de busca aponta?

A partir dos casos analisados, é possível afirmar que o Superior Tribunal de Justiça consagra, de fato, um princípio da proibição de retrocesso ambiental. Todos os acórdãos foram unânimes acolhendo o voto do Relator, de modo que a fundamentação foi concentrada. Apesar disso, há interessantes observações a serem feitas.

É que, conforme se afirmou anteriormente, não é papel do Superior Tribunal de Justiça exercer o controle de constitucionalidade de leis, e o princípio da proibição de retrocesso ambiental é uma construção teórica vocacionada a tutelar o direito fundamental ao meio ambiente ecologicamente equilibrado por meio do controle de constitucionalidade. A compreensão doutrinária da proibição de retrocesso é de que se trata de um princípio constitucional.

Nos acórdãos do Superior Tribunal de Justiça, no entanto, o princípio da proibição de retrocesso aparece com uma configuração diferente – justamente pela função precípua do Tribunal que é interpretar lei federal,

[14] REsp 1.546.415; AREsp 1.312.435; ED no AgInt no REsp 1.731.932.

[15] AgInt no AREsp 1.199.197; AgInt no REsp 1.668.484.

ficando ao Supremo Tribunal Federal a função de aplicar a Constituição Federal. Em praticamente todos os casos analisados, a proibição de retrocesso aparece como um argumento amalgamado entre a afirmação da existência de um "direito adquirido ambiental", da existência de um "ato jurídico perfeito" e da incidência do princípio *tempus regit actum* para afastar a aplicabilidade do Novo Código Florestal aos casos que eram analisados. Todos esses argumentos se conjugam para afirmar a irretroatividade da norma aos fatos ocorridos antes de sua vigência.

O princípio da proibição do retrocesso foi interpretado pelo Superior Tribunal de Justiça como um princípio que orienta a aplicação da lei no tempo. O Superior Tribunal de Justiça afirma que naquelas situações seria aplicável o Código Florestal anterior, e não o novo. Essa pode ser uma forma de compreensão do princípio da proibição de retrocesso, embora não seja a compreensão original do princípio.[16]

Outra compreensão acerca do princípio da proibição de retrocesso ambiental a partir das decisões analisadas é a de que em caso de conflito entre normas deverá prevalecer aquela que é mais protetiva, independentemente do ente da federação responsável pela edição da legislação.[17]

Ainda sobre a proibição de retrocesso ambiental no Superior Tribunal de Justiça, há outro esclarecimento relevante a ser feito. É que o leitor atento certamente percebeu, em primeiro lugar, que entre o primeiro e o segundo julgados que falam sobre o princípio da proibição de retrocesso houve um hiato de sete anos, além do fato de que todos os julgados analisados, com a exceção dos precedentes de relatoria do Ministro Napoleão

[16] Comentando a jurisprudência do Superior Tribunal de Justiça sobre o tema, Ingo Sarlet e Tiago Fensterseifer afirmam que o reconhecimento de um direito ambiental adquirido é uma forma de consagração do princípio da proibição de retrocesso ambiental: "Um dos pontos mais relevantes, juntamente com a consagração dos direitos adquiridos ambientais (em contraposição, aliás, a um suposto 'direito adquirido a poluir', conforme também já se manifestou a Corte no sentido da sua rejeição), diz respeito ao reconhecimento, por parte do STJ, acerca da existência de 'limite constitucional intocável e instransponível' em matéria ambiental, o que, em última instância, alinha-se às premissas do princípio constitucional da proibição de retrocesso ecológico" (SARLET; FENSTERSEIFER, 2019, p. 18)

[17] Para Marcos de Abreu Torres, essa solução contraria a sistemática de repartição de competências legislativas previstas na Constituição Federal. Não é o nível de proteção ambiental que deveria definir a norma aplicável, mas sim se aquela norma foi editada dentro dos limites da competência concorrente para legislar sobre meio ambiente (TORRES, 2016, p. 139)

Nunes, são da 2ª Turma do Tribunal. Os questionamentos naturais é se não houve, de fato, nenhum julgado que tenha tratado da proibição de retrocesso ambiental nesse intervalo de sete anos e se não há outros julgados da 1ª Turma sobre o tema, visto que tanto a 1ª quanto a 2ª Turmas do Superior Tribunal de Justiça são competentes para conhecer a matéria.

Desde a entrada em vigor do Código Florestal, em 2012, o Superior Tribunal de Justiça já vinha decidindo, nas duas Turmas, sobre a aplicabilidade ou não do Código – exatamente nos moldes dos julgados analisados até aqui. Ocorre, no entanto, que nesses julgados anteriores a 2017 não se falava em proibição de retrocesso ambiental; a questão era resolvida apenas com a invocação do direito adquirido ambiental, ato jurídico perfeito e *tempus regit actum.*[18] Portanto, quando o princípio da proibição de retrocesso surgiu nos julgados do Superior Tribunal de Justiça sobre o Código Florestal, a orientação da Corte já era firme. Em razão disso, não parece que a proibição de retrocesso ambiental tenha sido fundamento determinante de qualquer dos julgados do Superior Tribunal de Justiça, mormente porque sequer houve uma reflexão aprofundada sobre o tema nas decisões – apesar da unanimidade de todos os acórdãos.

Por fim, em que pese a orientação pacífica do Superior Tribunal de Justiça, desde que o Supremo Tribunal Federal julgou a constitucionalidade de boa parte do Código Florestal, começaram a chegar ao Supremo Reclamações contra decisões judiciais que continuaram a negar aplicação ao Código, apesar de sua constitucionalidade.

A primeira já julgada no mérito foi a Reclamação nº 38.764, de relatoria do Ministro Edson Fachin, na qual (por decisão monocrática do relator) o

[18] A título de exemplo, para citar apenas um julgado nesse sentido e que não invocou o princípio da proibição de retrocesso ambiental, segue trecho do voto do Ministro Humberto Martins no Agravo Regimental no Recurso Especial nº 1.434.797, o qual é reproduzido de forma muito semelhante em quase todos os outros julgados da Corte: "A alegação de que o novo Código Florestal retroagiria, acolhendo a pretensão recursal da parte, não deve, igualmente, prosperar. O novo Código Florestal não pode retroagir para atingir o ato jurídico perfeito, direitos ambientais adquiridos e a coisa julgada, tampouco para reduzir, de tal modo e sem as necessárias compensações ambientais, o patamar de proteção de ecossistemas frágeis ou espécies ameaçadas de extinção, a ponto de transgredir o limite constitucional intocável e intransponível da 'incumbência' do Estado de garantir a preservação e restauração dos processos ecológicos essenciais (art. 225, §1º, I)" (AgRg no REsp 1434797/PR, Rel. Ministro HUMBERTO MARTINS, SEGUNDA TURMA, julgado em 17/05/2016, DJe 07/06/2016).

Supremo Tribunal Federal cassou acórdão do Tribunal Regional Federal da 3ª Região para determinar a aplicação do art. 62 do Código Florestal.[19] Praticamente todos os Ministros do Supremo Tribunal Federal já receberam Reclamações sobre o tema, e, ao que tudo indica, o Supremo tende a reconhecer a aplicabilidade do Código Florestal em contrariedade ao que o Superior Tribunal de Justiça vem decidindo há muitos anos, pois os Ministros vêm concedendo liminares para suspender decisões que tenham deixado de aplicar o Código Florestal por potencial violação à autoridade de decisão do Supremo Tribunal Federal.[20]

Aliás, coincidência ou não, a 1ª Seção do Superior Tribunal de Justiça, em setembro de 2020, decidiu afetar dois Recursos Especiais (nº 1.731.334 e nº 1.762.206) ao rito dos Recursos Repetitivos para definir a "possibilidade de se reconhecer a retroatividade de normas não expressamente retroativas da Lei nº 12.651/2012 (novo Código Florestal) para alcançar situações consolidadas sob a égide da legislação anterior."[21]

[19] O dispositivo da decisão foi assim redigido: "Contata-se, assim, que o acórdão reclamado, ao afastar a aplicação do art. 62 da 12.651/2012, deixou de observar a autoridade das decisões desta Corte proferidas em sede de controle concentrado. Ante o exposto, nos termos do arts. 21, § 1º, e 161, parágrafo único, do RISTF, julgo procedente a presente reclamação, para cassar a decisão do Tribunal Regional Federal da 3ª Região, que apreciou a Apelação Cível nº 0002737-88.2008.4.03.6106/SP, e determinar que nova decisão seja proferida com a observância do que decidido por esta Corte na ADI 4903 e na ADC 42."

[20] Na decisão mais recente, publicada aos 24 de setembro de 2020 na Reclamação nº 42.786, a Ministra Cármen Lúcia listou as diversas Reclamações recebidas pela Corte e que os respectivos relatores haviam concedido liminar: "Na mesma linha, em casos análogos ao presente, nos quais aplicado o princípio *tempus regit actum* para afastar a incidência de normas do Novo Código Florestal, os Ministros deste Supremo Tribunal têm suspendido as decisões reclamadas. Confiram-se, a propósito, as seguintes decisões monocráticas: Reclamação n. 40.343, Relatora a Ministra Rosa Weber, DJe 26.8.2020; Reclamação n. 42.711, Relatora a Ministra Rosa Weber, DJe 25.8.2020; Reclamação n. 37.981, Relator o Ministro Gilmar Mendes, DJe 27.7.2020; Reclamação n. 38.764, Relator o Ministro Edson Fachin, DJe 16.6.2020; Reclamação n. 39.991, Relator o Ministro Ricardo Lewandowski, DJe 24.4.2020; e Reclamação n. 39.270, Relator o Ministro Gilmar Mendes, DJe 27.2.2020."

[21] "PROCESSUAL CIVIL. RECURSO ESPECIAL. CÓDIGO DE PROCESSO CIVIL DE 2015. APLICABILIDADE. PROPOSTA DE AFETAÇÃO COMO REPRESENTATIVO DA CONTROVÉRSIA. AMBIENTAL. LEI N. 12.651/2012 (NOVO CÓDIGO FLORESTAL). APLICAÇÃO NO TEMPO. 1. Delimitação da questão de direito controvertida: possibilidade de se reconhecer a retroatividade de normas não expressamente retroativas da Lei n. 12.651/2012 (novo Código Florestal) para alcançar situações consolidadas sob a égide da

Resta saber se o Supremo Tribunal Federal irá chancelar a compreensão de proibição de retrocesso do Superior Tribunal de Justiça (ainda que vestida pelos nomes de direito ambiental adquirido, ato jurídico perfeito e *tempus regit actum*), e se o Superior Tribunal de Justiça irá, se for o caso, se alinhar à orientação do Supremo Tribunal Federal.

### 2.2. Supremo Tribunal Federal

Sendo a proibição de retrocesso um princípio para a aferição da constitucionalidade de normas, o Supremo Tribunal Federal é, por excelência, o Tribunal qualificado para não só aplicá-lo, como também delimitar seu conteúdo.

Utilizando o mesmo método de pesquisa aplicado no Superior Tribunal de Justiça, no endereço eletrônico destinado à pesquisa jurisprudencial do Supremo Tribunal Federal,[22] fez-se a busca com os critérios de pesquisa "proibição retrocesso ambiental" e "vedação retrocesso ambiental", foi possível encontrar nove acórdãos.[23]

Excluiremos da análise três acórdãos – dois prolatados em sede de Recurso Extraordinário e um prolatado em Ação Direta de Inconstitucionalidade. O primeiro é o Recurso Extraordinário nº 760.931, pois a matéria debatida é impertinente ao objeto do presente estudo, tendo em vista que tratou de terceirização na Administração Pública e eventual responsabilidade do Poder Público em caso de inadimplemento dos encargos trabalhistas por parte do particular terceirizador.[24] O segundo acórdão que não será analisado é o Agravo Regimental no Recurso Extraordinário nº 1.216.014, pois embora o contexto da decisão tangencie a matéria ambiental (aplicabilidade/retroatividade do Código Florestal),

legislação anterior. 2. Recurso especial submetido à sistemática dos recursos repetitivos, em afetação conjunta com o REsp n. 1.762.206/SP." (ProAfR no REsp 1731334/SP, Rel. Ministra REGINA HELENA COSTA, PRIMEIRA SEÇÃO, julgado em 08/09/2020, DJe 16/09/2020)

22 Disponível em: https://jurisprudencia.stf.jus.br/pages/search.

23 Na pesquisa com o critério "proibição retrocesso ambiental" o resultado foram 8 acórdãos, enquanto que com o critério "vedação retrocesso ambiental" o resultado foram 4 acórdãos, dos quais 3 já haviam sido identificados na primeira pesquisa. A única ressalva foi a ADI 5016, relatoria Ministro Alexandre de Moraes.

24 RE 760931, Relatora: ROSA WEBER, Relator para Acórdão: LUIZ FUX, Tribunal Pleno, julgado em 26/04/2017, PROCESSO ELETRÔNICO REPERCUSSÃO GERAL – MÉRITO DJe-206 DIVULG 11-09-2017 PUBLIC 12-09-2017.

a decisão apenas analisou e concluiu que houve violação à reserva de plenário (art. 97 da Constituição e Súmula Vinculante nº 10).[25] Por fim, o terceiro acórdão foi prolatado na Ação Direta de Inconstitucionalidade nº 3.239, e não será analisado haja vista que a matéria dizia respeito ao procedimento de identificação, reconhecimento, delimitação, demarcação e titulação das terras ocupadas por remanescentes das comunidades dos Quilombos[26], não sendo, portanto, pertinente ao estudo.

Vale relembrar que a intenção é tentar identificar se o princípio da proibição de retrocesso ambiental foi fundamento determinante da decisão, de modo que a análise perpassa também pela verificação da concentração ou dispersão da fundamentação e, sobretudo, se houve concentração de fundamentação em torno do princípio.

Antes do julgamento das quatro Ações Diretas de Inconstitucionalidade e a Ação Declaratório de Constitucionalidade que versaram sobre o Código Florestal, não parece que o Tribunal tenha se debruçado de maneira satisfatória sobre o princípio da proibição de retrocesso ambiental.

Na ADI 4.717 a Ministra Cármen Lúcia, relatora, trouxe a questão em seu voto, o qual foi seguido por todos os demais Ministros, porém o foco da discussão foi a inconstitucionalidade formal das medidas legislativas questionadas. Todos os Ministros que declararam voto – a fundamentação foi dispersa – afirmaram seguir o voto da relatora ressaltando, vale lembrar, que para fins de alteração ou supressão de espaços territorialmente protegidos, nos termos do art. 225, §1º, III da Constituição Federal, a Medida Provisória não seria admissível. A proibição de retrocesso ambiental não foi fundamento determinante, pois mesmo se esse fundamento fosse retirado do voto da relatora o resultado seria rigorosamente o mesmo.

Já na ADI 5.016, de relatoria do Ministro Alexandre de Moraes, tivemos uma decisão com fundamentação concentrada no voto do relator. Também nesse caso, contudo, a fundamentação do voto escorou-se tanto na inconstitucionalidade formal (incompetência do Estado da Bahia para disciplinar o uso da água), quanto na inconstitucionalidade material. No voto do Ministro Alexandre de Moraes, na parte em que trata da

[25] RE 1216014 AgR, Relatora: CÁRMEN LÚCIA, Segunda Turma, julgado em 14/02/2020, PROCESSO ELETRÔNICO DJe-041 DIVULG 27-02-2020 PUBLIC 28-02-2020.

[26] ADI 3239, Relator: CEZAR PELUSO, Relatora para Acórdão: ROSA WEBER, Tribunal Pleno, julgado em 08/02/2018, ACÓRDÃO ELETRÔNICO DJe-019 DIVULG 31-01-2019 PUBLIC 01-02-2019.

inconstitucionalidade material, houve a afirmação de uma proibição absoluta de retrocesso (ao menos da forma como foi citada). Embora o Ministro Alexandre de Moraes tenha externado entendimento bastante diverso sobre a proibição de retrocesso no caso do Código Florestal, na ADI 5.016 é possível afirmar que a proibição de retrocesso foi fundamento suficiente e determinante, já que, como não houve outros votos declarados, os Ministros concordaram com o relator em todos os termos.

Na ADI 4.066, de relatoria da Ministra Rosa Weber, a proibição de retrocesso somente foi suscitada no voto do Ministro Celso de Mello. Ao decidir sobre a inconstitucionalidade da lei que regulamenta o uso do amianto no Brasil, os fundamentos giraram em torno do direito à saúde e dos princípios da prevenção e precaução, o que conduz à conclusão de que a proibição de retrocesso não foi fundamento determinante.

Nas ADPFs 656 e 658, enfim, em decisão com fundamentação concentrada, o Ministro Ricardo Lewandovski, relator do caso, cita a proibição de retrocesso de passagem e, em sua versão relativa, ressaltando a proteção do núcleo essencial do direito fundamental e a relativa discricionariedade do Legislador na conformação das políticas públicas. O fundamento determinante para rejeitar a possibilidade de aprovação tácita de agrotóxicos foi o princípio da precaução e o direito à saúde, e não a proibição de retrocesso.

Não houve, em qualquer desses casos, um debate verdadeiro em torno da proibição de retrocesso ambiental, seu alcance e seus limites, o que somente ocorreu quando do julgamento do Código Florestal.

A importância do julgamento do Código Florestal, portanto, é inegavelmente singular, em especial pelas premissas enunciadas pelos Ministros e pelo resultado do julgamento. Como já dito em outras passagens, o Código Florestal teve os seus pilares principais preservados, com algumas normas declaradas inconstitucionais ou com interpretação conforme. O caso e, em especial, a votação foram tão complexos que o acórdão só foi publicado aos 13 de agosto de 2019, 18 meses após a conclusão do julgamento.

O que, portanto, é possível extrair desse caso emblemático, no que diz respeito à proibição de retrocesso ambiental?

Em primeiro lugar, pelo menos oito Ministros rejeitam expressamente uma noção de proibição absoluta de retrocesso. Apenas Marco Aurélio, Cármen Lúcia e Ricardo Lewandovski apresentam um posicionamento mais tendente à aplicação da proibição absoluta. Os dois últimos, aliás, chegam até mesmo a utilizar o método comparativo, no qual o parâmetro de constitucionalidade de diversos dispositivos foi a legislação revogada. Nesse sentido, o fundamento da inconstitucionalidade limitou-se à constatação de que a proteção proporcionada pela nova legislação é menor do que a proteção existente com a vigência das normas anteriores.

Marco Aurélio não chega a utilizar o método comparativo, tal qual fizeram Cármen Lúcia e Ricardo Lewandovski, porém em seu voto a tendência era a declaração de inconstitucionalidade sempre que o nível de proteção aparentava ser menor, o que, conforme o Ministro, geraria uma proteção insuficiente.

Com relação aos demais Ministros, alguns de modo mais contundente, a proibição de retrocesso foi rejeitada ou relativizada com base em alguns argumentos que surgiram com recorrência. Talvez o principal deles seja o de que a admissão de uma proibição absoluta de retrocesso violaria o princípio democrático, impedindo que o Legislador pudesse alterar a política pública em questão, ainda que para retroceder, desde que dentro de um limite constitucionalmente admitido a ser aferido pela máxima da proporcionalidade com vistas a preservar o núcleo essencial do direito fundamental em questão. Muito também se falou sobre a capacidade institucional do Poder Judiciário, representado pelo Supremo Tribunal Federal, para avaliar a constitucionalidade ou não de uma lei dotada de caráter extremamente técnico e científico, o que implicaria a revisão de premissas empíricas que o Supremo não teria condições de realizar adequadamente. Aliado a tudo isso, no caso específico do Código Florestal foi bastante ressaltado o fato de que o Processo Legislativo que culminou com o diploma aprovado foi bastante elogiado pelos Ministros, tendo em vista o tempo de tramitação (não foi apressado), a qualidade, transparência e democratização dos debates, bem como a expressiva votação favorável ao texto levado a Plenário, tudo a sugerir que a autocontenção era uma medida de prudência para o caso.

Alguns Ministros teceram críticas severas à proibição de retrocesso ambiental tal qual apresentada pelos autores das Ações Diretas de Inconstitucionalidade. O relator, Ministro Luiz Fux, chega a qualificar como "singela e arbitrária" a pretensão de revisão judicial de medidas legislativas com base somente na alegação de retrocesso.[27] O Ministro

[27] ADC 42, Relator: LUIZ FUX, Tribunal Pleno, julgado em 28/02/2018, PROCESSO ELETRÔNICO DJe-175 DIVULG 12-08-2019 PUBLIC 13-08-2019, p. 61.

Alexandre de Moraes, que na ADI 5.066 parecia se inclinar pelo reconhecimento de uma proibição absoluta de retrocesso, critica a "genérica alegação da proibição de retrocesso" para impedir a revisão legislativa.[28] O Ministro Dias Toffoli também critica o que seria a constitucionalização da legislação infraconstitucional, de modo a tornar a lei anterior o parâmetro de constitucionalidade da lei nova, que foi, na essência, a pretensão dos autores das Ações Diretas de Inconstitucionalidade.[29] E, por fim, o Ministro Gilmar Mendes, único a votar pela total improcedência das Ações Diretas de Inconstitucionalidade, defende que a proibição de retrocesso se limita à proteção do núcleo essencial do direito fundamental e ressalta também que o controle de constitucionalidade não pode se basear na lei revogada, como se parâmetro de constitucionalidade fosse.[30]

Por evidente, nenhum dos Ministros negou a importância e a relevância de uma rígida proteção ambiental. O meio ambiente ecologicamente equilibrado foi reconhecido como direito fundamental por todos, sem exceção. A pretensão, no entanto, foi rejeitada pela forma como apresentada: o Código Florestal seria inconstitucional porque os níveis de proteção seriam menores que os da legislação anterior, e apenas isso. O que se percebeu é que para a maioria dos Ministros a verificação da (in)constitucionalidade da Lei 12.651/2012 não era tão simples quanto um cálculo aritmético, tendo em vista que outros fatores afastariam uma concepção de proibição absoluta de retrocesso.

É claro que não é possível delimitar efetivamente o que a Corte ou o que cada Ministro entende como os limites do retrocesso, pois os parâmetros não são suficientemente claros. Todos os Ministros, com exceção do Ministro Gilmar Mendes, votaram pela inconstitucionalidade de dispositivos do Código Florestal; todos os Ministros, aliás, admitiram algum retrocesso, até mesmo os Ministros mais rígidos em suas votações,

[28] ADC 42, Relatora: LUIZ FUX, Tribunal Pleno, julgado em 28/02/2018, PROCESSO ELETRÔNICO DJe-175 DIVULG 12-08-2019 PUBLIC 13-08-2019, p. 325.

[29] ADC 42, Relator: LUIZ FUX, Tribunal Pleno, julgado em 28/02/2018, PROCESSO ELETRÔNICO DJe-175 DIVULG 12-08-2019 PUBLIC 13-08-2019, p. 588.

[30] ADC 42, Relator: LUIZ FUX, Tribunal Pleno, julgado em 28/02/2018, PROCESSO ELETRÔNICO DJe-175 DIVULG 12-08-2019 PUBLIC 13-08-2019, p. 566.

os quais votaram pela constitucionalidade de dispositivos que claramente implicam retrocesso.[31]

No fim das contas, o caso do Código Florestal parece indicar que o princípio da proibição de retrocesso ambiental e sua proposta dogmática de proibição absoluta fracassaram no controle de constitucionalidade. O princípio como um trunfo argumentativo capaz de, em tese, qualificar de inconstitucional qualquer medida legislativa que implique diminuição nos níveis de proteção ambiental encontrou obstáculos que não conseguiu superar.

## Conclusões

Adotando uma criteriosa metodologia de análise de decisões, voltada a (tentar) encontrar a *ratio decidendi* por meio do exame de cada voto, e tomando em consideração a concentração ou dispersão de fundamentações nos acórdãos que trataram da proibição de retrocesso ambiental, é possível perceber que fórmula doutrinária do princípio não encontra abrigo remansoso na jurisprudência.

Enquanto no Superior Tribunal de Justiça o princípio da proibição de retrocesso se descola de sua concepção dogmática, voltada ao controle de constitucionalidade e assume uma forma que se destina a avaliar a aplicação da lei no tempo, ou solucionar o conflito de normas ambientais, no Supremo Tribunal Federal o princípio encontrou severas resistências naquele que foi o seu maior teste de aplicação prática. Portanto, é com muitas ressalvas que se pode dizer que o Superior Tribunal de Justiça reconhece o princípio da proibição de retrocesso ambiental, ou que o Supremo, em determinada decisão, consagrou o princípio.

A intenção deste estudo foi expor as fragilidades do princípio da proibição de retrocesso ambiental para que a doutrina possa refletir e, eventualmente, fortalecer os fundamentos dogmáticos do princípio. Longe de querer aqui fragilizar a proteção ao meio ambiente, o desejo é de

[31] A Ministra Cármen Lúcia, por exemplo, declarou a constitucionalidade do cômputo de Área de Preservação Permanente para fins de atendimento aos percentuais mínimos de Reserva Legal no imóvel, o que é uma hipótese que pressupõe a admissão de menos vegetação nativa no imóvel do que haveria sem esse somatório (ADC 42, Relator: LUIZ FUX, Tribunal Pleno, julgado em 28/02/2018, PROCESSO ELETRÔNICO DJe-175 DIVULG 12-08-2019 PUBLIC 13-08-2019, p. 288).

aprimorar institutos jurídicos que possam servir de parâmetros mais claros e seguros no controle de retrocessos ambientais, sem, contudo, assumir uma posição absoluta de considerar um princípio como um trunfo contra qualquer proposta que pretenda, de algum modo, impactar negativamente a proteção ao meio ambiente.

Talvez o primeiro passo seja abandonar uma posição de que a proibição de retrocesso seja absoluta, pois por mais que o meio ambiente ecologicamente equilibrado seja essencial e sua maior proteção seja urgente, a dogmática dos direitos fundamentais jamais admitiu que qualquer direito fundamental (como é o direito ao meio ambiente ecologicamente equilibrado) seja absoluto. Muito pelo contrário, todos os direitos fundamentais admitem, a princípio, restrição.

A partir desse primeiro passo, é possível avançar o debate em uma direção mais atraente do ponto de vista da dogmática constitucional que busca estabelecer os limites para as restrições aos direitos fundamentais, dentre os quais o direito fundamental ao meio ambiente ecologicamente equilibrado ocupa uma posição de destaque.

Por ser um direito fundamental que se relaciona com o direito à vida, à saúde e à qualidade da vida, o caminho mais seguro parece ser a compreensão de que restrições a esse direito fundamental – traduzidos pela diminuição normativa nos níveis de proteção – carregam um ônus de justificação muito elevado, e nesse ponto há acordo com Sarlet, quem argumenta que a proibição de retrocesso se revela como uma desconfiança sobre as medidas restritivas (SARLET, 2015, p. 472).

O relativo sucesso do Código Florestal parece ser resultado de um processo legislativo bem conduzido, que foi capaz de dissipar as desconfianças sobre grande parte das medidas que diminuíam os níveis de proteção ambiental e, por isso, o princípio da proibição de retrocesso ambiental não encontrou grande eco perante o Supremo Tribunal Federal.

De qualquer maneira, ainda se entende que o princípio da proibição de retrocesso precisa de uma lapidação dogmática, principalmente diante das críticas que sofreu no julgamento do Código Florestal. Continuar defendendo uma proibição absoluta (ou quase) sem enfrentar as ressalvas feitas pelo STF não parece sensato.

## Referências

ABBOUD, Georges. **Processo constitucional brasileiro.** 3. ed. São Paulo: Revista dos Tribunais, 2019.

DIDIER JR., Fredie; BRAGA, Paula Sarno; ALEXANDRIA, Rafael. **Curso de direito processual civil.** V. 2. 11. ed. Salvador: Juspodivm, 2016.

KLAFKE, Guilherme Forma; PRETZEL, Bruna Romano. Processo decisório no Supremo Tribunal Federal: aprofundando o diagnóstico das onze ilhas. **Revista de Estudos Empíricos em Direito**, v. 1, n. 1, jan. 2014.

MACÊDO, Lucas Buril. Contributo para a definição de *ratio decidendi* na teoria brasileira dos precedentes judiciais. In: DIDIER JUNIOR, Fredie et al. **Precedentes**: Coleção Grandes Temas do Novo CPC. V. 3. Salvador: Juspodivm, 2015.

MARINONI, Luiz Guilherme. Julgamento colegiado e precedente. **Revista de Processo**, v. 264, p. 357-394, fev. 2017.

MENDES, Gilmar Ferreira; BRANCO, Paulo Gustavo Gonet. **Curso de direito constitucional**. 9. ed. São Paulo: Saraiva. 2014.

SARLET, Ingo Wolfgang. **A eficácia dos direitos fundamentais:** uma teoria geral dos direitos fundamentais na perspectiva constitucional. 12. ed. Porto Alegre: Livraria do Advogado, 2015.

SARLET, Ingo Wolfgang; FENSTERSEIFEIR, Tiago. Breves considerações sobre os deveres de proteção do estado e a garantia de proibição de retrocesso em matéria ambiental. **Revista de Direito Ambiental**, v. 58, 2010.

_______. Novos desenvolvimentos na seara do assim chamado princípio da proibição de retrocesso ecológico à luz da atual jurisprudência do Superior Tribunal de Justiça (STJ) e do Supremo Tribunal Federal. **Revista de Direito Ambiental**, v. 96, p. 171-218, out.-dez. 2019.

TUCCI, José Rogério Cruz. **Precedente judicial como fonte do direito**. São Paulo: Revista dos Tribunais, 2004.

TORRES, Marcos Abreu. **Conflito de normas ambientais na federação.** Rio de Janeiro: Lumen Juris, 2016.

VALE, André Rufino. **Argumentação constitucional:** um estudo sobre a deliberação nos Tribunais Constitucionais. São Paulo: Almedina Brasil, 2019.

# 6. PANORAMA DA VIOLÊNCIA INTERNA EXTREMA NO BRASIL À LUZ DO DIREITO INTERNACIONAL HUMANITÁRIO

Flávia Ximenes Aguiar de Sousa

## Introdução

O conceito de conflito armado não foi abarcado pelo legislador ordinário, no Brasil, o que dificulta o reconhecimento de situações de violência interna extrema. A lacuna legislativa chegou perto de ser superada, quando da proposta do Pacote Anticrime, porém, não vingou devido a interpretações conceituais equivocadas, bem como por ter sido inserida dentro de tema sensível, como a legítima defesa.

A Constituição Federal dispõe que a República Federativa do Brasil é formada pela união indissolúvel dos Estados, dos Municípios e do Distrito Federal, organizados política e administrativamente de forma autônoma. No entanto, o legislador constituinte previu hipóteses em que o Presidente da República, mediante aprovação do Congresso Nacional, pode declarar, total ou parcialmente, a intervenção federal em uma das unidades da federação, caso preenchida alguma das hipóteses previstas no artigo 34 da Carta Magna, dentre elas pôr termo a grave comprometimento da ordem pública, mediante a observância dos seguintes princípios constitucionais: a) forma republicana, sistema representativo e regime democrático; b) direitos da pessoa humana; e c) autonomia municipal. Assim, no âmbito da segurança interna, é lícito ao Chefe do Poder Executivo Federal intervir em uma Unidade da Federação visando resguardar a segurança da população e os direitos da pessoa humana, quando o ente federativo estiver inabilitado para solucionar grave comprometimento da ordem pública.

Em proporção menos intensa, o artigo 142 da Carta Constitucional prevê, dentre as atribuições das Forças Armadas, o seu emprego na Garantia da Lei e da Ordem, por iniciativa de qualquer dos Poderes, que será regido pelas normas de preparo e emprego contidas na Lei Complementar nº 97, de 9 de junho de 1999, a qual reafirmou, explicitamente, o poder de polícia às suas ações internas. Nesse poder de polícia, previsto no artigo 16-A e 18, inciso VII, da LC 97/99, ações tipicamente policiais foram destacadas, como revistar pessoas, veículos terrestres, embarcações, aeronaves, bem como efetuar prisão em flagrante.

No ano de 2018, tivemos o exemplo da Intervenção Federal na pasta da Segurança Pública do Estado do Rio de Janeiro, deflagrada pelo Decreto nº 9.288/2018, de 16 de fevereiro de 2018, e aprovada pelo Decreto Legislativo nº 10/2018, de 21 de fevereiro de 2018, na forma do artigo 34, inciso III, da Constituição Federal, cuja vigência teve o seu termo final em 31 de dezembro de 2018. Foi a primeira vez que o artigo 34 da Constituição Federal de 1988 foi invocado. A decisão do Chefe do Poder Executivo pela intervenção foi fundamentada na perda do controle da violência urbana naquela unidade da Federação, decorrente do crescente domínio do crime organizado ligado ao narcotráfico, o qual se encontra diluído em facções criminosas, com territórios definidos, possuindo complexa estrutura de organização e captação de agentes militarizados, com uso de armamento de alto potencial lesivo, obtidos ao arrepio da lei.

Já no âmbito do Direito Internacional, o Decreto nº 849, de 25 de junho de 1993, promulgou os Protocolos I e II de 1977, adicionais às Convenções de Genebra de 1949, adotados em 10 de junho de 1977 pela Conferência Diplomática sobre a Reafirmação e o Desenvolvimento do Direito Internacional Humanitário aplicável aos Conflitos Armados, o que implica dizer que é possível a aplicação das normas em situações de violência interna reconhecidas como Conflito Armado Não Internacional.

## 1. O conceito de conflito armado não internacional nos tratados internacionais

Os desafios gerados pela violência protagonizada pelas organizações criminosas são notórios para a comunidade dos Estados, dando ensejo, nas últimas décadas, à aprovação de importantes convenções universais, sendo uma delas a *Convenção da ONU Contra o Crime Organizado Transnacional*, de 2000, também conhecida como Convenção de Palermo. Trata-se de um acordo internacional que foi, até o presente momento, ratificado por 137 Estados, inclusive pelo Brasil, por intermédio do Decreto nº 5.015, de 12 de março de 2004.

A Convenção visa promover a cooperação para prevenir e combater mais eficazmente a criminalidade organizada transnacional e, ainda, a melhoria da cooperação internacional, harmonização e também a modernização do direito interno dos Estados-parte, que deverão adequar a legislação penal interna, de modo que se abarquem condutas como a participação em um grupo organizado criminoso; a lavagem do produto do crime; a corrupção; a obstrução à justiça. O Acordo internacional procurou diferenciar os conceitos de grupo criminoso organizado e de grupo estruturado, o que inspira a diferenciação dessas ações daquelas ordinariamente nominadas como quadrilha ou bando (BRASIL, 2004).

Já o *Estatuto de Roma* regulamentou a aplicação do conceito de Conflito Armado não Internacional (CANI), contido no Protocolo II Adicional, tomando como alvo todos os conflitos armados que se desenrolem em território de um país, entre as suas forças armadas e forças armadas dissidentes ou grupos armados organizados, que, sob a chefia e comando responsável, exerçam sobre uma parte do território um controle tal que lhes permita levar a cabo operações militares contínuas e organizadas.

Ocorre que o reconhecimento de um CANI gera reflexos imediatos nos direitos e garantias individuais, mais precisamente nos direitos à vida, à liberdade, à propriedade e à locomoção, uma vez que o uso escalonado da força, por parte do Estado, é particularmente permitido de forma muito mais ampla do que os limites impostos pelas normas sociais e consuetudinárias que regem a atuação estatal comum na segurança pública, sendo inerente à atividade de enfrentamento essa espécie de violência massificada.

Nas situações de CANI, as hipóteses de estrito cumprimento do dever legal e de legítima defesa, como excludentes de ilicitude, sofrem considerável reflexo, diferenciando-se dos limites conhecidos destas mesmas excludentes, à luz do direito penal interno, surgindo uma nova concepção, inclusive, quanto aos resultados não buscados, com impactos a terceiros não envolvidos no conflito, os chamados efeitos colaterais. As forças legítimas do Estado, se agirem dentro dos limites impostos pelo Direito Internacional Humanitário (DIH), estariam, a princípio, amparadas pelo estrito cumprimento do dever legal.

Mas, um ponto deve ficar claro: quanto à excludente do estrito cumprimento do dever legal, o evento morte não é um objetivo (militar) a ser alcançado, somente ocorrendo em decorrência de efeitos colaterais (não desejados). Ou seja, a excludente de ilicitude não se presta como autorizadora da letalidade intencional por parte do Estado. Certo é, também, que a existência de um CANI pressupõe uma condição de anormalidade específica em uma área delimitada, o que não ocorre na situação de guerra propriamente dita, onde todo o território nacional e todos os agentes externos envolvidos orbitam automaticamente sobre o DIH, regramento que impõe limites sobre a maneira com que as partes podem conduzir as hostilidades, porém, partindo do princípio que hostilidades são inerentes à realidade da situação de conflito. Mas, se por um lado a declaração do estado de guerra é ato privativo do Presidente da República, mediante autorização do Congresso Nacional, o mesmo não ocorre, expressamente, em relação à declaração de existência de conflito armado não internacional.

Entretanto, inserido no ordenamento jurídico interno com *status* de emenda constitucional, o Protocolo II Adicional às Convenções de Genebra possui força suficiente para interferir no devido processo legal, impondo os seus princípios garantidores de direitos humanos, não afastados pela situação de anormalidade do conflito armado interno.

No âmbito dos precedentes pretorianos, a matéria é incipiente, inclusive na jurisprudência internacional, contando, ainda, com a peculiar atribuição das Forças Armadas brasileiras conferida pela Carta Constitucional, em ambiente interno. Hipóteses semelhantes verificam-se no Peru, no México e na Colômbia, onde as respectivas Cartas Constitucionais autorizam o emprego das forças federais em tempos de paz, porém, com muito mais clareza quanto à aplicação do DIH.

A questão exige observar o conceito de Segurança, que teve que se expandir em virtude da evolução da sociedade e da interdependência entre os Estados, suplantando a antiga noção que se cingia ao ângulo de confrontações entre nações. Atualmente, o conceito de Segurança perpassa as cinco expressões do Poder Nacional, além do caráter ambiental, sem objeções a outros aspectos. É de se entender por Poder Nacional:

> [...] a capacidade que tem o conjunto dos homens e dos meios que constituem a Nação, atuando em conformidade com a vontade nacional, para alcançar e manter os objetivos nacionais. Manifesta-se em cinco expressões:

a política, a econômica, a psicossocial, a militar e a científica e tecnológica" (ESG, 2020, p. 33).

Isso significa que a concepção moderna de Segurança abrange outros tantos cenários, alheios à atuação imediata das Forças Armadas. Segurança, portanto, não é algo mensurável ou palpável por se tratar de um sentimento em que não só o Estado e a sociedade, mas também o indivíduo se sente livre de riscos, pressões ou ameaças, e isento, inclusive, de necessidades extremas. Para a Política Nacional de Defesa, segurança é a condição que permite ao País preservar a sua soberania e integridade territorial, promover seus interesses nacionais, livre de pressões e ameaças, e garantir aos cidadãos o exercício de seus direitos e deveres constitucionais (BRASIL, 2017). Assim, o conceito atual envolve não só a sociedade e o Estado, mas principalmente, o indivíduo. Diante desse contexto, floresce a questão sobre os limites de atuação do Estado. Pois, se ao Estado é imposto o dever de promover e executar políticas eficientes de garantia dos direitos civis, políticos e sociais, com evidente preponderância do Princípio *pro persona,* como conclusão lógica, em razão desse dever de assegurar um ambiente seguro ao livre exercício da cidadania, o uso do poder coercitivo estatal necessita, igualmente, estar contemplado nessa função garantidora, relativamente às ações necessárias ao equilíbrio entre esses direitos (individuais) e as obrigações (estatais).

O direito à paz, que segundo Bonavides, compõe a quinta geração dos direitos fundamentais do homem, ascendeu ao *status* de norma, pelo Art. 4º da Constituição Federal de 1988. A paz está intimamente ligada ao estado de normalidade social (NOVELINO, 2009) de modo universal, pois é ela que viabiliza o direito ao exercício da cidadania (FURTADO; MENDES, 2008) e preserva a existência humana no mundo. Bonavides entende a relevância e o poder que o direito fundamental à paz emana, uma vez que:

> Estuário das aspirações coletivas de muitos séculos, a paz é o corolário de todas as justificações em que a razão humana, sob o pálio da lei e da justiça, fundamenta o ato de reger a sociedade, de modo a punir o terrorista, julgar o criminoso de guerra, encarcerar o torturador, manter invioláveis as bases do pacto social, estabelecer e conservar por intangíveis as regras, princípios e cláusulas da comunhão política (BONAVIDES, 2008 apud FURTADO; MENDES, 2008).

Por sua vez Bobbio, quando trata dos direitos do Homem hoje, afirma que sem direitos do homem reconhecidos e efetivamente protegidos não existe democracia, sem democracia não existem as condições mínimas para a solução pacífica dos conflitos que surgem entre os indivíduos, entre grupos e entre as grandes coletividades tradicionalmente indóceis (BOBBIO, 2004).

No direito internacional, a obrigação estatal de manter e restabelecer a ordem pública e de defender a unidade e a integridade territorial do Estado, por qualquer meio legítimo, se encontra positivado no *Estatuto de Roma* (Art. 8º, parágrafo 3º). O desejo da paz desponta, então, como um direito universal da humanidade. O Direito Internacional dos Conflitos Armados dedica-se à proteção da população não envolvida diretamente no conflito, limitando as ações do Estado, e à adequada resposta às ações ofensivas que desrespeitem os seus princípios. Nesse patamar não mais se discute a legitimidade da situação de emergência, pois as agressões já são uma realidade fática, cabendo tão somente amenizar e/ou controlar os seus efeitos, impondo limites aos meios empregados para ambos os lados.

O Protocolo I Adicional às Convenções de Genebra (ICRC, 1977) ocupou-se em definir a condição de combatente, como pessoa diretamente envolvida nas hostilidades e, por isso, que goza de imunidade pelos atos de ataque e de defesa apenas pela mera participação no conflito, mas sem prejuízo dos crimes de guerra e dos crimes contra a humanidade, praticados à luz do Estatuto de Roma. Já numa situação de CANI, previsto no Protocolo II Adicional (ICRC, 1977), tal prerrogativa de imunidade aos civis não vigora àqueles que participam diretamente dos conflitos, sendo tratados como grupos armados organizados, diferenciando-os, assim, do conceito de população civil. Importante frisar que os crimes de guerra e os crimes contra a humanidade, segundo o Estatuto de Roma, não pressupõem a existência de conflito armado, tendo como exemplo mais evidente um ato terrorista, em que o delito contra a humanidade é evidenciado pelo número significativo de vítimas alheias a qualquer motivação da ação criminosa. O *Estatuto de Roma* estabelece o conceito de ataque contra população civil, como sendo qualquer conduta que envolva a prática múltipla de atos contra uma população civil (BRASIL, 2002).

O *Estatuto de Roma* atua como ponto de corte da aplicação do Direito Internacional dos Conflitos Armados (DICA) em CANI, ou seja, o Direito de Guerra deverá ser aplicado exclusivamente em relação àqueles que participarem diretamente dos conflitos, deixando para o direito interno, dedicado à repressão ao crime sob a égide do Direito Internacional dos Direitos Humanos (DIDH), as ações desenvolvidas por aqueles que participarem indiretamente das hostilidades, minimizando, assim, os efeitos colaterais tolerados pelo DIH, os quais configuram o principal obstáculo político ao reconhecimento da condição de violência extrema.

O que delimita a aplicação do DICA é, sem dúvida, o Princípio da Distinção, diretriz esta que servirá como linha de corte entre a prevalência do Direito Internacional Humanitário e do Direito Internacional dos Direitos Humanos. É o Princípio da Distinção que se mostra como norteador dos normativos limitadores da ação das Forças Federais em segurança pública, bem acentuado nas regras de engajamento. De idêntica importância é o reconhecimento do estado de anormalidade (estado de exceção) em grau tal que suplante a ordem jurídica penal interna e autorize a afetação episódica a direito fundamental.

Os conceitos envolvendo os atores do conflito armado nem sempre estão definidos expressamente nos tratados internacionais, muito menos na legislação interna, tendo o direito consuetudinário papel fundamental na desmistificação de determinadas expressões, como ataques e efeitos colaterais. O *Manual de San Remo para os Conflitos Armados no Mar* (ICRC, 1994) é documento reconhecido pelo Instituto Internacional de Direito Humanitário e, embora não vinculativo, constitui instrumento de consulta dos Estados para a fixação das condições fáticas envolvendo conflitos armados. Como ataque, podemos entender um ato de violência, seja ofensivo ou defensivo; e como efeito colateral ou danos incidentais, a perda de vida de civis ou de outras pessoas protegidas, ou as lesões que lhes sejam infligidas, assim como os danos causados ao meio ambiente natural ou a bens que não sejam objetivos militares em si mesmos, ou a sua destruição (ICRC,1994). Ou seja, dano colateral é aquele ocasionado de maneira fortuita durante um ataque, apesar de todas as precauções tomadas para evitar a morte ou ferimento de civis ou danos a bens civis.

Ainda fazendo referência ao Protocolo I Adicional às Convenções de Genebra, "no que concerne aos bens, os objetivos militares se limitam aqueles objetos que, por sua natureza, localização, finalidade ou utilização contribuam eficazmente para a ação militar e cuja destruição total ou parcial, captura ou neutralização ofereça, nas circunstâncias do caso, uma vantagem militar definida" (ICRC, 1977). Para trazer luz, cita-se a investida das Forças Federais no Complexo do Alemão, cujo objetivo era atingir o topo geográfico daquele território dominado pelo Comando Vermelho (CV), retirando daquela facção a vantagem estratégica de antever todo o movimento de entrada e saída do morro.

No caso da violência urbana, os grupos armados não estatais, ao contrário do que é imposto ao Estado pelos tratados internacionais (princípios da humanidade, distinção, limitação, proporcionalidade e necessidade militar), fazem questão de encravar os seus objetivos militares no meio da população civil, a fim de dificultar ou tornar impossível serem atingidos pelas Forças do Estado ou mesmo por seus oponentes não estatais.

## 2. O conflito armado não internacional sob a perspectiva do Direito Internacional Humanitário

A Declaração de São Petersburgo, de 1868, ratificada no Brasil em 1869, foi o primeiro instrumento de direito internacional a regular os métodos e meios de combate. Nela, o conceito de objetivo militar abrangeu os atores envolvidos no conflito, considerando que o único fim legítimo a ser atingido durante o confronto é o enfraquecimento das forças inimigas, bastando colocar fora de combate o maior número possível de homens. Em termos práticos: a melhor estratégia é ferir um oponente e não ceifar a sua vida, uma vez que a retirada dos feridos mobilizará parte dos combatentes do lado oposto, afastando-os da linha de combate. Portanto, equivocadas são as concepções quando a estratégia de definição desses objetivos é vista como uma autorização temerária ao uso letal da força, posto que não condiz com o espírito da norma (ou da doutrina militar) e, pelo contrário, dificulta o alcance dos objetivos legítimos, tornando vulnerável toda a operação.

O DIH não se fundamenta somente na questão humanitária, mas também nas necessidades e eficácia militares, daí as tensões causadas aos organismos de proteção de direitos humanos na sua aplicação. Um exemplo dessa dificuldade de percepção é o (des)entendimento de que as ações estratégicas para aplicação do Princípio da Distinção, como a identificação e cadastro da comunidade civil alheia aos conflitos, constituem violações de direitos fundamentais (IPEA, 2019). A importância de se desmistificar esses conceitos e de os mesmos serem expostos ao conhecimento da população civil é de fundamental importância para a identificação dos objetivos militares, bem como para a detecção dos atores envolvidos diretamente no conflito e, principalmente, para conscientizar a população a não se envolver nas hostilidades, evitando, assim, se ver desabrigada da proteção que lhe cabe.

A Lei nº 13.260/2016, que tratou de definir o delito de terrorismo no Brasil, mostra-se insuficiente para atuar em casos tão comuns nos dias atuais, principalmente nos grandes centros urbanos, uma vez que, de forma inusitada, agrega, além do terror à população, aspectos subjetivos voltados à xenofobia ou outras formas de discriminação, o que não encontra qualquer inspiração nos tratados internacionais, nos quais basta que o ato criminoso cause terror em pessoas determinadas, em grupos de pessoas ou no público. Tal incipiência das hipóteses classificadas como terrorismo deixou de lado os eventos violentos, sem motivação discriminatória, que causam terror na comunidade e deixam um número excessivo de vítimas, motivados, simplesmente, pela disputa dos domínios territoriais em determinadas áreas urbanas.

E qual é a grande diferença da aplicação do DIH, se sobrepondo ao DIDH? Que os envolvidos diretamente no conflito podem ser objeto do uso letal da força, a princípio, abrigados pelo estrito cumprimento do dever legal (atores estatais), porém sempre durante e enquanto durar o confronto. Após cessadas as hostilidades, os atores voltam a ser tutelados pelas normas internas de reprimenda criminal, abrigadas pelo DIDH, somente se eximindo das consequências do uso letal da força quando, resguardados os princípios da necessidade e da proporcionalidade, agirem em legítima defesa, sendo atores estatais ou não estatais.

Seguindo essa linha de pensamento, toma certo sentido a alteração trazida ao artigo 25 do Código Penal, a resguardar a ação policial em legítima defesa de terceiro, embora pareça uma redundância, pois se trata de perigo atual ou iminente a outrem (BRASIL, 1940). Não deveria haver necessidade de atuação legislativa para que fosse reconhecido direito fundamental à proteção da vida de terceiros, também e principalmente, aos policiais e atores estatais envolvidos na segurança pública, como se essa categoria de agentes públicos estivesse incluída em alguma ressalva constitucional, quando, do contrário, estão imbuídas justamente do dever de proteção da população. Entretanto, a discussão sobre a legítima defesa de terceiro encontra-se superada pela decisão do legislador ordinário, quando da aprovação da Lei Anticrime (Lei nº 13.964/2019). Porém, importa registrar que, com a total vedação ao inciso I do citado artigo, proposto no Projeto de Lei respectivo (PL 10.372/2018), apesar de pertinente quanto à não expansão do instituto no que diz respeito à situação subjetiva de risco iminente, se perdeu uma grande oportunidade de incluir no ordenamento jurídico, de forma explícita, a situação de conflito armado. Repise-se que a crítica se limita a não positivação do conceito de conflito armado, cabendo deixar claro que, quanto aos limites e requisitos, o instituto descriminalizador que vigia no Código Penal já se mostrava suficiente para abarcar qualquer hipótese em que será lícito a defesa própria ou de terceiro diante de injusta agressão atual ou iminente, seja mediante a conduta de qualquer cidadão seja em relação às ações dos órgãos de segurança pública, estes últimos merecedores de idêntico reconhecimento aos direitos e garantias assegurados aos demais indivíduos.

Na última década, o incremento na aplicação das Forças Armadas Brasileiras na resolução de contendas internas, na maioria, foi causado pela greve dos órgãos de segurança pública, mais evidenciada em alguns Estados da Federação, como o Rio de Janeiro, Bahia, Pernambuco e Rio Grande do Norte, além de situações em que o Governo Federal foi acionado a conter o avanço da violência urbana extrema, protagonizada pelo narcotráfico, como foi o caso das Operações no Complexo da Maré, no Rio de Janeiro, e das decorrentes da intervenção federal na pasta da segurança pública, também no Estado do Rio de Janeiro. Devido ao preparo das Forças Armadas, por natureza, se voltar a conflitos de alta intensidade, por vezes, os reflexos dessas operações na população civil extrapolam os objetivos traçados, trazendo consequências definitivas aos direitos fundamentais das comunidades envolvidas no conflito.

Cabe frisar que o estado de exceção que, porventura justifique a atuação das Forças Armadas em âmbito interno, não pode ser considerado, por si só, como um direito especial, mas tão somente como circunstância excepcional que autoriza a supressão ou a mitigação de direitos fundamentais, dentro dos limites necessários para a retomada da ordem social previamente constituída. No lado oposto, a militarização e a evolução dos aparatos bélicos com os quais os grupos marginais vêm se organizando, faz com que haja uma assimetria no enfrentamento da situação, seja em razão da força que o Estado possui (sempre maior), seja em razão de o lado oponente não orientar as suas ações por nenhum regramento positivado, mesmo em relação aos efeitos colaterais deixados nas comunidades diretamente afetadas pelo conflito.

Na tentativa de definir situações de violência urbana extrema, o Comitê Internacional da Cruz Vermelha (CICV) têm papel de destaque quando estabelece a diferença entre distúrbios e tensões internas, situações estas citadas no artigo 1º, § 2º, do Protocolo II Adicional às Convenções de Genebra de 1949. Para o CICV, na prática, os distúrbios são atos tipicamente de desordem pública, acompanhados de atos de violência, o que não ocorre nos atos de tensões internas, onde não há qualquer violência, mas o Estado pode se valer de seu poder coercitivo, inclusive praticando detenções em massa ou suspensão de alguns direitos humanos, sob o escopo de evitar a evolução da situação para um distúrbio (PEREIRA, 2016).

O pioneirismo no reconhecimento de conflito armado não internacional veio da jurisprudência do Tribunal Penal Internacional para a ex-Iugoslávia, instituído pela Resolução nº 827, do Conselho de Segurança da ONU, de 23 de maio de 1993. Tendo como origem o caso do sérvio Dusko Tadic, foi reconhecida a possibilidade de existência de situação de conflito armado interno, a inspirar o artigo 7º do *Estatuto de Roma* na definição de crime contra a humanidade como sendo qualquer dos atos de violência descritos no parágrafo 1 do citado artigo, quando cometido no quadro de um ataque, generalizado ou sistemático, contra qualquer população civil, bem como o reconhecimento explícito de um CANI, conforme previsão contida no artigo 8º, parágrafo 2º, alínea "c", do *Estatuto de Roma*.

Uma vez que os tratados internacionais de Genebra foram criados no contexto do pós-guerra, ainda não manifestando relevância na ordem global, as disputas por domínios territoriais internos entre grupos armados, na magnitude encontrada atualmente em quase todo o planeta, a proibição da extensão de conceitos firmados aos Conflito Armado Internacional (CAI) não encontra lógica e tampouco pode ser considerada como hermenêutica restritiva exclusiva para os normativos internacionais reguladores das guerras convencionais.

As convenções internacionais dos Direitos Civis e Políticos e de Proteção aos Direitos Econômicos, Sociais e Culturais impõem aos Estados-Membros a efetivação de políticas de garantias mínimas à efetivação dos direitos à vida, à liberdade, à moradia e ao trabalho, dentre outros de mesma relevância, como a saúde e a educação. As atividades preventivas e repressivas, portanto, seriam inerentes à busca desse equilíbrio, cabendo ao Estado se pautar, sempre, na garantia do mínimo existencial dos direitos fundamentais, em certos momentos aparentemente conflitantes com as necessárias ações visando à estabilidade da coletividade. Vale enfatizar que o estado de exceção não pode servir de justificativa para a supressão indiscriminada de direitos fundamentais, sem que importe na proteção da sociedade.

Quanto à questão brasileira, medidas como os decretos presidenciais de Garantia da Lei e da Ordem (e mesmo de Intervenção) devem se restringir às situações excepcionais que preencham os critérios de necessidade e emergência, a fim de que não haja mácula à supremacia da lei em relação aos regulamentos, mantendo íntegra a base das constituições democráticas. Essa delegação de poder legislativo ao Executivo nos Estados modernos descende dos períodos pós-guerra, quando os países envolvidos no conflito tiveram que abdicar da ordem jurídica, em meio a um paradoxo voltado a proteger a ordem social que (re)surgia. Portanto, não há dúvida de que o abalo grave na segurança interna afeta a condição de normalidade social e, por consequência, aflige o indivíduo, o que significa dizer que uma situação de anormalidade no sentimento de segurança (estado de exceção, em sentido lato) influencia no exercício de direitos fundamentais do indivíduo e, por consequência, afeta a dignidade humana.

Questiona-se, então, a situação de CANI ser reconhecida, de forma incidental, pelo Poder Judiciário, em situações de violência extrema envolvendo crimes contra a pessoa ou de violação aos direitos humanos, com fundamento nos normativos internacionais, cujos princípios foram absorvidos pelo Direito Interno, ou se seriam suficientes os instrumentos do direito penal pátrio, vocacionados ao controle e apreciação da violência urbana. A resposta encontrará sustento na identificação dos atores envolvidos.

## 3. Conflito armado não internacional e os obstáculos ao seu reconhecimento

A hipótese de reconhecimento de um CANI, quando da declaração de intervenção federal ou durante o desdobramento de uma operação de Garantia da Lei e da Ordem, deve obedecer a critérios objetivos, a começar pela definição da situação na Diretriz emanada pelo Ministério da Defesa, como instrumento norteador das operações a serem desenvolvidas pelas Forças Armadas em âmbito interno. Ocorre que o próprio normativo que define as ações de garantia da lei e da ordem trata de descartar a situação de conflito armado, ao firmar que

> As operações de Garantia da Lei e da Ordem (Op GLO) caracterizam-se como operações de "não guerra", pois embora empregado o Poder Militar, no âmbito interno, não envolve combate propriamente dito, mas podem, em circunstâncias especiais, envolver o uso da força de forma limitada (BRASIL, 2014, p. 17).

Não se pode negar que o cunho político prepondera sobre o caráter normativo, não por ausência de amparo constitucional, mas considerando que a identificação da natureza do inimigo interno poderá expor a imagem do país no cenário internacional, uma vez que o DIH reconhece a possibilidade de danos colaterais que atingem direito fundamental, como resultado previsível (embora não desejado), podendo dar azo à internacionalização do conflito, em razão da atuação dos organismos internacionais voltados à proteção dos direitos humanos.

Não foi por menos que, ao ser publicado o decreto legislativo autorizativo da Intervenção Federal no Rio de Janeiro, houve a judicialização da questão no Supremo Tribunal Federal, por intermédio do Mandado de Segurança Coletivo nº 35.534/DF e da Ação Direta de Inconstitucionalidade (ADI) nº 5.915/DF. Entretanto, em nenhum dos dois casos, a judicialização da decisão executiva de intervenção federal focou na questão motivadora da medida extrema, qual seja, a situação de violência grave e desgovernada enfrentada pela população daquele ente federativo.

Na Intervenção Federal havida na pasta de segurança pública no Rio de Janeiro, as violações de direitos fundamentais noticiadas pela imprensa e elencadas pela Defensoria Pública diziam respeito às ações de identificação dos moradores das comunidades afetadas pelo decreto de intervenção, cumprimento de ordens judiciais para apreensão de armas e munições ou pessoas procuradas pela Justiça e desbloqueio de vias. Tais ações encontram-se previstas no Poder de Polícia conferido pela Lei Complementar nº 97/99, cabendo o cotejo, caso a caso, de como as Regras de Engajamento[1] limitavam as ações estatais em situações semelhantes.

[1] MINISTÉRIO DA DEFESA. **Regras de Engajamento da Operação Rio de Janeiro.** Diretriz Ministerial nº 16/2017, de 21 de junho de 2017.

No que tange aos termos do decreto autorizador da Intervenção Federal, restou definido que o objetivo da intervenção era pôr termo a grave comprometimento da ordem pública no Estado do Rio de Janeiro (BRASIL, 2018). Já as Regras de Engajamento da Operação Rio de Janeiro, emanadas pelo Estado Conjunto das Forças Armadas, fixaram os limites do uso da força às situações em que estivessem esgotadas outras medidas dissuasórias, com especial atenção ao respeito à dignidade humana. Além disso, as Regras previram que a população civil deveria ser tratada com urbanidade e respeito. Segundo o normativo contido na Diretriz Ministerial nº 16/2017, os fundamentos do emprego da tropa tiveram base na legalidade das ações, ou seja, na fiel observância dos preceitos legais vigentes no País, resguardadas as atribuições dos Órgãos de Segurança Pública, no que dissesse respeito às medidas de competência da Polícia Judiciária, na hipótese de crime comum.

Destarte, se o reconhecimento de um conflito armado em âmbito interno exige a existência dos dois critérios básicos – que os grupos armados demonstrem um nível mínimo de organização e que os confrontos armados alcancem um grau mínimo de intensidade – e se o cumprimento desses critérios devem ser determinados caso a caso, não havendo previsão constitucional expressa para a declaração da situação de CANI, o Poder Judiciário estaria legitimado, dentro do seu dever constitucional de prestar a jurisdição sobre qualquer matéria que venha à sua apreciação, a reconhecer a situação de grave turbação como um conflito armado? Aparentemente, não haveria impedimento, tendo como pressuposto o princípio ínsito no inciso XXXV do artigo 5º da Carta de 1988. De outro lado, indaga-se se uma atuação judicial nesse grau, com reflexo no cenário internacional, poderia configurar uma intromissão acima dos limites permitidos pelo Princípio da Separação dos Poderes Constitucionais, fixado no artigo 2º da Carta Magna (BRASIL, 1988).

Fato é que, de regra, o texto do decreto presidencial autorizador da intervenção federal ou do emprego das Forças Armadas em situação de anormalidade à segurança interna não é exaustivo na fixação da natureza da operação, o que transfere ao Poder Judiciário, quando acionado, a contextualização da ação estatal. É relevante frisar que a hipótese de declaração de CANI somente seria possível num quadro em que o Poder Executivo Federal já tivesse tomado a decisão ou estivesse prestes a tomar a decisão de a União intervir no ente federativo que vem sofrendo o desmantelo social pelo abalo profundo à segurança interna.

No Brasil, a intervenção federal que vigorou no Rio de Janeiro encontrava-se sobre o seguinte cenário: de um lado, grupos armados ilegítimos, organizados sob uma cadeia de comando hierarquizada, com capacidade de transmitir e executar ordens, com habilidade de planejar e executar operações militarizadas coordenadas e com capacidade para recrutar, treinar e equipar os chamados "combatentes"; de outro, os agentes estatais, capitaneados pelas Forças Armadas, com capacidade de transmitir, executar, planejar e lançar operações militares coordenadas. A periodicidade das ações de violência em áreas dominadas pelo narcotráfico era, e ainda é, cada vez mais visível aos olhos do cidadão, interferindo no direito de ir e vir, no direito ao trabalho e, de um modo mais intrínseco, no direito à própria vida. Embora as ações envolvendo confrontos bélicos não sejam permanentes, a violação dos direitos individuais e a imposição da disciplina pelo medo é diária e perpétua nas áreas dominadas por esses entes ilegítimos.

Embora o Direito Internacional dos Conflitos Armados imponha obrigações mútuas sobre os limites de atuação de cada lado da contenda, de forma alguma eleva ao status de legalidade os grupos armados oponentes ou as suas ações, quiçá os resultados delas decorrentes, como também não chancela o uso abusivo e desproporcional da força pelos agentes estatais, que devem obediência rigorosa ao Princípio da Limitação, impondo limites ao uso dos meios, sendo defeso aqueles que tragam sofrimento desnecessário ao oponente.

Como dever mútuo, ambos os lados devem obedecer, no mínimo, ao disposto no artigo 3º comum às Convenções de Genebra e às normas do DIH consuetudinário, que garantem o tratamento humano a qualquer pessoa que se encontre em poder do oponente e que os feridos, independentemente do lado a que pertençam, sejam tratados, sem discriminação de qualquer espécie (Princípio da Humanidade). Além disso, deve cada um dos atores respeitar os limites das hostilidades, sendo proibido o ataque a civis não envolvidos no conflito (Princípio da Distinção), bem como devem ser respeitados os Princípios da Necessidade e da Proporcionalidade no uso da força, devendo ser tomadas as medidas preventivas cabíveis para que as ações, na medida do possível, não produzam vítimas estranhas ao conflito.

É de ser notado, ainda, que a não definição da realidade fática do cenário onde se desenvolvem as hostilidades, com facilidade poderá dar ensejo a excessos por parte dos agentes estatais na resposta às violações ilegítimas praticadas pelo lado oponente, justamente pela ausência de fixação dos limites desta atuação. Destarte, o grau de comprometimento da situação de anormalidade e a devida contextualização das hostilidades são de suma importância, inclusive, para o reconhecimento das excludentes de ilicitude da legítima defesa ou do estrito cumprimento do dever legal, como também teria força para influenciar na mensuração do grau de responsabilidade do agente estatal por resultados não desejados, embora previsíveis em situações extremas que possam afetar a população civil não envolvida nos conflitos.

O direito penal interno, até o momento, vem sendo chamado a resolver tais contendas. Porém, seria suficiente para a retomada do estado de normalidade social e permitiria ao Estado Garantidor cumprir o seu papel de assegurar o exercício da cidadania por meio do resgate do sentimento de segurança aos seus cidadãos? A questão da aplicação do DICA em ambiente interno, para resolver questões de criminalidade para as quais não foi originalmente criado, esbarra, ainda, na sombra que paira sobre o escopo humanitário, vez que a linha é tênue entre a segurança que o DIH pode trazer à repressão dessa violência grave para a população civil, pois impõe limites intransponíveis ao uso da força estatal, ainda que sem reciprocidade, e a concepção de um estado de exceção que poderá servir unicamente para afastar direitos humanos reconhecidos.

É da essência do DICA a proteção da população civil, razão pela qual as forças de segurança devem agir com cautela redobrada, visando minimizar os efeitos colaterais, naturais aos conflitos armados. O fato de enfrentar um inimigo que não ostenta farda e se mistura na sociedade desarmada é que torna assimétrico e dificultoso o enfrentamento dessa violência extrema. Por sua vez, Pereira (2016) destaca que a lacuna deixada pelo direito internacional positivo, no que pertine à diferenciação entre uma situação de grave instabilidade social e um conflito armado não internacional, coube à jurisprudência preencher quando da análise de casos concretos.

## 4. Requisitos autorizadores do reconhecimento de um conflito armado não internacional

O Tribunal Penal Internacional para a ex-Iugoslávia (TPII) fixou os requisitos para um CANI, de forma mais objetiva, sendo os principais: a intensidade, a organização do(s) grupo(s) oponente(s) e o domínio territorial (PEREIRA, 2016). A decisão do TPII foi pioneira em condenar indivíduos por crimes de guerra, chegando a 90 vereditos condenatórios por violações como genocídio, crimes de guerra e crimes contra a humanidade.

No que diz respeito ao primeiro requisito, intensidade, o TPII chegou ao detalhe de estabelecer parâmetros quanto ao número de armamento utilizado, calibre, quantidade de projéteis, duração das ações, número de vítimas diretas e indiretas e danos materiais. Fortalecia-se, então, o Princípio da Limitação (dos meios). O protagonismo em reconhecer a aplicação do Direito de Guerra nos conflitos armados internos, faz com que os princípios estabelecidos nos casos julgados abram frente às situações internas atuais, em diversas nações, que não implicam, necessariamente, em domínio territorial para deposição de poder político.

Outro ponto fundamental é que haja o emprego das Forças Armadas, uma vez que a avocação do DIH somente se justifica quando a segurança interna do país (ou de um ente federativo) se encontra abalada e sob forte risco de desmantelo, restando os Órgãos de Segurança Pública inoperantes ou com incapacidade operacional para enfrentar a situação. Nesse ponto, cumpre lembrar que um CANI pode envolver tanto as contendas graves envolvendo dois ou mais grupos armados entre si, quanto contendas pautadas em oposição ao Estado, sendo que, no primeiro caso, também o Estado se vê obrigado a intervir, assumindo um dos polos do litígio, visando à manutenção ou o restabelecimento da ordem social.

Quanto ao requisito da organização dos atores não estatais, não se pretende exigir que tal estrutura seja idêntica à de uma força armada, pois, do que se trata aqui é identificar as condutas de grupos armados hierarquicamente formados com o objetivo comum de enfrentar a ordem social vigente, tendo ou não bandeiras ideológicas a defender. Pereira (2016) chama a atenção para a existência de uma zona cinzenta em que, aparentemente, não há o preenchimento do requisito da intensidade, em razão de o confronto não ter a duração prolongada exigida pelos normativos internacionais, mas, de outro lado, são tão intensos quanto necessário à aplicação do DIH, relativamente aos resultados danosos das suas ações.

A atuação internacional de organizações criminosas brasileiras, ligadas ao narcotráfico não é novidade. Nos anos 90, o Primeiro Comando da Capital (PCC) e o Comando Vermelho (CV), ainda aliados, protagonizaram ações violentas nas fronteiras do Paraguai, Bolívia e Colômbia, dizimando grupos locais (WAGNER, 2017). O Estado legítimo deve estar sempre alerta e preparado para o enfrentamento assimétrico dessa guerra contra o narcotráfico, não devendo esperar que as ações das organizações ilegítimas se voltem diretamente contra ele. "A longevidade de uma organização criminosa depende do seu poder de se adaptar às mudanças na conjuntura, um assunto que o PCC e o CV são mestres" (WAGNER, 2017). No que pertine a essa capacidade de adaptação às mudanças, Feltran (2019) deixa claro que o PCC não pretende se tornar um poder paralelo ou possui escopo de tomar o lugar do Estado, a começar por não influenciar nas prisões. De outro lado, os chamados "irmãos" tomaram para si a capacidade objetiva de reivindicar em cada território prisional o monopólio do uso da força entre os seus membros, baseados, não em discursos políticos, mas nas práticas cotidianas das cadeias. Num paradoxo, o PCC adquiriu, ao que parece, uma capacidade de negociação política com as administrações penitenciárias, a instituir políticas que diminuíram sensivelmente a violência dentro dos centros de detenção em massa, coibindo os, até então, conhecidos atos de violência sexual, de oferta de justiça em qualquer caso de opressão e de desrespeito às regras básicas de convívio (FELTRAN, 2019). A identificação dos atores, a sua organização e seu modo de proceder é que deverá direcionar, portanto, quais mecanismos constitucionais deve se valer a resposta do Estado no controle da violência.

## 5. Modos de organização da violência armada no Brasil

Feltran (2019) destaca a diferença entre as facções criminosas no Rio de Janeiro e a estrutura do PCC, em São Paulo, ao afirmar que "as facções cariocas quase sempre têm modelo empresarial militar, com estrutura piramidal e de mando, expandindo-se por instalações de franquias e domínio territorial militarizado", características estas que se assemelham ao conceito de grupos armados, conforme o Protocolo II Adicional já citado. Já em São Paulo, "o PCC opera uma sociedade secreta, com chefia sem mando", possuindo, portanto, uma conformação territorial de suas atividades bem distinta da verificada na vizinha Rio de Janeiro. Segue o autor, "por não haver controle territorial, em São Paulo a polícia não precisa, como no Rio, de caveirão ou blindado para entrar em territórios de favelas, ou outros locais nos quais a hegemonia do crime se faça presente" (FELTRAN, 2019, p. 148). Exemplo prático dessa distinção é o fato de o Estado de São Paulo ser um dos únicos entes federativos a não ter ainda solicitado ao Governo Federal o emprego das Forças Armadas no controle da violência urbana.

O grande diferencial, portanto, é que a hegemonia política do PCC no mundo do crime diz respeito à garantia da paz dos territórios regidos pelos princípios do Partido, seja buscando a justiça junto ao "governo" local do crime, seja buscando outras formas de justiça, até mesmo a do Estado, caso seja considerada como efetiva, a depender do caso (FELTRAN, 2019). Por sua vez, a estratégia do não confronto com o Estado é que vem garantindo a paz e a tranquilidade para a preparação e execução dos atos ilícitos de grande repercussão, que trazem respeito e status dentro do Partido, como assalto a bancos, roubos de cargas e valores, sequestros etc. As ações criminais, portanto, são bem mais planejadas, com menor risco e maior lucro.

Diante da estrutura montada pelo PCC, não é difícil visualizar os requisitos apresentados pelos normativos internacionais, para reconhecer algo mais do que atos de violência urbana, em que bastaria a proteção do DIDH, sendo certo que, embora as ações, na maioria das vezes, se apresentem de forma instantânea ou com curta duração, o grau de violência empregado, o arsenal bélico utilizado e os efeitos danosos às vítimas diretamente atingidas são de intensidade tal que exigem um arcabouço legal à altura, tanto para o enfrentamento voltado ao restabelecimento da ordem constitucionalmente fixada, quanto para a verificação, a *posteriori*, das violações cometidas pelos envolvidos.

Dessa forma, no Brasil, onde a própria Carta Constitucional autoriza o emprego das Forças Federais para a garantia da ordem pública, torna-se imprescindível que os normativos autorizadores do emprego das Forças Armadas em âmbito interno, em cada caso, reconheçam a real situação do conflito, a fim de dirimir qualquer dúvida sobre a prevalência do DICA em relação ao DIDH, a saber, por intermédio da diretriz e das regras de engajamento respectivas.

No exemplo brasileiro de violência armada prolongada decorrente de operações beligerantes de grupos ligados ao narcotráfico, mais evidente nos grandes centros como o Rio de Janeiro e São Paulo, não é raro que os agentes não estatais oponentes à ordem social constitucionalmente instituída se valham do recrutamento de crianças e de adolescentes, bastando terem condições físicas de manusear armamento de alto potencial lesivo, a configurar eficiente capacidade logística de reposição de recursos humanos, em verdadeira afronta ao item XXVI da alínea "b" do parágrafo 2º do artigo 8º do *Estatuto de Roma* (BRASIL, 2002); como também, a ocorrência de execuções cruéis costumeiras decorrentes de "julgamentos" sumários, praticados contra dissidentes, desobedientes ou não simpatizantes dos grupos armados ilegítimos, a configurar crime de guerra, mesmo em ambiente interno, segundo o direito internacional positivado.

É de se notar que os grupos armados com grau de organização maior têm capacidade de reabastecimento do arsenal bélico, por meio do descaminho e tráfico de armas, o que torna possível a perpetuação do domínio territorial, pela imposição do respeito pelo medo e pelos rígidos códigos de conduta estabelecidos nas áreas dominadas que, se descumpridos, justificam os julgamentos sumários e sem perdão. O que importa, também, é verificar se o grupo armado possui estágio de organização suficiente para aplicar o DIH, apesar de, sendo criminosos, ignorarem o dever de obediência às leis e à ordem social. Entretanto, observa-se que as ações violentas, em geral, se resumem às agressões à polícia ou entre si, por disputas de domínios territoriais, mantendo sob controle a população civil, da qual se valem para assegurar as operações deflagradas, para a ocultação de produtos de crime ou de pessoas, bem como para a manutenção da rede de informações, sem prejuízo das violentas sanções àqueles que ferem o código de conduta vigente naquele domínio.

O controle territorial, portanto, surge como mais um requisito ao reconhecimento de um CANI, sendo claramente delineado no parágrafo 1º do artigo 1º do Protocolo II de 1977, a incluir os conflitos existentes entre as Forças Armadas da Parte Contratante e forças armadas dissidentes ou grupos armados organizados que exerçam controle sob uma parte do território, a ponto de permitir-lhes levar a cabo operações militares contínuas e organizadas, o que não implica exclusão total da presença do poder estatal. Assim sendo, como já ressaltado, em relação ao PCC, a voga é que "a bandeira branca deve estar, simbolicamente, hasteada sempre que o PCC tem hegemonia no território", ou seja, o que caracteriza um território PCC é o local hegemonizado pela facção. Contudo, a dificultar essa identificação de atores, as áreas de negócios do PCC são o mundo todo (FELTRAN, 2019, p. 149). Porém, o Protocolo II Adicional deixa clara a diferenciação menos rígida do nível de organização para os grupos armados, o que não acontece com as forças armadas propriamente ditas, em que deve haver um comando definido e organizado verticalmente.

A internacionalização dos conflitos internos entre facções criminosas nacionais é uma realidade e o arcabouço jurídico brasileiro deve acompanhar esses conflitos assimétricos, a começar pelo reconhecimento formal do contexto fático. Se para o reconhecimento de um CANI é exigido um nível de violência mais elevado do que o existente em situações episódicas de distúrbios e tensões internas, é de se concluir que, quanto mais violentos os atos e maior for a área geográfica dominada, maior será o nível de organização desses grupos armados ilegítimos.

## Conclusões

Não se pretende elevar o nível do combate às drogas, em qualquer dimensão, ao reconhecimento de um conflito armado não internacional, mas é necessário compreender a importância e a real dimensão da intensidade da violência encravada nos domínios de grupos armados organizados, a fim de possibilitar a adequada resposta aos autores de violações de direitos fundamentais, sejam estatais ou não estatais, em grau maior do que as decorrentes de ações repressivas ordinárias, cuja aplicação do direito penal interno será suficiente para o restabelecimento da paz social.

A competência do Tribunal Penal Internacional é subsidiária, por essência, em respeito à soberania dos Estados-Parte. Portanto, deve o Brasil tomar as necessárias providências para a internalização efetiva dos princípios balizadores do DIH, bem como promover a adequação legislativa para o enfrentamento desses confrontos assimétricos que dominam, em âmbito global, o início deste século XXI.

É urgente, portanto, a definição, dentro do ordenamento jurídico interno, dos crimes de guerra e contra a humanidade, visando preencher as lacunas legislativas hoje existentes sobre o tema, além da regulação da cooperação com o Tribunal Penal Internacional, dada a possibilidade de aplicação do instituto da "entrega". Não se pode perder de vista que a lacuna legislativa concernente à não inclusão dos grupos armados organizados voltados à criminalidade, de forma expressa, é herança deixada pela inexistência desse tipo de violência, à época da promulgação dos tratados internacionais pós-guerra.

A ideia mais eficiente seria a criminalização específica dessas ações, o que não se espera sequer a médio prazo, dadas as influências maciças dos movimentos sociais e dos organismos de defesa de direitos humanos, além do desapego político ao assunto. Além disso, é necessário debruçar-se sobre a definição das situações de conflito armado, assim como sobre os limites objetivos da excludente de ilicitude do estrito cumprimento do dever legal, este último como instrumento limitador das ações estatais.

Não obstante, se as normas de Direito Internacional Humanitário, recepcionadas pelo Estatuto de Roma, foram inseridas no texto constitucional brasileiro, na forma dos §§ 3º e 4º do artigo 5 da Carta Magna e com base no inciso XXXV do mesmo dispositivo constitucional, poderá o Estado-Juiz, na análise do caso concreto, utilizar-se das normas do Direito Internacional dos Conflitos Armados para fundamentar uma resposta penal mais adequada às situações de conflito armado não internacional.

## Referências


BOBBIO, Norberto. **1909: A era dos direitos**. Rio de Janeiro: Elsevier, 2004.

BRASIL. **Constituição da República Federativa do Brasil**. Brasília, 1988.

BRASIL. **Decreto nº 4.388,** de 25 de setembro de 2002. Promulga o Estatuto de Roma do Tribunal Penal Internacional. Brasília, 2002.

BRASIL. **Decreto nº 5.015**, de 12 de março de 2004. Promulga a Convenção das Nações Unidas contra o Crime Organizado Transnacional. Brasília, 2004.

BRASIL. **Decreto-lei no 2.848,** de 7 de dezembro de 1940. Código Penal. Brasília, 1940.

BRASIL. **Decreto nº 9.288,** de 16 de fevereiro de 2018. Decreta intervenção federal no Estado do Rio de Janeiro com o objetivo de pôr termo ao grave comprometimento da ordem pública. Brasília, 2018.

BRASIL. Escola Superior de Guerra. **Fundamentos do poder nacional**. Rio de Janeiro, 2020.

BRASIL. **Lei nº 13.491,** de 13 de outubro de 2017. Altera o Decreto-Lei nº 1.001, de 21 de outubro de 1969 – Código Penal Militar. Brasília, 2017.

BRASIL. Instituto de Pesquisa Econômica Aplicada. **A intervenção federal no Rio de Janeiro e as organizações da sociedade civil**. Relatório de Pesquisa. Rio de Janeiro, 2019.

BRASIL. Ministério da Defesa. **Manual de garantia da lei e da ordem (MD33-M-10)**. Brasília, 2014.

BRASIL. Ministério da Defesa. **Política nacional de defesa**. Brasília, 2017.

FELTRAN, Gabriel. **Irmãos: uma história do PCC**. São Paulo: Schwarcz, 2019.

FURTADO, Emmanuel Teófilo; MENDES, Ana Stela Vieira. Os direitos humanos de 5ª geração enquanto direito à paz e seus reflexos no mundo do trabalho: inércias, avanços e retrocessos na constituição federal e na legislação. **Anais do XVII Congresso Nacional do CONPEDI**. Brasília, 2008.

INTERNATIONAL COMMITTEE OF THE RED CROSS. **Geneva Conventions**. 1949. Disponível em: https://www.icrc.org/en/war-and-law/treaties-customary-law/geneva-conventions. Acesso em: 22 nov. 2018.

______. **Protocol Additional to the Geneva Conventions of 12 August 1949, and relating to the protection of victims of international armed conflicts (Protocol I and II)**. 1977. Disponível em: https://www.icrc.org/en/war-and-law/treaties-customary-law/geneva-conventions. Acesso em: 22 nov. 2018.

______. **Manual de San Remo sobre el derecho internacional aplicable a los conflictos armados em el mar**. 1994. Disponível em: https://www.icrc.org/es/doc/resources/documents/misc/san-remo-manual-1994-5tdlgl.htm.
Acesso em: 5 set. 2020.

NOVELINO, Marcelo. **Direito constitucional**. São Paulo: Método, 2009.

PEREIRA, Carlos Frederico de Oliveira. **Gangues territoriais e direito internacional dos conflitos armados**. Curitiba: Juruá, 2016.

WAGNER, Carlos. **PCC e CV miram o espólio das FARC**. 2017. Disponível em: www.defesanet.com.br/pcc/noticia/24477/PCC-e-CV-Miram-o-Espolio-das-FARC/. Acesso em: 30 ago. 2020.

# 7. O ARGUMENTO DO IMPACTO ORÇAMENTÁRIO NA MODULAÇÃO DE EFEITOS DE PROCESSOS TRIBUTÁRIOS

Gabriela Lima

## Introdução

O presente artigo dedica-se à análise do argumento do impacto ao orçamento público nos pedidos de modulação de efeitos em processos tributários julgados pelo Supremo Tribunal Federal (STF), especificamente, em casos indicados pela Lei de Diretrizes Orçamentárias (LDO), no período de 2010 a 2020.

O instituto da modulação está previsto no artigo 27 da Lei nº 9.868/1999 e se apresenta como mecanismo para minimizar ou até mesmo evitar eventuais danos consequentes da declaração de inconstitucionalidade de determinada lei ou ato, desde que seja feito "juízo rigoroso de ponderação entre o princípio da nulidade da lei inconstitucional, de um lado, e os postulados da segurança jurídica e do interesse social, de outro", como apontado na exposição de motivos da referida Lei.

Declarada a inconstitucionalidade de determinada norma ou ato, inicia-se a discussão acerca dos efeitos dessa decisão. No Brasil, como se sabe, os efeitos são *ex tunc*, isto é, retroagem desde a criação da norma, conforme influência do modelo norte-americano, que aplica a teoria da nulidade. Ocorre que, em algumas situações, os efeitos retroativos podem ser problemáticos, principalmente, quando se trata de matéria tributária, que envolve casos milionários – e até mesmo, bilionários.

É inegável a preocupação da União em relação a esses processos, pois, em caso de perda, o prejuízo aos cofres públicos é evidente. Por essa razão, anualmente, o anexo de "riscos fiscais" da Lei de Diretrizes Orçamentárias indica os eventos que podem afetar as contas públicas da União, informando as providências a serem tomadas, caso se concretizem, em cumprimento à determinação do §3º do art. 4º da Lei de Responsabilidade Fiscal (LRF).

Nesse cenário, para melhor compreender como o argumento do impacto orçamentário em pedidos de modulação de efeitos vem sendo debatido pelo Supremo Tribunal Federal, selecionamos alguns processos tributários para análise.

Partimos ao estudo dos processos tributários indicados nos anexos de "riscos fiscais" da LDO, no período de 2010 a 2020, nos quais se pleiteou a modulação de efeitos com base no argumento do impacto orçamentário. Utilizando-se desses parâmetros de pesquisa, encontramos o RE 559.937[1], o RE 595.838[2] e o RE 603.624.[3]

Além desses casos, não poderia faltar o estudo do próprio RE 574.706[4], que há anos vem sendo incluído nos anexos de "riscos fiscais" das LDOs. O julgamento desse processo foi concluído em maio de 2021, ou seja, fora da delimitação temporal inicialmente concebida. No entanto, dada a relevância do caso no âmbito jurídico-tributário, seja pelo valor envolvido, pela complexidade da tese jurídica, pelos milhares de processos similares espalhados por todo país, não poderíamos passar pela temática da modulação de efeitos em matéria tributária sem tratar dele.

No tocante ao RE 574.706, conforme dados informados pela Receita Federal do Brasil (RFB) e reproduzidos nas LDOs, estimou-se que em caso de derrota da União, seria desembolsado a título de devolução aos contribuintes valor de R$ 250,3 bilhões e perda de arrecadação de R$ 27,12 bilhões projetada para 2015. Diante do suposto "rombo" aos cofres públicos que a decisão que declarou a inconstitucionalidade da inclusão do ICMS na base de cálculo do PIS e da COFINS, a Fazenda Nacional utilizou-se, entre outros, do argumento do impacto ao orçamento público para pleitear a aplicação da modulação de efeitos.

[1] Tema 01/RG: Exclusão de ICMS e de PIS/COFINS da base de cálculo do PIS/COFINS Importação.

[2] Tema 166/RG: Contribuição previdenciária de cooperativas.

[3] Tema 325/RG: CIDE para o SEBRAE, APEX e ABDI.

[4] Tema 69/RG: Exclusão de ICMS da base de cálculo do PIS/COFINS.

Analisaremos os casos mencionados com o intuito de expor os principais argumentos apresentados por ambas as partes para afastar (posição do contribuinte) ou aplicar (posição da Procuradoria-Geral da Fazenda Nacional – PGFN) a modulação de efeitos com fundamento no impacto ao orçamento público, com o intuito de compreender o entendimento do Supremo Tribunal Federal acerca do tema.

A partir daí, será contextualizada a perspectiva do consequencialismo, discutindo como a literatura compreende o argumento consequencialista, uma corrente entende que se trata de elemento discricionário e que, portanto, não mereceria fazer parte da argumentação jurídica; outra corrente entende que o consequencialismo seria essencial à teoria da argumentação jurídica, destinado a justificar o melhor sentido de aplicação das decisões judiciais.

A preocupação crescente do meio jurídico, traduzida no aumento da reflexão sobre a adequação das decisões judiciais aos problemas sociais contemporâneos, abre portas para a aplicação de argumentos consequencialistas. E em se tratando da excepcionalidade da modulação é essencial que sejam apresentados argumentos suficientes a justificarem a aplicação do instituto, principalmente, quando se versa sobre os controversos argumentos consequencialistas.

Após percorrer todo esse caminho, serão apresentadas as conclusões finais, nas quais demonstraremos a visão do Supremo Tribunal Federal, de forma restrita aos julgamentos analisados neste artigo, acerca da possibilidade da utilização do argumento consequencialista do impacto ao orçamento público para fins de modulação de efeitos, e se a Corte estabelece parâmetros para a sua utilização.

## 1. A relação entre o orçamento público e a modulação de efeitos das demandas tributárias julgadas pelo STF

Primeiramente, precisamos compreender a relação entre o orçamento público e as decisões proferidas pela Suprema Corte que declaram a inconstitucionalidade de determinada norma tributária.

Partiremos da premissa segundo a qual os recursos que possibilitam ao Estado garantir a prestação de serviços públicos essenciais à sociedade provém da arrecadação. Tais serviços, como saúde, educação e previdência se enquadram nos direitos de segunda geração, que são direitos econômicos, sociais e culturais, e exigem uma prestação preponderantemente positiva do Poder Público.

O instrumento que assegura a efetiva prestação desses direitos é justamente o orçamento público. Por meio dele é que se planeja o fluxo de entrada e de saída de recursos públicos de determinado período. Dessa forma, a Constituição garante, por exemplo, o direito à saúde, mas é o orçamento público que prevê a arrecadação e a destinação de receitas públicas para satisfação desse direito.

Nesse sentido, pode-se dizer que receitas orçamentárias "são disponibilidades de recursos financeiros que ingressam durante o exercício, constituem elemento novo para o patrimônio público e aumentam-lhe o saldo financeiro", e são "fonte de recursos por meio do qual se viabiliza a execução das políticas públicas".[5]

Em sentido amplo, as receitas públicas são recursos financeiros destinados aos cofres públicos e se dividem em extraorçamentárias, quando representam apenas entradas compensatórias; e orçamentárias, quando representam disponibilidade de recursos financeiros para o erário. E é justamente entre as receitas orçamentárias que se enquadram os tributos, conforme previsão contida nos artigos 3º e 5º do Código Tributário Nacional.

A Lei de Responsabilidade Fiscal, em seu artigo 5º determina que o projeto de Lei Orçamentária Anual (LOA), seja elaborado de forma compatível com o Plano Plurianual (PPA) e com a LDO, para que haja a previsão de uma "reserva de contingência", definida com base na receita corrente líquida do ente, destinada ao "atendimento de passivos contingentes e outros riscos e eventos fiscais imprevistos."

O objetivo dessa previsão é assegurar ao ente a existência de receitas para fazer frente à eventual realização dos riscos fiscais, previstos em anexo específico da LDO, cuja finalidade é mapear os principais eventos que podem afetar as metas e objetivos fiscais do Governo, avaliando os passivos contingentes e outros riscos capazes de afetar as contas públicas, bem como informar as providências a serem tomadas, caso tais previsões se concretizem.

Entre os riscos fiscais são indicadas as demandas judiciais tributárias em que a União é parte, representada pela Procuradoria Geral da Fazenda

[5] *Manual de Contabilidade Aplicada ao Setor Público.* Disponível em: https://www.cnm.org.br/cms/images/stories/Links/04022014_Contabilidade_AnexoI_RECEITA_ORCAMENTARIA_Minuta.pdf. Acesso em: 4 ago. 2021.

Nacional. Segundo o anexo de riscos fiscais, no âmbito do STF, a PGFN atua nos recursos extraordinários e agravos que tratam de matéria tributária, além de acompanhar as ações originárias representadas judicialmente pelo Advogado Geral da União. Em relação a esses casos, utiliza-se como parâmetro de seleção, os processos com repercussão geral, cujo julgamento poderá afetar a arrecadação da União. Para o presente estudo, importa analisar alguns desses processos judiciais tributários.

Até 2015, a Receita Federal do Brasil era a responsável por fornecer estimativas de cálculo acerca dos eventuais impactos orçamentários que essas demandas judiciais poderiam causar. Entretanto, a partir da publicação da Portaria AGU nº 40/2015, essa responsabilidade passou a ser da Advocacia Geral da União (AGU). À época constou no anexo de "riscos fiscais" da LDO/2015 que, em se tratando de demandas judiciais, nem sempre seria possível estimar com clareza o montante real envolvido, pois as partes que litigam contra a Fazenda Pública por vezes subestimam os valores informados nas causas, ou mesmo os superestimam, acarretando por isso um alto índice de imprecisão de valores. Tal observação vem sendo repetida nos subsequentes anexos de riscos ficais até hoje.

Em que pese essa dificuldade na indicação das estimativas envolvidas nas causas judiciais, a AGU utiliza como parâmetro os valores pedidos pelas partes, as estimativas dos órgãos públicos federais envolvidos nas causas ou grupos de causas semelhantes e as estimativas da área técnica responsável pelos cálculos na AGU, de modo a representar o máximo de impacto ao erário, que pode não se concretizar em sua totalidade.

A partir dessas estimativas, são listadas no anexo de "riscos fiscais", as demandas judiciais que possam causar algum impacto significativo na arrecadação anual, entre elas, as tributárias, que são o objeto de estudo do presente artigo.

Para compreender a dimensão dessas previsões, podemos citar a LDO/2021,[6] que apresentou relação de ações judiciais, com classificação de risco possível quanto à materialização, que tramitam no STF, conforme os parâmetros definidos na Portaria AGU nº 40/2015, com as alterações promovidas pela Portaria AGU nº 318/2018, estimando impacto orçamentário de aproximadamente de R$ 782,1 bilhões, em cinco anos.

[6] Projeto de Lei nº 9/2020-CN.

Como se vê, os processos judiciais tributários indicados no anexo de "riscos fiscais" da LDO possuem relevância particular porque representam risco de perda possível para a União, e por envolverem passivos contingentes elevadíssimos, fazendo com que a Administração Pública provisione tais valores no orçamento público. Em que pesem tais casos serem listados no anexo, há que as informações apresentadas não implicam reconhecimento pela União quanto à efetiva sucumbência, mas apenas eventual risco que tais demandas possam oferecer ao orçamento federal, em face de seu elevado valor.

A partir disso podemos compreender a íntima relação entre as demandas tributárias e o orçamento público e, consequentemente, ao pleno funcionamento das atividades essenciais do Estado, por isso, a importância das consequências que a declaração de inconstitucionalidade de uma norma tributária pode causar ao orçamento público.

Como provêm da arrecadação fiscal os recursos que possibilitam ao Estado garantir a prestação de serviços públicos essenciais, eventual queda na arrecadação poderia impactar no desenvolvimento dessas atividades, principalmente, se estivermos falando de altos valores, como é o caso dos processos indicados no anexo de "riscos fiscais" da LDO, que chegam a envolver bilhões de reais.

E é nesse cenário que a modulação de efeitos se apresenta como instrumento para projetar os efeitos da decisão para o futuro, e não para o passado – que é a regra no Direito brasileiro – a fim de minimizar ou até mesmo evitar eventuais danos que a decisão que declara a inconstitucionalidade de uma norma tributária possa causar aos cofres públicos.

Por isso, a importância da compreensão do entendimento do Supremo Tribunal Federal quanto à aplicação da modulação de efeitos em matéria tributária, que no presente artigo se dá sob a ótica do argumento consequencialista do impacto ao orçamento público.

## 2. Análise de casos julgados pelo STF sob a perspectiva do argumento do impacto ao orçamento público para fins de modulação de efeitos

Analisaremos casos concretos que envolvam matéria tributária e nos quais se discutiu especificamente o argumento do "impacto ao orçamento público" para fins de modulação de efeitos. Para chegarmos aos processos selecionados para este estudo, utilizamos como recorte de pesquisa, os processos tributários indicados nos anexos de "riscos fiscais" da LDO.

Conforme já mencionado, os referidos anexos listam as demandas judiciais tributárias de responsabilidade da Procuradoria-Geral da Fazenda Nacional no Supremo Tribunal Federal, que podem afetar as metas e objetivos fiscais do Governo, em razão de sua projeção de perda, e são justamente esses casos que interessam para o presente estudo.

Por exemplo, segundo a AGU, na LDO/2020[7], tais projeções de perda levam em consideração, "a perda total de arrecadação anual e uma estimativa de impacto de devolução, considerados os últimos cinco anos e a totalidade dos contribuintes, de modo que representa o máximo de impacto ao erário, que pode não se concretizar em sua totalidade."

Em relação à metodologia para a seleção dos casos, primeiramente, separamos todas as "demandas judiciais de natureza tributária da Procuradoria-Geral da Fazenda Nacional", no âmbito do STF, indicadas nos anexos de riscos fiscais das LDOs do período de 2010 a 2020. Em um primeiro exame, concluímos que, nesses 10 anos, as LDOs indicaram 33[8] processos tributários em trâmite no Supremo Tribunal Federal com risco de impacto orçamentário, sendo que, até o final de 2020, apenas 12[9] tiveram o julgamento do mérito concluído pela Suprema Corte e, entre eles, em apenas 5[10] se discutiu a modulação de efeitos em matéria tributária. Apesar de a PGFN ter pleiteado a modulação de efeitos nesses 5 casos, em 1[11] não foi apresentado o argumento do impacto ao orçamento público[12], por isso, tal processo não foi objeto de estudo do presente artigo. Restando apenas a análise dos RREE 559.937, 595.838, 603.624 e 574.706.

[7] Anexo V, da Lei nº 13.898/2019, p. 33.

[8] RE 561.485; RE 574.706; RE 564.413; RE 582.525; RE 400.479; RE 559.937; RE 611.586; RE 607.642; RE 570.122; RE 595.838; RE 609.096; RE 672.215; RE 705.423; RE 599.309; RE 592.891; RE 599.658; RE 946.648; RE 605.506; RE 928.943; RE 592.616; RE 796.939; RE 565.089; RE 576.967; RE 603.624; RE 816.830; RE 700.922; 761.263; RE 1.043.313; RE 598.468; RE 566.622; RE 855.091; RE 596.701; e RE 878.313.

[9] RE 561.485; RE 564.413; RE 582.525; RE 559.937; RE 611.586; RE 595.838; RE 705.423; RE 599.309; RE 656.089; RE 576.967; RE 566.622 e RE 574.706.

[10] RE 559.937, RE 595.838, RE 566.622, RE 603.624 e RE 574.706.

[11] RE 566.622 (Tema 32/RG): Imunidade das Entidades Beneficentes de Assistência Social para Contribuição Previdenciária Patronal.

[12] No RE 566.622 a PGFN pleiteou a modulação de efeitos com base no argumento de alteração na jurisprudência, com fundamento no artigo 927, §3º, do novo Código de Processo Civil de 2015.

Os riscos capazes de afetar as contas públicas são provisionados no momento da elaboração do orçamento com o intuito de assegurar a existência de recursos, provenientes justamente da arrecadação fiscal, que possibilitam ao Estado garantir a prestação de serviços públicos essenciais. Por isso, a preocupação da LDO em mapear situações que possam configurar perda na arrecadação, e entre essas situações, estão alguns processos tributários, em trâmite no STF, com real possibilidade de perda e cujos valores, segundo a AGU, podem, de fato, impactar ao orçamento público, conforme se observa na Tabela 1.

**Tabela 1** – Processos tributários analisados com impacto ao orçamento público

| Ano/LDO | Nº do processo | Matéria | Estimativa de perda |
|---|---|---|---|
| **2014**<br>Lei nº 12.919/2013 | RE 559.937<br>(seção 2.1) | ICMS Importação | R$ 33,8 bilhões, no período de 2006 a 2010 |
| **2015**<br>Lei nº 13.080/2015 | RE 595.838<br>(seção 2.2) | Contribuição Previdenciária de Cooperativas | R$ 3,8 bilhões, no período de 2002 a 2011 |
| **2020**<br>Lei nº 13.898/2019 | RE 603.624<br>(seção 2.3) | Contribuições para o SEBRAE, APEX, ABDI e INCRA | Cálculo para 1 ano: R$ 3,5 bilhões para o SEBRAE, R$ 520 milhões para o APEX, R$ 85 milhões para o ABDI e R$ 1,5 bilhões para o INCRA<br>Cálculo para 5 anos: $ 19,8 bilhões para o SEBRAE, R$ 2,9 bilhões para o APEX, R$ 420 milhões para o ABDI e R$ 8,4 bilhões para o INCRA |
| **2020**<br>Lei nº 13.898/2019 | 574.706<br>(seção 2.4) | ICMS na base de cálculo do PIS e da COFINS | Cálculo para 1 ano: R$ 45,8 bilhões<br>Cálculo para 5 anos: R$ 229 bilhões |

*Fonte:* Anexo de Riscos Fiscais da Lei de Diretrizes Orçamentárias dos anos de 2014, 2015 e 2020.

Nesses casos, a PGFN costuma requerer a modulação de efeitos para que a decisão que declare a inconstitucionalidade de determinada norma tenha efeitos prospectivos e não retroativos. Nessas situações, a aplicação da modulação de efeitos seria benéfica à União que não teria que devolver os valores anteriormente arrecadados, pois a decisão da Suprema Corte valerá apenas dali para frente, e, ao mesmo tempo, desfavorável ao contribuinte que não poderia pleitear os valores recolhidos de forma indevida, mesmo diante de uma decisão que declarou a inconstitucionalidade de determinada norma.

Diante desse impasse, o estudo do argumento do impacto ao orçamento público para fins modulação de efeitos em matéria tributária, especificamente quanto aos casos indicados pela LDO, mostra-se um tema atual e de extrema relevância. Com o intuito de melhor compreender como a Suprema Corte decide sobre a modulação de processos tributários, sob a ótica desse argumento, analisaremos os RREE 559.937, 595.838, 603.624 e 574.706.

No presente artigo, buscamos compreender a partir dessa pequena parcela selecionada, o argumento consequencialista do impacto ao orçamento público utilizado pela PGFN ao pleitear a aplicação da modulação de efeitos em casos tributários.

Partiremos, então, para a análise crítica das razões apresentados por ambas as partes para afastar (posição do contribuinte) ou aplicar (posição da PGFN) e pela Suprema Corte ao tratarem do tema nos casos selecionados.

Em 20/03/2013, o STF concluiu o julgamento do mérito do RE 559.937 (Tema 01/RG), no qual a PGFN pleiteou a aplicação da modulação para aplicação de efeitos *ex nunc* com eficácia a partir da publicação do acórdão que julgasse os aclaratórios ou do próprio julgamento dos embargos, por razões de segurança jurídica e de relevância e excepcionalidade do interesse social, haja vista que os valores econômicos envolvidos girariam em torno de 34 bilhões de reais e que atingiriam diretamente os cofres da seguridade social.

No tocante à excepcionalidade do interesse social, a Fazenda argumentou que a decisão que declarou a inconstitucionalidade da norma causaria "forte impacto negativo no orçamento", caso não fosse modulada.

Para justificar o argumento do impacto orçamentário, a PGFN solicitou à Receita Federal nota técnica a fim de comprovar a estimativa de perda na arrecadação decorrente do julgamento. Em resposta, a RFB apresentou a nota CETAD/COEST nº 103/2013 (Anexo II), informando estimativa de perda de arrecadação para o ano de 2013, no valor de R$ 3,23 bilhões, e que se a decisão não fosse modulada, estimava-se perda de R$ 14,29 bilhões para os anos de 2008 a 2012. Importa esclarecer que ao analisarmos a referida notamos que a RFB não apresentou demonstrativos de cálculos que justificassem os números, apenas expôs as estimativas de forma geral.

Em 17/09/2014, o Tribunal, por unanimidade, rejeitou os embargos, seguindo o voto do Ministro Toffoli, relator. O Ministro esclareceu, primeiramente, que a modulação é medida extrema que somente se justifica se comprovado o gravíssimo risco irreversível à ordem social. Fixada a premissa de necessidade de comprovação do risco, o Ministro decidiu que, no caso, não haveria qualquer indicação concreta desse risco, sendo que a mera alegação de perda de arrecadação não seria suficiente para comprovar a presença do excepcional interesse social capaz de justificar a modulação dos efeitos da declaração de inconstitucionalidade.

Ao final, o Ministro destacou que é certo que os valores arrecadados com a tributação se destinam ao emprego em finalidades públicas, por isso, não bastaria ao sujeito ativo apenas apontar a destinação de índole pública do produto arrecadado para justificar a modulação.[13]

Da análise desse caso, concluímos que o argumento do impacto orçamentário deve ser precedido de indicações e comprovações concretas; no entanto, a Corte não esclarece quais documentos, ou a forma como essas indicações devem ser feitas.

Diante disso, entendemos que seria importante para a pesquisa ir em busca de esclarecimento acerca dos dados apresentados pela PGFN no caso concreto. Por isso, em 20/09/2020, solicitamos, por meio do Portal da Transparência, os seguintes esclarecimentos à Receita Federal a respeito da estimativa de perda de receita informada: (i) os dados numéricos, e as respectivas fontes, que compuseram a estimativa de cálculo contida na nota; e (ii) os critérios ou fórmulas que foram adotados, bem como as justificativas para tal cálculo.

[13] Voto do Ministro Joaquim Barbosa no julgamento do AI 557.237, no tocante ao pedido de modulação.

Em resposta, apresentada em 16/10/2020, o Centro de Estudos Tributários e Aduaneiros (CETAD), da Receita Federal do Brasil, por meio da nota SIC CETAD/COEST nº 182/2020, informou:

> 5. Quanto ao pedido da interessada, este Centro de Estudos informa o seguinte, pela ordem de solicitação da mensagem:
> (i) A estimativa de perda de receita, em decorrência da decisão do STF no RE 559.937, teve por base a coleta de dados de arrecadação do PIS/COFINS Importação, extraída dos próprios sistemas corporativos da RFB. Tais dados abrangeram o período de 2008 a 2012, sendo que os valores projetados de renúncia, de R$ 3,23 bilhões (apenas para 2013) e R$ 14,29 bilhões (de 2008 a 2012), foram obtidos seguindo a metodologia relatada no item a seguir.

Segundo a resposta do CETAD, a estimativa de perda de receita teve como base, dados de arrecadação do PIS/COFINS Importação, extraídos dos próprios sistemas corporativos da RFB – dados estes que não foram disponibilizados. E quanto à base de cálculo, a resposta apresentada também não foi esclarecedora:

> (ii) Sobre a base de cálculo dos valores arrecadados na rubrica, para cada ano de 2008 a 2012, foram deduzidos os valores de ICMS projetados a uma alíquota média de 12% nas operações de importação, chegando-se a um valor de renúncia, no período, de R$ 35,71 bilhões. Considerando que em torno de 60% deste valor seriam recuperados nas transações que ocorreriam no mercado interno, em etapas posteriores das diversas cadeias produtivas, a perda final de PIS/COFINS (considerando importação e mercado interno) foi estimada em R$ 14,29 bilhões no período de cinco anos.

Acreditamos que se a RFB apresentasse as estimativas de cálculos, subsidiada por metodologia de cálculo que indicasse de forma detalhada as fontes que compuseram as estimativas, os critérios ou fórmulas que foram adotados, o argumento do impacto ao orçamento público chegaria mais forte à Suprema Corte. No entanto, a Receita ou não tem esses dados ou não quer divulgá-los, pois, as respostas apresentadas não são claras, o que enfraquece o argumento do impacto ao orçamento público.

No RE 595.838 (Tema 166/RG), a Fazenda Nacional por meio de embargos de declaração pleiteou a modulação de efeitos para que a decisão somente tivesse eficácia normativa a partir da data em que o julgamento fosse finalizado ou da publicação do acórdão que julgasse os embargos e, mais uma vez, a Fazenda Nacional justificou sua pretensão por razões de segurança jurídica e de excepcional interesse social, apresentando para tanto o argumento dos valores econômicos envolvidos, alegando que de acordo com dados oficiais de arrecadação, fornecidos pela Receita Federal do Brasil, os valores de notas fiscais e faturas de prestação de serviços decorrentes da utilização de obreiros cooperados teria aumentado de maneira significativa ano após ano, o que evidenciaria o aumento dessas contratações e, consequentemente, no aumento da arrecadação deste tributo. Em seus embargos, a Fazenda Nacional na tentativa de demonstrar a perda na arrecadação em razão da declaração de inconstitucionalidade apresentou a Tabela 2.

**Tabela 2** – Dados apresentados pela Fazenda Nacional nos autos do RE 595.838 para demonstrar a estimativa dos valores

| **Ano** | **Valores da NF/Fatura** | **Arrecadação Calculada[(1)] = [(a)x15%]** | **Arrecadação Acumulada[(1)]** |
|---|---|---|---|
| 2011[(2)] | 4.445,48 | 686,12 | 666,82 |
| 2010 | 3.780,26 | 567,04 | 1.233,86 |
| 2009 | 3.423,83 | 513,54 | 1.747,41 |
| 2008 | 3.210,74 | 481,81 | 2.229,02 |
| 2007 | 2.671,86 | 400,78 | 2.629,80 |
| 2006 | 2.236,10 | 335,41 | 2.565,21 |
| 2005 | 1.717,59 | 257,64 | 3.222,85 |
| 2004 | 1.646,05 | 246,91 | 3.469,78 |
| 2003 | 1.283,28 | 192,49 | 3.662,25 |
| 2002 | 1.058,18 | 158,73 | 3.820,98 |

(1) Osdadosdearrecadaçãonãoestãoatualizadosparaoanode2011.
(2) Valoresprojetados
*Fonte:* Autos do RE 595.838

Entretanto, também nesse caso, a Fazenda utilizou dados fornecidos pela Receita para justificar o prejuízo às contas públicas, por meio da nota RFB/CETAD nº 149, para demonstrar que a maioria dos contribuintes recolhiam espontaneamente o tributo e que o setor teria uma perda de arrecadação e um impacto considerável em repetições de indébito e compensações que afetariam o já deficitário caixa previdenciário.

Segundo a nota elaborada pela RFB, haveria um enorme prejuízo para o custeio da Seguridade Social, pois com a declaração de inconstitucionalidade da norma, a contribuição fica sem amparo legal, ensejando uma renúncia anual da ordem de R$ 1,0 bilhão (em 2014), além disso, se os contribuintes pleiteassem o ressarcimento dos valores pagos durante o período de vigência da norma impugnada, haveria um impacto fiscal estimado de R$ 4,51 bilhões, considerando-se que as empresas iriam pleitear o ressarcimento dos valores pagos nos últimos 5 anos, e de R$ 7,78 bilhões considerando um período de 10 anos (atualizados para 2014).

Os embargos foram julgados em 28/11/2014, quando o Plenário, por unanimidade, rejeitou o recurso. A Corte seguiu o voto do relator, Ministro Dias Toffoli, que assim como no julgamento do RE 559.937, pontuou novamente que a modulação é medida extrema, que somente se justifica se estiver comprovado o gravíssimo risco irreversível à ordem social, sendo que, no caso concreto, o Ministro entendeu que as razões recursais não teriam apontado o risco, sendo que a mera alegação de perda de arrecadação não seria suficiente para comprovar a presença do excepcional interesse social a justificar a modulação.[14]

Observamos que, assim como no RE 559.937, a PGFN apresentou nota da Receita Federal com o intuito de demonstrar o impacto ao orçamento público e, adicionalmente, apresentou planilha a fim de comprovar o impacto anual da perda daquela arrecadação, mas, para a Suprema Corte, esses documentos não foram suficientes para comprovar risco grave à ordem social, tanto que, mais uma vez afastou a modulação.

Também nesse caso, solicitamos esclarecimentos à Receita Federal acerca das estimativas de perda apresentadas, por meio do Portal da Transparência, em 20/09/2020: (i) os dados numéricos, e suas respectivas

[14] Nesse sentido, o Ministro citou os precedentes – também citados no julgamento do RE 559.937 – RE 363.852, AI 557.237 e RE 596.177.

fontes, que compuseram a estimativa de cálculo contida na nota; e (ii) os critérios ou fórmulas que foram adotados, bem como as justificativas para tal cálculo. Em resposta, o CETAD informou:

> 4. Em atendimento, este Centro de Estudos informa o seguinte, pela ordem de solicitação: (i) a estimativa de perda de receita, em decorrência da decisão do STF no RE 595.838, teve por base a coleta de dados das notas fiscais de serviços das Cooperativas de Trabalho, do período de 2002 a 2011, no Sistema de Inteligência Fiscal (SIF) do INSS e no sistema Data Mart CNIS da Previdência Social; (ii) sobre tais valores, ano a ano, calculou-se a contribuição previdenciária devida pelas Cooperativas, aplicando-se a alíquota de 15% sobre o somatório do valor bruto das notas fiscais ou faturas de prestação de serviços. Os valores encontrados de contribuição à previdência, de cada ano, foram atualizados até o ano de 2014 por um fator de atualização que combinou as variações anuais do PIB Real com o IPCA.

Mais uma vez, parece-nos que a Receita Federal não explicou de forma clara como os valores discutidos nos processos foram obtidos e calculados.

Observamos que a discussão transita em uma linha tênue. Espera-se que a Receita detalhe como os dados foram obtidos, informe quais foram as fontes utilizadas e demonstre os cálculos. Mas, devemos sempre considerar que por mais minucioso que seja esse levantamento, ao final, sempre será uma estimativa, pois, não seria possível discriminar valores exatos nesse tipo de processo; mesmo assim, a Receita não apresenta dados concretos.

Tanto neste caso quanto no anterior, constatamos que a Receita simplesmente expôs em poucos parágrafos, números "soltos", sem detalhar o caminho de como se chegou aos valores estimados, utilizando informações, que, aparentemente, para a Corte não seriam suficientes para comprovar o argumento do "rombo ao orçamento público."

O RE 603.624 (Tema 325/RG) foi incluído pela primeira vez na LDO/2019[15], com estimativa de entre 2012 e 2016, para SEBRAE, APEX e ABDI de R$ 18,8 bilhões e para o INCRA de R$ 7,4 bilhões.

O STF decidiu pela constitucionalidade da norma, o que, à primeira vista, dispensaria a discussão acerca da modulação de efeitos, no entanto,

[15] Lei nº 13.707/18.

a PGFN antes do julgamento do mérito requereu a modulação de efeitos, o que possibilitou que as partes se manifestassem acerca da modulação, alegando, inclusive, o impacto ao orçamento público, ensejando assim a manifestação da Suprema Corte.

O julgamento de mérito só foi iniciado três anos após o pedido de modulação da Fazenda. A relatora, Ministra Rosa Weber, entendeu pela inconstitucionalidade da norma, por isso, também tratou sobre o pedido de modulação. Quanto ao argumento do impacto ao orçamento público, definido pela Ministra como consequencialista, destacou que este não constituiria fundamento válido para a modulação dos efeitos da decisão judicial, pois a adoção da medida deveria estar legitimada pela deontologia extraída da própria Constituição.

A partir desse julgado, percebemos que a Ministra afastou o uso de argumentos consequencialistas das decisões judiciais, sendo que no caso de modulação, para ela, deve-se atribuir efeitos prospectivos quando verificadas as condições que a lei exige, resultando, de um lado, do dever inerente à jurisdição de assegurar a melhor harmonização possível entre critério do Direto, e de outro, os princípios da segurança jurídica, da proteção da confiança legítima, da boa-fé objetiva, da proporcionalidade e da razoabilidade.

É importante trazer esse entendimento, porque nas decisões anteriores observamos que a Corte afastou a aplicação da modulação, por unanimidade, mas admitiu o argumento consequencialista do impacto ao orçamento público desde que fosse comprovado o impacto. Neste caso, apesar de a Corte, ao final, não ter decidido sobre a modulação, a Ministra Rosa Weber foi categórica ao não aceitar o argumento consequencialista – vale pontuar que à época dos julgamentos dos RREE 559.937 e 595.838 (já mencionados), a Ministra Rosa ainda não compunha a Corte.

Por fim, em relação ao RE 574.706 (Tema 69/RG), o caso foi indicado nas LDOs por muitos anos, de 2011 a 2015, com estimativa de perda de R$ 89,44 bilhões (no período de 2003 a 2008), sendo que em 2016, a estimativa saltou para R$ 250,3 bilhões. O julgamento do mérito foi iniciado em 2017, quando a corte declarou a inconstitucionalidade da inclusão do ICMS na base de cálculo do PIS/COFINS. A PGFN apresentou embargos pleiteando a modulação, mas observamos que novamente não municiou suas alegações de comprovações concretas acerca do rombo no orçamento público.

A relatora, Ministra Cármen Lúcia, não adotou a questão do impacto orçamentário como argumento principal para aplicar a modulação no caso concreto, utilizou, na verdade, o argumento da alteração de jurisprudência – que já foi detalhado.

O Ministro Kássio Nunes Marques seguiu o entendimento da relatora no sentido de modular os efeitos da decisão, sob o fundamento da alteração de jurisprudência, mas se manifestou acerca da questão do impacto ao orçamento público, ressaltando que para solucionar a questão seria necessário analisar as condições indicadas pelo artigo 27, da Lei nº 9.868/1999, isto é, a preservação da segurança jurídica e do interesse social. Por esse motivo, não se poderia simplesmente limitar sua aplicação a eventual impacto orçamentário, mas apenas quando configurada situação que venha a desestabilizar a própria estrutura estatal.

No caso concreto, o Ministro Nunes Marques entendeu que dada a magnitude alcançada pela tese, de fato, se impõe uma reflexão ao julgador, pois a Corte estaria diante de um quadro excepcional e que em seu conjunto poria em risco a própria estruturação do Estado e de seu equilíbrio orçamentário e financeiro.

O Ministro fez um importante juízo de ponderação, colocando de um lado os direitos do cidadão-contribuinte, em reaver um tributo declarado inconstitucional, e de outro, a natureza de tal tributo, considerando, principalmente, a destinação de tais valores para o orçamento da seguridade social. Ainda em juízo de ponderação, o Ministro mencionou que em 2017 já havia desequilíbrio fiscal, e que no momento atual este cenário se agravou em razão da aguda crise sanitária e econômica, impondo à sociedade uma série de sacrifícios. Mesmo considerando este aspecto, o Ministro concluiu que não se poderia extrair apenas do risco orçamentário, a excepcionalidade necessária para justificar a modulação.

Já o Ministro Edson Fachin abriu a divergência para não modular os efeitos da decisão. Segundo o Ministro, a pretensão fazendária sustenta-se no que alega ser segurança jurídica e interesse "orçamentário", visando, por via dos embargos preservar o equilíbrio financeiro e orçamentário do Estado, sob o argumento da perda na arrecadação, indicando a cifra de 250 bilhões de reais. Na visão do Ministro, a apresentação deste valor não é precisa, já que não estão bem determinadas as explicações a respeito de sua origem – inclusive, a própria União admitiu ser extremamente difícil estimar tais dados com precisão. Além disso, não se trata de um argumento genuinamente jurídico.

No entanto, para o Ministro, a segurança jurídica corresponderia a um estado de estabilizações das relações jurídicas nas quais o cidadão, no caso, o contribuinte, espera, de forma legítima, cognoscibilidade, confiança e calculabilidade em relação aos atos do Poder Judiciário, o que já teria sido feito na decisão embargada. Nesse ponto, concluiu afirmando que é certo que pode haver, e há, interesse orçamentário, mas necessariamente o interesse orçamentário não é sinônimo de interesse público, por isso, a perda da arrecadação não parece ser argumento idôneo a permitir que os efeitos de lançamentos inconstitucionais, que agridem diretos fundamentais do contribuinte, sejam mantidos.

Por fim, o Ministro ponderou que eventual modulação promoveria resultados fáticos incompatíveis com o nosso ordenamento jurídico, pois convalidaria cobranças inconstitucionais, ou seja, caberia ao contribuinte o ônus de arcar com valores que foram erroneamente arrecadados, enquanto ocorreria um aumento sem causa de esfera jurídico-econômica-financeira por parte da União. Analisando a LDO (Lei nº 13.473/2017), o Ministro destacou que o anexo de riscos fiscais previu, especificamente, no ponto 3.2.1, tema 1, que havia risco possível quanto à decisão relativa a exclusão do ICMS da base de cálculo do PIS e da COFINS. Nesse contexto, para o Ministro, seria de responsabilidade da União o provisionamento dos recursos orçamentários cabíveis. Não podendo, portanto, a União querer se aproveitar de sua displicência e imputar aos contribuintes o ônus de arcar com os valores que foram indevidamente arrecadados.

A Ministra Rosa Weber seguiu o entendimento do Ministro Fachin, afastando a aplicação da modulação de efeitos. No tocante ao argumento da Fazenda Nacional quanto aos impactos da decisão no sistema tributário e no orçamento da União, a Ministra entendeu que uma vez afastado o argumento da proteção da confiança dos jurisdicionados, por conseguinte, se afastaria o argumento da segurança jurídica, restando analisar o argumento do excepcional interesse social. Nesse ponto, a Ministra entendeu que o argumento do impacto orçamentário não constitui por si só fundamento suficiente para a caracterização do excepcional interesse social, isso porque a "segurança orçamentária" não foi o critério escolhido pelo legislador como causa de modulação, sob pena de a modulação ser a regra sempre que envolvidas questões tributárias e financeiras, seguindo a mesma linha defendida pelo Ministro Fachin.

A Ministra admitiu que o impacto orçamentário é relevante para o Direito, mas essa relevância não pode ser traduzida em interesse jurídico imediato. Dito de outro modo, para a Ministra, o consequencialismo não poderia servir de fundamento principal nas decisões judiciais, sob pena de o Estado de Direito ser subvertido pelo Estado de Fato, o qual em muitas oportunidades é informado por interesses parciais.

Ao final, o STF decidiu pela modulação da decisão, com produção de efeitos após 15/03/2017 – data em que julgado o mérito do RE 574.706 e fixada a tese com repercussão geral –, ressalvadas as ações judiciais e administrativas protocoladas até a data da sessão em que proferido o julgamento, vencidos os Ministros Edson Fachin, Rosa Weber e Marco Aurélio.

Da análise desses casos, a primeira, e talvez a mais importante constatação que observamos é que a Corte, nos julgamentos do RE 559.937 e do RE 595.838, entendeu que a modulação é medida excepcionalíssima, devendo sempre observar as razões de segurança jurídica e excepcional interesse social, previstas no artigo 27, da Lei nº 9.868/1999, mas não definiu conceituação desses termos para fins de modulação de efeitos.

O fato de serem conceitos indeterminados para fins de modulação acaba possibilitando que as partes apresentem uma infinidade de argumentos, que nem sempre serão razões de segurança jurídica ou excepcional interesse social, sendo apresentados como último suspiro para se obter a modulação de efeitos, revertendo, assim, parte de decisão desfavorável. Essa indefinição abre espaço para argumentos subjetivos e discricionários, que não podem ser confundidos com argumentos consequencialistas, conforme defendemos.

Por exemplo, no RE 574.706, ao votar sobre a modulação de efeitos, o Ministro Kassio Nunes Marques afirmou que para solucionar a questão da modulação seria necessário analisar as condições indicadas pela norma jurídica, isto é, a preservação da segurança jurídica e do interesse social, por esse motivo, não se poderia limitar sua aplicação a eventual impacto orçamentário, mas apenas quando configurada situação que venha a desestabilizar a própria estrutura estatal. Na tentativa de compreender a posição do Ministro, partimos da premissa que, para ele, o argumento do impacto orçamentário não se encaixaria nem no campo da segurança jurídica e nem no campo do excepcional interesse social, logo, não poderia ser utilizado. No entanto, de forma excepcional, poderia ser aplicado somente em "situação extrema", termo que também não foi definido pelo Ministro.

À primeira vista, para o Ministro, o RE 574.706 se apresentaria à Corte em um quadro excepcional e que em seu conjunto poria em risco a própria estruturação do Estado e do equilíbrio orçamentário estatal. Nesse cenário, o Ministro colocou de um lado os direitos do contribuinte em reaver um tributo declarado inconstitucional, e de outro, a natureza de tal tributo, considerando, principalmente, a destinação de tais valores para ao orçamento. Ao final, concluiu que não se poderia extrair apenas do risco orçamentário, a excepcionalidade necessária para justificar a modulação. Então, o Ministro admitiu o uso do argumento do impacto orçamentário por se tratar de um caso excepcional, porém o Ministro afastou o argumento por entender que não seria excepcional a ponto de justificar a modulação.

Observamos assim a dificuldade de compressão acerca das razões de segurança jurídica e excepcional interesse social. Além disso, as decisões proferidas em sede de repercussão geral são dotadas de efeitos *erga omnes*, isto é, são aplicadas a todos os casos similares no país, mais um motivo acerca da importância da adequada definição dos termos.

Além do artigo 27, da Lei nº 9.868/1999, o artigo 927, §3º, do nCPC, também apresentou mais uma situação para a aplicação da modulação, na hipótese de alteração de jurisprudência dominante do Supremo Tribunal Federal e dos tribunais superiores ou daquela oriunda de julgamento de casos repetitivos.

Nesse caso, para a Ministra Cármen Lúcia, a alteração jurisprudencial como argumento para se aplicar a modulação teria a preservação da segurança jurídica como princípio norteador, pois ao utilizá-lo a Corte estaria evitando uma situação de insegurança. Novamente podemos citar o RE 574.706, no qual, por maioria, a Corte seguiu o entendimento da Ministra Cármen, relatora, para aplicar a modulação com base nesse argumento. Não há dúvida quanto ao conceito de alteração de jurisprudência, nesse caso, é muito mais simples visualizar um caso em que há alteração de jurisprudência e quando não, sendo aplicável a modulação ou não.

Em relação aos RREE 559.937 (embargos julgados em 17/09/2014) e 595.838 (embargos julgados em 28/11/2014), a Corte, por unanimidade, acompanhou o voto do Ministro relator Dias Toffoli ao rejeitar os embargos fazendários que se utilizaram do argumento consequencialista do impacto ao orçamento público por entender que a Fazenda Nacional não conseguiu comprovar esse impacto.

Em ambos os casos, observamos que houve uma tentativa da PGFN de comprovar os números apresentados, por meio de notas expedidas pela própria Receita Federal, no entanto, a Corte entendeu que essas notas, bem como os dados apresentados, não seriam suficientes para comprovar o argumento. Podemos extrair daí duas questões, a primeira e mais evidente, a comprovação do argumento; já a segunda se apresenta como consequência da primeira, e não é tão evidente, a Corte não definiu nenhum parâmetro acerca de como pode se dar essa comprovação. Por exclusão, entendemos que as notas da Receita não são consideradas pelo STF como meio hábil para se comprovar o impacto ao orçamento público.

Ao não utilizar o impacto ao orçamento público como justificativa para aplicar a modulação de efeitos no RE 574.706, podemos dizer que a decisão manteve a coerência em relação aos casos analisados, pois nesses casos a própria Suprema Corte posicionou-se no sentido de que o argumento orçamentário deve ser municiado de provas concretas, sendo que meras demonstrações de valores elevados não seriam suficientes para demonstrar eventual rombo aos cofres públicos.

Dessa forma, caso utilizasse o argumento do impacto ao orçamento público como fundamento principal para a modulação no RE 574.706, a Corte estaria abrindo um perigoso precedente, pois permitiria a utilização do argumento sem a devida comprovação, o que acabaria por retirar a excepcionalidade do instituto da modulação. Assim, sempre que houvesse decisão de mérito envolvendo matéria tributária, a solução processual para reverter o cenário seria a modulação de efeitos – seja para o lado do contribuinte seja para o lado do Fisco.

Outro ponto relevante é que o argumento do impacto orçamentário tem viés consequencialista – particularmente entendemos pela possibilidade do uso de argumentos consequencialistas para fundamentar decisões judiciais, haja vista que a consideração das consequências seria elemento essencial ao se aplicar decisões a situações concretas. Esse entendimento não é unânime na Corte, podemos citar o entendimento da Ministra Rosa Weber no julgamento do RE 603.624 que afirmou expressamente que o argumento consequencialista do impacto ao orçamento público não constitui fundamento válido para a modulação dos efeitos da decisão judicial, pois a adoção da medida deveria estar legitimada pela deontologia extraída da própria Constituição. Para a Ministra, deve-se atribuir efeitos prospectivos quando verificadas as condições que a lei exige, resultando, de um lado, do dever inerente à jurisdição de assegurar a melhor harmonização possível entre critério do Direto, e de outro, os princípios da segurança jurídica, da proteção da confiança legítima, da boa-fé objetiva, da proporcionalidade e da razoabilidade.

Contudo, no julgamento do RE 574.706, a Ministra Rosa atenuou o posicionamento adotado no RE 603.624 quanto à aplicação de argumentos consequencialistas, e admitiu que o impacto orçamentário é relevante para o Direito, mas ressaltou que essa relevância não poderia ser traduzida em interesse jurídico imediato. Dito de outro modo, para a Ministra, o consequencialismo não poderia servir de fundamento principal nas decisões judiciais, sob pena de o estado de direito ser subvertido pelo estado de fato – o qual em muitas oportunidades é informado por interesses parciais. O Ministro Edson Fachin também entendeu que o argumento do impacto ao orçamento público "não se trata de argumento genuinamente jurídico", conforme afirmou no julgamento do RE 574.706.

Apesar do entendimento da Corte não ser unânime quanto à aplicação de argumentos consequencialistas, quanto a esse ponto, é preciso esclarecer que na ocasião do julgamento do RE 574.706, a Corte, por maioria, não afastou o argumento do impacto ao orçamento público por ser consequencialista.

Com base nos casos analisados, constatamos que a matéria não é pacífica, mas que a Corte, admitiu o argumento consequencialista do impacto ao orçamento público utilizado pela Fazenda Nacional ao pleitear a modulação de efeitos.

## 3. Análise teórica do argumento consequencialista em matéria tributária

O foco deste trabalho é a análise do argumento de impacto orçamentário, invocado pela Fazenda Nacional ao pleitear a modulação de efeitos quando uma norma é declarada inconstitucional. Podemos dizer que o esse argumento é dotado de viés consequencialista. Por isso, o objetivo desta seção é expor conceitos que julgamos importantes para compreender como a questão vem sendo aplicada pela Suprema Corte.

Neil MacCormick (2009, p. 115) é um dos principais nomes da teoria consequencialista. O autor busca esclarecer até que ponto as decisões judiciais podem ser justificadas com fundamento nas suas eventuais consequências:

> Conjuntos de leis focam em certos valores ou complexo de valores. É exatamente em face desses valores que nós testamos e eliminamos soluções rivais em casos problemáticos. Ao considerar as consequências jurídicas de decidir através de suas implicações para casos hipotéticos, nós descobrimos que uma decisão nos compromete a tratar universalmente como correta uma ação que subverte ou falha em ter respeito suficiente aos valores em jogo, e tratar como erradas formas de conduta que não incluem tal subversão ou falha.

Inicialmente MacCormick propõe duas situações extremas: na primeira, todas as decisões judiciais devem ser justificadas exclusivamente em suas consequências (consequencialismo puro); na segunda, nenhuma decisão pode ser justificada pelas suas consequências (ausência de consequencialismo).

Ao adotar o consequencialismo puro, o julgador excluiria qualquer possibilidade de justificar racionalmente suas decisões, pois o futuro é desconhecido para todos, inclusive, para o intérprete do Direito, sendo impossível prever, com exatidão, a extensão das consequências vislumbradas nos casos concretos. Por outro lado, ao optar pela total ausência de consequencialismo, o julgador estaria desprezando o fato de que as decisões judiciais causam sim consequências e que, de certa forma, o julgador ao vislumbrar tais consequências pode tentar adequar suas decisões à realidade da sociedade (MACCORMICK, 2009). Assim, o autor reconhece que o argumento consequencialista desempenha um papel importante na justificação de decisões, por isso, exclui as duas visões extremistas e adota um entendimento intermediário.

MacCormick (2009) apresenta etapas para a adequada construção argumentativa consequencialista. Primeiramente, as decisões judiciais devem atender ao critério da consistência, isto é, o julgador deve demonstrar que seu entendimento está em conformidade com todas as normas jurídicas. Em segundo lugar, as decisões também devem atender ao critério de coerência, devendo estar fundada em princípios jurídicos bem como estar em conformidade com outras regras jurídicas que estes princípios reputem ser relevantes – daí a importância da teoria da argumentação, vista anteriormente. Por fim, chega-se ao argumento consequencialista:

> A teoria da argumentação jurídica de MacCormick defende que uma parte essencial e decisiva do processo de justificação das decisões é a avaliação de suas consequências. Uma decisão bem justificada seria aquela que, além de consistente e coerente com o ordenamento jurídico, é aceitável em suas consequências (PISCITELLI, 2011, p. 30).

Roberto Pereira (2017, p. 163) destaca que a utilização de razões consequencialistas na construção de um argumento jurídico enseja dificuldades práticas; a primeira, em relação à previsão de consequências, pois é impossível prever com exatidão qualquer fato futuro; e a outra, em relação a que medida aquela consequência seria desejável, demonstrando que o argumento consequencialista, de fato, é importante para a construção argumentativa, mas deve ser utilizado com cuidado, em razão de suas limitações.

Na tentativa de minimizar essas dificuldades, Humberto Ávila (2014, p. 578) propõe que a análise das consequências seja baseada em indagações: "consequências com relação ao quê – às regras (quais?), aos princípios (quais?), ou ao conjunto de regras e de princípios (em que medida e com base em qual perspectiva)? Consequências medidas de que modo? Consequências em que sentido – fático, normativo, valorativo? Consequências em relação a qual período – ontem, hoje, amanhã? Consequências para quem – para o destinatário, para o Estado, para a sociedade?" Percebemos assim, que é imprescindível impor limites à aplicação da teoria consequencialista.

Para Ávila (2014), por um lado, determinadas decisões judiciais são dotadas de um viés de aplicação universal, sendo um fator relevante para que os julgadores ponderem acerca das possíveis consequências de suas decisões. De outro lado, a utilização de argumentos baseados em consequências, quando apresentados sem a construção proposta em questão, isto é, sem a apresentação de dados empíricos que os comprovem, pode se tornar discricionária e arbitrária baseada em suposições sobre os efeitos das decisões (LEAL; DIAS, 2017).

É justamente a discricionariedade, a arbitrariedade e a subjetividade que não podem ser usadas quando se utiliza do argumento consequencialista, por isso a necessidade que seja construído por meio de argumentos empíricos e munidos de comprovação. Ressaltamos que tal constatação é diferente de se refutar a aplicabilidade do consequencialismo; pelo contrário, arriscaríamos dizer que a análise das consequências é essencial para se alcançar a melhor argumentação decisória. Dizemos isso, pois, como já visto, ao se declarar a inconstitucionalidade de uma norma, não se pode simplesmente desconsiderar suas consequências, caso assim o fizesse estaria o julgador instaurando o "caos jurídico".

Abriremos parêntese nesse ponto para mencionar que no Brasil, o legislador também sentiu a necessidade de positivar as consequências das decisões, tanto é assim que a própria Lei de Introdução às Normas do Direito Brasileiro (LINDB), Lei nº 13.655/2015, introduziu de forma expressa em nosso ordenamento jurídico a importância das consequências das decisões, ao prever em seu artigo 20 que "nas esferas administrativa, controladora e judicial, não se decidirá com base em valores jurídicos abstratos sem que sejam consideradas as consequências práticas da decisão", na tentativa de afastar decisões que se baseiam em argumentos subjetivos. No mesmo sentido, ainda trouxe o artigo 21, reforçando que "a decisão que, nas esferas administrativa, controladora ou judicial, decretar a invalidação de ato, contrato, ajuste, processo ou norma administrativa deverá indicar de modo expresso suas consequências jurídicas e administrativas."

Vale citar o parecer elaborado pela Comissão de Constituição, Justiça e Cidadania (CCJ) da Câmara, sobre o Projeto de Lei do Senado (PLS) nº 349/2015, que incluiu na LINDB as disposições acerca das consequências jurídicas das decisões (artigos 20 e 21). Segundo o parecer, a inclusão dos dispositivos no ordenamento jurídico se justificaria pela necessidade da positivação do princípio da motivação concreta, "proibindo o administrador (ou qualquer outro aplicador de normas de direito público) de invocar 'cláusulas gerais' ou 'conceitos jurídicos indeterminados' para explicar os concretos motivos de seu agir, ou quando da invalidação de atos ou contratos."

Apesar das discussões que cercam o tema acerca da aplicabilidade ou inaplicabilidade de argumentos consequencialistas, fato é que os dispositivos da LINDB que acrescentaram a necessária análise de eventuais consequências na tomada de decisões, foram apresentados com intuito de garantir maior segurança jurídica ao sistema legal, e estão em plena vigência em nosso ordenamento, devendo, portanto, ser observados. Fechamos o parêntese.

Além disso, algumas decisões são dotadas de universalidade, segundo MacCormick (2009), as decisões judiciais introduzem um padrão normativo de conduta, que deve ser observado tanto do ponto de vista jurídico, quanto do ponto vista moral, por todos os cidadãos e autoridades, em cumprimento ao princípio de justiça formal. Por essa razão, a justificação das decisões judiciais implica a apresentação de razões universais em favor da solução dada ao caso concreto, pois, uma vez proferida, a decisão se torna uma espécie de 'regra para todas as pessoas' (PISCITELLI, 2011, p. 24).

Dessa forma, quando uma decisão é universalizável, para MacCormick, sua justificação deveria transcender às particularidades do caso concreto, pois o entendimento nela proferido será aplicável a outros casos semelhantes (PISCITELLI, 2011).

Nesse sentido, quando se entende pela possibilidade da utilização do argumento consequencialista em razão da universalidade, Tathiane Piscitelli (PISCITELLI, 2011, p. 24) bem pontuou que "as consequências relevantes em face das quais a decisão deve ser justificada são as consequências lógicas vinculadas ao princípio da universalidade", no sentido de que determinadas decisões atingirão muitos processos. Observamos que o caráter universal de algumas decisões se mostra como mais um motivo para se considerar suas consequências.

A universalização da decisão tem como objetivo uniformizar a aplicação do direito e está prevista em nosso ordenamento. Podemos citar as decisões proferidas pela Suprema Corte em sede de repercussão geral, conforme previsão contida no artigo 976 e seguintes, do nCPC. É o caso do já mencionado RE 574.706, que tem repercussão geral reconhecida. Em 2019, a PGFN estimou que haveria aproximadamente 29 mil processos em todo país que tratavam sobre a mesma matéria do RE, sendo que, à época, só no STJ já estariam tramitando aproximadamente 800 processos.[16]

[16] Diante do número de processos recebidos no STJ sobre a discussão acerca de qual parcela do ICMS deve ser excluída da base de cálculo da contribuição ao PIS e da COFINS, o Ministro Presidente da Comissão Gestora de Precedentes indicou tais recursos como representativos da controvérsia, que foram distribuídos ao Ministro Napoleão, que decidiu que tais processos não deveriam ser admitidos como representativos em razão do caráter eminentemente

Partindo desses números, podemos observar que um julgamento dessa magnitude pode causar algum impacto à sociedade, sendo razoável, e até mesmo esperado, que os julgadores ponderem acerca das consequências das decisões.

Ainda em sede de controle difuso, há a previsão da resolução do Senado, cujo objetivo é a suspensão da execução, no todo ou em parte, de lei declarada inconstitucional por decisão definitiva do STF, nos termos do artigo 52, X, da Constituição.

No controle concentrado, podemos citar as decisões definitivas de mérito proferidas pelo STF, nas ADIs e nas ADCs, que produzirão eficácia *erga omnes* e com efeito vinculante, relativamente aos demais órgãos do Poder Judiciário e à administração pública direta e indireta, nas esferas federal, estadual e municipal, conforme previsão contida no artigo 102, §2º, da Constituição.

A universalização das decisões judiciais também pode ser observada nos julgamentos que ocorrem sob a sistemática dos recursos repetitivos, nos termos do artigo 979, §3º, do nCPC, e nos casos de incidente de resolução de demandas repetitivas (IRDR), previsto no artigo 976 e seguintes do nCPC.

Dessa forma, a universalização, além de buscar a uniformização de entendimento nos Tribunais, possibilita uma certa previsibilidade nas decisões, em observância aos princípios da segurança jurídica e da igualdade.

Nesse sentido, MacCormick (2009) em sua teoria da argumentação jurídica propõe como parte essencial do processo de justificação das decisões, a avaliação de suas consequências, ponderando se as consequências da universalização da decisão são aceitáveis, isto é, se essa decisão pode ser aplicável a "todos" sem afronta à ordem jurídica (PISCITELLI, 2011).

Além disso, segundo MacCormick (2009), as decisões dotadas de universalidade introduzem um padrão normativo de conduta, que deve ser observado tanto do ponto de vista jurídico, quanto do ponto vista moral, em cumprimento ao princípio de justiça formal. Por essa razão,

constitucional da matéria, uma vez que o critério de liquidação integra o mérito da matéria tratada no RE 574.706 – que ainda não foi encerrada no STF – sendo vedado ao STJ pronunciar-se acerca de limites que já foram ou que serão definidos em sede de repercussão geral, pelo STF, sob pena de usurpação de competência.

"a justificação das decisões judiciais implica a apresentação de razões universais em favor da solução dada ao caso concreto, pois, uma vez proferida, a decisão se torna uma espécie de regra para todas as pessoas" (PISCITELLI, 2011, p. 30).

Por outro lado, alguns autores entendem que o consequencialismo não poderia ser utilizado como fundamento de decisões tributárias, pois em matéria tributária deveriam prevalecer as normas, não havendo espaço para argumentos consequencialistas, do contrário, se estaria descumprindo a Constituição.

Miguel Reale (2001, p. 63) criticou o consequencialismo em matéria tributária. Para o autor, ao fundamentar determinada decisão em suas possíveis consequências, os princípios norteadores do Direito perderiam espaço, consequentemente, a efetivação do direito passaria a ser condicionada por impactos sociais.

Apesar de alguns autores entenderem que os argumentos consequencialistas não caberiam em matéria tributária, fato é que vem sendo utilizado pelas partes e também vem sendo analisado pela Suprema Corte ao tratar da modulação de efeitos, conforme observamos.

Nessa linha, enquadra-se o argumento do impacto ao orçamento público. É o que veremos por meio do estudo da teoria consequencialista e como os argumentos consequencialistas vêm sendo aplicados pela Suprema Corte quando analisa a questão do impacto no orçamento público ao decidir sobre a modulação de efeitos em matéria tributária.

A interpretação das normas jurídica é a mesma em qualquer ramo do Direito, não apresentando o Direito Tributário qualquer novidade em relação a isso. No entanto, a peculiaridade da área é a posição antagônica dos sujeitos envolvidos, de um lado, o contribuinte, e de outro, o Fisco. Tal aspecto é relevante para a interpretação das normas em matéria tributária, pois como as partes ocupam papéis de completo antagonismo, em defesa de seus próprios interesses, que são inconciliáveis:

> [...] a construção de sentido faz-se a partir dos interesses em disputa. **De um lado, o Fisco, que se guia pelo interesse arrecadatório. De outro, o contribuinte, que vê o tributo como uma redução de seu patrimônio e, por isso, deseja evitá-lo.** Os dois interesses são, imediatamente, inconciliáveis. Daí os conflitos surgem. Apresentando teses opostas, cada qual pretende oferecer a "melhor", "mais justa" ou "mais lógica" maneira de se interpretar

certo dispositivo de lei. A controvérsia existe ainda que o texto legal seja aparentemente claro. O equívoco e o dissenso são também consequências das diversas posições dos sujeitos, Fisco e contribuinte, não são apenas "defeitos" do texto da lei (CORREIA NETO; MEIRA, 2013, p. 60). (grifo nosso).

Podemos dizer que dois dos objetivos da criação dos tributos é a arrecadação estatal, a fim de prover recursos para que o Estado possa garantir a prestação de serviços públicos, e a aplicação da justiça fiscal, que se relaciona a outras áreas da sociedade.

De forma simplista, o orçamento público é o mecanismo que organiza a destinação de parte dos valores advindos da arrecadação fiscal, o que possibilita ao Estado garantir a prestação de serviços públicos essenciais, sendo que eventual queda na arrecadação pode afetar diversos setores da sociedade.

A partir daí, percebemos que o Direito Tributário não está isolado no mundo jurídico, pelo contrário, está conectado com outras áreas. Essa ideia nos leva a pensar que as partes e, principalmente, os julgadores não utilizam como argumento de suas decisões apenas o texto seco da lei, seguindo a ideia do que tratamos anteriormente acerca do pós-positivismo, no sentido de que hoje o julgador precisa ir além dos argumentos normativos.

Em outras palavras, alguns julgadores acabam considerando aspectos circunstanciais, como experiências profissionais, ideologias pessoais, e as eventuais consequências das decisões – o que, diga-se de passagem, também está previsto expressamente na LINDB.

Tal ressalva acerca da previsão expressa na LINDB sobre as consequências das decisões se dá pelo fato de que alguns autores, de forma contrária, entendem que os argumentos consequencialistas não seriam essencialmente jurídicos, no sentido de que o exame sobre a constitucionalidade ou não de certa lei ou ato normativo deveria se dar sob uma perspectiva exclusivamente jurídica, mesmo sendo possível e até recomendável ao magistrado levar em consideração outros elementos, inclusive de outros ramos, a multidisciplinariedade deveria ser utilizada pelo julgador apenas e tão somente para reforçar ou corroborar os elementos centrais extraídos do sistema jurídico em debate (ANDRADE, 2011, p. 27).

No tocante à multidisciplinariedade, isto é, da ligação entre o Direito com outras disciplinas, Eros Grau observa que "não há que falarmos, concretamente, no direito, senão nos direitos." Na tentativa de interpretar esse trecho, em conjunto com outras passagens do autor, de forma despretensiosa, entendemos que anteriormente ao "direito posto" (positivado), existem outros direitos que possibilitam sua construção. "A sua análise [do direito] há de ser sempre empreendida desde uma perspectiva globalizante; não se o pode analisar em tiras, em pedaços, visto que não poderá ser ele compreendido se o visualizarmos dissociado da estrutura global na qual se compõe como instância" (GRAU, 2008, p. 68).

Dessa forma, o direto posto seria aquele que é positivado, por meio das leis, normas, atos e etc., mas antes dele, existe o direito pressuposto, que também emana de outras esferas. Assim, na tentativa de aplicar o entendimento de Eros Grau ao Direito Tributário, poderíamos dizer que o direito posto (tributário) pode ser analisado conjuntamente com outras áreas.

Por isso, discordamos do posicionamento segundo o qual os argumentos consequencialistas não seriam jurídicos; a uma, a Lei nº 9.868/1999, já mencionada, que prevê a possibilidade de modulação de efeitos em decisões que declararem a inconstitucionalidade de norma, apresenta em sua exposição de motivos[17] que os tribunais constitucionais consideram-se "obrigados a ponderar as suas decisões, a tomar em consideração as possíveis consequências destas", o que evidencia o intuito de se considerar o uso do consequencialismo quando da decisão que aplicar a modulação de efeitos. A duas, a LINDB, em seu artigo 21, prevê o dever do julgador de indicar de modo expresso as consequências jurídicas e administrativas de decisão judicial que decretar a invalidação de ato.

Nesse sentido, entendemos que a argumentação consequencialista tem caráter jurídico, podendo ser utilizada em razão de expressa previsão legal e, nesse contexto, pode ser utilizada pelos julgadores, como um dos vários caminhos, para se chegar à decisão ideal, qual seja, na concepção desse trabalho, aquela que não considera apenas as normas, mas também a realidade da sociedade e as consequências que a decisão pode causar.

Voltando ao argumento do impacto econômico utilizado para se pleitear a modulação de efeitos, observamos que a LDO em seu anexo do risco fiscal indica processos nos quais, se o resultado for desfavorável à União, podem afetar as contas públicas, o que mostra a ligação entre a

[17] Exposição de Motivos nº 189/1997.

matéria jurídico-tributária e o orçamento público, que acaba por envolver aspectos econômicos, políticos e sociais, por exemplo, como defendemos. Por isso, as partes e a própria Corte acabam por tratar de argumentos que vão além da dogmática estritamente jurídica, que tratamos aqui como argumentos consequencialistas.

O Ministro Gilmar Mendes já se expressou no sentido de que a simples pronúncia de nulidade de uma lei em razão de sua declaração de inconstitucionalidade poderia "gerar um verdadeiro caos jurídico."[18] Por isso, defende que ao proferir suas decisões, a Corte deve realizar juízo de ponderação, para que aquela decisão se adeque à realidade da sociedade, de forma a minimizar, ou até mesmo, não causar danos.

Por outro lado, há quem entenda que, na verdade, o Direito Tributário deveria ser analisado de forma isolada, desconsiderando eventuais argumentos consequencialistas. É o que pensa Alfredo Augusto Becker, que, de forma enfática, propõe a separação do Direito Tributário da ciência das finanças, pois "apenas assim, a análise daquela área poderia ser tida como verdadeiramente jurídica" (BECKER, 1998, p. 40). Essa é a concepção "pura" do Direito Tributário de Becker, segundo a qual não se deve "contaminar" princípios e conceitos *jurídicos* com princípios e conceitos *pré-jurídicos.*

Para Karl Engisch (2001), a análise para se determinar qual norma se aplica ao caso concreto se desenvolve a partir da subsunção, sendo que o "aplicador" da lei determina qual norma melhor se adequa ao caso concreto. O autor admite que a análise de subsunção pode ser difícil, ficando a cargo do julgador utilizar de sua convicção pessoal, o que traz certa discricionariedade ao processo.

Becker (1998, p. 66) considera que a interpretação jurídica é ciência, assim, o órgão judiciário ao analisar casos tributários não cria, mas apenas:

- analisa a estrutura lógica (regra e hipótese de incidência da regra jurídica) da regra jurídica;
- investiga os fatos acontecidos a fim de saber se houve (ou não) a realização da hipótese de incidência;
- constata a incidência infalível (automática) da regra jurídica sobre sua hipótese de incidência realizada;

[18] No julgamento da ADI 2.240, em 2007.

- constata a analisa as consequências (os efeitos jurídicos) daquela incidência;
- constata se houve (ou não) respeitabilidade àqueles efeitos jurídicos.

Becker (1998) conclui que, quando o judiciário vai além da interpretação da lei, passa a criar regra jurídica nova, exercendo, então, a função legislativa. Para o autor, os juízes ao decidirem casos tributários, deveriam utilizar de operação científica de adequação da norma geral aos fatos, chagando-se à norma individual (PISCITELLI, 2011).

Segundo o autor, para solucionar o caso, bastaria identificar a lei aplicável, desvinculada de qualquer justificação.Desse modo, defende a separação conceitual entre direito tributário e, especificamente, finanças públicas, devendo, portanto, "ficar de fora toda e qualquer justificativa sobre o dever de pagar tributos, que possa contaminar a obrigação tributária com dados da realidade"(PISCITELLI, 2011, p. 3).

Miguel Reale (2001, p. 63) também criticou o consequencialismo em matéria tributária, pois ao se fundamentar determinada decisão em suas possíveis consequências, os princípios norteadores do Direito perderiam espaço, consequentemente, a efetivação do direito passaria a ser condicionada a impactos sociais.

Outros autores, como Geraldo Ataliba (1999) e Paulo de Barros Carvalho (2016) também partiram do entendimento de que se deveria excluir ponderações políticas e ideológicas do Direito Tributário. Ataliba, inclusive, expressou a necessária autonomia do Direito perante a economia, política e finanças, poder no seguinte trecho "O estudo do Direito Tributário será, portanto, o estudo da norma jurídico-tributária e de seu fenômeno de incidência, que manterá uma autonomia de outros ramos do conhecimento, tal como a economia, a política ou a ciência das finanças" (ATALIBA, 1999, p. 20)

Na teoria da norma tributária de Paulo de Barros, a norma jurídico-tributária possui estrutura bipartida, composta por antecedente (conduta) e consequente (consequência jurídica), sendo que a hipótese de incidência é constituída pelos critérios material, espacial e territorial, que determinam as coordenadas da ação do sujeito, enquanto a consequência jurídica da conduta realizada seria justamente o nascimento da relação jurídico-tributária (obrigação tributária). Dessa forma, a ocorrência do antecedente, origina o consequente (CALIENDO, 2015).

Essa corrente é de enorme relevância para a construção do estudo da norma tributária e não pode ser desconsiderada, tanto é que a regra-matriz de incidência tributária tal qual prevista se adequa totalmente ao modelo constitucional. No entanto, atualmente, a ideia de um Direito Tributário autônomo, baseado puramente em normas, não nos parece tão adequada, principalmente, quando analisamos a realidade prática das decisões.

Defendemos aqui que o direito resulta do desenvolvimento da sociedade, seja em seu aspecto político, econômico, social, cultural e outros. Todos juntos são refletidos na norma jurídica de cada sociedade – "especificidade de cada direito, em cada sociedade" (GRAU, 2008, p. 66). Por isso, a interpretação pura e seca da lei, desconsiderando outras áreas, pode resultar em uma rigidez nas decisões.

Apesar de alguns autores afastarem o uso do consequencialismo em matéria tributária, fato é que esse argumento vem sendo utilizado pelas partes e também vem sendo analisado e aplicado pela Suprema Corte ao decidir casos de modulação de efeitos.

Indo em direção oposta, Paulo Caliendo (2015) ponderou que a teoria normativista teria colocado a norma no centro da ciência do Direito, excluindo, assim, fatos, valores e consequências das normas; no entanto, para o autor, esses elementos seriam tão relevantes para a metodologia científica quanto o estudo da própria norma jurídica.

Dessa maneira, a teoria normativista "pregou a pureza e o primado formalismo", resultando em uma ciência incapaz de resolver os dilemas de seu tempo.Para Caliendo, hoje em dia "os casos levados a juízo exigem argumentação, ponderação, determinação da eficácia dos princípios, entre tantos outros problemas a serem resolvidos" (CALIENDO, 2015, p. 283). Nessa esteira, somente uma teoria jurídica sistemática poderia auxiliar na resolução desses dilemas na busca pela justiça.

Nesse sentido, Piscitelli (2011) refuta a teoria de Becker, apresentada anteriormente, argumentando que esta ignora a atividade criativa do aplicador do direito e despreza a teoria da argumentação jurídica. Para a autora, não seria suficiente que os juízes apenas indicassem a solução adequada ao caso concreto; na verdade, eles devem explicar o porquê de determinada decisão ser a mais adequada.

Aproximando essa temática ao presente trabalho, para Piscitelli (2011), o argumento do impacto ao orçamento público, utilizado pela PGFN, ao pleitear a modulação em matéria tributária, se enquadraria na categoria de argumentos que não tratam de uma interpretação normativa:

> [...] o objeto do direito tributário e, por consequência, as questões que podem ser suscitadas na decisão de casos que envolvam esta matéria, não devem ser contaminados pelo discurso financeiro, sob pena de nos afastarmos do dado jurídico que deve conduzir o julgamento. O direito tributário se encerra no momento da arrecadação do tributo. A aplicação dos recursos ou seu destino não interessam a disciplina (PISCITELLI, 2011, p. 1).

A análise "pura" do direito tributário, despida de qualquer interferência de outras áreas, não nos parece a forma mais adequada para fundamentar uma decisão judicial. Por isso, adotamos a corrente que entende pela aplicação do argumento consequencialista, uma vez que analisar as consequências é essencial para se chegar a uma decisão que de fato leve em consideração e que se adeque à realidade da sociedade.

Após essas ponderações acerca dos argumentos consequencialistas, deve-se observar como o argumento do impacto ao orçamento público vem sendo analisado pela Suprema Corte nos casos de modulação de efeitos em matéria tributária.

As decisões que declaram a inconstitucionalidade de lei ou ato normativo, excepcionalmente, podem ser moduladas, por razões de segurança jurídica e/ou de interesse social, conforme previsto no artigo 27 da Lei nº 9.868/1999.[19]

Não raro, quando declarada a inconstitucionalidade de determinada norma tributária, a Fazenda Nacional, ao pleitear a modulação, utiliza-se do argumento do "impacto ao orçamento público".

Para compreender como os pedidos da PGFN dialogam com o consequencialismo, especialmente envolvendo matéria tributária, faz-se necessário, portanto, compreender como a Suprema Corte vem aplicando o argumento do impacto orçamentário para fins de modulação de efeitos.

[19] Em 2015, com a entrada em vigor do novo Código de Processo Civil, também se previu a alteração de jurisprudência dominante como hipótese para se aplicar a modulação de efeitos, conforme previsão contida em seu artigo 927, §3º.

## Conclusões

No Brasil adotou-se a teoria da nulidade, segundo a qual a decisão que declarar a inconstitucionalidade de uma norma terá efeito *ex tunc*, devendo ser considerada nula desde a publicação da lei que a criou, consequentemente, retroagindo para tornar nulos todos os atos pretéritos, previsão contida expressamente na Lei nº 9.868/1999. Entretanto, em alguns casos, a anulação de uma lei ou ato desde a sua origem, sem qualquer ajuste temporal, pode gerar graves consequências.

Dessa forma, a modulação de efeitos apresenta-se como exceção, cujo intuito é minimizar e até mesmo eliminar consequências gravosas, ao possibilitar que a Suprema Corte confira efeito prospectivo à decisão que declarar a inconstitucionalidade de determinada lei, mitigando, assim, a teoria da nulidade.

Os casos tributários ganham destaque quando se trata de modulação de efeitos, pois os recursos que possibilitam ao Estado garantir a prestação de serviços públicos essenciais à sociedade provém da arrecadação fiscal. Dessa forma, quando declarada a inconstitucionalidade de determinado tributo, de um lado, a União não poderá mais cobrá-lo, e, por outro lado, o contribuinte poderá reaver o valor indevidamente pago nos últimos anos; em ambos casos poderá haver perda na arrecadação.

Em decorrência das possíveis perdas em ações judiciais tributárias, a União deve ter uma "reserva de contingência", definida com base na receita corrente líquida do ente, destinada ao "atendimento de passivos contingentes e outros riscos e eventos fiscais imprevistos". O objetivo da reserva de contingência é assegurar ao ente estatal a existência de receitas mesmo para fazer frente à eventual realização dos riscos fiscais. Por esse motivo, que na LDO consta anexo específico que trata dos "riscos fiscais", anualmente atualizado, cuja finalidade é avaliar os passivos contingentes e outros riscos capazes de afetar as contas públicas, bem como informar as providências a serem tomadas, caso tais previsões se concretizem.

O anexo dos riscos fiscais mapeia os principais eventos que podem afetar as metas e objetivos fiscais do Governo, como as demandas tributárias de responsabilidade da PGFN perante o STF. Fica a cargo da AGU fornecer as estimativas de cálculo acerca dos eventuais impactos orçamentários que essas demandas judicias podem causar sendo fontes para essa informação, os valores pedidos pelas partes, as estimativas dos órgãos públicos federais envolvidos nas causas ou grupos de causas semelhantes e as estimativas da área técnica responsável pelos cálculos na AGU.

A partir daí, analisamos essas demandas nos anexos dos riscos fiscais das LDOs de 2010 a 2020, selecionamos para análise os RREE 559.937, 595.838, 603.624 e 574.706. A primeira constatação que observamos é que a Corte, em 2014, nos julgamentos do RE 559.937 e do RE 595.838, deixou claro que a modulação é medida excepcionalíssima, devendo sempre observar as razões de segurança jurídica e excepcional interesse social, previstas no artigo 27, da Lei nº 9.868/1999. No entanto, não definiu os conceitos desses termos para fins de modulação de efeitos, o que acaba possibilitando que as partes apresentem uma infinidade de argumentos, abrindo espaço para argumentos subjetivos – que não podem ser confundidos com argumentos consequencialistas.

Além disso, em ambos os casos, a Corte, por unanimidade, acompanhou o voto do relator, Ministro Dias Toffoli, que rejeitou os embargos de declaração da Fazenda Nacional, nos quais se pleiteou a modulação de efeitos que tinham por propósito restringir a eficácia normativa a partir da data do julgamento pela Suprema Corte ou da publicação do acórdão de julgamento dos embargos. Os embargos fazendários tinham por fundamento razões de segurança jurídica e de excepcional interesse social, utilizando-se do impacto ao orçamento público.

Para os Ministros, a Fazenda Nacional não conseguiu comprovar o impacto, mesmo apresentando notas expedidas pela Receita Federal do Brasil. Podemos extrair daí duas questões, a primeira e mais evidente, a comprovação do argumento do impacto orçamentário. Já a segunda se apresenta como consequência da primeira, e não é tão evidente, visto que a Corte não definiu parâmetros acerca do que pode ser tido como suficiente para comprovação do argumento – por exclusão, as notas da RFB, tal qual apresentadas, não foram consideradas como meio hábil para se comprovar o impacto ao orçamento público.

Outro ponto relevante é o viés consequencialista do argumento do impacto orçamentário. Particularmente, entendemos pela possibilidade do uso de argumentos consequencialistas para fundamentar decisões judiciais. Quanto a esse ponto, da análise do RE 603.624, julgado em 2020, percebemos que a Corte não tem uma posição unânime no tocante à aceitação do argumento consequencialista do impacto ao orçamento público. Citamos o entendimento da Ministra Rosa Weber que afirmou categoricamente que o argumento consequencialista não constitui fundamento válido para a modulação dos efeitos da decisão judicial, pois, nos seus termos, "a adoção da medida deveria estar legitimada pela deontologia extraída da própria Constituição". Para a Ministra, deve-se atribuir efeitos prospectivos quando verificadas as condições que a lei exige, resultando, de um lado, do dever inerente à jurisdição de assegurar a melhor harmonização possível entre critério do Direto, e de outro, os princípios da segurança jurídica, da proteção da confiança legítima, da boa-fé objetiva, da proporcionalidade e da razoabilidade.

No julgamento do RE 574.706, ocorrido em 2021, o Ministro Edson Fachin, de forma categórica, afirmou que o argumento do impacto ao orçamento público "não se trata de argumento genuinamente jurídico." Na visão do Ministro, o rombo ao orçamento estimado em 250 bilhões não é um valor preciso, já que não estão bem determinadas as explicações a respeito de sua origem – o Ministro ressaltou que a própria União admitiu ser extremamente difícil estimar tais dados com precisão. O Ministro Fachin ponderou, no entanto, que pode haver, e, no caso concreto, havia interesse orçamentário, mas o interesse orçamentário, para o Ministro, não é sinônimo de interesse público, por isso, a perda da arrecadação não seria argumento idôneo a permitir que os efeitos de lançamentos inconstitucionais, que agridem diretos fundamentais do contribuinte, sejam mantidos.

Ainda no julgamento do RE 574.706, a Ministra Rosa seguiu o entendimento do Ministro Fachin para afastar a modulação, mas atenuou o posicionamento adotado no RE 603.624, dessa vez, admitindo que o argumento do impacto orçamentário é relevante para o Direito, mas ressaltou que essa relevância não poderia ser traduzida em interesse jurídico imediato. Do entendimento da Ministra, podemos perceber que argumentos consequencialistas podem ser usados nas decisões judiciais, mas não podem ser seu fundamento principal – por isso, a importância da adequada argumentação jurídica para equilibrar fatos, normas e consequências. Somente assim, as consequências poderiam ser tidas como argumentos válidos à boa aplicação do Direito.

Esclarecemos que na ocasião do julgamento do RE 574.706, a Corte, por maioria, aplicou a modulação de efeitos, principalmente, em razão da alteração de jurisprudência, conforme previsão contida no artigo 927, §3º do nCPC. Nesse caso, apesar de o argumento do impacto orçamentário não ter sido o argumento principal para aplicar a modulação, a Corte o analisou, sendo que alguns Ministros o afastaram, como vimos, e outros Ministros o admitiram, mas, ressaltamos que a Corte não afastou o argumento do impacto ao orçamento público por ser consequencialista.

Ao não utilizar o impacto ao orçamento público como justificativa para aplicar a modulação de efeitos no RE 574.706, percebemos que a Corte manteve a coerência em relação aos demais casos analisados, nos quais o próprio STF se posicionou no sentido de que o argumento orçamentário deve ser municiado de provas concretas, sendo que meras demonstrações de valores elevados não seriam suficientes para demonstrar eventual rombo aos cofres públicos. Por essa razão, se utilizasse o argumento do impacto ao orçamento público como fundamento principal para aplicar a modulação no RE 574.706, a Corte estaria abrindo um perigoso precedente, pois permitiria a utilização do argumento sem a devida comprovação, o que acabaria por retirar a excepcionalidade do instituto da modulação. Assim, sempre que houvesse decisão de mérito envolvendo matéria tributária, a solução processual para reverter o cenário seria a modulação de efeitos.

Analisamos os questionamentos propostos inicialmente: (i) se o Supremo Tribunal Federal admite o argumento consequencialista do impacto ao orçamento público ao se requerer a modulação de efeitos?; (ii) e, em caso positivo, se a Corte estabelece parâmetros para a sua aplicação.

A partir do recorte utilizado como parâmetro desta pesquisa, tendo por análise os votos proferidos nos RREE 559.937, 595.838, 603.624 e 574.706, e nas exposições feitas ao longo de todo o trabalho, concluímos que o tema não é pacífico, mas que a Corte, em geral, admite o argumento consequencialista do impacto ao orçamento público em matéria tributária, mas o problema não está propriamente na aceitação do argumento consequencialista, mas sim em como ele vem sendo apresentado. Nos casos analisados, a Fazenda não demonstrou de forma concreta como as decisões que declararam a inconstitucionalidade de determinado tributo impactariam no orçamento público, valendo-se do argumento consequencialista ao utilizar apenas estimativas de valores exorbitantes. A Corte ponderou que o argumento deve ser comprovado, mas ao mesmo tempo não esclareceu quais documentos seriam necessários para tanto.

## Referências

ANDRADE, Fábio Martins. **Modulação em matéria tributária**: o argumento pragmático ou consequencialista de cunho econômico e as decisões do STF. São Paulo: Quartier Latin, 2011.

ATALIBA, Geraldo. **Hipótese de incidência tributária**. 6. ed. São Paulo: Malheiros, 1999.

ÁVILA, Humberto. **Teoria da segurança jurídica**. 3. ed. São Paulo: Malheiros, 2014.

BECKER, Alfredo Augusto. **Teoria Geral do Direito Tributário**. 3. ed. São Paulo: Lejus, 1998.

CALIENDO, Paulo. Estudo das Normas Tributárias. **Revista do Programa de Pós-Graduação em Direito da UFC**, Ceará, v. 35, n.1, p. 275-290, jan.-jun. 2015. Disponível em: http://www.periodicos.ufc.br/nomos/article/view/1784. Acesso em: 22 maio 2021.

CARVALHO, Paulo de Barros. **Curso de Direito Tributário**. 27. ed. São Paulo: Saraiva, 2016.

CORREIA NETO, Celso de Barros; MEIRA, Liziane Angelotti. Métodos de Interpretação e Direito Tributário. **Revista do Programa de Pós-Graduação da UFC**, Ceará, v. 33, n. 2, p. 53-82, jul.-dez. 2013. Disponível em: http://www.periodicos.ufc.br/nomos/article/view/988. Acesso em: 29 maio 2021.

ENGISCH, Karl. **Introdução ao pensamento jurídico**. Lisboa: Fundação Calouste Gulbenkian, 2001.

GRAU, Eros Roberto. **Direito posto e direito pressuposto**. 7. ed. São Paulo: Malheiros Editora, 2008.

LEAL, Fernando; DIAS, Daniela Gueiros. Consequencialismo judicial na modulação de efeitos das decisões declaratórias de inconstitucionalidade nos julgamentos de Direito Tributário. **Direito e Mundo Digital**, Brasília, v. 7, n. 3, p. 819-843, dez. 2017.

MACCORMICK, Neil. **Rhetoric and the rule of law**: a theory of legal reasoning. Law, State and Practical Reasoning Series. Oxford University Press: Oxford, 2009.

PISCITELLI, Tathiane dos Santos. **Argumentando pelas consequências no direito tributário**. São Paulo: Noeses. 2011.

PEREIRA, Roberto Codorniz Leite. O Consequencialismo decisório e a sua relevância para o Direito Tributário. **Revista Direito Tributário Atual**, São Paulo, n. 38, p. 158-183, 2017. Disponível em: https://ibdt.org.br/RDTA/wp-content/uploads/2017/12/Roberto-Codorniz-Leite-Pereira.pdf. Acesso em: 12 jun. 2021.

REALE, Miguel. **Lições preliminares de direito**. 25. ed. São Paulo: Saraiva. 2001.

# 8. FREIOS E CONTRAPESOS NO CONTROLE EXTERNO: UMA ANÁLISE DA REAÇÃO LEGISLATIVA À LUZ DA TEORIA DA AGENDA DE KINGDON

Geórgia Valverde Leão Romeiro

## Introdução

É vasta a literatura acerca das possibilidades e limites do Tribunal de Contas da União (TCU) no exercício das competências que lhe foram conferidas pelo ordenamento jurídico pátrio, sendo comum identificar apontamentos de extrapolação pela Corte Federal de Contas pela via interpretativa, a despeito da ampliação encetada pelo constituinte de 1988 no que toca às suas atribuições e mesmo pelo Congresso Nacional quando da edição da sua Lei Orgânica, a Lei nº 8.443/1992 (LOTCU).

Rosilho (2016) avalia que a previsão de um plexo de várias competências pelo constituinte para o TCU, somado à autorização genérica para o órgão realizar fiscalizações operacionais, sem se ater à clareza acerca das balizas a serem observadas, criou espaço para que o Tribunal interpretasse suas competências ampliativamente. Conclui, bem assim, que a Corte de Contas, a despeito da expansão de competências alcançada na Assembleia Nacional Constituinte (ANC) e, posteriormente, no Congresso Nacional, quando da tramitação do projeto de lei que culminou na edição da LOTCU, tem se valido das ambiguidades presentes no Texto Constitucional e na legislação infraconstitucional, para ampliar suas possibilidades para além dos limites previstos no ordenamento jurídico pátrio. Percepção semelhante é compartilhada por Sundfeld e Câmara (2013), ao destacarem a crescente ampliação da atuação do Tribunal de Contas nas discussões sobre temas conduzidos pela Administração Pública em geral.

Em paralelo, Pessanha (2009), em apontamentos que podem talvez auxiliar na compreensão desse movimento expansionista do TCU, aponta que a função do controle do Congresso Nacional não tem sido desempenhada a contento nas duas das suas principais prerrogativas: nomeação de ministros do TCU e fiscalização das contas do Poder Executivo. Quanto à primeira, afirma que a indicação de ministros preferencialmente dentre parlamentares torna redundante a dimensão política do controle, o que deixaria de contribuir para o aprimoramento técnico do órgão que auxilia o Congresso no controle externo. Em relação à segunda, afirma restarem frustradas as expectativas quanto ao processo de fiscalização final das contas do governo, quer porque até a data da elaboração do estudo nenhum dos pareceres prévios do TCU tenha proposto rejeitar as contas do governo, quer porque os julgamentos pelo Congresso tenham sido favoráveis até então, frisando, ainda, o grande lapso temporal usualmente existente entre a data da aprovação do parecer prévio pelo TCU e a do seu julgamento pelo Congresso Nacional.

Intenta-se, no presente trabalho, portanto, investigar o papel do Congresso Nacional nesse cenário de interpretação ampliativa pelo TCU das suas competências, buscando responder ao seguinte problema de pesquisa: como o Congresso Nacional, na qualidade de órgão titular do controle externo, respondeu ao movimento de ampliação posto em ação pelo Tribunal de Contas da União pela via interpretativa desde 1988?

Para tanto, identificou-se na doutrina de integrantes da Sociedade Brasileira de Direito Público (SBDP) proposta de anteprojeto de lei com vistas a reformar a Lei de Introdução às Normas do Direito Brasileiro[1] (LINDB), com a inclusão de dispositivos para aumentar os níveis de segurança jurídica e da eficiência na criação e aplicação de normas de Direito Público no Brasil. Sundfeld (2013) conta com capítulo final com essa proposta, em artigo de autoria do próprio Sundfeld e de Floriano de Azevedo Marques Neto, o qual fundamentou a justificativa apresentada pelo Senador da República Antonio Anastasia quando da proposição do projeto de lei do Senado Federal nº 349/2015 (SF, 2015).

Referido projeto culminou na edição da Lei nº 13.655/2018, a qual inseriu previsões na LINDB e que, no presente trabalho, se supõe tratar de resposta legislativa à ampliação encetada pelo Tribunal de Contas da

[1] Decreto-lei nº 4.657/1942.

União na interpretação de suas competências. Freitas e Marques Neto (2019), sobre o objetivo da norma, destacam a necessidade de reforçar a segurança jurídica em um cenário de incerteza constante e apontam que seria esse o motivo para as resistências opostas à sanção da lei por quem possui amplas competências para controlar a ação estatal. "Afinal, em regra, o detentor de competências reage quando sua liberdade de aplicação do direito é submetida a algum limite ou parâmetro, mesmo que seja em prol da segurança jurídica e da estabilidade das relações" (FREITAS; MARQUES NETO, 2019, p. 17).

A fim de verificar a hipótese, pretende-se analisar o trâmite legislativo da norma em questão a partir da teoria da agenda proposta por Kingdon (2003) valendo-se da metodologia do estudo de caso. Estrutura-se o trabalho, então, primeiramente apresentando o marco teórico, o qual tem como foco estudar os dois estágios pré-decisórios de uma política pública, formulação da agenda e consideração de alternativas para a formulação da política e, ainda, será analisada a convergência dos três fluxos (*problem stream, policy stream* e *political stream)* descritos por Kindgon (2003) a ensejar a ascensão de um problema à agenda. Em seguida, apresenta-se o mérito propriamente dito da norma que modificou a LINDB, avaliando-se por que se acredita que ela pode ter representado uma resposta legislativa ao desenvolvimento institucional posto em movimento pelo TCU.

## 1. Teoria da Agenda e a janela de oportunidade

Iniciando com a doutrina de Kingdon (2003), ressalte-se que o autor apresenta, no que toca ao primeiro fluxo, seu conceito de agenda como lista de assuntos ou problemas para os quais executivos do governo e pessoas próximas estão prestando atenção em determinado momento. Esclarece-se também que o processo do *agenda-setting* estreita o conjunto de assuntos passíveis de atenção para um conjunto que realmente recebe atenção e pretende entender por que a agenda é composta da forma que é num determinado período e como e por que ela muda de um momento para o outro. O autor pontua que a lista de assuntos varia de uma parte do governo para outra e diferencia, dentre outras, a agenda governamental, lista de assuntos que estão chamando atenção, da *decision agenda*, lista de temas dentro da agenda governamental que estão prontos para uma decisão.

Já em relação ao segundo fluxo, fluxo das soluções, Kingdon (2003) ressalta que, além do conjunto de problemas que compõem a agenda, um conjunto de alternativas é seriamente considerado para a tomada de decisão governamental pelos integrantes do governo e pessoas próximas a eles, sendo que, nesse conjunto, algumas alternativas são mais seriamente consideradas que outras. De novo, portanto, o processo da especificação de alternativas, estreita o conjunto de alternativas possíveis para o conjunto que é seriamente considerado.

Kingdon (2003) entende que duas categorias de fatores podem afetar os dois estágios pré-decisórios: participantes ativos e os processos pelos quais itens e alternativas da agenda ganham destaque. Em relação aos participantes, registra logo que o presidente da República, o Congresso Nacional, integrantes da burocracia governamental e várias forças de fora do governo, como a mídia, grupos de interesse, partidos políticos e o público em geral, todos eles podem ser fontes da inserção de itens e alternativas na agenda. Além da importância dos participantes para a mudança de itens na agenda e de alternativas seriamente consideradas, Kingdon (2003) aborda os processos a impactarem o *agenda-setting* e a definição de alternativas. O autor destaca, então, os três tipos de processos a serem analisados: problemas, *policies* e *politics*.

Referido autor afirma, do ponto de vista do fluxo dos problemas, que uma influência na agenda pode decorrer da marcha implacável dos problemas pressionando o sistema, de uma crise ou evento proeminente, de uma mudança em um indicador amplamente respeitado. Pode também a agenda ser impactada, no que toca ao processo das *policies*, por um processo de acumulação gradual de conhecimento e perspectivas entre especialistas de uma determinada área e da geração de propostas de políticas por esses especialistas. Em terceiro lugar, processos políticos, *politics*, afetam a agenda. Mudanças no que chama de humor nacional, preferências da opinião pública, resultados eleitorais, mudanças na administração e *turnover* no Congresso Nacional, todas elas, podem ter efeitos poderosos.

Cada um dos três processos, portanto, pode ser estímulo ou desestímulo à mudança de agenda e, adaptando o modelo da *garbage can*[2],

[2] O *garbage can model of organizational choice* propõe-se entender organizações que denomina de "anarquias organizadas" e Kingdon compara o governo norte-americano a uma anarquia organizada. Mais detalhes sobre o modelo podem ser consultados em Kingdon (2003).

Kingdon (2003) ressalta que fluxos separados permeiam a organização, cada qual com vida própria independente dos demais, mas que se acoplam em momentos críticos produzindo a mudança de agenda. Afirma que, na teoria, todos os atores poderiam participar dos três processos, mas, na prática, há maior especialização. Acadêmicos e pesquisadores, por exemplo, envolvem-se mais na proposição de políticas públicas, ao passo que partidos políticos se envolvem mais com o fluxo da política do que propriamente na apresentação de propostas.

No fluxo dos problemas, o modelo visa entender como as questões são vistas como problemas e por que, como tais, passam a integrar a agenda governamental. A compreensão do processo de seleção passa por diferenciar problemas de questões (*conditions*). Questões se tornam problemas, para ele, quando se acredita que é necessário fazer algo para mudá-la, sendo que os problemas não são apenas questões ou eventos externos, havendo sempre um elemento interpretativo envolvido. Kingdon (2003) sustenta que valores, comparação e categorização contribuem para transformar as questões em problemas.

As questões se tornam problemas quando despertam atenção dos participantes de um processo decisório, provocando-os a agir, o que pode ocorrer, segundo Kingdon (2003), de três formas: indicadores; eventos, crises e símbolos; e *feedback* das ações governamentais. Indicadores que apontam para a existência de uma questão podem fazê-la se tornar problemática, embora eles sozinhos não indiquem a existência de um problema, mas a interpretação que a eles se der; ou seja, eles contribuem para a mudança de chave. Outro grupo importante são eventos, crises e símbolos, a exemplo de desastres, eventos de grande magnitude, os quais não costumam levar sozinhos uma questão à agenda, mas reforçam percepção preexistente da existência de um problema. O terceiro grupo é composto pelo *feedback* de programas de governos, programas que não estão funcionando como planejado, novos problemas surgidos a partir da implantação de outro programa, dentre outros.

No *policy stream*, há um conjunto de alternativas e soluções para os problemas, sendo que Kingdon (2003) considera que as soluções não têm necessariamente um problema em vista. A criação de soluções e alternativas, segundo o modelo proposto, dá-se em analogia ao processo de seleção natural. Assim como moléculas flutuam no *primeval soup* ou "caldo primitivo" denominado pelos biólogos, Kingdon (2003) entende que as ideias surgem em comunidades (*policy communities*) e flutuam nesse "caldo primitivo" de políticas em que algumas ideias se destacam ou então desaparecem. Há um longo processo de *softening up*: ideias são lançadas, projetos de lei são apresentados, discursos são feitos, propostas são elaboradas, então modificadas em resposta à reação e lançadas de novo. Algumas ideias confrontam-se, como as moléculas, e se combinam umas às outras de várias formas.

Desse processo, resultam ideias que seguem alguns critérios, como viabilidade técnica, soluções que representam valores compartilhados na comunidade, custos toleráveis, aceitação pública prevista e uma probabilidade razoável de ser bem recebida entre os decisores. O produto é um pequeno conjunto de propostas que vão ao topo, dado o *primeval soup*, alternativas estas que são efetivamente consideradas pelos tomadores de decisão.

As comunidades que propõem alternativas são compostas por especialistas de uma área, integrantes ou não do governo, a exemplo de acadêmicos, consultores e analistas pertencentes a grupos de interesses. No processo de seleção, as ideias percebidas como viáveis são objeto de difusão, facilitando uma percepção favorável à ideia pelos demais agentes. A difusão ou o processo de *softening up* a que alude Kingdon (2003) se daria pelos *policy entrepreneurs*, que defendem uma ideia ao levá-la a diferentes fóruns, imbuídos pelo intento de sensibilizar as *policy communities* e o público em geral, fazendo-os se familiarizar às novas ideias e pavimentando o caminho para sua aceitação. A importância da difusão e, portanto, do papel do *policy entrepreneur* é percebida pela constatação de que, sem essa sensibilização preliminar, há maior dificuldade de consideração da ideia proposta, mesmo em um momento para ela oportuno. O processo de *softening up* também se presta a conferir efeito multiplicador às ideias, fazendo com que pessoas de dentro e de fora do governo percebam um sentimento crescente de aceitação e difusão daquela ideia.

O *political stream*, terceiro fluxo do modelo, é composto por elementos com forte potencial de impacto na agenda, como o humor nacional, forças políticas organizadas e mudanças na administração. Diferentemente do *policy stream*, no qual o consenso é construído largamente através do processo de persuasão e difusão, no *political stream*, o consenso é articulado com base no processo de barganha, por meio da formação de coalizões.

O primeiro elemento do fluxo político, o *national mood*, é descrito por Kingdon (2003) como muitas pessoas no país compartilhando linhas semelhantes de pensamento, sendo que esse humor nacional mudaria de tempos em tempos de forma perceptível e que essas mudanças no humor têm impactos importantes nas agendas e nos resultados das políticas públicas. Também expressaria essa ideia locuções como clima no país, mudanças da opinião pública ou amplos movimentos sociais. Essa mudança de opinião pública não estaria adstrita às *policy communities* e às suas propostas, mas abrangeria algo mais geral. Esse elemento, a percepção pelos integrantes do governo do humor nacional, teria o potencial de alçar algumas questões à agenda e de impedir a entrada de outras.

O segundo elemento do fluxo político capaz de afetar a agenda seriam as forças políticas organizadas. O conceito de consenso e conflito envolvendo esses grupos de pressão é central para o entendimento do seu impacto no fluxo da política propriamente dito. Se agentes importantes no processo percebem grupos de interesse ou outras forças organizadas apontando para uma mesma direção, há um forte incentivo para que sigam por esse caminho. Por outro lado, a existência de conflito percebido pelos formuladores de políticas não os faz necessariamente descartar a ideia, permitindo que analisem o equilíbrio de forças e, se parecer que estejam se inclinando desfavoravelmente à proposta, o dissenso tem o condão de indicar os custos envolvidos em se prosseguir no patrocínio da ideia.

Terceiro elemento do *political stream* são eventos que ocorram no próprio governo, a exemplo de mudanças na administração, mudança na composição do Congresso Nacional, entre outras. Essas mudanças podem exercer forte influência na agenda governamental, em especial quando agentes críticos para o processo mudam, conforme Kingdon (2003), e quando há disputa sobre limites das competências dos órgãos. Enfatiza-se, ainda, o início de novo governo como momento mais oportuno para mudanças de agenda, mesmo porque o governo possui papel principal dentre os agentes participantes do processo de formulação de políticas públicas.

Kingdon (2003) conclui o tópico dedicado ao *political stream* constatando que, apesar de listar as várias forças políticas – humor nacional, interesses organizados, repercussões eleitorais, orientações dos políticos eleitos –, de alguma forma igualando-as, na prática, as forças não são iguais. O humor nacional e as eleições impactariam fortemente a agenda governamental a ponto de desequilibrar por completo as forças políticas organizadas.

Expostos os três fluxos em separado, portanto, Kingdon (2003) sustenta que, em determinados momentos críticos, os três fluxos se juntam – problemas são reconhecidos, uma solução é desenvolvida e está disponível na *policy community* e uma mudança política propicia o momento perfeito para a ascensão de um problema à agenda, não sendo os obstáculos em potencial tão severos – formando, então, a chamada janela de oportunidade ou *policy windows*. Compara-se o momento ao alinhamento de planetas e reforça que as janelas abrem raramente e por curto período, de forma que, em não sendo aproveitadas pelos participantes do processo, pode ser necessário ter que esperar até que a janela se abra de novo. É nesses momentos, portanto, que ocorre o *coupling* ou acoplamento dos três fluxos.

As *policy windows* são mais influenciadas pelo *problems stream* e pelo *political stream*, sendo que as alternativas são afetadas pelo *policy stream*. Basicamente, a janela se abre em face de uma mudança no fluxo da política, a exemplo da mudança de administração e do humor nacional, ou porque um novo problema captura a atenção do governo. A mesma lógica se aplica em caso de *turnover* de agentes políticos, a exemplo da ascensão de novo presidente de comissão parlamentar, de grande mudança na distribuição de assentos entre congressistas ou na mudança de composição de agências reguladoras.

Há eventos objetivos que abrem as janelas de forma previsível e periódica, a exemplo de programas de governo com prazo definido e em algumas fases do ciclo orçamentário. Outras se dão de forma imprevisível, como em uma queda de avião ou mesmo em uma eleição que produz uma rotatividade inesperada de atores estratégicos da administração. Seja como for, para Kingdon (2003), esses momentos são temporários e cessam quando um dos fluxos se desarticula dos demais.

Outro componente fundamental no processo de mudança de agenda, conforme já se disse, é a atuação dos *policy entrepreneurs* (empreendedores de políticas públicas) no processo de *softening up* das soluções, escrevendo artigos, participando de audiências, buscando cobertura da mídia e se encontrando com muitas e muitas pessoas estratégicas para o processo decisório ou não. Para promover o *coupling*, esforçam-se em deixar suas propostas prontas, a fim de viabilizá-las nas *policy windows*. Operam no sistema acoplando soluções a problemas, problemas a forças políticas e forças políticas a propostas. A convergência dos três fluxos independentes depende fortemente de aparecer o empreendedor certo na hora certa.

Exposta a teoria da agenda ou dos múltiplos fluxos, portanto, parte-se para avaliar como operaram os fluxos no caso particular do PLS nº 349/2015 e como se acoplaram a ensejar a ascensão do item à agenda governamental e respectiva aprovação no Congresso Nacional.

Do ponto de vista do fluxo dos problemas, parece ser possível encaixar a Operação Lava Jato (OLJ) como evento ou crise a capturar a atenção dos *policy makers* para o problema da roupagem assumida pelo TCU (TCU, 2020), a partir da interpretação normativa a ampliar suas competências, operação que teve início em março de 2014 perante a Justiça Federal em Curitiba, se intitulando uma das maiores iniciativas de combate à corrupção e lavagem de dinheiro da história do Brasil (MPF, 2021).

Na literatura[3], identificam-se acórdãos do Tribunal que decretaram a indisponibilidade de bens de particulares em valores vultosos, dentre pessoas físicas e jurídicas, entre as quais empreiteiras de grande porte, os que renovaram por mais um ano a medida cautelar de indisponibilidade de bens de agentes públicos e a decisão que culminou na edição da Instrução Normativa nº 74/2015 (IN 74/2015) para disciplinar a fiscalização pela Corte de Contas dos acordos de leniência, a ocasionar a disputa por competências entre agências estatais.

Com vistas a verificar essa percepção do impacto da OLJ como evento, a título exemplificativo, realizou-se pesquisa no sítio eletrônico do TCU de todas as decisões que contivessem o termo "indisponibilidade de bens"; os resultados da pesquisa estão evidenciados no Gráfico 1 (Frequência da expressão "indisponibilidade de bens" em decisões do TCU – 2001-2019):

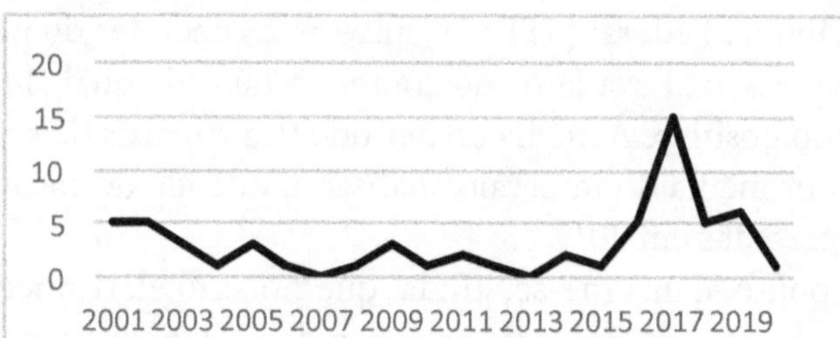


*Fonte:* elaboração própria.

[3] Para aprofundamento, consultar Anelli (2019), Rosilho (2016), Câmara e Sundfeld (2019) e Freitas e Marques Neto (2019).

Do conjunto de 589 decisões encontradas, acessando decisão a decisão, verificou-se quais delas continham determinação do Tribunal no dispositivo do acórdão decretando a indisponibilidade de bens, o que culminou na redução do conjunto para 61 medidas, excluindo-se um acórdão sigiloso, por não ser possível verificar seu enquadramento nos critérios. Não foram contabilizadas decisões que negaram conhecimento ou provimento a recurso que buscava desconstituir a deliberação anterior do TCU, por se tratar de mera manutenção de decisão.

Constataram-se, assim, alguns achados importantes. Foi possível identificar, por exemplo, que a primeira medida decretada o foi em 2001, a despeito de a LOTCU prever tal competência para o Tribunal desde sua edição, em 1992. Verificou-se, ainda, que desde a publicação da LOTCU, precisamente em 17/07/1992, até antes da OLJ, ou seja, março de 2014, foram decretadas 27 medidas de indisponibilidade de bens, ao passo que de março de 2014 até dezembro de 2020, data da elaboração do gráfico, foram proferidas 34 decisões tornando indisponíveis bens de pessoas físicas e/ou jurídicas. Isso significa que, em quase 22 anos de atuação, o Tribunal decidiu por indisponibilizar bens 27 vezes, em uma média de pouco mais de uma medida por ano, ao passo que de março de 2014 a dezembro de 2020, 34 medidas foram decretadas, em uma média de mais de cinco decisões por ano.

Considerando-se que o PLS nº 349/2015 foi enviado para sanção em 05/04/2018 pela Câmara dos Deputados, informa-se que de março de 2014, início da Lava Jato, até 05/04/2018 foram proferidas 25 decisões indisponibilizando bens; algumas delas tendo sido questionadas no Supremo Tribunal Federal (STF).[4] Dentre as 25 decisões do período, em busca da expressão "Lava Jato" no conteúdo de cada qual, 14 retornam com resultado positivo. A média do período fica em mais de seis decisões por ano, maior média do intervalo analisado, valendo destacar o pico de medidas decretadas em 2017.

Sobre o ponto, consigne-se, ainda, que no sítio eletrônico do órgão de controle externo, consta que, no início da OLJ, houve contatos entre auditores do Tribunal e integrantes da força-tarefa, de modo a esclarecer dúvidas sobre relatórios de fiscalização. É de mencionar, bem assim,

[4] Conforme indicam os Mandados de Segurança nº 34.357, 34.392, 35.506, para ilustrar com alguns exemplos.

que a Corte de Contas informa ter criado uma unidade para tratar especificamente dos casos relacionados à operação policial, a Secretaria Extraordinária de Operações Especiais em Infraestrutura, sendo um dos objetivos da unidade o fortalecimento da sua capacidade de atuação mais efetiva e tempestiva na apuração das irregularidades, além da troca de dados sigilosos, para alavancar as investigações em curso, valendo mencionar que houve, inclusive, casos de recálculo[5] do superfaturamento de alguns contratos a partir de dados compartilhados pela operação criminal.

Não é possível esquecer, de outro lado, conforme Katz (2018) bem aponta, o impacto da Operação Lava Jato junto aos agentes políticos propriamente, ou por já terem sido atingidos ou por temerem sê-lo; perante a judicialização da política com o forte papel desempenhado nessa arena pelo Judiciário, onde ela insere a figura do Ministério Público (MPF, 2021), fator que pode ter também motivado ação legislativa que pusesse balizas à ação dos órgãos de controle em geral.

Outro marco que pode ter sido central para a percepção pelos *policy makers* da ampliação do TCU como problema diz respeito ao papel do órgão na emissão do parecer prévio das contas do governo de 2014. Sobre o ponto, veja-se que uma semana antes do acórdão nº 1464/2015-Plenário ser prolatado, o qual fixou prazo de 30 dias para pronunciamento da então presidente da República sobre as possíveis irregularidades nas contas do governo de 2014, o Partido da Social Democracia Brasileira (PSDB), sigla à qual era filiado o autor da iniciativa, já anunciava que o TCU julgaria "[...] irregulares as pedaladas fiscais que constarão nas contas de 2014 da presidente Dilma Rousseff" (PSDB, 2015). Um dia antes dessa notícia, foi proposto o PLS nº 349/2015 de iniciativa do Senador Antonio Anastasia.

Em paralelo, a ex-Presidente da República alegou em sua defesa no processo que a Corte de Contas estaria alterando seu entendimento, a se confirmar uma decisão que apontasse as ditas pedaladas fiscais como irregularidade no parecer prévio a ser encaminhado ao Congresso Nacional, na medida em que tal prática havia sido igualmente adotada em 2009 e em 2010. Em resposta, o TCU sustentou não haver mudança de entendimento, pois o Tribunal não houvera se manifestado sobre o ponto

[5] Acórdão nº 2.428/2016-Plenário, Acórdão nº 2.014/2017-Plenário, para citar alguns exemplos.

na análise das contas do governo de 2009 e que a ausência de ressalva ou recomendação específica sobre a questão não significaria aprovação tácita da manobra fiscal do governo anterior.

Seja como for, sem adentrar aqui na análise sobre a correção ou não da atuação do Tribunal no caso, por não ser o foco do presente trabalho, parece possível que o Congresso Nacional, se apercebendo do discurso dos parlamentares[6] governistas à época e mesmo de parte da doutrina[7] de que o Tribunal de Contas estaria desconectado da juridicidade que lhe cabe enquanto instituição governada pelo *rule of law*, ao proferir o parecer prévio opinando pela reprovação das contas do governo de 2014 pelas razões que o fez. Essa ação teria, ainda que na dúvida, reforçado percepção anterior sobre o problema da ampliação das competências do Tribunal a justificar a procura de solução na *policy community*. E isso afigura-se possível mesmo em face do papel exercido pelo Tribunal para viabilizar o impedimento da então presidente, o qual foi aprovado, em última análise, pelo Parlamento. Também às forças políticas que interessavam o *impeachment*, geraria um controle mais disciplinado, em especial, uma vez que viessem a participar do governo sucessor.

No que toca ao fluxo das soluções, retome-se que o anteprojeto que culminou no projeto de lei nº 349/2015 no Senado foi originário da *policy community* do Direito Público, tendo sido ele apresentado como solução para a necessidade de melhoria da qualidade jurídico-decisória sobre questões públicas no Brasil, proposta inspirada na percepção de Sundfeld e Marques Neto (2013, p. 277) de que os desafios da atuação do Poder Público e o amplo arcabouço da legislação administrativa exigem que a regulamentação e aplicação das leis se submeta "[...] a novas balizas interpretativas, processuais e de controle". Os autores ressaltam que essa profusão de leis administrativas regula a atuação dos órgãos estatais e viabiliza amplo controle interno e externo, o que seria muito positivo, mas mereceria um olhar contínuo sobre eventuais ajustes e correções que possam aprimorá-lo.

[6] Veja-se como exemplo: Baldocchi (2021) e Agência Estado (2015).

[7] Guedes e Pádua (2015) sustentam que a decisão do TCU deveria ter sido pela aprovação das contas com ressalva, aplicando o entendimento de que as ditas pedaladas fiscais seriam irregulares prospectivamente ou se estaria realizando o que chamaram de "pedalada jurisprudencial". Para opinião doutrinária sobre a não configuração das ditas pedaladas como operação de crédito, conferir Sales (2017).

Dentre os direcionadores principais indicados pelos autores a informarem as medidas para endereçar o problema, cabe aqui destacar os que parecem se destinar a balizar mais diretamente a atuação do TCU, sendo três dos cinco apresentados. Primeiro, tendo em vista o alto nível de indeterminação do conteúdo normativo, Sundfeld e Marques Neto (2013) afirmam que seria necessária maior profundidade na fundamentação pelas autoridades ao extraírem efeitos concretos das normas, levando em conta, bem assim, elementos da realidade, alternativas e consequências possíveis, realizando juízo de proporcionalidade da medida a ser adotada e prevendo regime de transição em caso de aposição de novas obrigações, em nome da estabilidade. Sundfeld e Campos (2013) apontam que os Tribunais de Contas, ao decidirem sobre a regularidade ou não de preços de contratos administrativos, devem levar em conta as circunstâncias concretas de cada projeto, não se baseando apenas em tabelas abstratas de referenciais de preço.

Em segundo lugar, tendo em vista ser inerente ao Direito algum nível de ambiguidade no teor e alcance das normas, seria preciso conferir maior proteção à atuação dos gestores contra possíveis interpretações divergentes do controlador no futuro, segundo os autores, dado não ser possível prever anos antes interpretações surgidas anos depois e – pior – ainda ser pessoalmente responsabilizado pela interpretação que não se previu. Esse direcionador parece ter relação direta com a discussão relatada sobre o parecer prévio das contas do governo de 2014, dado que o Tribunal ainda não havia se posicionado contrariamente à prática até que o fez naquela oportunidade, com a consequência daí advinda no sentido de entender ter havido infração à Lei de Responsabilidade Fiscal (Lei Complementar nº 101/2000).

A terceira diretriz indicada por Sundfeld e Marques Neto (2013) a orientar as medidas propostas no anteprojeto capazes de impactar o controle externo foi a importância de compensar os efeitos negativos decorrentes da existência do processo, demora e seus custos nas três esferas – administrativa, controladora e judicial – com o fito de minimizar a ocorrência de uso abusivo dos processos. Pode-se exemplificar essa hipótese com uma das tomadas de contas especiais que analisou a aquisição pela Petrobras da refinaria localizada em Pasadena, no Texas, nos Estados Unidos da América. O TC nº 005.259/2015-0 foi instaurado a partir do acórdão nº 1.927/2014-Plenário, o qual, além de converter o processo em tomada de contas especial para apurar possível dano ao erário na ocasião do fechamento (*closing*) da operação de aquisição da primeira metade da refinaria, decretou cautelarmente a indisponibilidade por um ano dos supostos responsáveis. Após o processo instrutivo, com a possibilidade de contraditório e ampla defesa, foi proferido o Acórdão nº 440/2017-Plenário reconhecendo a improcedência da imputação e revogando a cautelar decretada em julho de 2014, a qual vigeu por quase três anos sem lastro.

Ainda sobre o fluxo das soluções, veja-se que o anteprojeto proposto por especialistas foi fruto de projetos de pesquisa da SBDP em parceria com a Escola de Direito de São Paulo da Fundação Getúlio Vargas (FGV). No sítio eletrônico da SBDP, consta que ela é uma entidade científica não governamental e sem fins lucrativos em atividade desde 1993, voltada ao estudo do Direito Público e que atua desde 2015 em parceria com o grupo público da Escola de Direito da FGV de São Paulo. Sobre o grupo público, registra-se que seu principal foco de pesquisa atual é o controle da Administração Pública, sendo o Observatório do TCU – destaque-se – um projeto de pesquisa permanente do grupo (SBDP, 2018). Acentua-se, ainda, que pesquisas apontam que o Tribunal tem ampliado seu controle sobre a Administração Pública e particulares que com ela se relacionam, sendo necessário compreender melhor o fenômeno, o que se busca fazer analisando as decisões da Corte de Contas e emitindo relatórios bimestrais críticos sobre sua atuação.

Parece possível, portanto, reputar vasta a atuação da SBDP e da FGV Direito de São Paulo, em especial por meio do grupo público conduzido por ambas, na promoção de debates e difusão de ideias sobre Direito Público e sobre o controle exercido na Administração Pública. Tal conclusão pode quiçá ser estendida sobre o processo de *softening up* da solução proposta em 2013 como anteprojeto de lei. Houve artigos publicados por integrantes das referidas organizações em periódicos especializados da *policy community*[8] sobre o tema, além de palestras em eventos[9] e manifestações apresentadas em outros canais menos especializados,[10] enquanto ainda não

[8] MARQUES NETO; SUNDFELD (2015); JURKSAITIS; SUNDFELD (2015); SUNDFELD; SALAMA (2015).

[9] PGERJ (2015); TCESP (2015); PGEPR (2015); FGV (2016); SUNDFELD (2017).

[10] No próprio sítio eletrônico da SBDP, no sítio eletrônico do Senador Antônio Anastasia, nos portais dos jornais *Estado de São Paulo, Gazeta do Povo, Folha de São Paulo,* dentre outros,

havia uma lei editada, a exemplo de Pereira (2015), cuja obra contou com artigos de autoria de acadêmicos da SBDP e da FGV.

Nota-se, assim, que a atuação das duas organizações, seja na proposição do anteprojeto, seja por meio da elaboração de artigos em mídia especializada e não especializada, seja pela participação em eventos sobre a matéria, parece se encaixar no conceito de Kingdon (2003) de *softening up*, conforme já se adiantou, e mesmo de *policy entrepreneurs*, considerando-se característica definidora dessa figura para o autor, que é a intenção de investir recursos – tempo, energia, reputação – na esperança de um retorno futuro, a exemplo da aprovação da política pública proposta ou apenas a satisfação com a participação no processo.

Delineadas as dinâmicas que os fluxos dos problemas e das soluções parecem ter seguido, sobre o fluxo político, considerando-se a questão que parece ter sido percebida como problema pelos formuladores de políticas públicas, ou seja, o movimento expansionista do TCU e mesmo dos órgãos de controle em geral, não se denota possível caracterizar o humor nacional no caso, mesmo porque a tônica do "quanto mais controle melhor" que teria norteado o trabalho da ANC (Rosilho, 2016) quiçá continue a permear a opinião pública em geral.[11] Em relação às forças políticas organizadas, o mesmo evento da Operação Lava Jato, já indicado como aparente fator a chamar a atenção dos *policy makers* para a questão do expansionismo do TCU e dos órgãos de controle no fluxo dos problemas, pode ter impactado o fluxo da política, provocando a atuação de forças políticas em melhor disciplinar a ação dos controladores.

Nesse sentido, é de se imaginar, por exemplo, que os destinatários das medidas constritivas de bens mais frequentemente impostas pelo Tribunal de Contas a partir da Operação Lava Jato, entre gestores públicos e empresas contratadas pela Administração Pública, tenham pressionado a ascensão do problema à agenda governamental. A atuação ampliada do TCU no processo de negociação dos acordos de leniência com as

conforme se pode constatar em: http://www.sbdp.org.br/wp/wp-content/uploads/2018/04/PARA-ENTENDER-O-PL-7.448.pdf. Acesso em: 20 dez. 2020.

[11] Veiga, Dutt-Ross e Martins (2019), por exemplo, ao analisarem dados coletados pelo Instituto Ibope em 2015, concluíram que o fato de o entrevistado considerar a corrupção como um dos três principais problemas enfrentados pelo país trouxe impacto para a avaliação do entrevistado sobre o governo da então Presidente Dilma Rousseff no momento pré-impedimento.

empreiteiras, com a edição da IN 74/2015[12], exigindo pronunciamento conclusivo seu a cada etapa, pode, igualmente, ter reforçado a percepção acerca da necessidade de melhor balizar a ação da Corte de Contas.

O impacto, bem assim, da atuação do Ministério Público e do Judiciário na condução da OLJ, nas empresas do setor de construção e em seus integrantes, também reforça a probabilidade de a referida indústria ter se articulado para identificar ou apoiar uma solução que pudesse endereçar o problema verificado. Aqui vale trazer constatação de Campos (2019) no sentido de que o epicentro da crise econômica provocada pela Operação Lava Jato e pelas eleições de 2014 ocorreu na referida indústria, ao que registra o retrocesso no faturamento conjunto das empresas do setor em uma década. O autor ainda acrescenta que as referidas empresas conseguiram manter o controle das obras públicas mesmo com a abertura do mercado em 1991, consignando que, para tanto, os empresários se valiam de força política junto ao Congresso e órgãos estatais, o que restou prejudicado pela OLJ. A isto agregue-se, por exemplo, que a Câmara Brasileira da Indústria da Construção (CBIC) encaminhou ao então Presidente da República, Michel Temer, moção de apoio à sanção do Projeto de Lei nº 7.448/2017 (CD, 2017), número adquirido pelo PLS nº 349/2015 na Câmara. Identificou-se, bem assim, que, em resposta à recomendação[13] do grupo de trabalho de Ambiente de Negócios do Conselho de Desenvolvimento Econômico e Social (também conhecido como "Conselhão"), coordenado pelo presidente da CBIC, houve determinação presidencial no sentido de contribuir para a aprovação do PLS nº 349/2015.

Não é de se descartar, igualmente, que mesmo agentes políticos, dentre eles parlamentares, e partidos políticos investigados pela força-tarefa da OLJ tenham agido para inserir o item na agenda, em especial considerando-se o papel próprio exercido pelo Parlamento no processo de aprovação de políticas públicas. Sobre o ponto, ressalte-se que, no início de março de 2015, a Procuradoria-Geral da República (PGR) protocolou

[12] Rosilho (2016) pode ser consultado para aprofundamento.

[13] "Realizar um programa, com metas e prazos definidos, e ouvida a sociedade civil, voltado para reduzir a insegurança jurídica no país. O programa deve ter como objetivo, entre outros, garantir a não retroatividade de normas e atos do Poder Público, inclusive interpretativos, sobre contratos firmados em matéria tributária e regulatória. O programa deve incluir medidas legislativas, iniciativas junto ao Legislativo e ao Judiciário e a revisão sistêmica de atos do Poder Executivo – com destaque para normas e procedimentos administrativos."

21 pedidos de abertura de inquéritos para investigar 49 agentes políticos no STF. Talvez não seja por acaso que o anteprojeto proposto em fevereiro de 2013, quando ainda não estava em curso a Operação Lava Jato, só tenha sido apresentado como projeto de lei no Senado em junho de 2015. Em sentido semelhante, houve nova leva de pedidos de investigação envolvendo autoridades com prerrogativa de foro em 14/03/2017, tendo sido autorizadas em abril de 2017 investigações de 98 agentes políticos pelo STF (STF, 2017), com a deflagração de 74 novos inquéritos. Os pedidos de abertura de inquérito lastreavam-se em fatos descortinados por acordos de colaboração premiada firmados com 77 executivos e ex-executivos das empresas Odebrecht e Braskem, segundo anuncia o sítio eletrônico do Ministério Público Federal. Noutro passo, analisando-se a tramitação do PLS nº 349/2015, verifica-se que a sua aprovação em caráter terminativo na Comissão de Constituição, Justiça e Cidadania (CCJ) se deu em sessão realizada em 29/03/2017, dias depois dos pedidos da PGR.

Outros fatos derivados da OLJ que podem estar relacionados à ascensão do problema ora analisado à agenda são as denúncias apresentadas[14] em face do então Presidente Michel Temer, em exercício na oportunidade, seja pela representatividade do fato no que toca ao poder do Ministério Público Federal, seja pela proximidade de datas dos eventos com marcos importantes no trâmite legislativo do PL nº 7.448/2017 na Câmara dos Deputados. Observe-se que a primeira denúncia ocorreu em junho de 2017, a qual foi rejeitada pela CCJ da Câmara dos Deputados em 13/07 do mesmo ano, ao aprovar voto de novo relator designado para opinar sobre a matéria, Deputado Paulo Abi-Ackel, após rejeição de parecer favorável à admissibilidade da acusação e à autorização para o STF instaurar processo em face do então presidente da República, de autoria do Deputado Sérgio Zveiter. A segunda denúncia foi recebida em 21/09/2017 pela mesa diretora da Câmara, dessa feita envolvendo também dois ministros de Estado à época (Eliseu Lemos Padilha e Wellington Moreira Franco), a qual contou com novo parecer contrário, de relatoria do Deputado Federal Bonifácio de Andrada, parecer este aprovado pela CCJ em 18/10/2017 e confirmado pelo Plenário da Casa em 25/10/2017.

Em paralelo, nota-se que o relator designado para apreciação do projeto de lei objeto da presente pesquisa na CCJ da Câmara, Deputado

[14] Solicitações de instauração de processo nº 1 e nº 2 de 2017 (SIP nº 1/2017 e SIP nº 2/2017).

Paulo Abi-Ackel, também relator do parecer que rejeitou a SIP nº 01/2017 (ABI-ACKEL, 2017) e integrante do mesmo partido político (PSDB) do Senador Anastasia na oportunidade, além de representante do mesmo estado (MG), apresentou parecer favorável à aprovação do PL nº 7.448/2017, o qual foi aprovado pela comissão em 24/10/2017, quase que *pari passu* à apreciação da SIP nº 2/2017 pela CCJ da Câmara dos Deputados. Ainda no que toca aos eventos no governo, cabe mencionar a ordem proferida, em 26/09/2017, pela 1ª Turma do STF, em julgamento de agravo na Ação Cautelar 4327, para afastamento do então Senador da República, Aécio Neves, do mandato, com respectivo recolhimento domiciliar noturno e entrega do passaporte, além de proibição de contatar outros investigados (STF, 2017). Referida decisão foi tornada sem efeito pelo Plenário do Senado Federal em 17/10/2017, por 44 votos a favor. Notícia divulgada sobre a deliberação do colegiado informa que o Senador Antonio Anastasia teria questionado a decisão do STF, tendo em vista a incipiência do processo em trâmite contra Aécio Neves (AGÊNCIA SENADO, 2017).

No que toca a outro elemento do fluxo político com potencial para impactar a agenda, nas palavras de Kingdon (2003), há o *governmental phenomena*, dentre os quais se insere, entre outros, a substituição de parlamentares em postos importantes no Congresso Nacional. Identificou-se, em relação ao trâmite legislativo do PLS nº 349/2015, que o Senador Antonio Anastasia, autor da proposta, foi eleito para ocupar a vice-presidência da CCJ em 09/02/2017, para o biênio 2017-2018. Nesse contexto, constatou-se, ainda, que a presidência da comissão estava sendo exercida pelo citado parlamentar na data da sessão em que o projeto de lei foi apreciado, isto é, na 8ª reunião ordinária da CCJ, realizada em 29/03/2017.

Visualizando, então, o processo pré-decisório sob a ótica do aporte teórico de Kingdon (2003), foi possível observar que a interpretação ampliativa de suas próprias competências implementada pelo TCU, bem como por demais órgãos de controle, pode ter sido reconhecida como problema a partir da sua atuação com as descobertas da OLJ e mesmo pelo protagonismo que teve com o parecer prévio opinando pela rejeição das contas do governo de 2014. Em paralelo, estava disponível anteprojeto de lei na *policy community* do Direito Público, o qual possuía cinco direcionadores principais, nas palavras de seus idealizadores Sundfeld e Marques Neto (2013), sendo que três deles parecem se encaixar no propósito de balizar mais diretamente a ação do TCU. De outro lado, no que toca ao fluxo da política, verificou-se que pode ter sido a ação de forças políticas organizadas a partir do impacto da OLJ, seja para o setor da construção pesada, seja para agentes políticos em geral, a propiciar momento favorável à ascensão do problema à agenda, além da assunção do autor da iniciativa à vice-presidência da CCJ, comissão designada para analisar o projeto em caráter terminativo no Senado Federal.

Sobre a janela de oportunidade propriamente, rememore-se que, para Kingdon (2003), o *problems stream* e o *political stream* têm maior propensão a influenciar a formação das *policy windows*. Ele menciona – reitere-se – que, basicamente, a janela se abre com mudança no fluxo da política, a exemplo do *turnover* de agentes políticos, que pode se configurar, dentre outros, com a ascensão de novo presidente de comissão do Poder Legislativo, ou quando um problema é reconhecido e chama a atenção dos formuladores de políticas públicas, fatos que parecem estar bem caracterizados no processo de aprovação do PLS nº 349/2015. Além da necessidade de acoplamento dos fluxos, Kingdon (2003) ressalta a importância da atuação dos empreendedores de políticas públicas para o processo de mudança na agenda, já tendo sido aqui ressaltado o protagonismo da SBDP e da FGV, seja pela iniciativa de propor o anteprojeto, seja no processo de difusão da solução. Ao papel das referidas organizações como *policy entrepreneurs* agregue-se, igualmente, a atuação do parlamentar autor da proposição no Senado Federal no processo de aprovação do projeto de Lei nº 349/2015.

Sobre o ponto, vale lembrar que o Senador, na arena política, apesar de estar em seu primeiro mandato parlamentar, é reconhecido por sua atuação no Congresso Nacional, tendo já no seu primeiro ano ocupado assento na CCJ, com posterior ascensão à vice-presidência para o biênio de 2017-2018, além de já ter sido vice-líder do partido no Senado e relator da comissão especial do *impeachment* que resultou no afastamento da ex-Presidente Dilma Rousseff, fator este, aliás, que pode ter permitido que ele melhor conhecesse e se atentasse para a dimensão do expansionismo pelo Tribunal. Para além disso e a confirmar sua influência, o Departamento Intersindical de Assessoria Parlamentar (DIAP) o apontou como um dos "cabeças"[15] do Congresso em todos os anos em que tramitou o projeto de lei que deu origem à norma ora estudada. De outro lado, ressalte-se que

[15] Segundo o DIAP, "cabeças" são aqueles operadores-chave do Poder Legislativo, cujas preferências, iniciativas, decisões ou vetos – implementados por meio dos métodos de

o Senador Antônio Anastasia, adicionalmente à sua ação no fluxo político pela sua condição de integrante do Poder Legislativo, também transita na *policy community*[16] do Direito Público.

Frise-se, por oportuno, que, após o senador propor o PLS nº 349 em 09/06/2015, lançou publicação organizada por Pereira (2015), em mesa-redonda realizada no Senado em 1º/10 do mesmo ano, com a participação da relatora do projeto, Senadora Simone Tebet, e do professor Carlos Ari Sundfeld. A publicação apresenta, além dos estudos de autoria de especialistas artigo por artigo sobre a proposição, uma apresentação do próprio parlamentar, a qual possui trechos importantes que parecem reforçar possível reação à interpretação ampliativa do TCU e demais órgãos de controle acerca de suas próprias competências, como, quando afirma não ser justo o servidor público tomar decisões motivadas e de boa-fé e ser processado pessoalmente por divergência de opinião do controlador. Afirma que desde a década de 1980 o país tem investido no desenvolvimento de controles sobre as decisões públicas, ao que cita o fortalecimento de órgãos internos, dentre eles a CGU, e controladores externos, como Tribunais de Contas, os quais estariam, em suas palavras, mais capacitados para intervir. Na sequência, conclui ser o movimento positivo, mas ressalta não ter se alcançado o fim do caminho e que os mecanismos atuais não resolveriam meros conflitos de visão nem evitariam voluntarismos de controladores e conclui: "Temos de corrigir isto".

Como justificativa para apresentação do projeto de lei ao Senado e focando em aspectos que tocam mais diretamente no tema ora pesquisado, o parlamentar aponta que o Brasil desenvolveu ampla legislação administrativa que viabiliza o controle externo e interno da Administração Pública e que o aumento de regras sobre processos e controle têm aumentado a incerteza e a imprevisibilidade, o que poderia pôr em risco os ganhos de estabilidade institucional. Afirma, em seguida, que a inspiração da proposta surgiu da percepção de que os desafios do Poder Público demandariam a submissão da regulamentação e aplicação das leis a novas

persuasão, negociação, indução ou da não decisão – prevalecem no processo decisório em qualquer das Casas Legislativas.

16 Ele é graduado em Direito e possui titulação de mestre em Direito na subárea de Direito Público. Ele, ainda, é professor assistente da Universidade Federal de Minas Gerais em duas disciplinas de Direito Administrativo.

balizas interpretativas, processuais e de controle, lembrando aqui que baliza tem por significado "marco, poste ou outro sinal que indica um limite" (MICHAELIS, 2021).

No mesmo dia da apresentação do projeto, foi ele remetido à CCJ para decisão terminativa. Após designação da relatora em 17/06 e realização da mesa-redonda de que já se tratou, a Senadora Simone Tebet apresentou o Requerimento nº 35/2015 (TEBET, 2015) para realização de audiência pública sobre a proposição. Deflui do requerimento em questão que a proposta era ouvir dois especialistas do Direito Público[17], além de dois representantes[18] da Administração Pública e do presidente da Confederação Nacional dos Municípios, que se pode dizer também possuir a visão do administrador público, dado ser voltada à representação político-institucional dos municípios, não tendo sido chamado qualquer representante dos órgãos de controle para debater a proposta (CNM, 2021).

Das notas taquigráficas da audiência pública realizada em 19/11/2015 (SF, 2015), percebem-se passagens atribuídas à relatora a reforçar a possibilidade de que a questão para a qual se procurara solução na comunidade acadêmica tenha mesmo sido o desenvolvimento institucional posto em ação pelo TCU e mesmo demais órgãos de controle, a exemplo de quando refere à maior abrangência desde 1988 do controle interno e externo das atividades públicas com multiplicidade de órgãos a atuarem nessa esfera controladora, ensejando divergência de interpretação e, portanto, insegurança jurídica. Dentre os participantes da audiência, destacam-se discursos em sentido semelhante. O procurador da Fazenda Nacional mencionou a visão negativa que se tem dos burocratas no Brasil e ressaltou também percepção de que a fiscalização empreendida por vários órgãos de controle induz o gestor público a se precaver bastante antes de tomar uma decisão.

Posteriormente à realização da audiência pública, em 09/03/2016, a relatora apresentou relatório com voto pela aprovação do projeto e da

[17] Egon Bockmann Moreira e Alexandre Santos de Aragão, ambos colaboradores da obra lançada na mesa-redonda.

[18] Arnaldo Sampaio Moraes Godoy, ex-Consultor-Geral da União e Procurador da Fazenda Nacional, e Fabrício do Rozario Valle Dantas, Secretário-Executivo Adjunto do Ministério da Fazenda à época.

emenda apresentada pelo seu autor, além das sete que propôs. Dentre as alterações propostas, além de ajustes mais formais, o que há de meritório é a inserção de dispositivo atinente à dosimetria da sanção, a previsão de o gestor público ressarcir ao erário os gastos com sua defesa, se reconhecida a ilicitude da sua conduta com trânsito em julgado, e novo artigo orientando as autoridades públicas a emitirem regulamentos, súmulas, pareceres normativos e respostas a consultas, todos com caráter vinculante, a fim de aumentar a segurança jurídica. A matéria foi incluída na pauta da CCJ em 01/04/2016, excluída a pedido da relatora em 20/04/2016 e devolvida em 30/11/2016.

Depois de ser incluída em pauta nas reuniões de 08/03/2017, de 15/03/2017, de 22/03/2017 e ser objeto de adiamento em todas elas, em 29/03/2017, primeira reunião presidida pelo Senador Anastasia desde que devolvida a matéria pela relatora, o projeto foi aprovado por unanimidade sem debate. Um dia antes da sua aprovação, foram apresentadas sete emendas pelo Senador Benedito de Lira (LIRA, 2015), todas incorporadas ao texto final.

Sobre as emendas apresentadas pelo Senador Benedito de Lira, releva notar, por pertinente com o objeto ora pesquisado: a Emenda 2 que buscava evitar a abordagem de todo tipo de consequência pelas decisões nas esferas administrativa, judicial e de controle, tendo ele proposto delimitar às consequências jurídicas e administrativas; a 3, para conferir somente ao ente público a competência para proposição da ação declaratória de validade de ato, contrato, ajuste, processo ou norma administrativa, ao argumento de buscar impedir o aumento da insegurança jurídica; a Emenda 4, para flexibilizar a necessidade de consultas públicas para celebração de compromisso, com a aposição da expressão "quando for o caso", a pretexto de não se enfraquecer a resolução extrajudicial de conflitos pela Administração Pública; a 5, limitando a possibilidade prevista de apoio da entidade pública à defesa do agente a ela vinculado às hipóteses em que tenha agido no exercício normal de suas competências e em observância ao interesse geral; e a Emenda 6 que propunha apenas facultar e não obrigar a realização de consultas públicas em casos de edição de atos normativos, para não impactar a eficiência da gestão pública.

Vê-se, portanto, que o Senador Benedito parece ter buscado limitar um pouco o alcance do projeto e que houve uma decisão por acatar todas as propostas, possivelmente a fim de aproveitar a janela de oportunidade no Senado, já que a reunião da CCJ no dia seguinte seria presidida pelo autor do projeto. O Parecer (SF) nº 22 de 2017 (TEBET, 2017), inclusive, não incorporou as emendas do senador em seu texto – seja no relatório, seja na análise, seja no voto – nem no quadro comparativo a ele anexado que apresentou para expor as emendas procedidas pela relatora, tendo elas constado apenas como anexos e no texto final do PLS nº 349/2015, sem qualquer consideração da Senadora Simone Tebet sobre elas.

Ao adentrar na análise qualitativa do parecer da relatora, identifica-se trecho em que mais declaradamente se expôs a intenção de reagir à ação de órgãos controladores, na parte em que analisa o mérito do projeto:

> [...] o artigo 21 traz uma medida de prudência básica ao instituir parâmetros para o controle do comportamento do gestor público de modo a evitar abusos de órgãos controladores, protegendo o gestor que atua de boa-fé. Trata-se de norma direcionada principalmente aos órgãos de controle, que, por vezes, fazem exigências deslocadas da realidade dos gestores. O dispositivo insere-se, assim, no contexto em que se considera que os órgãos executores e a fiscalização devem estreitar os laços de comunicação e, sem invadir as competências alheias, buscar as soluções que maximizem o bem comum (TEBET, 2017, p. 7).

Quando aborda o art. 27 do projeto, ressalta-se que ele pretende delimitar a responsabilidade do agente público, tanto para que só ocorra se configurado dolo ou erro grosseiro, quanto para impedir que se configure, se o agente tiver adotado entendimento dominante na data da prática do ato e acrescenta: "Como responsabilizar um agente público que adote interpretação posteriormente rejeitada pelos órgãos controladores?" (PARECER SF nº 22 de 2017, p. 12). Também sobre o art. 27, transcreve-se trecho das notas taquigráficas referente à fala de um dos participantes da audiência pública em que ele aponta a responsabilização pelo TCU de colegas que proferiram pareceres com opinião da qual o órgão divergiu. Vê-se, então, passagens do parecer que propôs a aprovação do projeto de lei ora analisado que indicam possível intenção de reagir a excessos do TCU, além dos demais órgãos de controle.

Não tendo havido recurso contra a aprovação da matéria de forma terminativa na CCJ, foi encaminhado o projeto para a Câmara dos Deputados revisar a matéria em 19/04/2017. Já na Câmara, em 08/05/2017, foi despachado o projeto pela mesa diretora para a CCJ da Casa, sujeita à apreciação conclusiva. A CCJ o recebeu em 15/05, com designação do relator, Deputado Paulo Abi-Ackel, em 06/06/2017. Findo o prazo para apresentação de emendas em 20/06/2017, sem que nenhuma tenha sido proposta, quase três meses depois foi apresentado parecer pelo relator em prol da aprovação do PL nº 7.448/2017. Frise-se, pela importância, que não foi realizada nenhuma audiência pública sobre a proposição.

Cogitamos, neste trabalho, que o não envio de convite a qualquer órgão de controle para participação na audiência pública do Senado e que a não realização de audiência na Câmara tenham sido estratégias utilizadas para evitar chamar a atenção para o projeto, aproveitando-se a janela de oportunidade, a qual se abre por curto período. Segundo Kingdon (2003), aliado ao fato de que seu conteúdo não era exatamente popular e tinha o potencial de provocar reação dos órgãos de controle, como de fato ocorreu, só que já no prazo da sanção. Veja-se que não houve sequer propostas de emendas na Câmara, tendo sido o projeto aprovado com redação muito próxima – pode-se dizer – da proposta advinda da *policy community*.

Quatro dias depois de apresentado o parecer, foi ele pautado para a sessão de 19/09/2017, na qual foi lido, com posterior pedido de vista pelo Deputado Valmir Prascidelli. Encerrado o prazo da vista dois dias depois, foi aprovado o parecer do relator em 24/10/2017, em caráter terminativo, após inclusão da matéria para votação em 26/09/2017 e respectiva exclusão por acordo.

No parecer, considerando-se o objeto ora pesquisado, pode-se enfatizar ser repetido trecho encontrado em outros documentos integrantes do processo legislativo, no sentido de que o projeto teria a finalidade de melhorar a qualidade decisória dos órgãos administrativos, judiciais e de controle. Destaca-se, ainda, previsão no sentido de que não poderia o agente público ser responsabilizado se sua decisão se respaldasse em jurisprudência ou doutrina não pacificada, mesmo que tese contrária seja posteriormente adotada em tribunais e órgãos de controle judiciais. Ao justificar a alteração da LINDB, afirma cuidar-se de introdução de novas balizas interpretativas para aplicação do Direito e exemplifica com trecho de artigo de Sundfeld e Salama (2015) sobre o art. 20 do PLS nº 349/2015 e que se refere às decisões de controladores que se baseiam em valores jurídicos abstratos, ao que ilustram citando os Tribunais de Contas, que seriam ativos e interventivos.

Uma vez encaminhado para publicação e aberto prazo para recurso contra a apreciação conclusiva na CCJ, a Deputada Federal Erika Kokay recorreu em 1º/11/2017, recurso no qual a parlamentar ressalta que o projeto teve rápida tramitação na Câmara, constatação talvez a confirmar conclusão a que se chegou linhas atrás sobre a ausência de audiência pública em uma das Casas Legislativas:

> A tramitação de forma terminativa não permitiu os necessários debates públicos sobre o tema que interessa não apenas à Administração Pública, mas também aos cidadãos como administrados, aos órgãos de controle, como os Tribunais de Contas e as Controladorias, e ao Poder Judiciário (KOKAY, 2017, p.1).

Em face do recurso interposto, em 15/03/2018, foi apresentado o requerimento de retirada de proposição de iniciativa coletiva nº 8279/2018, assinado pelo Deputado Rodrigo Pacheco, presidente da CCJ da Câmara quando de sua aprovação na comissão, no qual se pleiteou a retirada do recurso contra a apreciação conclusiva da matéria na CCJ, tendo sido ele deferido pela mesa diretora da Câmara dos Deputados em 21/03/2018. Já no prazo para sanção presidencial iniciado em 05/04/2018, os órgãos de controle, tão reiteradamente mencionados desde a concepção do anteprojeto, ao longo do processo legislativo e mesmo na doutrina sobre o projeto, se apercebendo das novas balizas previstas no PL nº 7.448/2017, decidiram agir.[19] Em meio à disputa instalada entre os favoráveis e os contrários à sanção do projeto, o então presidente da República houve por bem vetá-lo parcialmente por contrariedade ao interesse público e inconstitucionalidade. Foram vetados onze dispositivos, considerando-se aqui parágrafos e incisos como dispositivos. Dentre os vetados, percebe-se que o foram o parágrafo único, do art. 23, todo o art. 25 e o §2º, do art. 26, três dos cinco cuja inconstitucionalidade o TCU apontou em sua análise preliminar enviada à Presidência da República, a demonstrar, no mínimo, algum poder de influência do órgão de controle junto ao chefe do Poder Executivo Federal à época.

[19] Para aprofundar sobre a tentativa dos órgãos de controle de frear a reação, consultar TCU (2018).

## 2. A Lei n. 13.655/2018 e o Controle Externo

Apresentados os resultados do estudo de caso à luz da Teoria da Agenda de Kingdon (2003), cabe adentrar na análise do mérito propriamente dito da Lei n. 13.655/2018, considerando-se parecer possível, por toda a análise realizada no presente trabalho, configurar que a aprovação do projeto de lei nas duas Casas Legislativas possa ter sido uma resposta à ampliação empreendida pelo TCU das suas competências a partir da via interpretativa, ainda que em um movimento de também balizar a atuação de demais órgãos de controle, em especial ante o protagonismo que tiveram na condução da Operação Lava Jato.

Nesta seção, o foco recairá no exame dos artigos em que se identifica maior potencial para limitar a ação do TCU. Dez artigos foram introduzidos na LINDB pela lei n. 13.655/2018, após os vetos apostos.

Tendo em vista sua aplicabilidade em face do TCU, inicia-se, então, analisando o art. 20.[20] Vê-se de sua redação que tal previsão se relaciona com o dever de motivar as decisões nas diversas esferas, entre as quais a controladora, em linha com o dever de motivação das decisões judiciais previsto no art. 93, inciso IX, da Constituição Federal, e mesmo com o art. 489, § 1º, do Código de Processo Civil vigente. Justen Filho (2018) ressalta que referido art. 20 pretendeu mitigar o risco de indeterminação das decisões decorrente da utilização superficial de princípios para fundamentá-las, visto que o processo de aplicação do Direito, na sua concepção realista, que possui como premissa a inviabilidade de o legislador disciplinar todas as situações concretas, requer a concretização de normas e valores ideais e, portanto, deve ter em conta elementos da realidade.

Palma (2018), ao listar o que chama de três grandes impasses que a Lei n. 13.655/2018 visou endereçar, aponta um que parece ter sido o foco do art. 20 solucionar: princípios ou conceitos jurídicos indeterminados têm sido utilizados como parâmetros, muitas vezes, para julgamento do ato de gestão como irregular ou não. A reforçar essa atuação por parte dos

[20] Art. 20. Nas esferas administrativa, controladora e judicial, não se decidirá com base em valores jurídicos abstratos sem que sejam consideradas as consequências práticas da decisão. Parágrafo único. A motivação demonstrará a necessidade e a adequação da medida imposta ou da invalidação de ato, contrato, ajuste, processo ou norma administrativa, inclusive em face das possíveis alternativas.

controladores, inclusive, vale destacar a previsão do § 1º, do art. 1º, da LOTCU, a qual, a despeito da delimitação constitucional sobre o tema,[21] que, quando confere competência para o TCU editar atos de comando o faz apenas com base no parâmetro de controle da legalidade, estabelece que "no julgamento de contas e na fiscalização que lhe compete, o Tribunal decidirá sobre a legalidade, a legitimidade e a economicidade dos atos de gestão e das despesas deles decorrentes, bem como sobre a aplicação de subvenções e a renúncia de receitas". Marques Neto e Freitas (2019), por sua vez, são claros ao confirmarem a prática decisória também do TCU baseada em conceitos indeterminados e princípios, citando vários exemplos, tais quais o acórdão nº 2.466/2013-Plenário,[22] por meio do qual o Tribunal questionou duas exigências do edital antes mesmo de sua publicação, com base em motivação aberta.

Jurksaitis e Sundfeld (2015) afirmam que é preciso enfrentar a que pode ser a principal crítica ao protagonismo dos Tribunais de Contas e dos órgãos de controle em geral, que é o fato de eles se substituírem aos gestores na formulação de políticas públicas. Para tanto, ou seja, para se endereçar a crítica, afirmam os autores que é preciso cautela na prolação de decisões embasadas em conceitos jurídicos abstratos, impondo-se aos órgãos de controle um ônus maior na fundamentação das suas decisões, apontando os efeitos dela esperados e mesmo soluções alternativas, fim que se buscou alcançar com esse artigo 20. Arrematam os autores ser assim, afinal, o processo decisório dos gestores públicos – aos quais os controladores pretendem se substituir: identificam o problema, pensam as possíveis soluções a serem adotadas, custos e vantagens de cada qual,

[21] Para aprofundamento sobre a delimitação constitucional das competências do TCU, inclusive sobre seu poder de editar atos de comando, sugere-se consultar Câmara e Sundfeld (2013) e Rosilho (2016).

[22] "9.2.1 em observância aos princípios da motivação, da isonomia e da seleção da proposta mais vantajosa, aos arts. 37, inciso XXI, da Constituição de 1988, 14 da Lei 8.987/1995, 3º e 30 da Lei 8.666/1993 e à súmula TCU 263/2011, inclusão no processo de concessão, expressamente, dos fundamentos legais, técnicos (além daqueles constantes na Nota Técnica 001/DERC/DEOUT/SPR/SAC-PR) da exigência de experiência em processamento de passageiros e de restrição à participação no leilão de acionistas das atuais concessionárias de serviço público de infraestrutura aeroportuária, de forma a demonstrar, tecnicamente, que os parâmetros fixados são adequados, imprescindíveis, suficientes e pertinentes ao objeto licitado."

para então se decidir e depois ainda submeter a decisão ao escrutínio dos órgãos de controle.

Justen Filho (2018) alerta, ainda, que decisões motivadas apenas em valores genéricos e abstratos se dão em todas as esferas, já existindo dispositivo prévio a disciplinar a matéria na instância judicial, conforme se comprova da leitura do art. 489, § 1º, do Código de Processo Civil vigente, o qual enumerou tipos de decisões judiciais que não se considerariam motivadas e que se aplica, conforme seu art. 15, subsidiariamente às duas outras esferas, é dizer: administrativa e controladora. Afirma, então, que se mantém relevante e útil o comando do art. 20 inserido na LINDB, vez que afasta dúvida sobre sua aplicação nas instâncias administrativa e controladora e registra que ambos os dispositivos devem ser aplicados conjuntamente, mesmo porque, violado o art. 489, § 1º, do CPC, estará violado o art. 20, da Lei de Introdução.

Parte-se então para análise do art. 21,[23] também ante o seu potencial de balizar a ação da Corte de Contas. Ao comentá-lo, é bom que se diga que Mendonça (2018) reconhece que a Lei nº 13.655/2018 introduz o consequencialismo jurídico no Direito brasileiro, em reação ao que chama de cultura do hipercontrole público, e caracteriza dita cultura considerando cinco aspectos: o da vagueza proporcionada por normas de tipos abertos; o de opinião, visto que a amplitude da norma permitiria que parte da atividade controladora oculte apenas divergências de opinião; o da performance, já que dela depende para que sua opinião tenha força por sua boa reputação junto à sociedade; o aspecto da disputa, ante a existência de diversas esferas de controle a favorecer o desacordo, vez que é a quem nega que se deverá explicações; e, por último, o do incremento, pela necessidade mesmo de se mostrar útil ante a falta de elementos sobre os efeitos do controle, o que ocasionaria um incentivo para se controlar sempre mais.

Em sentido semelhante, Marques Neto e Freitas (2019), ao constatarem o incremento da instabilidade provocada pela multiplicidade de instâncias

[23] Art. 21. A decisão que, nas esferas administrativa, controladora ou judicial, decretar a invalidação de ato, contrato, ajuste, processo ou norma administrativa deverá indicar de modo expresso suas consequências jurídicas e administrativas.
Parágrafo único. A decisão a que se refere o *caput* deste artigo deverá, quando for o caso, indicar as condições para que a regularização ocorra de modo proporcional e equânime e sem prejuízo aos interesses gerais, não se podendo impor aos sujeitos atingidos ônus ou perdas que, em função das peculiaridades do caso, sejam anormais ou excessivos.

de controle, concluem que essa instabilidade decorre dos seguintes truísmos doutrinários: mais discricionariedade conferida à Administração Pública implica maior risco de corrupção; mais controle traz mais garantia de atuação administrativa dentro da legalidade; instituições de controle fortes, com independência funcional e amplos recursos freiam a corrupção; e sanções fortes aos gestores públicos têm a capacidade de coibir novas práticas ilegais.

Esse cenário, portanto, propicia que decisões sejam tomadas sem considerar as suas consequências, com destaque para as decisões que invalidam atos, contratos, processos ou normas administrativas, em especial ante o olhar retrospectivo usualmente empregado na Teoria das Nulidades dos atos administrativos, conforme bem capturado por Moreira (2018).

Cria-se com o art. 21, então, em conjunto com o art. 20 e mesmo com o art. 22, conforme Palma (2017), os mesmos ônus impostos ao administrador, considerando a constatação empírica de que não é incomum o controlador assumir a competência do gestor. Seriam os artigos 20 e 21 testes de deferência, isto é, mereceria deferência a interpretação conferida pela Administração Pública, acaso o órgão controlador não se desincumba dos ônus argumentativos impostos pela lei, os quais, no caso do art. 21, seriam o ônus de indicar as consequências jurídicas e administrativas da decisão de invalidação, ônus de apontar meios de regularização que atendam a proporcionalidade, que sejam equânimes e não imponham prejuízos aos interesses gerais e o ônus de considerar a proporcionalidade em seus parâmetros.

Veja-se o art. 22[24] da LINDB, considerando que o órgão de controle externo interpreta normas sobre gestão pública no exercício de suas competências. Ainda ante o contexto descrito por Mendonça (2018) e por Marques Neto e Freitas (2019) de proeminência do controle em

[24] Art. 22 Na interpretação de normas sobre gestão pública, serão considerados os obstáculos e as dificuldades reais do gestor e as exigências das políticas públicas a seu cargo, sem prejuízo dos direitos dos administrados. § 1º Em decisão sobre regularidade de conduta ou validade de ato, contrato, ajuste, processo ou norma administrativa, serão consideradas as circunstâncias práticas que houverem imposto, limitado ou condicionado a ação do agente. § 2º Na aplicação de sanções, serão consideradas a natureza e a gravidade da infração cometida, os danos que dela provierem para a administração pública, as circunstâncias agravantes ou atenuantes e os antecedentes do agente. § 3º As sanções aplicadas ao agente serão levadas em conta na dosimetria das demais sanções de mesma natureza e relativas ao mesmo fato.

face do controlado, os dois últimos autores destacam a prática de alguns controladores de conduzirem processos administrativos sancionadores a partir de sua opinião divergente, processos muitas vezes julgados anos após a prática do ato de gestão, propiciando que o julgamento ocorra em desconexão das circunstâncias práticas que contextualizaram o ato praticado. Intenta o art. 22, portanto, na visão de Marques Neto e Freitas (2019), inserir o pragmatismo no âmbito do Direito Administrativo Sancionador. De novo, dado que o controlador se imbui de assumir competências da Administração, que o faça por completo, sob viés realista, não em juízo ideal e abstrato, dissonante da realidade imposta ao gestor.

Conrado (2019) aponta que, no acórdão nº 10.329/2017-2ª Câmara, o TCU responsabilizou o gestor por executar obra sem observar as especificações técnicas aprovadas pela concedente, desconsiderando a motivação técnica apresentada pelo agente, a qual estaria, inclusive, respaldada em estudo especializado.

Vale lembrar aqui que foi comentando esse artigo 22 no parecer apresentado na CCJ, cujo número no PLS nº 349/2015 era art. 21, que a relatora da matéria no Senado deixou mais explícita a intenção de reagir ao que chamou de abusos de órgãos controladores, ao apresentarem exigências irreais aos administradores públicos, propondo então emendas aprovadas sob a forma dos §§ 2º e 3º, do art. 22, da LINDB.

Marques Neto e Freitas (2019) exemplificam com um acórdão do TCU a aplicação do dispositivo, a demonstrar a desnecessidade de resistência pelos órgãos de controle à alteração da lei. Nesse sentido, citam o Acórdão nº 1643/2018-Plenário, o qual decidiu pelo arquivamento do processo sem sancionar os gestores, ao fundamento de que, ante as dificuldades reais que circundaram a tomada de decisão, eventual aplicação de multa seria medida extrema, tendo sido utilizado exatamente o *caput* desse artigo da LINDB.

Seu § 1º aplica lógica similar no caso de invalidação de atos, ajustes, normas ou processos. Marques Neto e Freitas (2019) ressaltam que o mencionado dispositivo buscou sanar lacuna existente no ordenamento no que toca a eventual responsabilização do servidor em caso de invalidação de atos, a despeito de a Lei nº 9.784/1999 (Art. 54) e a Lei nº 8.666/1993 (Art. 59) já buscarem preservar o particular de boa-fé nas relações com a Administração Pública. Bem ponderam os autores que não se deveria sancionar o agente apenas por ter participado da prática de ato nulo, devendo este parágrafo ser interpretado em conjunto com o art. 28, da própria LINDB, o qual só prevê a responsabilização de agentes públicos em caso de decisões praticadas com dolo ou erro grosseiro.

Já em relação aos §§ 2º e 3º, do art. 22, constata-se que o parecer da Senadora Simone Tebet, ao incluí-los por emenda, justificou a proposta com a indicação do objetivo de melhor detalhar critérios para dosimetria da sanção administrativa. Jordão (2018) entende que, para além do viés retributivo da pena – que talvez tenha sido o foco da relatora da matéria no Senado – tais parágrafos tratam da sanção como técnica de gestão ou de regulação, não apenas das sanções disciplinares, e concorda com Marques Neto e Freitas (2019), os quais afirmam que o objetivo da sanção administrativa seria mais incentivar a conformação da conduta do administrado à finalidade regulatória. Seria também por esse motivo a previsão do art. 26 sobre a possibilidade de celebração de compromissos em situações contenciosas, privilegiando a consensualidade. Jordão (2018) acrescenta que, a se resumir a disciplina dos dispositivos apenas às sanções disciplinares, seria desnecessário o parágrafo segundo, já que praticamente reproduz o art. 128, da lei nº 8.112/1990.

Sobre o § 3º observa-se que visou atenuar os efeitos do *bis in idem*, permeando-o com um viés pragmático, de modo que, ante a multiplicidade de instâncias de controle, em o agente sendo apenado em uma instância por um fato e sendo responsabilizado em outra pelo mesmo fato, deverá a primeira sanção ser considerada na aplicação da segunda. Marques Neto e Freitas (2019) ilustram a conclusão com o entendimento do Superior Tribunal de Justiça no julgamento do REsp nº 1.135.858-TO,[25] no qual restou assentado que não há *bis in idem* na existência de acórdão do TCU que condena ao ressarcimento ao erário com sentença proferida em ação civil pública de improbidade administrativa, que também condena a ressarcir pelo mesmo fato, desde que se abata o valor primeiramente executado quando da execução do título subsequente.

Novamente em vista do potencial de utilização da norma, analisa-se agora o *caput,* do art. 23[26], vez que o parágrafo único foi vetado. Da sua

[25] Segunda Turma, DJe 5.10.2009.

[26] Art. 23. A decisão administrativa, controladora ou judicial que estabelecer interpretação ou orientação nova sobre norma de conteúdo indeterminado, impondo novo dever ou novo condicionamento de direito, deverá prever regime de transição quando indispensável para que o novo dever ou condicionamento de direito seja cumprido de modo proporcional, equânime e eficiente e sem prejuízo aos interesses gerais.

leitura, extrai-se o intento do legislador de resguardar a boa-fé dos particulares, ao prever a necessidade de se dispor sobre um regime de transição em caso de a decisão estabelecer nova interpretação ou orientação sobre norma de conteúdo indeterminado da qual decorra novo dever ou condicionamento de direito. Marques Neto e Freitas (2019) destacam o que nomeiam de cultura jurídica nacional de baixo compromisso com o valor da segurança jurídica, e o agravamento desse cenário no que toca ao Direito Público. Com essa cultura presente em todas as esferas, portanto, inclusive na de controle, sob o argumento da prevalência do interesse público e outros valores abstratos, ressaltam o contrassenso de, por um lado, ser vedada constitucionalmente a retroação da lei e, apesar disso, ocorrer interpretação retroativa pelo Executivo, pelo Judiciário e por "meros órgãos auxiliares do Legislativo", em clara referência ao TCU. Seria esse o cenário a justificar o art. 23, na visão dos autores.

Ao analisarem a abrangência de aplicação do art. 23, Marques Neto e Freitas (2019) acentuam sua aplicabilidade a qualquer agente ou ente que componha o aparelho estatal ou que a ele se equipare por delegação, sendo que, especificamente sobre a esfera controladora, ressaltam se sujeitar à LINDB os órgãos que possuem regime constitucional especial, dentre os quais citam expressamente os Tribunais de Contas, o que parece ter a ver com argumento utilizado pelo TCU no Acórdão nº 212/2012 TCU – 2ª Câmara, no sentido de que seus atos teriam natureza especial por sua condição de órgão constitucional, para sustentar a inaplicabilidade da Lei nº 9.784/1999 ao controle externo.

Nesse contexto, dada a lição de Ávila (2003) de que normas são os sentidos que se constroem a partir da interpretação sistemática de textos normativos, uma vez que a decisão contrarie sentido de decisão anterior, inovando na sua interpretação, ou confira orientação ou delimitação que antes não existia, passa-se a exigir que se fixe regime de transição, em atenção ao princípio da confiança legítima, como bem registram Marques Neto e Freitas (2019). A Lei nº 13.655/2018, aliás, não inaugura conceito novo no ordenamento jurídico brasileiro, dada a previsão da lei nº 9.868/1999, em seu art. 27, a permitir a modulação de efeitos pelo STF em declaração de inconstitucionalidade de lei, sendo possível identificar, igualmente, algumas decisões do Tribunal de Contas da União a aplicar o conceito antes mesmo da alteração da LINDB, a exemplo do Acórdão nº 442/2017-Plenário, o qual, ao analisar a legalidade da Sistemática para Desinvestimentos de Ativos e Empresas do Sistema Petrobras, a despeito de negar em parte o pleito da empresa para dar continuidade a dez alienações cujos processos já estavam em andamento, deferiu o prosseguimento de duas delas, as quais já estavam em estágio avançado e tinham sido autorizadas a prosseguir, mesmo com deferimento de medida cautelar pelo Tribunal a obstar demais alienações.

O art. 24[27] prevê, em linha com o brocardo de que *tempus regit actum*, a irretroatividade da mudança interpretativa posterior, não somente a irretroatividade da lei, e menciona expressamente a esfera controladora, juntamente com a maioria dos dispositivos. Câmara (2018) bem esclarece o seu sentido ao afirmar que a LINDB reconhece aqui que a decisão proferida em observância ao entendimento jurídico geral vigente na data de sua prolação se mantém válida mesmo que futuramente a interpretação jurídica mude e ela passe a ser divergente do novo padrão de orientação jurídica. Protegem-se, assim, os atos jurídicos perfeitos, não estando alcançadas pela norma deliberações com efeitos não plenamente constituídos ou situações de fato não totalmente consolidadas ao tempo da alteração interpretativa. O autor também frisa que a regra vale mesmo para atos que produzem efeitos sucessivos, já que a lei não diferenciou e aplica igual lógica aos atos restritivos de direitos, para concluir que também a eles não se aplicaria eventual nova interpretação.

O parágrafo único, do art. 24, por sua vez, enumera situações que caracterizam as orientações gerais referidas no *caput*, mas Câmara (2018) admite que podem remanescer dúvidas sobre sua definição e afirma que a vedação à invalidação de deliberações administrativas supõe que haja alteração em entendimento considerado "orientação geral" pela sociedade, ao que finaliza no sentido de que somente análise casuística permitirá melhor caracterização do conceito da lei, para o que pode ajudar o art. 30, da LINDB, ao estimular que haja regulamentos, súmulas administrativas e respostas a consultas nas esferas judicial, controladora e administrativa.

[27] Art. 24. A revisão, nas esferas administrativa, controladora ou judicial, quanto à validade de ato, contrato, ajuste, processo ou norma administrativa cuja produção já se houver completado levará em conta as orientações gerais da época, sendo vedado que, com base em mudança posterior de orientação geral, se declarem inválidas situações plenamente constituídas. Parágrafo único. Consideram-se orientações gerais as interpretações e especificações contidas em atos públicos de caráter geral ou em jurisprudência judicial ou administrativa majoritária, e ainda as adotadas por prática administrativa reiterada e de amplo conhecimento público.

Valendo-se aqui, uma vez mais, da doutrina de Marques Neto e Freitas (2019), consigna-se a visão dos autores do potencial de aplicação desse dispositivo legal frente a eventuais mudanças de entendimento do TCU, haja vista sua competência para responder consultas, a qual configura prejulgamento de tese pelo Tribunal, de sorte que, em o órgão de controle modificando o posicionamento fixado em resposta à consulta sem explicitar sua aplicação prospectiva, poderia ensejar sanção por ato praticado em atenção ao entendimento anterior, não fora o art. 24, da LINDB, para melhor balizar a decisão. Veja-se, então, por pertinente ao problema de pesquisa, menção feita neste trabalho ao parecer prévio que opinou pela rejeição das contas do Governo de 2014, que, acaso já estivesse vigente a Lei nº 13.655/2018, possivelmente seria invocado o art. 24 – e quem sabe o art. 23 – na defesa da então presidente da República na oportunidade, haja vista, inclusive, estar consignado no parágrafo único tratar-se de orientação geral práticas administrativas reiteradas, embora não seja o objetivo aqui maior aprofundamento sobre o tema, restando em aberto a possibilidade de eventual pesquisa específica sobre a questão.

O art. 25, que previa a ação declaratória de ato, contrato, ajuste, norma administrativa ou processo, por sua vez, foi objeto de veto presidencial, e o art. 26, permissivo a conferir uma abertura à generalidade da Administração Pública para a consensualidade, por parecer menos pertinente ao objeto ora pesquisado, não será examinado mais detidamente no presente trabalho.

Partindo para analisar, então, o art. 27[28], percebe-se sua tentativa, inclusive na esfera do controle, de compensar benefícios indevidos ou prejuízos anormais ou injustos decorrentes do processo ou da conduta dos envolvidos. Sundfeld e Voronoff (2018) sustentam ser necessário que o ordenamento jurídico disponha sobre compensações por custos e externalidades processuais indevidas, para preservar os direitos materiais e o sistema processual nas três esferas. Os autores ressaltam, por exemplo,

[28] Art. 27. A decisão do processo, nas esferas administrativa, controladora ou judicial, poderá impor compensação por benefícios indevidos ou prejuízos anormais ou injustos resultantes do processo ou da conduta dos envolvidos. § 1º A decisão sobre a compensação será motivada, ouvidas previamente as partes sobre seu cabimento, sua forma e, se for o caso, seu valor. § 2º Para prevenir ou regular a compensação, poderá ser celebrado compromisso processual entre os envolvidos.

que a não compensação dos efeitos de uma medida cautelar deferida e subsequente julgamento pela improcedência dos pedidos tem o condão de comprometer em parte o direito material, impondo ônus ao vencedor sem justa causa. Mesmo racional se opera no que toca a atos do Poder Público, sendo que a não previsão de compensação pelos custos e prejuízos indevidos desestimularia a rápida correção de decisões injustas e deixaria de desestimular – acrescenta-se – o uso abusivo de processos.

É nesse sentido, portanto, o art. 27, da LINDB, informado pela lógica do art. 927, parágrafo único, do Código Civil vigente, o qual prevê a obrigação de reparar o dano, independente de culpa, nos casos fixados em lei ou quando a atividade normalmente desenvolvida pelo causador do ano, por sua natureza, gerar risco para os direitos de outrem.[29]

Do art. 27 decorre, portanto, que, no mesmo processo, uma vez concretizado o direito material, cabe reanalisar o curso processual, a fim de perquirir eventuais ônus e benefícios advindos para as partes que se apresentem injustos ou desapartados do direito material concretizado, estabelecendo compensações para tanto, conforme Sundfeld e Voronoff (2018). A novidade que se apresenta é a extensão da possibilidade de celebrar negócios jurídicos processuais para além da esfera judicial, inclusive nas esferas administrativa e controladora, visto que, conforme os autores, os processos estatais trazem riscos para os direitos dos envolvidos, não podendo ser utilizados, pois, para obtenção de vantagens indevidas ou imposição de prejuízos injustos.

Avaliando especificamente como se daria a aplicação do art. 27 nos processos conduzidos por órgãos de controle, em especial o TCU, Sundfeld e Voronoff (2018) ressaltam que são amplas as possibilidades de instauração de processos pelo Tribunal, não havendo direito subjetivo dos administradores públicos de não responderem por eles, inclusive em face do dever de prestar contas, imposto pela Constituição de 1988 em seu art. 70, mas não é por isso que o controle externo está autorizado a agir sem as cautelas próprias de quem titulariza competências públicas. Quer-se com isso dizer que, mesmo na esfera de controle, ainda que haja lastro normativo para condução de fiscalização pela Corte, deve haver justa causa para que se adotem medidas com vistas a sancionar o gestor, tal qual

[29] Sundfeld e Voronoff (2018) citam outros dispositivos do Código Civil e do Código de Processo Civil que teriam inspirado a previsão do art. 27.

sucede quando é chamado em audiência ou citado em tomada de contas especial para pagar suposto débito ou apresentar defesa, com todos os custos daí decorrentes, como para contratação de advogado que patrocine seus interesses ou do ponto de vista da sua imagem e reputação, inclusive no órgão público em que atue.

Sundfeld e Voronoff (2018) retratam cenário que se confirma com situação já exposta neste trabalho, no caso do Acórdão nº 1.927/2014--Plenário, ao constatarem a fragilização dos critérios utilizados pela Corte de Contas para decretar medidas de indisponibilidade de bens, de cunho altamente restritivo, sem que haja indícios firmes de dilapidação do patrimônio ou de medida que atente contra o ressarcimento ao erário, no mais das vezes parecendo se tratar de sanção ao seu destinatário e não de medida de cunho acautelatório.

O art. 28, da LINDB, por sua vez, foi um dispositivo dos mais criticados pelos órgãos de controle, inclusive o TCU, quando agiram para impedir a sanção ao projeto de lei, sendo pertinente dele tratar no estudo que ora se realiza. Não deve ser por acaso que três parágrafos tenham sido vetados do dispositivo, restando do PL nº 7448/2017 apenas o *caput*, o qual estabeleceu somente caber responsabilizar o agente público por suas decisões ou opiniões técnicas se configurado dolo ou erro grosseiro.

Binenbojm e Cyrino (2018) contextualizam a necessidade do dispositivo a partir das exigências usualmente impostas aos administradores públicos pelos órgãos de controle, amparados na crença utópica da possibilidade de aplicação mecânica da lei, como se dela fosse possível extrair todas as soluções para a miríade de problemas enfrentados pelo atuar administrativo, o que novamente tem que ver com os juízos muitas vezes distantes da realidade de que partem os controladores. O TCU denominou de administrador médio o paradigma esperado de gestor público, cuja conduta seria "[...] sempre razoável e irrepreensível, orientada por um senso comum que extrai da norma seu verdadeiro sentido teleológico (Ac. 3494/2010; Ac. 117/2010)" (PALMA, 2018).

Não sendo possível alcançar, entretanto, esse padrão ideal e quiçá irreal, restaria ao gestor, com medo de ser sancionado, uma atuação estritamente respaldada na lei e demais normativos aplicáveis, precedida de análises de risco e pareceres técnicos de outras áreas do mesmo órgão ou entidade, os quais não poderiam apontar qualquer margem de risco ou ressalva, sob pena de o decisor não decidir, emperrando com isso a execução de políticas públicas ao seu encargo, estimulando a ineficiência e mesmo a paralisia decisória e desincentivando a inovação.

E aqui importa assentar o protagonismo atribuído ao TCU pela doutrina para a caracterização desse cenário, conforme se vê em Marques Neto e Freitas (2019), Binenbojm e Cyrino (2018) e Palma (2017), para ficar com alguns. Binenbojm e Cyrino (2018) destacam a tentativa do TCU de responsabilizar o decisor solidariamente com o parecerista por eventual dano ao erário e a respectiva jurisprudência do STF por só punir o parecerista em caso de erro grosseiro, dolo ou opinião lançada em parecer vinculante, o que é restringido pela Lei nº 13.655/2018 às hipóteses de dolo e erro grosseiro em qualquer espécie de parecer. Em Marques Neto e Freitas (2019), adiciona-se histórico do desenrolar da discussão sobre a responsabilização do administrador público a partir de acórdão do TCU – nº 675/2006-Plenário – que teria sido *leading case* sobre o tema – até o que reputam uma involução do entendimento do STF separando os tipos de parecer e permitindo a responsabilização (MS 24.631 e MS 24.584), posteriormente ao acerto do MS nº 24.073 por não responsabilizar advogados de empresa estatal.

Marques Neto e Freitas (2019) tratam, ainda, de "ativismo" da Corte de Contas ao punir vários gestores utilizando-se do parâmetro do "administrador médio", ainda que tal construção careça de maior grau de densificação, propiciando insegurança jurídica aos administradores públicos. Citam como evidência o Acórdão nº 1.628/2018-Plenário, em que o agente que homologou a licitação foi responsabilizado por sua conduta supostamente fugir desse referencial, tendo sido essa fuga equiparada ao erro grosseiro, para efeito de "cumprir" o art. 28. Como consequências esperadas do dispositivo em questão Marques Neto e Freitas (2019) elencam melhora da motivação dos atos pelos gestores públicos fiscalizados, a fim de afastar a configuração do elemento subjetivo, e a inversão e alargamento do ônus argumentativo por parte dos órgãos de controle, os quais precisarão provar concretamente a mácula do ato pelo dolo ou erro grosseiro do agente.

Em relação ao art. 29, da LINDB, por referir à necessidade de consulta pública na edição de atos normativos por autoridade administrativa, excepcionados os atos de mera organização interna, entende-se menos pertinente à análise ora empreendida com olhar direcionado ao TCU.

No que toca ao art. 30,[30] tendo em vista abranger textualmente todas as autoridades públicas com vistas ao incremento da segurança jurídica, atente-se que Moreira e Pereira (2018) afirmam ser ele a chave da abóbada do sistema de aplicação das normas de Direito Público instituído pela LINDB, enfeixando racional de criação de precedentes com viés prospectivo, em linha – pode-se dizer – com os artigos 23 e 24 da própria lei. O dever por esse dispositivo criado de autovinculação administrativa a regulamentos, súmulas administrativas e respostas a consulta ocasionam, segundo os autores, em primeiro lugar, a institucionalização da observância a essas decisões pelo próprio órgão que as houver proferido e por quem estiver hierarquicamente abaixo do decisor, garantindo isonomia de tratamento a casos iguais, com previsibilidade e segurança jurídica e, em segundo, a estabilização institucional das decisões, já que a obediência de terceiros a elas dependeria da reputação de seu emissor.

Moreira e Pereira (2018) acentuam que a lógica do sistema de precedentes adotado pelo Judiciário se aplicaria igualmente, como é de supor, às demais esferas decisórias, aí englobados órgãos administrativos e de controle e acrescem que o art. 30 teria tido o condão de eliminar a percepção por essas duas instâncias de decisão de que os artigos 489 e 927, do Código de Processo Civil vigente, não seriam a elas aplicáveis.

## Conclusões

O presente trabalho propôs-se a verificar como o Congresso Nacional, na qualidade de órgão titular do controle externo, respondeu ao movimento de ampliação posto em ação pelo Tribunal de Contas da União pela via interpretativa desde 1988. Foi possível observar, à luz da Teoria da Agenda de Kingdon (2003), a Operação Lava Jato como possível evento a despertar a atenção dos formuladores de políticas públicas para a questão do expansionismo do Tribunal e mesmo de demais órgãos de controle, seja pelo impacto da atuação ampliada junto ao setor da construção pesada e gestores públicos, seja pelas consequências geradas pela operação em face de agentes políticos. O parecer prévio sobre as contas do Governo de 2014

[30] Art. 30. As autoridades públicas devem atuar para aumentar a segurança jurídica na aplicação das normas, inclusive por meio de regulamentos, súmulas administrativas e respostas a consultas. Parágrafo único. Os instrumentos previstos no *caput* deste artigo terão caráter vinculante em relação ao órgão ou entidade a que se destinam, até ulterior revisão.

opinando por sua rejeição também foi fator que pode ter contribuído para alertar os decisores para o problema identificado.

Em paralelo, verificou-se, no fluxo das soluções, que havia na *policy community* anteprojeto de lei que se propunha a opor balizas interpretativas, processuais e de controle à regulamentação e aplicação da legislação administrativa, com três dos cinco direcionadores que o informaram com potencial de atingir diretamente a ação da Corte de Contas. Nesse processo, foi possível notar o protagonismo de integrantes da SBDP e da FGV no papel de difusão do PLS nº 349/2015, conjuntamente com a desenvoltura do autor da iniciativa na *policy community* e na arena política e igual protagonismo na condução da matéria, a apontá-los como *policy entrepreneurs* na ascensão do item à agenda.

No fluxo político, então, avaliou-se que também a Operação Lava Jato pode ter sido capaz de fazer confluírem interesses de forças políticas a se organizarem em torno do problema, aqui cabendo ressaltar possível ação de administradores públicos e de grupos relacionados ao setor da construção pesada, além dos próprios agentes políticos, muitos sendo alvos de investigação e mesmo ações penais fruto da operação. Ainda releva pinçar que a matéria foi aprovada em caráter terminativo na CCJ do Senado em reunião presidida pelo senador autor da iniciativa, primeira sessão por ele presidida desde que alçou à vice-presidência da comissão.

Verificou-se, bem assim, a proeminência do Senador Antonio Anastasia, em conjunto com a SBDP e a FGV, no que parecer ser o acoplamento dos fluxos, seja ao propor o projeto, seja na organização da obra coletiva sobre cada artigo da proposição ainda em 2015 com recorrentes menções ao TCU e aos órgãos de controle, seja na apresentação da obra ao referir ao investimento do país em desenvolver controles sobre as decisões públicas, citando expressamente o Tribunal de Contas, que teriam maior capacidade para intervir, a demandar mecanismos a corrigir voluntarismos de controladores, seja inclusive ao presidir a sessão da CCJ que analisou a proposição em caráter terminativo.

A fortalecer que tenha havido possível reação do Congresso ao expansionismo posto em ação pelo TCU e demais órgãos de controle – ao que cabe aqui observar que essa lei foi de iniciativa do próprio Congresso, a despeito da prevalência do Executivo na produção das leis (SILVA, 2013), rememore-se a realização de apenas uma audiência pública no Senado Federal, sem que tenha sido convidado representante de nenhum controlador, a não realização de audiência na Câmara, tendo sido o projeto aprovado materialmente de forma muito próxima ao que foi proposto. Verificaram-se menções também nos pareceres dos relatores no Senado e na Câmara e nos debates da única audiência pública ocorrida à insegurança jurídica provocada por interpretações diversas do controle, à multiplicidade de órgãos de controle a incutir medo nos administradores públicos, a abusos de órgãos controladores ao realizarem exigências desconectadas da realidade do gestor e às decisões do Tribunal de Contas ativos e interventivos. A contrarreação dos órgãos de controle ocorrida já no período da sanção também parece reforçar a conclusão de que a alteração da LINDB representou reação à interpretação ampliativa do TCU de suas competências e mesmo a demais órgãos de controle, não sendo demais destacar que a tentativa de barrar a sanção em parte surtiu efeito, com o alcance de vetos presidenciais de dispositivos por eles apontados inconstitucionais.

Analisando a Lei nº 13.655/2018, dispositivo a dispositivo, também se constatou o real potencial de mais diretamente balizar a ação do TCU na interpretação das suas competências, o que já vem sendo percebido por alguns doutrinadores,[31] conquanto se identifique espaço de aprimoramento a ser explorado, deixando-se aqui a sugestão de que sejam empreendidas mais pesquisas sobre os impactos da alteração da LINDB na atuação da Corte Federal de Contas.

Apresentadas as principais conclusões a que esta pesquisa conduziu, acredita-se que o presente trabalho contribuiu para melhor externar que o movimento de ampliação fora da via adequada, que seria a legislativa, por parte do TCU, e mesmo demais órgãos de controle, pode deslegitimar os resultados do controle externo para a sociedade e para o país, sem falar na insegurança jurídica que produz e que foi, justamente, o que a Lei nº 13.655/2018 buscou mitigar. MacCormick (2011) bem aponta que, a respaldar os poderes de cada uma das grandes instituições – que se entende aqui ser o caso do TCU no arranjo institucional brasileiro – subjaz uma convenção ou costume a embasar o cumprimento das suas funções constitucionalmente conferidas, deixando de existir sua normatividade, na medida em que o exercício da função se destaque da previsão constitucional, embora a eficácia prática do exercício de um poder nu possa

[31] MARQUES NETO; FREITAS, 2019; CONRADO, 2019.

permanecer. Ele, igualmente, lança luz sobre a necessidade de coordenação entre os órgãos constitucionais, assentando-se o sistema de freios e contrapesos em convenções e usos compartilhados, visto que, podendo cada órgão constitucional principal bloquear ou tornar impotentes as ações dos outros, pode haver paralisia e imobilidade, provocando um tipo de crise constitucional, o *deadlock*.

Cabe esclarecer neste ponto que não se questiona a importância central do papel desempenhado pelo TCU no exercício do controle externo, sendo crucial, inclusive, destacar a capacidade técnica de seu corpo de auditores e mesmo a especialização desenvolvida no que toca aos temas que perpassam a Administração Pública, colaborando em muito para o aprimoramento da gestão. Ao contrário: é, justamente, por reconhecer a contribuição que o órgão oferece que se registra aqui a necessidade de que tão relevante função seja exercida nos limites do *rule of law*, buscando ampliar suas competências, se assim se identifica necessário, por meio de proposições legislativas para tanto, em trabalho semelhante ao que se fez ao longo da Assembleia Nacional Constituinte e mesmo posteriormente no Congresso Nacional, quando do trâmite do projeto da sua lei orgânica, o que contribuiria para que se alcance o que MacCormick (2011) chamou de constituição genuína.

## Referências

ABI-ACKEL, Paulo. **Parecer do projeto**: Projeto de lei nº 7.448, de 2017. Comissão de Constituição e Justiça e de Cidadania. Câmara dos Deputados. 2017. Disponível em: https://www.camara.leg.br/proposicoesWeb/prop_mostrarintegra?codteor=1598338&filename=Tramitacao-PL+7448/2017. Acesso em: 18 nov. 2020.

AGÊNCIA ESTADO. Impeachment: Planalto quer aprovar contas de Dilma para 'robustecer' defesa. **Correio Braziliense Acervo**. 2015. Disponível em: https://www.correiobraziliense.com.br/app/noticia/politica/2015/12/23/interna_politica,511811/impeachment-planalto-quer-aprovar-contas-de-dilma-para-robustecer-d.shtml. Acesso em: 21 mar. 2021.

AGÊNCIA SENADO. **Plenário rejeita medidas cautelares contra Aécio Neves e senador retoma mandato**. 2017. Disponível em: https://www12.senado.leg.br/noticias/materias/2017/10/17/senado-devolve-mandato-a-aecio-neves. Acesso em: 11 fev 2021.

ANELLI, Jonilson Marcel Silva. **Juridicidade na aplicação da medida cautelar de indisponibilidade de bens pelo Tribunal de Contas da União contra**

**particulares contratantes com o Estado**. 2019. Dissertação de Mestrado. Instituto Brasiliense de Direito Público. Brasília, 2019.

ÁVILA, Humberto. **Teoria dos princípios: da definição à aplicação dos princípios jurídicos**. São Paulo: Malheiros, 2003.

BALDOCCHI, Gabriel. O pneu furou. **Istoé Dinheiro**, 2016. Disponível em: https://www.istoedinheiro.com.br/o-pneu-furou/. Acesso em: 20 mar. 2021.

BINENBOJM, Gustavo; CYRINO, André. O Art. 28 da LINDB: a cláusula geral do erro administrativo. **Revista de Direito Administrativo**, ed. esp., p. 203-224, 2018.

CÂMARA, Jacintho Arruda. Art. 24 da LINDB: irretroatividade de nova orientação geral para anular deliberações administrativas. **Revista de Direito Administrativo**, ed. esp., p.13-34, 2018.

CÂMARA, Jacintho Arruda; SUNDFELD, Carlos Ari. Limites da jurisdição dos tribunais de contas sobre particulares. **Revista Justiça do Direito**, v. 33, n. 2, 2019.

CÂMARA DOS DEPUTADOS. **Projeto de Lei nº 7448/2017**. Disponível em: https://www.camara.leg.br/proposicoesWeb/fichadetramitacao?idProposicao=2130119. Acesso em: 15 jun. 2020.

______. **SIP 1/2017**. Disponível em: https://www.camara.leg.br/proposicoesWeb/fichadetramitacao?idProposicao=2143164. Acesso em: 15 dez. 2020.

______. **Solicitação para instauração de processo – SIP nº 2/2017**. Disponível em: https://www2.camara.leg.br/atividade-legislativa/discursos-e-notas-taquigraficas/discursos-em-destaque/segunda-denuncia-contra-o-presidente-michel-temer/segunda-sip-2-2017. Acesso em: 15 dez. 2020.

CAMPOS, Pedro Henrique. Os efeitos da crise econômica e da operação Lava Jato sobre a indústria da construção pesada no Brasil: falências, desnacionalização e desestruturação produtiva. **Mediações-Revista de Ciências Sociais**, v. 24, n. 1, p. 127-153, 2019.

CONFEDERAÇÃO NACIONAL DE MUNICÍPIOS. **Atuação**. 2021. Disponível em: https://www.cnm.org.br/institucional/conhecaacnm#atuacao. Acesso em: 20 fev. 2021.

CONRADO, Márcio Macêdo. **Impactos da Lei n 13.655/2018 na atuação dos órgãos de controle e seus reflexos na Administração Pública**. Dissertação de Mestrado. Instituto Brasileiro de Ensino, Desenvolvimento e Pesquisa. Brasília, 2019.

DEPARTAMENTO INTERSINDICAL DE ASSESSORIA PARLAMENTAR. **Os cabeças do Congresso Nacional:** anos 2015 a 2018. Disponível em: https://www.diap.org.br/index.php/publicacoes/category/9-os-cabecas-do-congresso-nacional. Acesso em: 1 fev. 2021.

GUEDES, Jefferson Carús; PÁDUA, Thiago Aguiar. Pedaladas jurisprudenciais do TCU ou prospective overruling? **Consultor Jurídico.** 2015. Disponível em: https://www.conjur.com.br/2015-set-08/pedaladas-tcu-ou-prospective--overruling-parte. Acesso em: 27 maio 2020.

FUNDAÇÃO GETÚLIO VARGAS. **Transformações do Direito Administrativo:** consequências e estratégias regulatórias. A Lei de Introdução e os desafios do Direito Administrativo. Seminário de Integração FGV Direito Rio e Faculdade de Direito da UERJ. 2016. Disponível em: https://direitorio.fgv.br/eventos/seminario-de-integracao-fgv-direito-rio-faculdade-de-direito-uerj. Acesso em: 27 mar. 2021.

JORDÃO, Eduardo. Art. 22 da LINDB – Acabou o romance: reforço do pragmatismo no direito público brasileiro. **Revista de Direito Administrativo**, ed. esp. p. 63-92, 2018.

JURKSAITIS, Guilherme Jardim; SUNDFELD, Carlos Ari. Uma lei para dar mais segurança jurídica ao Direito Público e ao Controle. **Revista do Tribunal de Contas do Estado de São Paulo**, v. 135, p. 111-113, 2015.

JUSTEN FILHO, Marçal. Art. 20 da LINDB: dever de transparência, concretude e proporcionalidade nas decisões públicas. **Revista de Direito Administrativo**, ed. esp., p. 13-41, 2018.

KATZ, ANDREA SCOSERIA. Making Brazil work? Brazilian coalitional presidentialism at 30 and its post-Lava Jato prospects. **Revista de Investigações Constitucionais**, Curitiba , v. 5, n. 3, p. 77-102, dez. 2018.

KINGDON, John. **Agendas, alternatives, and public policies**. 3. ed. Nova York: Harper Collins, 2003.

KOKAY, Erika. **Recurso ao Plenário contra a preciação conclusiva das Comissões osbre o Projeto de Lei nº 7448/2017 (PLS 349/2015)**. 2017. Câmara dos Deputados.

LIRA, Benedito. **Emendas modificativas nº 00002 a 0006-CCJ ao projeto de lei do Senado n 349/2015 da versão com emendas da Relatora**. 2015. Senado Federal. Disponível em: https://www25.senado.leg.br/web/atividade/materias/-/materia/121664. Acesso em: 18 nov. 2020.

MACCORMICK, Neil. **Instituciones del Derecho**. Madrid: Marcial Pons, 2011.

MARQUES NETO, Floriano Peixoto de Azevedo; SUNDFELD, Carlos Ari. É necessário atualizar a velha Lei de Introdução para melhorar o Direito Público Brasileiro. **Revista Zênite de Licitações e Contratos-ILC**, v. 258, p. 724-731, 2015.

MARQUES NETO, Floriano Peixoto de Azevedo; FREITAS, Rafael Véras. **Comentários à lei nº 13.655/2018**: lei da segurança para a inovação pública. Belo Horizonte: Fórum, 2019.

MENDONÇA, José Vicente Santos. Art. 21 da LINDB: indicando consequências e regularizando atos e negócios. **Revista de Direito Administrativo**, ed.esp., p. 43-61, 2018.

MICHAELIS. Dicionário Brasileiro da Língua Portuguesa. **Baliza**. Disponível em: https://michaelis.uol.com.br/palavra/mMEv/baliza/. Acesso em: 20 fev. 2021.

MINISTÉRIO PÚBLICO FEDERAL. **Caso Lava Jato**. 2021. Disponível em: http://www.mpf.mp.br/grandes-casos/lava-jato. Acesso em: 1 fev. 2021.

MOREIRA, Egon Bockmann. Direito Administrativo da escassez, contratações públicas e segurança jurídica: o que temos a aprender com a crise permanente. **Revista de Direito Público da Economia**, Belo Horizonte, ano 16, n. 61, p. 55-76, jan./mar. 2018.

MOREIRA, Egon Bockmann; PEREIRA, Paula Pessoa. Art. 30 da LINDB: o dever público de incrementar a segurança jurídica. **Revista de Direito Administrativo**, ed. esp., p. 243-274, 2018.

PALMA, Juliana Bonacorsi. **A proposta de Lei da Segurança Jurídica na gestão e do controle públicos e as pesquisas acadêmicas**. 2017. Sociedade Brasileira de Direito Público. Disponível em: http://sbdp.org.br/wp/wp-content/uploads/2019/06/LINDB.pdf. Acesso em: 25 fev. 2021.

_______. Quem é o 'administrador médio' do TCU? LINDB exige que condutas sejam avaliadas a partir da realidade. **Jota**, 22 ago. 2018. Disponível em: https://www.jota.info/opiniao-e-analise/colunas/controle-publico/quem-e-o-administrador-medio-do-tcu-22082018. Acesso em: 16 mar 2021.

PARTIDO DA SOCIAL DEMOCRACIA BRASILEIRA. **TCU condenará 'pedaladas fiscais' e decisão pode resultar em rejeição das contas do governo Dilma**. 2015. Disponível em: https://www.psdb.org.br/pe/tcu-condenara-pedaladas-fiscais-e-decisao-pode-resultar-em-rejeicao-da-contas-do-governo-dilma/. Acesso em: 15 jun. 2020.

PEREIRA, Flávio Henrique Unes. **Segurança jurídica e qualidade das decisões públicas**: desafios de uma sociedade democrática. Brasília: Senado Federal, 2015. Disponível em: http://anastasia.com.br/wp-content/uploads/2015/09/segurancajuridica.pdf. Acesso em: 20 dez. 2020.

PESSANHA, Charles. Controle externo: a função esquecida do Legislativo no Brasil. In: SCHWARTZMAN, Felipe et al. (Orgs.). **O sociólogo e as políticas públicas**: ensaios em homenagem a Simon Schwartzman. Rio de Janeiro: Fundação Getulio Vargas, 2009.

PROCURADORIA-GERAL DO ESTADO DO PARANÁ. **Sundfeld defende segurança jurídica e eficiência no Direito Público**. 2015. Disponível em: http://www.pge.pr.gov.br/Galeria-de-Imagens/Sundfeld-defende-seguranca-juridica-e-eficiencia-na-aplicacao-do-Direito-Publico. Acesso em: 27 mar. 2021.

PROCURADORIA-GERAL DO ESTADO DO RIO DE JANEIRO. **Seminário sobre o Projeto de Lei Nº 349/2015**. 2015. Disponível em: https://www.youtube.com/watch?v=2wgYSw00rP0. Acesso em: 24 jan. 2021.

ROSILHO, André Janjácomo. **Controle da Administração Pública pelo Tribunal de Contas da União**. Tese de Doutorado. Universidade de São Paulo. São Paulo, 2016.

SALES, Tainah. Aspectos jurídicos do impeachment, dos crimes de responsabilidade e das "pedaladas fiscais". **Revista de Direito Brasileira**, v. 16, n. 7, p. 57-78, abr. 2017.

SENADO FEDERAL. **Projeto de Lei do Senado nº 349 de 2015**. 2015. Disponível em: https://www25.senado.leg.br/web/atividade/materias/-/materia/121664. Acesso em: 15 mar. 2020.

______. **Notas Taquigráficas**: 19/11/2015. 39ª Comissão de Constituição, Justiça e Cidadania. 2015. Disponível em: https://www25.senado.leg.br/web/atividade/notas-taquigraficas/-/notas/r/4263. Acesso em: 18 nov. 2020.

SILVA, Rafael Silveira. **Construindo e gerenciando estrategicamente a agenda legislativa do Executivo**: o fenômeno da apropriação. Tese de Doutorado. Universidade de Brasília. Brasília, 2013.

SOCIEDADE BRASILEIRA DE DIREITO PÚBLICO. **Grupo Público da FGV Direito SP + SBDP**. 2018. Disponível em: http://sbdp.org.br/grupo-publico/. Acesso em: 8 dez. 2020.

SUNDFELD, Carlos Ari. **Contratações públicas e seu controle**. São Paulo: Malheiros, 2013.

______. **Segurança Jurídica e eficiência na aplicação do Direito Público**. Seminário Segurança Jurídica e Eficiência na Administração Pública: mudanças na Lei de Introdução às Normas do Direito Brasileiro. 2017.

SUNDFELD, Carlos Ari; CÂMARA, Jacintho Arruda. Competências de controle dos Tribunais de Contas: possibilidades e limites. In: SUNDFELD, Carlos Ari. **Contratações públicas e seu controle**. São Paulo: Malheiros, 2013.

SUNDFELD, Carlos Ari; CAMPOS, Rodrigo Pinto. O Tribunal de Contas e os preços nos contratos administrativos. In: SUNDFELD, Carlos Ari. **Contratações públicas e seu controle**. São Paulo: Malheiros, 2013.

SUNDFELD, Carlos Ari; MARQUES NETO, Floriano de Azevedo. Uma nova lei para aumentar a qualidade jurídica das decisões públicas e de seu controle. In: SUNDFELD, Carlos Ari. **Contratações públicas e seu controle**. São Paulo: Malheiros, 2013.

SUNDFELD, Carlos Ari; SALAMA, Bruno Meyerhof. Chegou a hora de mudar a velha Lei de Introdução. In: PEREIRA, Flávio Henrique Unes. **Segurança jurídica e qualidade das decisões públicas**: desafios de uma sociedade democrática. Brasília: Senado Federal, 2015. Disponível em: http://anastasia.com.br/wp-content/uploads/2015/09/segurancajuridica.pdf. Acesso em: 20 dez. 2020.

SUNDFELD, Carlos Ari; VORONOFF, Alice. Art. 27 da LINDB: quem paga pelos riscos dos processos? **Revista de Direito Administrativo**, ed. esp. p. 171-201, 2018.

SUPREMO TRIBUNAL FEDERAL. **1ª Turma determina afastamento do senador Aécio Neves do cargo**. 2017. Disponível em: http://www.stf.jus.br/portal/cms/verNoticiaDetalhe.
asp?idConteudo=286808. Acesso em: 18 fev. 2021.

______. **Ministro Edson Fachin autoriza abertura de inquéritos ligados a delações da Odebrecht**. 2017. Disponível em: http://portal.stf.jus.br/noticias/verNoticiaDetalhe.asp?
idConteudo=340649&ori=1. Acesso em: 18 fev. 2021.

TEBET, Simone. **Requerimento nº 35 de 2015**. Senado Federal. Disponível em: https://legis.senado.leg.br/sdleg-getter/documento?dm=4407672&ts=1593913219561
&disposition=inline. Acesso em: 18 nov. 2020.

______. **Parecer (SF) nº 22 de 2017**. Senado Federal. Disponível em: https://legis.senado.leg.br/sdleg-getter/documento?dm=5205948&ts=1593913219004&
disposition=inline. Acesso em: 18 nov. 2020.

TRIBUNAL DE CONTAS DA UNIÃO. **Discussão do projeto de lei 7.448/2017**: principais conclusões de Diálogo Público realizado pelo TCU no dia 23 de abril de 2018. Brasília, 2018. Disponível em: https://portal.tcu.gov.br/eventos/dialogo-publico/eventos/dialogo-publico-discussao-do-projeto-de-lei-n-7448-2017.htm. Acesso em: 15 jun. 2020.

______. **TCU e a Lava Jato**. 2020. Disponível em: https://portal.tcu.gov.br/combate-a-corrupcao/tcu-e-a-lava-jato.htm. Acesso em: 8 dez. 2020.

TRIBUNAL DE CONTAS DO ESTADO DE SÃO PAULO. **Advogado aborda segurança jurídica e eficiência no Direito Público**. 2015. Disponível em: https://www.tce.sp.gov.br/6524-advogado-aborda-seguranca-juridica-e-eficiencia-no-direito-publico. Acesso em: 8 dez. 2020.

VEIGA, Luciana Fernandes; DUTT-ROSS, Steven; MARTINS, Flávia Bozza. Os efeitos da economia e da Operação Lava-Jato na popularidade da Presidente Dilma Rousseff no período pré-impedimento. **Revista Sociologia Política**, Curitiba, v. 27, n. 72, 2019 . Disponível em: http://www.scielo.br/scielo.php?script=sci_arttext&pid=S0104-44782019000400202&
lng=en&nrm=iso. Accesso em: 27 mar. 2021.

# 9. O FORO POR PRERROGATIVA NO SUPREMO TRIBUNAL FEDERAL E AS RAZÕES DE SUA "CIRANDA JURISPRUDENCIAL"

João Roberto Silva Ataíde

## Introdução

Conforme a perspectiva tradicional, o foro por prerrogativa, em sua particularidade, ocasiona que o início de uma ação penal se dê imediatamente em um colegiado. Em outras palavras, essa espécie de competência faz com que uma demanda penal seja proposta diretamente em órgão de segunda ou instância superior, que, por sua vez, executará as funções de investigação, instrução e julgamento do processo, como se juízo da primeira instância fosse (MARCHIONATTI, 2019, p. 1).

Considerando essa dinâmica, Fernando da Costa Tourinho Filho aduz que o foro por prerrogativa se constitui como apanágio que determinadas pessoas detêm de serem processadas e julgadas diretamente nos Tribunais, por exercerem relevantes funções no cenário jurídico político (TOURINHO FILHO, 2012). O objetivo do instituto, de natureza predominantemente constitucional e política, é permitir que determinadas autoridades desempenhem suas funções com autonomia e independência, cujos atos, caso questionados, deverão ser julgados com imparcialidade por um colegiado forte e imune a pressões externas (STF, 2006a).

O foro por prerrogativa sempre existiu na história do constitucionalismo brasileiro, estando presente em todas as versões das Cartas Magnas pátrias, fossem as imperiais, republicanas ou ditatoriais. E em todas essas Cartas, atribuiu-se à mais alta Corte do Judiciário a competência para julgar as máximas autoridades do país, função que no atual regime Constitucional é exercida pelo Supremo Tribunal Federal.

Apesar de sempre presente em todos os textos constitucionais pátrios, é possível notar que a Carta Magna, costumeiramente, se limitou em enumerar o rol de autoridades com direito a foro por prerrogativa, não especificando de que forma essas regras seriam aplicadas. Essas regras, ao longo dos anos, foram definidas pela jurisprudência do STF que, em considerável número de oportunidades, especialmente na vigência da atual Constituição, as modificou. E as consequências dessas constantes alterações, que ocorreram sob as mais diversas argumentações, não têm sido exatamente certeiras, tendo em vista um quadro de insegurança jurídica provocado pelos contraditórios conteúdos das decisões, além da inconstância jurisprudencial sobre o tema.

Em um cenário de escassa previsão normativa sobre o instituto, bem como a ausência de alterações das normas, quais argumentos, fundamentos e critérios têm sido usados pelos Ministros para estender ou restringir o foro por prerrogativa? As decisões tomadas estão consoantes à essência do foro por prerrogativa? Há fatores explicativos da variação na definição dos marcos referenciais?

Sem a pretensão de esgotar todos os fenômenos aptos a responder às perguntas então formuladas, o presente artigo analisará, sob o prisma da Constituição Federal de 1988, os *leading cases* sobre o tema, assim considerados os casos decididos pelo Supremo que representaram mudanças de paradigmas na compreensão e aplicação do foro por prerrogativa no Tribunal. Nas razões apresentadas pelos Ministros por meio dos votos, se buscará desenvolver as principais as motivações de tantas mudanças jurisprudenciais sobre o foro por prerrogativa, com destaque para os fatores (i) política, (ii) opinião pública e (iii) prescrição.

## 1. O foro por prerrogativa no Supremo Tribunal Federal: uma "ciranda jurisprudencial"

Em 2008, em entrevista concedida ao sítio eletrônico do Supremo Tribunal Federal, o Ministro Gilmar Mendes chamou de "ciranda de processos" o movimento que as ações penais contra autoridades talhavam pelas diversas instâncias judiciais. Esse fenômeno ocorria por conta das frequentes mudanças de cargo público dos acusados que, por sua vez, provocavam alteração de competência. Esse movimento, então, era tido como o responsável por acarretar uma demora no julgamento das ações decorrentes do foro por prerrogativa, cuja resolução poderia ocorrer, segundo o Ministro, por uma revisão na jurisprudência do Supremo (STF, 2008).

Mais que uma simples entrevista, as palavras do então Presidente do STF revelam o *modus operandi* da mais alta Corte do Judiciário nacional quando se depara com as disfuncionalidades do foro por prerrogativa no Tribunal: o de que problemas seriam combatíveis via mudança de jurisprudência, tendo em vista a escassez de normas sobre a temática, e a indisposição do Legislativo para criá-las. Nesse sentido, como as questões controvertidas sobre o foro penal originário se mostravam rotineiras, o Supremo era constantemente obrigado a alterar sua jurisprudência para corrigir e adequar sua prestação jurisdicional. Por essa razão, as corriqueiras modificações da interpretação sobre o foro por prerrogativa na jurisprudência do Supremo, inspirada na expressão do Min. Gilmar Mendes, são denominadas neste escrito de "ciranda jurisprudencial."

Na vigência da atual Constituição, essa ciranda tem seu marco inicial quando do julgamento de Questão de Ordem no Inquérito nº 687-DF (STF, 2001), ocorrido em 1999. Até então, prevalecia o entendimento insculpido na Súmula nº 394, criada em 1964. Seu texto consagrava o entendimento de que "cometido o crime durante o exercício funcional, prevalece a competência especial por prerrogativa de função, ainda que o inquérito ou a ação penal sejam iniciados após a cessação daquele exercício" (CANOTILHO; MENDES, 2018, p. 1471). Essa regra era o que se denominava de *perpetuatio jurisdictionis* (SANTOS, 1985).

Todavia, com base no princípio republicano da igualdade, no elevado número de ações penais na Corte, e a inexistência de seu conteúdo na Carta de 1988, o Plenário do STF cancelou Súmula nº 394 no julgamento em questão. Dessa forma, o fim do exercício do cargo ou função pública também acarretaria no fim competência do Supremo para julgar o caso, independentemente da natureza e do momento da prática do delito (MARCHIONATTI, 2019).

Em 2002, novamente a temática foro por prerrogativa voltou ao Supremo, dessa vez pelas ADIs nº 2.797/DF e nº 2.860/DF, que contestavam a constitucionalidade da Lei 10.628/2002, que por sua vez reintroduzira a *perpetuatio jurisdictionis* aos ex-detentores de cargos públicos. Todavia, considerando como "clara e evidente reação legislativa ao cancelamento da Súmula nº 394", o STF julgou a lei inconstitucional, afirmando que a legislação ordinária não poderia impor uma última e determinada interpretação da Constituição, missão essa precípua do Tribunal. Assim, novamente, o Supremo pôs fim ao foro por prerrogativa aos ex-detentores de cargos públicos.

Já em março de 2006, o Supremo, no julgamento de Questão de Ordem no Inquérito nº 2.245-MG, que posteriormente deu origem à Ação Penal nº 470, modificou a aplicação das regras do foro por prerrogativa ao ampliar seu o alcance a pessoas que não o possuíam, nos termos da Constituição. No caso em questão, considerando que apenas seis dos quarenta acusados detinham a prerrogativa de serem julgados pelo STF, a Corte, alterando sua jurisprudência até então dominante (STF- HC n.º 73423), afastou a possibilidade do desmembramento do caso e se considerou competente para julgar todos os acusados. O receio de decisões conflitantes na primeira e segunda instância, e dessas instâncias em relação ao STF sobre o caso, compôs a argumentação da tese vencedora.

Chegado o final dos anos 2010, a ciranda jurisprudencial no Supremo continuou a se movimentar em dois casos emblemáticos quando o Tribunal tratou, de maneira diversa, dois casos de circunstâncias praticamente idênticas. Na Q.O. da Ação Penal nº 333-PB, julgada em 2007, a renúncia do acusado ao cargo de Deputado Federal, em momento próximo ao julgamento, resultou no fim da competência da Corte. Para os Ministros, a renúncia mostrava-se como ato legítimo quanto ao fato de que, não mais ostentando o acusado da condição de parlamentar, outra saída não existia senão a remessa dos autos à instância inicial. Todavia, apenas três anos depois, quando do julgamento da Q.O. na Ação Penal nº 396-RO, a mesma renúncia do congressista acusado às vésperas do julgamento foi considerada como fraude processual, resultando na ineficácia da abdicação do cargo quanto à competência do STF. Na oportunidade, o acusado foi julgado e condenado pelo Tribunal Constitucional.

No mesmo ano de 2010, em Questão de Ordem no julgamento da Ação Penal nº 536-MG, o Supremo retomou o entendimento firmado na A.P. nº 333-PB, afirmando que a renúncia do acusado cessaria o mandato e, consequentemente, a competência penal da Corte. Nesse julgamento, tentou-se fixar um momento em que a renúncia do acusado não mais surtisse efeitos quanto à mudança de competência, a se evitar a tão criticada "ciranda de processos". Todavia, como não houve consenso sobre o momento ideal, a questão continuou indefinida, continuando Ministros e Turmas julgando a questão de modos diversos.

Posteriormente, entre os anos de 2017 e 2018, quando do julgamento da Ação Penal nº 937/RJ, o Supremo Tribunal Federal, mais uma vez, promoveu uma sensível modificação na aplicação do foro por prerrogativa. Alegando excesso de processos e autoridades sob sua jurisdição, além do não exercício de sua vocação de guardião da Constituição, o Supremo decidiu que sua competência se limitaria a crimes praticados no período do exercício do cargo e em razão do seu ofício. Os crimes sem relação, ou praticados fora do período de exercício de cargo público, a competência seria atribuída às instâncias iniciais. Ademais, definiu-se que a perpetuação da jurisdição do STF nas ações penais se daria com a publicação de intimação para apresentação de alegações finais.

Todavia, ainda que o Plenário decidisse pela competência das instâncias iniciais para processamento de crimes sem conexão com o exercício do cargo público, o Tribunal, em 2019, quando do julgamento da Reclamação nº 25.537-DF, mostrou que essa competência não seria plena (STF, 2020). Para a maioria dos Ministros, atos instrutórios como busca e apreensões realizadas nos locais de serviço dos acusados demandariam consentimento do Supremo para que tivessem validade, sob pena de usurpação de competência da Corte. Dessa forma, é possível aferir que a decisão na A.P. nº 937/RJ, a qual atribuía a competência à instância inicial para apreciar crimes estranhos ao cargo desempenhado por autoridades, já havia sido alterada de alguma forma.

As modificações de entendimento expostas mostram, ainda que superficialmente, a dinâmica da ciranda jurisprudencial do foro por prerrogativa no STF, que nas últimas duas décadas foi modificada em mais de uma dezena de vezes pela Corte. Não se conhece tema ou instituto, no direito brasileiro, que tenha passado por tantas alterações e complementações nesse período. Assim sendo, o que explicaria tal movimento?

## 2. Das decisões sobre o foro por prerrogativa: o que move a jurisprudência do Supremo Tribunal Federal?

Entender como o Supremo formula suas decisões diante de fatores jurídicos e não jurídicos é essencial para a devida compreensão da ciranda jurisprudencial quanto ao foro por prerrogativa. Frente a um cenário de inexistência de regras específicas sobre o instituto, é válido investigar e apontar aqueles que seriam os três principais propulsores da constante mutabilidade quanto à interpretação das regras do foro por prerrogativa. Ademais, será feita uma breve análise desses elementos quanto às motivações das decisões da Corte.

### 2.1. A política no Supremo Tribunal Federal

O termo "política" foi cunhado, inicialmente e com maior notabilidade, por Aristóteles há cerca de dois mil e trezentos anos, o qual veio a defini-lo como as ações de todos os homens praticadas dentro da *pólis* visando seu bem-estar, seja ele individual ou coletivo. Esse bem geral deveria ser garantido por um Governo, que exerceria o poder supremo do Estado, guiado por uma Constituição deliberada em assembleia geral pelos cidadãos, cuja função estaria na distribuição dos poderes, na definição da forma de Governo e garantia do fim maior da sociedade civil (ARISTÓTELES, 2006).

Já na era moderna, o termo política teve seu significado original alterado, passando a representar a atividade que tem como referência a "*pólis*" (ou simplesmente o Estado), sendo nominada como "doutrina do Estado", "ciência política ou "filosofia política" (BOBBIO, 1998, p. 954). Conquanto, apesar da nomenclatura utilizada, ao atual estudo interessa a discussão sobre o primado da Constituição e sua relação com a política e o Estado, a qual se desenvolveu com maior intensidade ao fim do século XVIII (BERCOVICI, 2004).

No Estado brasileiro, a Carta Magna de 1988 conferiu ao STF um amplo poder de imprimir a última palavra sobre temas constitucionais no sistema político, sendo expressamente denominado guardião da Constituição Federal. Todavia, a amplitude do texto constitucional fez com que praticamente todas as matérias, inclusive as de cunho político, fossem inseridas em seu escrito, reduzindo assim o campo de liberdade de administradores e legisladores. Dessa forma, qualquer movimento mais brusco dessas autoridades poderia levantar dúvidas sobre sua constitucionalidade e, portanto, levar o Supremo a se pronunciar (VIEIRA, 2008).

Por essas razões, ainda que haja alguma controvérsia, admite-se que o Supremo Tribunal Federal é um Tribunal político por participar cada vez mais da gestão do país, nos moldes do conceito aristotélico de política como o de "administração da "*pólis*" (FALCÃO, 2015, p. 92). A atuação da Corte nessa gestão do Estado se daria por meio da atividade jurisdicional, julgando os casos de acordo com disposto no texto constitucional, com possibilidade de auxílio das leis ordinárias e da jurisprudência.

Contudo, em situações onde há o envolvimento de altas autoridades públicas, ou relevantes atores políticos, o Tribunal pode ter sua independência e autoridade testadas (LUNARDI, 2020). Nesse contexto, existem decisões sobre o foro por prerrogativa que chamam a atenção pela similaridade de circunstâncias fáticas, mas que receberam do Tribunal Constitucional tratamentos diversos, sem que houvesse justificativa expressa para isso. Dando azo à ciranda jurisprudencial sobre o foro por prerrogativa, inicia-se pela análise do conteúdo das decisões na ADI nº 3.289-DF, e ADI 2.797-DF/ADI 2.860-DF.

Julgada em 05/05/2005, a ADI nº 3.289-DF tinha como objeto de análise uma possível inconstitucionalidade da Lei n.º 11.036/04, que conferia ao Presidente do Banco Central do Brasil a equiparação com Ministro de Estado (STF, 2006c). Como consequência, o cargo conferiria ao seu ocupante as prerrogativas inerentes à função, como o foro penal originário no Supremo Tribunal Federal. O apanágio, todavia, por força do art. 2º, parágrafo único da lei ora contestada, se estenderia, também, aos ex-ocupantes do cargo, desde que se referisse a fatos praticados no exercício da função.

À época do julgamento, predominava na jurisprudência da Corte o seguimento em que o foro por prerrogativa não seria aplicável aos ex-detentores de cargo ou mandato público, por força do cancelamento da Súmula nº 394, realizado no julgamento do Inquérito nº 687-SP. Todavia, o Supremo Tribunal Federal afirmou a constitucionalidade da Lei nº 11.036/04, garantindo o foro por prerrogativa aos atuais e ex-ocupantes do cargo de Presidente do Banco Central.

O julgamento da ADI nº 3.289-DF, no entanto, não representou uma nova orientação sobre o foro por prerrogativa, ou um resgate de uma jurisprudência da Corte. Na verdade, tratava-se de mais um capítulo da ciranda jurisprudencial do instituto. Essa constatação deriva do fato de que, apenas quatro meses depois, em circunstâncias fáticas semelhantes, o Tribunal Constitucional atuou de modo diverso.

O caso em questão tratou da ADI nº 2.797-DF, julgada em 15/09/2005, e versava sobre possível inconstitucionalidade da Lei 10.628/02, a qual reestabelecia a competência penal originária do STF aos ex-congressistas por atos praticados em razão do mandato (STF, 2006b). Essa competência, como dito anteriormente, havia sido extinta juntamente com a Súmula nº 394, por representar privilégios indevidos e ofensa a princípios republicanos, como a igualdade.

Porém, deixando de seguir o precedente da ADI nº 3.289-DF firmando meses antes, mais uma vez, o Supremo Tribunal Federal atuou de forma a afirmar que a perpetuação da competência da Corte a ex-detentores de cargos públicos seria inconstitucional. O fundamento, no caso, consistia no fato de que o legislador infraconstitucional não poderia impor interpretação autêntica da Constituição através de lei ordinária, já que representaria a usurpação da competência do STF como intérprete da Constituição. Ademais, o cancelamento da Súmula nº 394 mostrava-se como interpretação direta e exclusiva da Lei Fundamental, não podendo, então, ser modificada por ação do Congresso Nacional.

Todavia, em nenhum voto, seja na ADI nº 3.289-DF, seja na ADI nº 2.797-DF, houve justificativa, seja ela fática ou legal, para o não cumprimento de precedente anterior, ainda que os casos fossem semelhantes. Dessa forma, porque a interpretação sobre idêntica ou semelhante questão mudaram substancialmente? (MELLO, 2014). Sem obter respostas nos votos dos Ministros que explicassem a disparidade de decisões, a única afirmação que se pode fazer é a verificação da ocorrência do uso seletivo da subsunção, fenômeno caracterizado quando dois ou mais casos carregam profunda semelhança e possuem proximidade temporal, mas são decididos de formas distintas (ESTORILIO; BENVINDO, 2007).

A ausência de coerência decisória nos casos em questão representam, em um primeiro momento, uma violação aos precedentes cujo respeito se mostra como forma de "preservar valores indispensáveis ao Estado de Direito, assim como de viabilizar um modo de viver em que o direito assume a sua devida dignidade", podendo assim, "determinar condutas e gerar um modo de vida marcado pela responsabilidade pessoal" (MARINONI, 2019). Ademais, a quebra de coerência nas decisões pode por gerar forte impacto político, além de um possível uso político do Tribunal (ESTORILIO; BENVINDO, 2007).

Todavia, a ausência de coerência por parte do Tribunal também pode significar hipótese de um constitucionalismo seletivo, em que a interpretação constitucional e sua decisão é modificada conforme interesses ou importância do(s) ator(es) envolvido(s). A situação mostra-se perigosa na medida em que a tradução da Carta Magna, pela jurisprudência, pode não acontecer com base em processo mental de elucidar um caso concreto, mas apenas dar roupagem constitucional a decisões políticas tomadas por bases e razões não jurídicas (LUNARDI, 2020). Não bastando, pode-se estar diante de prática de um constitucionalismo abusivo (LANDAU, 2013) dada a falta de isonomia em casos que carregam profunda semelhança e proximidade temporal.

Porém, é necessário registrar que não se pode concluir que a simples ausência ou presença de coerência, bem como uso ou não de precedentes nas decisões do foro por prerrogativa, por parte do STF, possuem relação com a importância do cargo ou interesses políticos que possam estar em julgamento. Todavia, relevante se faz mostrar que, nos casos apresentados, não houve por parte da Corte uniformidade de tratamento em questões praticamente idênticas, cujas razões para a diferenciação não foram encontradas, ao menos expressamente, nos votos.

### 2.2. Da opinião pública como fator decisório

Não se olvida que umas das mais importantes funções da jurisdição constitucional é a interpretação da Constituição, capaz de estabelecer padrões decisórios sobre seu conteúdo a gerar segurança, previsibilidade e estabilidade nas relações jurídicas, econômicas e sociais. Leciona Konrad Hesse (2009) que a interpretação ainda enfrenta o desafio de manter o texto Constitucional atualizado, tendo em vista as possibilidades de eventuais mudanças sociais, políticas e econômicas, devendo-se buscar uma interpretação da Constituição que possa adaptar-se às novas condicionantes.

Nesse mesmo sentido, Peter Häberle (2007, p. 214) ensina que "a jurisdição constitucional é variável, flexível, no tempo e no espaço", podendo "se converter em autoridade confirmadora da Constituição segundo a fase de desenvolvimento do concreto Estado constitucional que ela contribui a garantir." Dessa forma, admite-se que a interpretação de algum instituto pode ser modificada ou até mesmo afastada, face à ocorrência de mutações jurídicas ou alteração fáticas justificadoras de uma alteração (ABBOUD, 2018).

No caso das normas sobre o foro por prerrogativa, nota-se que desde a promulgação da Carta Republicana de 1988, não houve qualquer alteração quanto à sua previsão no texto Constitucional. Face à inércia do Legislativo, coube ao Supremo Tribunal Federal a promoção das mudanças de aplicação das regras do foro, criando-se, via jurisprudência, critérios de aplicação, de expansão ou retração de sua competência. Nesse quadro, então, pretende-se discutir acerca da suposta influência de um elemento capaz de conduzir o Tribunal Constitucional a uma modificação em sua jurisprudência. Este elemento é a opinião pública, também chamada de vontade popular ou clamor público (MELLO, 2014).

A opinião pública é entendida como um processo derivado de uma livre interação conversacional entre cidadãos no intuito de estabelecer um entendimento ou consenso sobre um tema. Todavia, para que essa opinião se torne pública, é necessário um espaço onde ela se torne visível e possa se expandir e que, atualmente, é encontrado na mídia, em especial pelo jornalismo (MARQUES, 2004) em seus vários meios, como televisão, rádio, impressos, internet e redes sociais.

Para a análise que comprovaria, ou não, a influência da opinião pública junto ao STF nos julgamentos que envolvem o foro por prerrogativa, selecionou-se o conteúdo decisório da Questão de Ordem no Inquérito nº 2.245-DF, julgado em 2006, que mais tarde deu origem a um dos emblemáticos casos já julgados pelo Supremo: a Ação Penal nº 470-DF (MELLO, 2014). Em suma, o caso versava acerca de Inquérito que investigou um esquema de corrupção que envolvia a compra de apoio político, em especial de parlamentares da base governista, para respaldo dos projetos e planos do Governo Federal. Um dos meios de corrupção apurado era o pagamento mensal e em dinheiro a esses parlamentares, levando o caso a ser conhecido popularmente como "mensalão".

Na medida em que as investigações avançavam e grandes nomes da política se viam relacionados ao esquema de corrupção, a opinião pública e a mídia aumentavam a repercussão do caso. Não sendo o bastante, houve ainda forte pressão da imprensa nacional pela celeridade do julgamento, além da exigência da condenação dos acusados, colocando em xeque a reputação dos Ministros em caso de decisão em sentido oposto. No mesmo sentido, a sociedade em geral deixava clara sua predileção pela condenação dos acusados, o que foi confirmado na de pesquisa do Instituto Datafolha, em que onde 83% dos entrevistados afirmavam conhecer o caso, e que 74% deles exigiam a prisão imediata dos acusados/condenados (ARAÚJO, 2013).

Ao fim das investigações, a Procuradoria-Geral da República, acabou por denunciar quarenta pessoas das quais, apenas seis, possuíam foro perante o STF. Até o início do caso "mensalão", o entendimento do Supremo quanto a essa situação era que deveriam ser processados e julgados no Tribunal apenas os detentores do foro por prerrogativa, devendo os demais acusados serem demandados nas instâncias inferiores.

Não obstante, havia pressão da opinião pública não só pela punição dos envolvidos, mas também que o STF julgasse a totalidade dos acusados (O GLOBO, 2012). Sobre o fato, destacou o Min. Alexandre de Morais que a sociedade brasileira clamava ao Supremo que não desmembrasse o processo, sob pena de ocorrência de impunidade, mostrando uma confiança popular na capacidade da Suprema corte de combate à corrupção. A mesma versão foi endossada pelo Min. Dias Toffoli, para o qual, à época, havia a sensação que o caso jamais seria julgado senão pela atuação do Supremo Tribunal Federal (STF, 2018).

Ainda que o art. 80 do Código de Processo Penal permitisse a prática do desmembramento dos autos por excesso de acusados, parte dos Ministros do Supremo concluiu que essa manobra traria prejuízos para o entendimento do caso. Nesse sentido, com o desmembramento, o mesmo caso seria julgado por vários juízos diferentes, o que poderia gerar uma série de decisões contraditórias para um mesmo fato (OLIVEIRA, 2020), gerando insegurança jurídica e um risco de descrédito do Judiciário.

Analisando os votos dos Ministros, a preocupação com os anseios sociais é percebida no teor das decisões favoráveis à tese do não desmembramento do Inquérito e, consequentemente, pela extensão do foro por prerrogativa aos acusados que não a detinham. Destacam-se, como exemplos, o voto da Min. Cármen Lúcia, no qual afirmou que a sociedade esperava uma resposta jurídica conveniente, acertada e célere, e somente uma jurisdição diferenciada por parte do STF seria capaz de dar a devida resolução ao caso. A posição da Min. Cármen Lúcia também foi adotada pelo Min. Celso de Mello (STF, 2007).

O Min. Eros Grau, por sua vez, afirmou que o caso "mensalão" seria citado em anos posteriores quando se tratasse da história do próprio Tribunal e, portanto, a Corte deveria aceitar o desafio e o excesso de trabalho e julgar todo o grupo de pessoas acusadas. Por fim, a então Presidente do STF, Min. Ellen Gracie, por sua vez, afirmou que a Corte estava capacitada e apta para julgar qualquer causa, enquanto o Min. Gilmar Mendes, deixou claro que o caso "mensalão" só estava chegando ao seu final por ter permanecido e concentrado sob a jurisdição do STF (ARANTES, 2018).

Ao final, a maioria da Corte, apoiada nesses e em outros argumentos, decidiu pela competência do STF para julgamento de todos os acusados a evitar prejuízos no julgamento por possíveis contradições quanto ao julgamento do mesmo fato por juízos diferentes. Todavia, o que teria levado a Corte a superar seus precedentes para impor nova posição a julgar acusados com e sem foro perante o Tribunal, expandindo a aplicação do instituto? Em análise inicial, sugere-se a opinião pública como fator explicativo dessa reviravolta jurisprudencial.

O atendimento à opinião pública pode trazer ao Tribunal um ganho de poder político. No caso em destaque, em ocorrendo o desmembramento dos autos, haveria um quadro de grande deslocamento de processos que estavam sob a jurisdição do STF para outras instâncias judiciais. Na prática, esse movimento implicaria a renúncia ao poder de resolver um dos mais emblemáticos casos de corrupção da história da República. Ao manter o foro dos acusados sob sua jurisdição, o Supremo assumiu o protagonismo do caso, procurando aumentar e impor sua liderança institucional perante todo o Judiciário ao se mostrar capaz de impor decisões (ARANTES, 2018).

No mesmo sentido, Gretchen Helmke (2010) aduz que o poder judicial aumenta quando juízes são capazes de entender um contexto formado pelo que denomina de "humor público", coincidindo suas decisões com esse cenário. À medida que um Tribunal consegue obter o apoio público em suas manifestações, cresce também seu poder político capaz de resistir a eventuais ataques à sua autoridade e função jurisdicional. Dessa maneira, a opinião pública mostra-se como importante instrumento para aumentar a capacidade da Corte no combate à corrupção, realizar melhorias nas condições democráticas do país, podendo resistir a potenciais ameaças de represálias ou de não cumprimento de suas decisões (LUNARDI, 2020).

Para André Rufino do Vale (2015, p. 326), é plausível a afirmação de que, em casos mais polêmicos, o Supremo Tribunal Federal se mostra como uma "caixa de ressonância da opinião pública expressada por diversos canais legítimos". Por conseguinte, é possível que a pressão da sociedade pela punição dos envolvidos no caso "mensalão" possa ter contribuído decisivamente para que o STF monopolizasse seu julgamento, garantindo, ainda que por alto custo, que os acusados de fato seriam julgados.

Todavia, se a opinião pública, em certa medida, influenciou o STF a promover a expansão das regras do foro por prerrogativa, ela também pode, quase uma década depois, ter promovido uma diametral mudança no modelo decisório da Corte sobre o foro por prerrogativa. Essa alteração jurisprudencial ocorreu, quando do julgamento de Questão de Ordem na Ação Penal nº 937/RJ entre os anos de 2017 e 2018.

No caso em questão, por iniciativa do Relator do caso, Ministro Luís Roberto Barroso, foi proposta uma reinterpretação do art. 102, I, "b", da Carta Magna de 1988, que consistia em uma restrição da aplicação das regras do foro por prerrogativa. Pela nova orientação, o Supremo Tribunal Federal seria competente a julgar, apenas, os crimes relacionados ao tempo e ao exercício do cargo ocupado por parlamentares. Os demais delitos, como o caso tratado na Ação Penal nº 937-RJ, que não possuíssem relação com a função desempenhada, deveriam ser julgados pelas instâncias iniciais (STF, 2018).

Para entender os motivos que levaram o STF a rever sua posição e caminhar em sentido contrário ao anterior, faz-se necessário entender o contexto político e social que o país atravessava naquele momento, tendo em vista uma potencial influência no processo decisório do caso.

A partir do ano de 2014, uma sucessão de investigações e operações policiais acabaria por fazer explodir o número de ações contra políticos de todas as esferas e cargos na Administração Pública. A denominada "Operação Lava Jato" consistia em ações conjuntas que envolveram a Polícia Federal, o Ministério Público Federal, diversos órgãos de controle em uma investigação que descobriu um complexo esquema de fraudes em contratos que envolviam agentes políticos, empreiteiras e a estatal Petróleo do Brasil S.A. (PETROBRÁS).

As ações penais em desfavor das pessoas comuns transcorreram na 13ª Vara Federal de Curitiba-PR, cujos trabalhos ficaram marcados pela celeridade processual. Segundo matéria jornalística da época, nos quatro primeiros anos de operação, a referida Vara proferiu 188 condenações em 40 processos, cujo tempo médio de tramitação foi de nove meses e dez dias (PAVANELLI, 2018). Ainda que a Vara fosse especializada na matéria, e contasse com o apoio da Corregedoria do Tribunal Regional Federal da 4ª Região para o desenvolvimento dos trabalhos (MPF, s.d.), a celeridade na prestação jurisdicional foi tamanha que elevou o juiz do caso, Sérgio Fernando Moro, à época, ao status de "herói nacional", chegando a receber prêmios como o de "Personalidade do Ano de 2014". (NETTO, 2016, p. 125)

Enquanto isso, efeitos da citada operação batiam às portas do Supremo Tribunal Federal, resultando em considerável número de abertura de inquéritos e ações penais em desfavor de autoridades que possuíam foro na Corte. Todavia, ainda que se contabilizasse um vultuoso número de 11 mil decisões proferidas no caso, diferentemente da instância inicial, os trabalhos no Supremo não demonstraram a mesma agilidade quanto ao julgamento de mérito, se comparados à primeira instância. Segundo o próprio Tribunal, em balanço publicado em setembro de 2020, a Corte que chegou a contar em seu acervo 125 ações penais referentes à "Lava Jato", registrava à época apenas 5 decisões de mérito, com uma condenação em execução, uma absolvição e 3 condenações em fases recursais (STF, 2020).

A complementar o cenário em questão, durante o julgamento da Ação Penal nº 937-RJ, foi divulgada pesquisa de opinião a qual revelou uma repulsa social ao foro por prerrogativa. Dos entrevistados, 78% afirmaram que essa prerrogativa deveria acabar, enquanto 77% apontaram que o fim do instituto auxiliaria no combate à corrupção. Finalmente, quanto ao nível de confiança no STF, 36% dos entrevistados disseram que ele aumentaria caso a Corte decidisse pela "extinção" do foro, enquanto 45% afirmaram que o índice seria mantido caso ocorresse a hipótese levantada (G1, 2018).

Retornando então ao julgamento da paradigmática A.P. nº 937-RJ, o Ministro Luís Roberto Barroso justificou em sua proposta que o foro por prerrogativa no STF era causa de indignação à sociedade e de desprestígio ao Tribunal. Dessa forma, Barroso defendeu que o dispositivo Constitucional que trata da matéria devesse ser interpretado restritivamente, sob os princípios da igualdade e da República. Finalmente, o Relator defendeu sua proposta ao afirmar ser possível "interpretar a Constituição de modo a atender os anseios da sociedade, se isso for compatível, e sobretudo se esta for a interpretação mais adequada da Constituição" (STF, 2018).

A consideração da opinião pública quanto ao foro por prerrogativa, manifestada pelo Relator, também foi acompanhada por outros Ministros que seguiram a proposta de reinterpretação do instituto. A Min. Rosa Weber afirmou estarem presentes hipóteses de mutação constitucional por uma "mudança de realidade fática, seja pela mudança na percepção de qual seja a melhor exegese, seja pelas consequências práticas da orientação dominante, geradoras de impunidade e mesmo de desprestígio ao Judiciário" (STF, 2018).

No mesmo sentido, o Min. Luiz Fux afirmou ser "latente o sentimento social que relaciona, com razão, a interpretação ampliativa das hipóteses de cabimento da competência especial por prerrogativa de função à impunidade". Finalmente, o Min. Celso de Mello, assistindo razão à proposta trazida pelo Relator, afirmou que a reinterpretação restritiva do foro traduziria uma reação do STF "a um modelo que efetivamente tem comprometido a funcionalidade e a regularidade do exercício da jurisdição penal" da Corte (STF, 2018).

O Tribunal, por sete votos a quatro, acolheu a tese proposta do Ministro Relator para reinterpretação do foro por prerrogativa de forma mais restritiva, limitando-se a competência do STF para julgar crimes praticados em razão da função e durante seu exercício. Desses votos, a preocupação com a opinião pública foi percebida, explicitamente, nos votos de cinco dos sete Ministros que compuseram a proposta vencedora, se apresentando, mais uma vez, como um dos elementos formadores da aplicação do foro por prerrogativa.

### 2.3. O temor pela prescrição como fundamento decisório

Há um elemento de caráter jurídico, mas de reflexo direto na opinião pública, que também se apresenta como um fator decisório nas posições adotadas pelo Supremo quanto ao foro por prerrogativa, seja no estabelecimento de parâmetros interpretativos, seja a fundamentar viradas jurisprudenciais. Esse elemento é a prescrição, que, por vezes, mostra-se como um "fantasma"que assombra o STF quando o assunto é sua competência penal originária. A prescrição é mormente apontada como responsável pela demora da prestação jurisdicional e impunidade de altas autoridades, capaz de minar a reputação, causar grita e gerar descontentamento popular em relação a um Tribunal Constitucional (REALE Jr., 2017).

A ocorrência da prescrição no Supremo Tribunal Federal não se mostra exatamente um acaso, mas um fenômeno atestado por números. Segundo estudo publicado pela Associação dos Magistrados Brasileiros, denominado "Juízes contra a corrupção", demonstrou-se que entre os anos de 2000 a 2007, foram extintas no STF um total de 13 ações penais em razão da prescrição, o que corresponde a 10% do total de ações da espécie que tramitaram no Tribunal nesse período (AMB, 2007). Já levantamento feito pelo jornal *Folha de São Paulo*, aponta que entre 2007 e 2016, um terço das ações penais em desfavor de parlamentares foram extintas em decorrência da prescrição (FOLHA, 2016). E finalmente, o Ministro Luís Roberto Barroso, em seu voto na Ação Penal nº 937-RJ, expôs dados da Assessoria de Gestão Estratégica do Tribunal, os quais apontavam que cerca de 200 ações prescreveram desde que a Corte passou a atuar nessa matéria. Por essa razão, o Ministro, sobre o foro STF, concluiu: "o sistema é ruim; o sistema funciona mal; o sistema traz desprestígio para o Supremo; o sistema traz impunidade" (STF, 2018).

Tamanha ocorrência de casos de prescrição gera na sociedade um sentimento de descrédito, além da perda de legitimidade do Judiciário enquanto poder (VAZ, 2010). E essa perda de legitimidade social implica, diretamente, a diminuição de capital político da Corte, elemento essencial para a tomada de decisões contrárias aos interesses de elites políticas como no julgamento de parlamentares com foro por prerrogativa. Dessa forma, percebe-se o porquê a prescrição é um fenômeno tão indesejado pelo Supremo (LUNARDI, 2020).

Pelas razões apresentadas, a prescrição tornou-se o fator a explicar as razões para que o Tribunal pudesse proferir decisões diferentes em casos de circunstâncias muito semelhantes, e que envolviam o foro por prerrogativa: trata-se do julgamento, em 2007, da Ação Penal nº 333-PB, e em 2010, da Ação Penal nº 396-RO.

No julgamento da AP nº 333-PB, sob relatoria do Min. Joaquim Barbosa, a Corte deparou-se com Questão de Ordem em dois aspectos, sendo que o principal deles versava sobre a legalidade da renúncia do acusado às vésperas do julgamento, cuja consequência era o deslocamento da competência do STF para o juízo de primeira instância. O Relator pugnou pela tese de que a renúncia, nessas circunstâncias, representaria abuso de direito se o caso já estivesse pautado para julgamento, sob pena de uma "chicana processual", face aos atentados a princípios como boa-fé, moralidade e supremacia do interesse público sobre o particular (STF, 2008).

Ainda que a decisão do caso girasse, juridicamente, em torno da avaliação da renúncia como direito subjetivo ou abuso de direito, o tema da prescrição acabou se mostrando como fator presente na tomada de decisão de alguns Ministros. Segundo o Relator, o caso já tramitava, à época, há quatorze anos, sendo a denúncia recebida há pelo menos cinco anos, e com um acusado que já tinha mais setenta anos de idade. Dessa forma, o aproximar da prescrição era uma realidade que não deveria ser desprezada pelos Ministros, na opinião de Barbosa.

Sobre esse ponto, o Min. Cezar Peluso argumentou que toda a fase instrutória do processo ocorreu, durante dez anos, sob competência do Supremo Tribunal Federal, resultando em autos físicos com mais de cem volumes. A remessa de um processo de tamanho proporcional à sua complexidade ao juízo de primeiro grau traria duplo prejuízo: ao STF, que teria demandado esforços em vão ao instruir os autos para posteriormente não os julgar; e o iminente risco de prescrição, tendo em vista que o tempo que juízo de primeira instância levaria para estudar e se situar diante das circunstâncias dos autos seria o suficiente para que cessasse o *ius puniedi* estatal. Na mesma esteira de Peluso, seguiu a Min. Cármen Lúcia (STF, 2008).

Todavia, a tese vencedora foi a divergência apresentada pelo Min. Marco Aurélio, o qual considerou a renúncia do congressista como ato legítimo e não passível de questionamento, ato capaz, inclusive, de transformar um parlamentar acusado em um cidadão acusado comum. A consequência natural era a cessação da competência penal do Supremo, devendo-se declinar os autos ao juízo de primeira instância. As razões foram acompanhadas pelos Ministros Eros Grau, Menezes Direito, Gilmar Mendes, Celso de Mello e Ellen Gracie, que não citaram a prescrição como fundamento de suas decisões. Assim, por sete votos a quatro, a renúncia do parlamentar foi considerada ato legal.

Todavia, três anos depois, novamente o Supremo se viu diante de situação praticamente idêntica, quando do julgamento da Questão de Ordem na Ação Penal nº 396-RO. Em resumo, de novo um de parlamentar renunciava ao cargo às vésperas do seu julgamento pelo Plenário da Corte. Todavia, se na AP n.º 333-PB o elemento prescrição fez-se presente, porém não decisivo no resultado do juízo da Corte, na AP n.º 396-RO ele se se mostrou como condição preponderante para o resultado do julgamento, sem desprezo de outros argumentos técnicos jurídicos citados pelos Ministros.

A Relatora do caso, Min. Cármen Lúcia, destacou que o crime a ser julgado foi praticado em 1999, cuja ação penal tramitou em vários órgãos do Judiciário até chegar ao STF, o que aconteceu quando um dos acusados foi eleito Deputado Federal. Após a Corte Constitucional promover uma longa instrução processual, no dia anterior à data do julgamento em Plenário, o acusado renunciou ao mandato sendo que, exatamente, oito dias depois, o crime seria alcançado pela prescrição. Assim, destacou a Relatora que, caso houvesse o deslocamento dos autos para a instância inicial, a pretensão punitiva do Estado seria extinta, ocasionando situação de impunidade deliberada.

Por sua vez, o Min. Dias Toffoli afirmou que o acusado renunciara ao cargo para, exclusivamente, se furtar à ação penal. Não obstante, o Ministro ainda defendeu a Suprema Corte diante de acusação de suposta ineficiência quanto ao foro por prerrogativa, lembrando que vários congressistas vinham renunciando aos cargos visando à remessa dos autos do STF para as instâncias iniciais. O objetivo seria, a partir daí, efetuar o maior manejo de recursos possíveis a alongar a marcha processual para, ao final, buscar a prescrição da pena ou da sua execução.

Em comparação à Ação Penal nº 333-PB, os Ministros Carlos Ayres Britto, Cezar Peluso mantiveram suas posições, votando pela manutenção da competência do STF para julgar os congressistas renunciantes, seja pela caracterização de intenção de provocar fraude à lei, bem como de evitar a prescrição do caso. Já os Ministros Ricardo Lewandowski, Gilmar Mendes e Ellen Gracie, revisaram suas posições em relação à Ação Penal nº 333, filiando-se à tese proposta pela Ministra Relatora a evitar que a manobra realizada pelo acusado causasse a prescrição punitiva dos crimes praticados. O único voto divergente foi proferido pelo Min. Marco Aurélio, que, também mantendo posicionamento anterior, não vislumbrando a renúncia como abuso de direito, afirmou que a saída do cargo cessaria o foro por prerrogativa no STF.

Por fim, por oito votos a um, o Supremo Tribunal Federal decidiu que a renúncia do parlamentar ao mandato, às vésperas de seu julgamento pelo Plenário da Corte, visando a efeitos como a prescrição, constitui abuso de direito. Com efeito, a renúncia não serviria como meio a impedir o julgamento pela Corte, "o que ensejou a perpetuação da jurisdição da Suprema Corte" e ainda prestigiava "o regular exercício do voto popular" (OLIVEIRA, 2020, p. 191). Assim, novamente o STF definiu, via jurisprudência, mais uma regra processual a fazer parte da ciranda jurisprudencial do foro por prerrogativa.

Na comparação das decisões na Ação Penal nº 333-PB e Ação Penal nº 396-RO, vislumbra-se que o elemento prescrição foi fundamental para a configuração da renúncia do mandato pelo congressista como fraude à lei ou abuso de direito. Mas para essa configuração, a renúncia teria de ocorrer às vésperas de seu julgamento, no intuito de provocar a mudança de foro do STF para instância inferior, e gerar algum prejuízo, como a prescrição. Dessa forma, considerando a prescrição como fim indesejável à persecução penal, os Ministros do Supremo não só estabeleceram parâmetros para definição da abdicação do mandato parlamentar como fraude ou não, bem como garantiram a própria efetividade da jurisdição criminal no STF.

Insta destacar que o receito da prescrição e do consequente desgaste que a Suprema Corte pode herdar com sua ocorrência, também pode ser verificado em outros julgamentos do Tribunal, como é o caso do Inquérito nº 2.245-DF. Nesse caso, a discussão sobre o desmembramento dos autos ou não, passou por debates como possibilidade de decisões contraditórias, capacidade da Corte em efetuar o julgamento e o receio da prescrição. Dos onze Ministros, oito externaram dúvidas com a possibilidade de prescrição do caso, o que, ao final, levou o Tribunal não só a manter o caso sob sua competência, mas também a proceder aos devidos esforços para o julgamento do caso em tempo hábil para apresentação de uma resposta à sociedade.

## Conclusões

Por todo exposto, o presente artigo pretendeu em sua essência, analisar o foro por prerrogativa no Supremo Tribunal Federal sob dois ângulos de observação: sua evolução na jurisprudência da Corte e exame empírico das principais razões decisórias. Em um cenário de escassez de normas positivadas sobre o tema, entender como o STF promove essas modificações em seus precedentes, investigando quais fatores endógenos e exógenos presentes, foi o objetivo deste trabalho.

Mesclando histórias de sucesso como o caso "mensalão", mas vivendo com o fracasso da ocorrência de prescrições punitivas em razão da demora de julgamento dos casos, a verdade é que o Tribunal tem tentado cumprir a missão constitucional de instância penal originária. Porém, diante do vácuo legislativo da matéria, o Supremo tem sido obrigado a manipular, em anormal frequência, as regras do foro por prerrogativa por meio de decisões judiciais, cujo teor e fundamentos tentou-se explicar.

Os fatores levantados, somados ao fato da grande demanda de processos que tramitavam na Corte, e a necessidade de resposta à sociedade, também fizeram com que o Supremo adotasse uma postura proativa na definição de regras processuais do foro por prerrogativa.

Essa postura proativa, por vezes incoerente e contraditória, ao menos, tentou tornar real a competência da Corte de efetivamente julgar as autoridades sob sua competência. Os casos "mensalão" e a A.P. nº 937-RJ, e seus reflexos na " Lava Jato" representaram exemplos dos desafios do Supremo no combate à corrupção que envolvia o alto escalão da política nacional. No entanto, para dar concretude a esse ideal, a Corte deu resoluções diversas a esses casos, ora expandindo sua competência a julgar acusados sem foro, ora a restringido a julgar acusados com foro somente em crimes conexos ao cargo. Esses casos evidenciam como o cenário político, a opinião pública e a própria Carta Constitucional, na exigência de ações que tornassem efetiva sua missão, fazem o Tribunal movimentar sua jurisprudência.

Concomitantemente o fator político evidencia-se como o mais relevante elemento, a explicar a variação da jurisprudência do Supremo sobre o foro por prerrogativa, movimento denominado no texto de "ciranda jurisprudencial". E frente ao exposto, tornou-se evidente que não faltam motivos para que a política seja percebida como fundamental na atuação da Corte quanto ao foro. Considerando, ainda, o vácuo legislativo sobre a matéria, o STF usou da liberdade proporcionada e do poder concedido pela Carta Magna de 1988, além do capital político acumulado, para promover a regramento das ações penais sob sua tutela.

Entretanto, como demonstrado, além da política, outros elementos motivaram o Supremo Tribunal para implementar modificações ou inclusões na sistemática do foro, tais como a prescrição, a opinião pública e o modelo decisório. Dentre esses fatores, a opinião ainda que veladamente, mostra-se como forte elemento decisório dentro do Tribunal, tendo em vista que não foram raros os votos em que Ministros admitiram que o clamor social se encontrava dentro das razões da tomada de decisão. Nesse sentido, ressalta-se que Tribunal tem manejado com competência esse fator de influência externa, atendendo na correta medida os reclames populares sem ao mesmo tempo, se deixar comandar por comoções.

Contudo, a volatilidade com que as opiniões sociais mudam servem de alerta ao Tribunal, pois a opinião pública deve, necessariamente, estar adequada ao que dispõe a Constituição Federal, e não ser causadora de insegurança jurídica e desrespeito a seus precedentes.

A pesquisa, então, permite concluir que o foro por prerrogativa não é a causa das mazelas do país, como afirmou o Min. Gilmar Mendes em um debate na Corte durante o julgamento da AP nº 937. Instrumento de grande importância na proteção à liberdade no exercício das altas funções da República, o foro por muitos anos evitou que demandas frívolas fossem propostas como meio de perseguições políticas, utilizando-se do Poder Judiciário como instrumento a este fim.

Diante desse cenário, o Supremo buscou, entre erros e acertos, aprimorar seu papel como órgão instrutório penal e garantir um efetivo julgamento às autoridades sob sua jurisdição. A limitação em realizar mudanças e criar balizas, diante de uma ausência de regras, representou um desafio à Corte a buscar um processo racional, e até mesmo moral, a garantir a eficiência de sua atuação, bem como atender a demanda social de combate à corrupção. E, de alguma maneira, o girar da ciranda jurisprudencial representou a busca do Tribunal, ainda que lentamente, por um foro por prerrogativa condizente com a maturidade de um país recém democratizado, evoluindo de uma herança aristocrática rumo ao republicanismo.

## Referências

ABBOUD, Georges. **Processo constitucional brasileiro**. 2. ed. São Paulo: Thomson Reuters, 2018.

ARANTES, Rogério. Mensalão: um crime sem autor. In: MARINA, Marjorie Corrêa; DEL RÍO, Andrés (Orgs.). **Justiça no Brasil**: às margens da democracia. Belo Horizonte: Arraes, 2018.

ARISTÓTELES. **Política**. São Paulo: Martin Claret, 2006.

ASSOCIAÇÃO DOS MAGISTRADOS BRASILEIROS. **Juízes contra a corrupção**: o fim do foro privilegiado. Brasília: AMB, 2007. Disponível em: https://www.oas.org/juridico/PDFs/mesicic4_bra_stf.pdf. Acesso em: 30 set. 2020.

BERCOVICI, Gilberto. Constituição e política: uma relação difícil. **Lua Nova**, n. 61, p. 5-24. 2004. Disponível em: https://doi.org/10.1590/S0102-64452004000100002. Acesso em: 13 abr. 2021.

BOBBIO, Norberto. **Dicionário de política**. 11. ed. Brasília: EdUnB, 1998.

CANOTILHO, José Joaquim Gomes; MENDES, Gilmar Ferreira. **Comentários à Constituição do Brasil**. 2. ed. São Paulo: Saraiva, 2018.

DATAFOLHA. **Maioria quer réus do mensalão presos, mas prevê absolvição**. 8 ago. 2012. Disponível em: https://datafolha.folha.uol.com.br/

opiniaopublica/2012/08/1204844-maioria-quer-reus-do-mensalao-presos-mas-preve-absolvicao.shtml. Acesso em: 12 maio 2021.

ESTORILIO, Rafael; BENVINDO, Juliano Zaiden. **O Supremo Tribunal Federal como agente do constitucionalismo abusivo**. Cadernos Adenauer XVIII, Rio de Janeiro, n.º 1, p. 173-192, jul. 2017.

FALCÃO, Joaquim. **O Supremo**. 2. ed. Rio de Janeiro: Edições de Janeiro, 2015.

FOLHA DE SÃO PAULO. **Um terço das ações contra políticos no STF prescreve**. Brasília, 14 nov. 2016. Disponível em: https://congressoemfoco.uol.com.br/especial/noticias/um-terco-das-acoes-contra-politicos-no-stf-prescreve/. Acesso em: 14 maio 2021.

G1. **Pesquisa IBOPE aponta que 78% dos entrevistados defendem o fim do foro privilegiado**. 2 maio 2018. Disponível em: https://g1.globo.com/politica/noticia/pesquisa-ibope-aponta-que-78-dos-entrevistados-defendem-o-fim-do-foro-privilegiado.ghtml. Acesso em: 20 maio 2021.

HÄBERLE, Peter. A jurisdição constitucional na fase atual de desenvolvimento do estado constitucional. **Revista de Direito Administrativo**, Rio de Janeiro, v. 244, p. 208-230, jan. 2007. Disponível em: http://bibliotecadigital.fgv.br/ojs/index.php/rda/article/view/42470. Acesso em: 2 set. 2020.

HELMKE, Gretchen. Public support and judicial crises in latin america. **Journal of Constitution Law**. v. 13, n. 2, p. 397-411, 2010. Disponível em: https://scholarship.law.upenn.edu/jcl/vol13/iss2/7. Acesso em: 17 maio 2021.

HESSE, Konrad. **Temas fundamentais do direito constitucional**. São Paulo: Saraiva, 2009.

LANDAU, David. Abusive constitutionalism. **U.C. Davis Law Review**, University Of California, v. 47, n. 1, p. 189-260, nov. 2013.

LUNARDI, Fabrício Castagna. **O STF na política e a política no STF**. São Paulo: Saraiva, 2020.

MARCHIONATTI, Daniel. **Processo penal contra autoridades**. Rio de Janeiro: Forense, 2019.

MARINONI, Luis Guilherme. **A ética dos precedentes**. 9. ed. São Paulo: Thomson Reuters, 2019.

MARQUES, Ângela Cristina Salgueiro; SÁ MARTINO, Luis Mauro. O conceito de opinião pública na teoria da comunicação: genealogias e modos de abordagem. **Revista Brasileira de Comunicação Organizacional e Relações Públicas**, São Paulo, v. 1, n. 1, 2004.

MELLO, Patrícia Perrone Campos. **Nos bastidores do Supremo Tribunal Federal**: constituição, emoção, estratégia e espetáculo. Tese de Doutorado. Universidade do Estado do Rio de Janeiro. Rio de Janeiro, 2014.

MINISTÉRIO PÚBLICO FEDERAL. **Caso Lava Jato**: entenda o caso. Disponível em: http://www.mpf.mp.br/grandes-casos/lava-jato/entenda-o-caso. Acesso em: 25 abr. 2020.

NETTO, Vladimir. **Lava jato**: o juiz Sérgio Moro e os bastidores da operação que abalou o Brasil. Rio de Janeiro: Primeira Pessoa, 2016.

O GLOBO. **Afronta ao Supremo e ao estado de direito**. 4 out. 2012. Disponível em: https://acervo.oglobo.globo.com/consulta-ao-acervo/?navegacaoPorData=201020121004. Acesso em: 19 maio 2021.

OLIVEIRA, Eugênio Pacelli. **Comentários ao Código de Processo Penal e sua jurisprudência**. 12. ed. São Paulo: Saraiva, 2020.

PAVANELI, Aline. **Lava jato completa quatro anos com 40 sentenças de Sérgio Moro**: tempo médio de tramite das ações é de 9 meses. 17 mar. 2018. Disponível em: https://g1.globo.com/pr/parana/noticia/lava-jato-completa-quatro-anos-com-40-sentencas-de-sergio-moro-tempo-medio-de-tramite-das-acoes-foi-de-nove-meses.ghtml. Acesso em: 19 maio 2021.

REALE JÚNIOR, Miguel. Foro privilegiado? **O Estado de São Paulo**. 7 de jan. 2017. Disponível em: https://opiniao.estadao.com.br/noticias/geral,foro-privilegiado,10000098670. Acesso em: 12 jan. 2019.

SANTOS, Moacyr Amaral. **Primeiras linhas de direito processual civil**. São Paulo: Saraiva, 1985.

SUPREMO TRIBUNAL FEDERAL. Tribunal Pleno. **Ação Direta de Inconstitucionalidade nº 2.587-GO**. Rel. Min. Maurício Corrêa. j. 01.12.2004. DJ. 06.11.2006a.

______. **Ação Direta de Inconstitucionalidade n.º 2.797 (DF)**. Rel. Min. Sepúlveda Pertence. j. 15.09.2005. DJ. 19.12.2006b.

______. **Ação direta de inconstitucionalidade n.º 3.289 (DF)**. Tribunal Pleno. Rel. Min. Gilmar Mendes. j. 05.05.2005. DJ. 24.02.2006c.

______. **Ação Penal n.º 333-PB (Q.O.)**. Rel. Min. Joaquim Barbosa. j. 05.12.2007. DJ. 11.04.2008.

______. **Ação Penal n.º 396-RO (Q.O.)**. Rel. Min. Cármen Lúcia. j. 28.10.2010. DJ. 28.04.2011.

______. **Ação Penal n.º 536-MG (Q.O.)**. Rel. Min. Luís Roberto Barroso. j. 27.03.2014. DJ. 12.08.2014.

______. **Ação Penal n.º 937-RJ (Q.O.)**. Tribunal Pleno. Rel. Min. Luís Roberto Barroso. j. 03.05.2018. DJ. 11.12.2018.

______. **Inquérito n.º 687-SP (Q.O.)**. Rel. Min. Sydney Sanches. j. 25.08.1999. DJ. 09.11.2001.

______. **Inquérito n.º 2.245-MG. (Q.O)**. Rel. Min. Joaquim Barbosa. j. 28.08.2007. DJ. 09.11.2007.

______. **Lava jato**: relator já proferiu mais de 11 mil decisões e despachos no curso da operação. 11 set. 2020. Disponível em: http://portal.stf.jus.br/noticias/verNoticiaDetalhe.asp?idConteudo=451566&ori=1. Acesso em: 19 maio 2021.

______. **Reclamação n.º 25.537-DF**. Rel. Min. Edson Fachin. j. 26.06.2019. DJ. 11.03.2020.

TOURINHO FILHO, Fernando da Costa. **Da competência pela prerrogativa de função**. São Paulo: Revista dos Tribunais, 2012.

VALE, André Rufino. **Argumentação constitucional**: um estudo sobre a deliberação nos Tribunais Constitucionais. Tese de Doutorado. Universidade de Brasília/ Universidade do Alicante. Brasília, 2015.

VAZ, Paulo Afonso Brum. O fim da farra da prescrição penal: Lei nº 11.596, de 29 de novembro de 2007 e Lei nº 12.234, de 05 de maio de 2010. **Revista de Doutrina da 4ª Região**, Porto Alegre, n. 36, jun. 2010. Disponível em: https://revistadoutrina.trf4.jus.br/artigos/edicao036/paulo_afonso.html. Acesso em: 22 maio 2021.

VIEIRA, Oscar Vilhena. Supremocracia. **Revista de Direito GV**, n. 8, jul.-dez. 2008. Disponível em: www.scielo.br/pdf/rdgv/v4n2/a05v4n2.pdf. Acesso em: 29 set. 2020.

# 10. A PRIVACIDADE DAS CRIANÇAS E ADOLESCENTES E A *INTERNET OF TOYS*

João Sérgio dos Santos Soares Pereira

## Introdução

Os dias atuais são aqueles em que não se faz mais possível viver sem fornecer nossos dados pessoais para mais de uma infinidade de programas, aplicativos, *games*, plataformas em geral. O que se pode fazer para tentar diminuir tamanha insegurança, falta de transparência, desconhecimento do destino de nossos dados pessoais, manipulação e invasão de intimidade e privacidade?

A questão é ainda mais importante quando envolvemos grupos hipervulneráveis como crianças e adolescentes, pois eles estão menos cientes dos riscos, consequências e garantias relacionados ao tratamento de seus dados pessoais.

A partir do momento em que a vida privada, a intimidade e a privacidade são tuteladas em nível internacional e interno, em uma perspectiva diversa daquela do direito de ser deixado só, é necessário dar maior ênfase a situações jurídicas existenciais de proteção ao ser humano, conferindo-lhe a possibilidade de controlar suas próprias informações pessoais. Tratamento de dados com informações corretas, claras, precisas, de fácil percepção e em língua portuguesa.

Este trabalho pretende promover um debate a respeito da privacidade como direito da personalidade, em tempos em que a velocidade do trânsito das informações se dá de forma espantosa. A importância e justificativa da investigação é premente, uma vez que, conforme assevera Harari, "se quisermos evitar a concentração de toda a riqueza e de todo o poder nas mãos de uma pequena elite, a chave é regulamentar a propriedade dos dados. [...] no século XXI, os dados vão suplantar tanto a terra quanto a maquinaria como o ativo mais importante" (HARARI, 2018, p. 107).

Uma das grandes questões é como regular adequadamente tais dados e seu fluxo. Trata-se de tarefa difícil, pois eles estão em toda a parte e, ao mesmo tempo, em parte alguma, movimentando-se à velocidade da luz.

Sob o prisma usual, os dispositivos conectados possuem grande importância e influência na discussão, haja vista que a internet das coisas (*Internet of Things – IoT*), como integração de objetos à Web e entre si, com o constante aprimoramento de sua utilização, conduz a um maior armazenamento e troca de informações que, se por um lado, simplifica atividades e ações, por outro, pode vir a criar, em uma de suas subespécies conceituais, a *Internet of Toys,* atrelada à técnica da Inteligência Artificial (IA) e de *machine learning*, brinquedos que espionam, detectam e apreendem dados pessoais de crianças e adolescentes, a fim de formar respostas individuais de seus usuários.

Diante da edição da Lei Geral de Proteção de Dados (LGPD), faz-se necessário estudar, compreender e analisar quais instrumentos são disponibilizados para a proteção, inclusive no que tange aos denominados grupos hipervulneráveis.

## 1. A privacidade como direito da personalidade

O Direito Civil contemporâneo sofreu profunda transformação. Não se faz mais possível analisá-lo apenas sob o prisma patrimonial, individualista. Passamos do sujeito à pessoa, ou seja, a noção abstrata de sujeito de direito foi substituída pela tutela da pessoa, ser dotado de multiplicidade e fragmentariedade (TEPEDINO; TEIXEIRA; ALMEIDA, 2016).

Faz-se necessário ler o Direito Civil e seus institutos por meio da Constituição da República. Pietro Perlingieri, cunhando a expressão Direito Civil Constitucional, informa que a Constituição funda o ordenamento e, assim, há uma interação inversa entre o público e o privado, interpretando o Código Civil segundo a Constituição Federal (PERLINGIERI, 2002). Certamente, como informa Fachin, houve o redirecionamento "de uma perspectiva fulcrada no patrimônio e na abstração para outra racionalidade que se baseia no valor da dignidade da pessoa" (FACHIN, 2015, p. 51).

A personalidade é uma qualidade. A qualidade de ser pessoa. E, sob esse aspecto, é inerente ao ser humano, qualquer que seja. O direito tão somente reconhece a personalidade, uma vez que é no campo da capacidade que o legislador pode, em maior ou menor grau, concedê-la em um ou outro caso. Todos os seres humanos merecem tutela em seus direitos de personalidade, dentre os quais a sua privacidade e intimidade. Assim, crianças ou adultos com doenças mentais graves – sem nenhum discernimento – são também, por certo, pessoas, detentoras de igual dignidade (sobretudo nos nossos dias, quando a teoria das incapacidades foi adequada à Constituição Federal).

Danilo Doneda (2006) informa que a privacidade assume posição de destaque na proteção da pessoa humana, não apenas em relação à lógica de exclusão, ou seja, no sentido de defesa do exterior, mas, igualmente, como elemento positivo de cidadania e dos direitos de liberdade de uma forma geral.

Assevera, ainda, o autor que a tutela da privacidade melhor se enquadra como uma situação subjetiva complexa, como reconhece Pietro Perlingieri, que não se expressa pelo exercício arbitrário do poder pelo seu titular, porém em um complexo de interesses, tanto do titular como da coletividade. Cresce, assim, uma espécie de "administração" das escolhas pessoais como forma de projetar a personalidade no exterior e, consequentemente, a determinação da própria esfera pessoal (DONEDA, 2006).

O conceito clássico de privacidade, associado ao direito de ser deixado só (*right to be alone*) não deve mais ser unitário, uma vez que a noção evoluiu para incluir outros elementos igualmente importantes, como a tutela de dados sensíveis e a tutela das escolhas pessoais de caráter existencial.

Com o desenvolvimento da biotecnologia e da internet, expandiram-se as formas potenciais de violação da esfera privada para além da esfera individual, que impedia tão somente que terceiros pudessem nela ingressar, sem o consentimento do interessado. A privacidade na era digital não se refere à exclusão do outro, mas sim ao controle inclusivo dos seres humanos sobre os seus próprios dados e informações pessoais.

Bruno Lewicki define a privacidade como um direito à existência pessoal e ao modo como a individualidade de cada um será inserida na sociedade (apud TEPEDINO, BARBOSA, MORAES, 2014). Já Caitlin Mulholland cita três concepções sobre o direito à privacidade: "(i) o direito de ser deixado só; (ii) o direito de ter controle sobre a circulação dos dados pessoais; e (iii) o direito à liberdade das escolhas pessoais de caráter existencial [...]" (MULHOLLAND, 2018).

A vida privada, a intimidade e a privacidade são tuteladas em nível internacional e interno. O artigo XII da *Declaração Universal dos Direitos Humanos*, de 1948, assevera que ninguém será sujeito à interferência em sua vida privada, em sua família, em seu lar ou em sua correspondência, nem a ataque à sua honra e reputação, uma vez que todo ser humano tem direito à proteção da lei contra tais interferências ou ataques. Igualmente, o artigo 17 do Pacto Internacional sobre Direitos Civis e Políticos, internalizados pelo Decreto nº 592/92, bem como o artigo 7º e 8º da Carta dos Direitos Fundamentais da União Europeia.

Nosso ordenamento constitucional tutela a intimidade, a vida privada, a honra e a imagem das pessoas, assegurado o direito a indenização pelo dano material ou moral decorrente de sua violação, na forma do artigo 5º, X da CF, enquanto o artigo 21 do CC disciplina que a vida privada da pessoa natural é inviolável, podendo o Juiz, a requerimento do interessado, adotar as providências necessárias para impedir ou fazer cessar ato contrário ao direito disciplinado nessas normas.

Nesta mesma ordem de ideias, a Lei do Marco Civil da Internet, em seu artigo 3º, inciso II, assevera que o uso da internet no Brasil deve ser norteado pelo princípio da proteção à privacidade, conduzindo ao entendimento que, antes mesmo da edição da LGPD, o Brasil já possuía instrumentos legislativos para proteção dos dados pessoais sob o prisma da privacidade e controle das informações pelos interessados, como é o caso da garantia constitucional do *habeas data* (artigo 5º, LXXII, CF/88), o Código de Defesa do Consumidor (art. 43), o Decreto nº 7.962/2013 (comércio eletrônico, art. 4º, VII), e o já referido Marco Civil da Internet (art. 7º, I, III, VII, VIII, IX, X, XI e 11, §§ 1º e 2º) .

Acresça-se, ainda, como marco normativo da sociedade de informação no Brasil, a Lei do Cadastro Positivo (Lei 12.414/11), que disciplina a formação e consulta a banco de dados com informações de adimplemento, de pessoais naturais ou de pessoas jurídicas, para formação de cadastro de histórico de crédito; a Lei de acesso à informação (artigo 4º, IV e 31 da Lei 12.527/11),

Não obstante, a Lei Geral de Proteção de Dados (Lei 13.709/18) veio a congregar marco normativo essencial à formação de uma cultura diversificada na sociedade brasileira: entender os dados enquanto ativos, informação de cunho extremamente importante.

Antes mesmo do início de vigência da LGPD, o Supremo Tribunal Federal reconheceu um direito fundamental autônomo à proteção de dados pessoais, nos dias 6 e 7 de maio de 2021. O julgamento do plenário referendou a Medida Cautelar nas Ações Diretas de Inconstitucionalidade nº 6387, 6388, 6389, 6393, 6390, em decisão histórica, em que se visualizou a necessidade de observação dos dados enquanto atributo da personalidade, conferindo, em relação a eles, autodeterminação informativa, acaso ocorra a sua coleta, processamento e tratamento.

Com efeito, a autodeterminação informativa é de grande importância para o desenvolvimento da proteção de dados, pois possibilita o direito dos indivíduos de decidirem quando, e dentro de quais limites, seus dados pessoais podem ou não ser utilizados.

A nova legislação também fortalece o conhecimento, por parte da sociedade, das preocupações que existem quanto à invasão de nossa individualidade, por meio da coleta e tratamento indevido de dados, e o uso abusivo, sem critérios, de nossas informações para fins, inclusive, de criação de perfis de comportamentos pré-determinados.

Sob esse cenário, os problemas agravam-se quando se trata de sujeito vulnerável, mormente crianças e adolescentes em que a vulnerabilidade é natural à sua condição de pessoa em desenvolvimento.[1] É sobre esse prisma que analisaremos tal grupo hipervulnerável.

## 2. Crianças e adolescentes como pessoas hipervulneráveis e foco de preocupações na sociedade digital

As crianças e adolescentes são reconhecidas como pessoas pertencentes ao grupo denominado de hipervulneráveis.[2] Tal fato ocorre, pois

[1] Grandes empresas possuem amplo volume de dados que faz com que se conheçam diversos aspectos comportamentais, e isso potencializa os riscos quando a pessoa está em situação de vulnerabilidade (as crianças como seres em desenvolvimento, somado ao fato da dificuldade de compreensão correta das consequências do tratamento de seus dados).

[2] "Há consumidores que, por condições pessoais específicas, são hipervulneráveis, necessitando de proteção ainda maior. É o caso dos idosos, das crianças, dos deficientes físicos e dos analfabetos, por exemplo. A terminologia hipervulnerabilidade foi aceita na doutrina e consolidada na jurisprudência do Superior Tribunal de Justiça [...] criando-se, como bem observa Cláudia Lima Marques, uma escada ou escala de graduação da vulnerabilidade (geral ou agravada)" (AMORIM, 2017, p. 27).

determinados grupos devem ser considerados como mais vulneráveis aos perigos da virtualidade, exatamente por fatores psicofísicos, sociais e econômicos.

Pontue-se que outros grupos também podem ser reconhecidos como dignos da proteção especial do grupo de hipervulneráveis, tais como os idosos (artigo 226 da CF/88), os portadores de deficiência física (artigo 7º, XXXI, 23, XIV, 227, II, CF/88 e o Estatuto da Pessoa com Deficiência) e, até mesmo, para fins do meio ambiente, as futuras gerações (art. 225, CF/88).

Segundo Cláudia Lima Marques e Bruno Miragem, a hipervulnerabilidade pode ser definida como uma situação social fática e objetiva de agravamento da vulnerabilidade da pessoa física consumidora, considerando o conhecimento pelo fornecedor de circunstâncias pessoais (MARQUES; MIRAGEM, 2014).

Há tempos que a vulnerabilidade das crianças e adolescentes é percebida e debatida no mundo. Com efeito, o século XX, "o século da criança", consolidou documentos internacionais importantes para a proteção de tais pessoas, notadamente a Declaração Universal promovida pela ONU, em 1959. As crianças foram reconhecidas como sujeito de direitos. Assim, no ano de 1924, a Declaração dos Direitos da Criança mencionou, pela primeira vez na história, a expressão direitos da criança.

Há quatro tipos de vulnerabilidade explicadas pela doutrina: a técnica, a jurídica, a fática e a informacional.[3] No presente trabalho, é a informacional que mais nos toca.

A vulnerabilidade informacional, afirme-se, não se refere à falta de informação ou à simples falta de conhecimento, mas sim à abundância dela, à sua manipulação e controle. Foi nesse sentido que o atual Ministro do Superior Tribunal de Justiça, Herman Benjamin, considerou o aparecimento de uma "hipervulnerabilidade", atualmente.[4]

Diz-se hoje que essa vulnerabilidade informativa é o maior fator de desequilíbrio das relações, visto que os fornecedores são os únicos verdadeiramente detentores da informação e, por isso, o déficit dos

[3] Quanto à distinção entre os quatro tipos de vulnerabilidade, sinteticamente, vide: TEIXEIRA; SABO (2016).

[4] BRASIL. Superior Tribunal de Justiça, Resp n. 586.316, 2ª T, j. 17.04.2007, Min. Antônio Herman Benjamin, DJe 19.03.2009.

consumidores está cada vez mais profundo, o que conduz a uma assimetria informacional.

A vulnerabilidade agravada da criança é reconhecida no âmbito da publicidade, igualmente. O Código de Defesa do Consumidor assinala o caráter abusivo da publicidade que venha a aproveitar-se da deficiência de julgamento da criança (art. 37, § 2.º), como de qualquer conduta negocial do fornecedor que venha a prevalecer-se da fraqueza ou ignorância do consumidor, dentre outras condições de sua idade e conhecimento (art. 39, IV).

A vulnerabilidade infantil não passou despercebida, igualmente, pelo Regulamento Geral de Proteção de Dados, que, em seu Considerando 38, assevera que as crianças merecem proteção especial quanto a seus dados pessoais, uma vez que podem estar menos cientes dos riscos, consequências e garantias em questão, assim como dos direitos relacionados ao tratamento de seus dados.

Diversas são as situações que preocupam a sociedade, os pais e responsáveis pelas crianças e adolescentes, que reconhecem a vulnerabilidade de seus filhos diante de diversos acontecimentos da vida. A título ilustrativo, cite-se preocupante noticiário que informa que crianças vêm sendo recrutadas por neonazistas para a denominada "supremacia branca" (CHADE, 2019). Não se pode imaginar que, em pleno Estado Democrático de Direito, grupos se valham de vulneráveis para pregar a xenofobia, o racismo, o desprezo pela dignidade de cada pessoa humana. Porém, infelizmente, ainda ocorre, em pleno século XXI.

Outrossim, não se pode deixar de mencionar que os jovens influenciam grande parte das decisões de consumo de uma família, o que desperta o interesse mercadológico por seus dados pessoais em larga escala. A informação aos jovens sobre riscos e benefícios, o controle parental, a garantia de fornecer espaços seguros de liberdade e autonomia para assegurar a condição pessoal de desenvolvimento das crianças e adolescentes, de acordo com suas idades, são fatores que, certamente, devem ser considerados nessa equação.

De fato, não podemos negar que a internet oferece grandes possibilidades e benefícios, facilitando a participação de crianças e adolescentes em discussões e atividades, por meio do acesso à informação e à educação. Faz parte do livre desenvolvimento da personalidade delas o reconhecimento de algum grau de autonomia existencial, o que lhes autoriza o acesso às redes sociais, à internet, ao debate de ideias; porém, é necessário sempre considerar a vulnerabilidade de tais grupos, sujeitos aos cuidados da família, pais e Estado.

O foco de preocupações com o universo infantil é tão acentuado que o Código Brasileiro de Autorregulação Publicitária (CBAP), do Conselho Nacional de Autorregulação Publicitária (CONAR), estabelece, em seu art.37, que nenhum anúncio dirigirá apelo imperativo de consumo diretamente à criança. Disposição, por certo, de difícil execução prática, diante da universalidade de oferta ampla de produtos e serviços em rede. Nesta mesma toada, a Lei nº 13.185/2015 instituiu o programa de combate à intimidação sistemática a fatos ou imagens que depreciem, incitem à violência, à adulteração de fotos ou dados pessoais com o intuito de criar meios de constrangimento psicossocial (*bullying*) ou através da rede mundial de computadores (*cyberbullying*), enquanto a Lei nº 11.829/2008 conferiu nova redação ao artigo 241, e respectivos parágrafos e alíneas, do Estatuto da Criança e Adolescente, para considerar como crime a transmissão, pela internet, de conteúdos que contenham sexo explícito ou pornográfico envolvendo criança ou adolescente.

Na realidade, a atual juventude já nasce conectada, nativa digital, compartilhando os seus dados por meio da rede mundial de computadores, por vezes, sem dar a devida importância ao uso adequado das informações que fornece. Ainda que a maioria das redes sociais fixem uma idade mínima para o seu uso, inexiste uma verificação hábil da identificação dos usuários. As ferramentas tecnológicas são utilizadas sem a devida cautela, sem cultura digital adequada.

Ainda que as empresas venham estabelecendo regras quanto à idade mínima para a utilização, as crianças conseguem burlá-las, restando necessário o acompanhamento dos pais. Resta claro, portanto, a necessidade de estabelecimento de políticas e normas que, de um lado, protejam crianças e adolescentes dos riscos inerentes ao mundo conectado (tais como o vazamento de imagens íntimas, aliciamento sexual, pedofilia, *cyberbulling* etc.) e, de outro, facilitem o acesso dessas pessoas à rede, de forma segura.

Ressalte-se que os filhos estão sujeitos à autoridade parental enquanto perdurar a sua incapacidade, competindo aos pais o dever de criação e educação dos filhos, na forma dos artigos 1630 e 1634, ambos do Código Civil. No entanto, é necessário que se esclareça que crianças e adolescentes são pessoas detentoras de direitos da personalidade e, assim, não são propriedade dos pais. Dessa forma, o controle dos pais deve cingir-se à supervisão e à orientação de seus filhos, uma vez que é por meio da educação, instrução, que se faz possível a diminuição da vulnerabilidade das crianças e adolescentes no ambiente virtual.

Num ambiente em que o computador é tido como um integrante da família, e as crianças e adolescentes têm curiosidade e vontade de dominá-lo, a orientação e informação sobre os riscos inerentes à navegação na internet são extremamente necessárias.

Estudos demonstram que a internet está amplamente associada à vida cotidiana de crianças e adolescentes, como regra, desde a alfabetização, por volta dos 7 anos de idade. Criado em 2005, o Centro de Estudos sobre as Tecnologias da Informação e da Comunicação (CETIC.br) é departamento do NIC.br (Núcleo de Informação e Coordenação do Ponto BR), responsável pela coordenação e publicação de pesquisas sobre a disponibilidade e uso da internet no Brasil e iniciou mapeamento anual de acesso domiciliar e uso individual das TICs (Tecnologias da Informação e Comunicação) por pessoas, a partir dos 10 anos de idade, nas áreas urbanas do país. Em 2012 é realizada a primeira onda da pesquisa *TIC Kids Online Brasil*, com indicadores sobre os usos que crianças e adolescentes de 9 a 17 anos de idade fazem da internet (SOUZA; OLIVEIRA, 2016).

A segunda versão da pesquisa *TIC Kids Online Brasil* está baseada no referencial metodológico da rede europeia *EU Kids on line*, liderada pela London School of Economics, e foi realizada entre setembro de 2013 e janeiro de 2014, entrevistando 2261 crianças e adolescentes com idade entre 9 e 17 anos, em todo o território nacional, concluindo que 79% dos usuários de internet dessa faixa etária, nessa época, tinham perfil na rede social. A tendência à mobilidade é outro destaque apontado pela pesquisa: em 2012, o celular era usado por 21%, enquanto em 2013 por 53%. Os *tablets*, de 14% em 2012, para 16% em 2013. Computadores de mesa são os mais usados, por 71%.

Interessante que na pesquisa *TIC Kids Online Brasil 2013 e 2014* também foram ouvidos os pais e, na maioria dos casos, percebeu-se que havia a conversa sobre o que os filhos fazem na internet. Em 2014, 81% conversavam sobre como usar a internet com segurança, sendo que 70% dos pais e responsáveis afirmavam ficar por perto enquanto os filhos usam a internet (em 2013, as proporções eram de 64% e 69%, respectivamente). No entanto, em 2013, apenas 8% dos pais acreditam que o filho tenha passado por alguma situação de incômodo ou constrangimento na *net* (percentual semelhante ao verificado em 2012: 6%) (CGI, 2013; 2014).

A pesquisa *Tic Kids Online Brasil 2017* (CGI, 2017), sexta edição, ocorreu entre novembro de 2017 e maio de 2018, em todo o território nacional. Comparativamente ao cenário das pesquisas anteriores, a pesquisa de 2017 aponta uma tendência de crescimento no número de crianças e adolescentes entre 9 e 17 anos que são usuárias de internet no país, sendo que o telefone celular se consolidou como o dispositivo mais utilizado para o acesso à rede.[5]

O estudo indica a manutenção da predominância de atividades ligadas à comunicação e ao entretenimento por crianças e adolescentes, tais como: enviar mensagens instantâneas (79%), assistir a vídeos on-line (77%), ouvir música (75%) e usar redes sociais (73%) e conclui que a preocupação não deve se limitar apenas aos dados coletados pelo provedor de aplicações de internet para o acesso e uso da rede social, mas também se destinar àqueles dados inseridos e divulgados diretamente por crianças e adolescentes, que muitas vezes não conhecem com profundidade as políticas das plataformas, direitos relacionados ao tratamento de seus dados pessoais e os reais riscos à sua privacidade nesses ambientes on-line (CGI, 2017).

As redes sociais em geral, ou seja, "sítios de internet que permitem ao usuário criar e exibir um perfil, relatando suas experiências pessoais, publicando suas opiniões, postando vídeos e fotografias, enfim, conversar e interagir com familiares, amigos, colegas de trabalho" (LACERDA, 2017, p. 31) possibilitam o anonimato. Crianças e adolescentes acabam por formar sua identidade e pertencimento ao mundo por meio de tais recursos tecnológicos. Na verdade, as agressões que antes eram pichações de muros feitos na calada da noite e causavam dor, hoje são feitas por meio digital.

A maior suscetibilidade de influências externas é patente, afinal, a adolescência é uma fase de desenvolvimento humano marcada pela

[5] Em 2017, 85% das crianças e adolescentes de 9 a 17 anos eram usuários de internet, o que corresponde a 24,7 milhões de usuários no Brasil. Para acessarem a rede, 93% dessas crianças e adolescentes utilizaram o telefone celular, sendo que o uso exclusivo desse dispositivo para acessar a internet chegou a 44% em 2017. Esse percentual indica que 11 milhões de crianças e adolescentes brasileiros usaram a internet apenas pelo telefone celular, sendo que mais de 10 milhões pertenciam às classes C e DE (CGI, 2017, p. 124).

transição da infância para a vida adulta, que acarreta diversas mudanças, sejam de ordem física, emocional e/ou social.

Não se pode negar os avanços na inclusão digital da população brasileira nos últimos anos (a disseminação do uso do telefone celular tem grande papel nisso), porém, inclusive como conclui a pesquisa *TIC Kids On Line Brasil 2017*, permanecem as desigualdades socioeconômicas e regionais quanto ao acesso e uso das tecnologias de informação e comunicação no país, onde o aumento da conectividade por crianças e adolescentes brasileiros é uma tendência consolidada.

Outro estudo de grande relevância que procura conciliar as preocupações com a necessidade de desenvolvimento das crianças e adolescentes é aquele constante do *Manual de Orientação* (SBP, 2016), da Sociedade Brasileira de Pediatria (SBP), que agrega 22000 médicos pediatras, por recomendar diversas atuações em relação a responsáveis diferentes: pediatras, educadores, escolas, pais e as próprias crianças e adolescentes. As orientações são de grande valia e incluem diversas providências que podem ajudar na interação criança/adolescente/ internet/pais e educadores.

Diante da necessidade premente de proteção aos grupos de vulneráveis, a LGPD preocupou-se, expressamente, com as crianças e adolescentes. Como forma de tutelar a dignidade da pessoa humana no prisma das liberdades fundamentais da integridade psicofísica, liberdade, intimidade e privacidade (art. 1º c/c 17, ambos da LGPD), esta última entendida como a manutenção de controle sobre as nossas próprias informações (autodeterminação informativa), a Lei Geral, contemplando as amplas interações por meio da internet, relações de consumo, questões empregatícias e mercadológicas, em seu artigo 14, menciona o tratamento de dados de crianças e de adolescentes (art. 14 da LGPD), a fim de conferir maior transparência e segurança (art. 6º, VI e VII, da LGPD, respectivamente).

## 3. O artigo 14 da Lei Geral de Proteção de Dados (LGPD) e a *Internet of Toys*

A LGPD é uma legislação que oferta conceitos operativos. A fim de conferir maior transparência e segurança, essa lei se preocupa em conceituar termos de utilização necessária para aqueles que operarão com a legislação, na forma do art. 5º. A observação desse panorama, ainda que de forma breve, é importante para os comentários que teceremos sobre o artigo 14, sob questão.

Constam do rol de 19 incisos a noção de dado pessoal, dado pessoal sensível, banco de dados, titular, controlador, operador, encarregado, agentes de tratamento, tratamento, consentimento, uso compartilhado de dados, autoridade de dados, entre outros, enquanto o art. 6º informa quais são os princípios norteadores do regulamento.

Quanto aos princípios do art. 6º da LGPD, e considerando a necessidade de tutela dos dados sensíveis (art. 5º, II c/c art. 11, ambos da LGPD), há dois que merecem atenção: o da finalidade (art. 6º c/c 10, ambos da LGPD) e o da não discriminação (art. 6º, IX, LGPD). Linhas mestras da legislação, tais princípios inviabilizam a transferência e tratamento de dados para além dos propósitos previstos e do consentimento ofertado, situações que podem vir a gerar a abusividade na sua utilização. Além, veda-se o uso desses mesmos dados para fins ilícitos, discriminatórios, excludentes.

O consentimento (art. 5º, XII, 7º, 8º, 11, II, 14, § 3º, todos da LGPD) é ponto de relevo, considerando que o ambiente virtual ocasiona, por muitas vezes, a utilização de dados por grandes controladores e operadores sem sequer ser ofertada a informação adequada ao titular dos dados (informação que, com base na legislação, deve ser disponibilizada de forma clara, adequada e ostensiva a respeito dos requisitos dispostos nos incisos do art. 9º da LGPD).

Ressalte-se que, obtendo a adequada informação (direito seu, conforme 9º, 18, 19, todos da LGPD), o titular dos dados possui o direito de solicitar a revisão de decisões tomadas tendo como base tratamento automatizado de dados pessoais que de alguma maneira interfiram em seus interesses, incluindo aquelas que tracem perfil, seja pessoal, profissional ou de crédito (art. 20 da LGPD). Além disso, na forma do § 1º do mesmo dispositivo, poderá requisitar o fornecimento dos critérios levantados para traçar seu perfil, observados os segredos industrial e comercial.

No que tange a este trabalho, é o artigo 14 da LGPD que guarda maior importância, uma vez que nosso país tem legislação e políticas públicas específicas para promover direitos e deveres das crianças e adolescentes, que, agora, foram fortalecidas com a inclusão da Seção III, do Capítulo II, da LGPD, pois, como assevera Patrícia Peck Pinheiro, "os dados relacionados a menores de idade estão classificados em uma categoria de dados especiais (pois exigem um tratamento diferenciado em termos de cuidados)" (PINHEIRO, 2018 p. 74). Avança-se em termos de proteção desse público no que diz respeito à privacidade.

O tratamento de dados pessoais de crianças e adolescentes deve ser realizado no melhor interesse desses sujeitos, levando em conta as normas protetivas constitucionais (artigo 227 da CF), o Estatuto da Criança e do Adolescente (que estatui ser criança a pessoa até 12 anos de idade incompletos, e adolescente aquela entre doze e dezoito anos de idade, conforme seu art. 2º) e a Convenção sobre os Direitos da Criança (é o instrumento de direitos humanos mais aceito na história universal, ratificada por 196 países), consoante o *caput* do art. 14 da LGPD.

A Lei Geral assevera que o tratamento de dados pessoais de crianças e adolescentes só poderá ser realizado com o consentimento específico e em destaque de, ao menos, um dos pais ou responsáveis legais (§ 1º do art. 14 da LGPD, concluindo-se que o consentimento dado fora do requisito legal ou pela própria criança não poderá ser admitido), ressalvados os casos em que o dado for utilizado em uma oportunidade, sem armazenamento, para proteção da criança ou para contatar os pais ou responsáveis legais, com restrição de não poderem ser repassados a terceiros sem o consentimento (§ 3º do art. 14 da LGPD).

Considere-se que, em se tratando criança, sujeito hipervulnerável ou de vulnerabilidade agravada pela idade reduzida, absolutamente incapaz, deve haver a representação sob pena de nulidade absoluta do ato praticado (artigo 3º c/c 166, I do CC), restando interessante observar que o parágrafo primeiro do artigo 14 não mencionou o adolescente, pessoa entre doze e dezoito anos de idade, o que poderia gerar dúvidas se o consentimento manifestado diretamente por essa pessoa, sem assistência ou representação, seria válido. Parece-nos que o legislador pretendeu reconhecer a validade do consentimento expresso pelo adolescente, não se podendo negar a realidade de que diversos adolescentes utilizam a internet e mídias sociais de forma livre e ostensiva, facilitando atividades criativas e acesso à informação.

Sob esse ponto, Danilo Doneda e Carolina Rossini, citam que no Anteprojeto da Lei sobre Proteção de Dados Pessoais, constava o disposto no art. 8º que se referia expressamente ao adolescente, texto, porém, que, depois, não foi incorporado definitivamente na Lei 13.709/2018. Afirmava-se que o titular de dados pessoais com idade entre doze e dezoito anos de idade poderia fornecer consentimento para tratamento que respeitasse sua condição peculiar de pessoa em desenvolvimento, ressalvada a possibilidade de revogação do consentimento pelos pais ou responsáveis legais, no seu melhor interesse (DONEDA; ROSSINI, 2014).

Em relação à idade, o art. 8º do Regulamento Geral de Proteção de Dados Europeu (GDPR) trata das condições aplicáveis ao consentimento de crianças em relação aos serviços da sociedade da informação. O item 1 o tratamento dos dados pessoais de uma criança será legal quando ela tiver pelo menos 16 anos de idade. Caso a criança tenha menos de 16 anos, o tratamento só será lícito se o consentimento for dado ou autorizado pelos titulares da autoridade parental. Porém, os Estados-membros poderão estabelecer idade menor para os efeitos referidos, desde que não inferior a 13 anos. Nesses casos, o responsável pelo tratamento deverá promover todos os esforços adequados para verificar se o consentimento foi dado ou autorizado pelo titular das responsabilidades parentais da criança, tendo em conta a tecnologia disponível, segundo o item 2.

Pondere-se que a LGPD, nesse ponto relativo à proteção de crianças e adolescentes, além de tomar como fonte a norma europeia (GDPR), inspirou-se, em grande medida, no COPPA (Children's Online Privacy Protection Act de 1998, que entrou em vigor em 21 de abril de 2000 e recebeu alterações que se aplicaram no ano de 2013). Com efeito, a idade de 13 anos advém do COPPA, que pretende ofertar aos pais e responsáveis o controle das informações coletadas de seus filhos na internet, pessoas que a referida legislação considera como menores de 13 anos de idade.

De acordo com os "Termos de Uso" das maiores mídias sociais atuais, tais como Instagram, Facebook, Whatsapp, Youtube, Twitter, Snapchat, percebe-se que a idade mínima para a abertura de contas e utilização é de 13 anos, porém é possível que, como os países pertencentes à União Europeia ainda estão se adequando à GDPR, existam Termos de uso desses aplicativos que exijam a idade de, pelo menos, 16 anos para usar os serviços.

Outrossim, é necessário assegurar ao titular dos dados o direito de obter do controlador, em relação aos dados tratados, a qualquer momento e mediante requisição, a confirmação da existência de tratamento (art. 18, I, LGPD); o acesso aos dados (art. 18, II, LGPD); a correção de dados incompletos, inexatos ou desatualizados (art. 18, III, LGPD), dentre outros descritos nos incisos do art. 18 que se encontra no capítulo dos direitos do titular (capítulo III). Por essa razão, os controladores deverão manter pública a informação sobre os dados coletados (§ 2º do art. 14 da LGPD).

Outrossim, os controladores deverão realizar todos os esforços para verificar se o consentimento a que se refere o § 1º foi manifestado pelo responsável pela criança, consideradas as tecnologias disponíveis (art. 14, § 5º, LGPD), até porque é dever seu garantir que o consentimento é real e válido, podendo vir a responder por eventuais danos que causar (art.42 da LGPD). Surgem dúvidas de como as empresas verificarão se a pessoa que forneceu o consentimento é realmente um dos responsáveis ou o que deve ser entendido como o "esforço razoável" do controlador para tal verificação.

Em relação às crianças e adolescentes, portanto, esse dever de cuidado incumbido ao controlador nos leva a crer que ele deve ficar atento e passar a exigir a data de nascimento do usuário, a fim de apurar sua verdadeira idade, para, se for o caso, suspender o tratamento de seus dados até a obtenção do consentimento do responsável.

A legislação trata, também, de questão bastante delicada ao universo infanto-juvenil, considerando a grande quantidade de invasões à privacidade que ocorre por tal meio: a coleta de dados por aplicativos de jogos, consoante o § 4º do artigo 14 da LGPD. O parágrafo expõe que tal coleta de informações pessoais para esse fim deve ser apenas do estritamente necessário à atividade, reforçando o princípio da minimização de dados (art. 6º, V da LGDP). A disposição busca afastar políticas em que o usuário ou aceita todas as disposições e termos do serviço ou não pode utilizá-lo, quando afirma que os controladores não deverão condicionar a participação dos titulares de que trata o § 1º do art. 14 da LGPD.

Por sua vez, o art. 14 corrobora em seu § 6º dois deveres de grande importância na LGPD: informação e transparência, pois as informações repassadas aos hipervulneráveis infanto-juvenis devem ser apresentadas de maneira simples, clara e acessível (similar ao disposto no artigo 12 da GDPR).

Afeto ao universo infanto-juvenil, mas não só, uma vez que todos nós interagimos todo o tempo com objetos, há um fenômeno que não pode ser deixado de lado. Refere-se a uma nova maneira de coleta de dados informativos, a partir dos objetos. Afinal, a privacidade dos titulares de dados vem sendo invadida por diversas formas, dentre as quais, pelo que podemos chamar de "aparelhos conectados".

A internet das coisas (Internet of Things) vem sendo entendida como a interação entre uma variedade de objetos por meio de conexões e esquemas de endereçamento para alcançar determinados objetivos, abrangendo não apenas as funcionalidades do ambiente doméstico, mas também da própria cidade (LEAL, 2017). É uma extensão da internet que conhecemos, que proporciona a diferentes conectores presentes em objetos que utilizamos no dia a dia a capacidade computacional de comunicação e troca de dados.

Como assevera Renato Blum, "a tecnologia passou a apostar no potencial de certos objetos do cotidiano, vislumbrando na conectividade mais uma oportunidade para afinar e ampliar a serventia dos bens" (BLUM, 2019). A IoT mira, exatamente, a integração de objetos à internet e entre si, com o aprimoramento constante de uso, inclusive pela técnica de *machine learning*.

Dentro desse universo digital, os brinquedos conectados, *games*, a *Internet of Toys*, como uma espécie da IoT, são os que geram maiores preocupações no que se refere à segurança e privacidade das crianças e adolescentes.

Esclareça-se que os brinquedos conectados são diferentes dos brinquedos inteligentes. Bieke Zaman, pesquisadora nas áreas de interação humano-mídia e humanidades digitais, afirma que os inteligentes possuem componentes tecnológicos, como uma câmera de vídeo (exemplo: o Tamagochi), porém, são os brinquedos conectados que são uma nova geração no sentido de que compartilham de características ligadas à IoT: o objeto material brinquedo está em conexão com a Internet por meio de *Wi-fi* ou *Bluetooth*. Há dispositivos e sensores inteligentes neles que capturam informações em áudio e vídeo (ZAMAN, 2018).

Uma das maiores preocupações atuais com a chamada *Internet of Toys*, ou universo dos brinquedos conectados, em relação às crianças, especialmente, é a conexão e interação possível, o que é particularmente desafiador. Geralmente os brinquedos usam a técnica da inteligência artificial, *machine learning*, para detectar e apreender dados pessoais, a fim de formar respostas individuais a seus usuários.

Na era do compartilhamento de dados em diversas plataformas, as preferências e crenças dos indivíduos dispostos nos dispositivos inteligentes ficam à mercê do uso indiscriminado de informações para diversos fins,e, o problema de transferência de dados de dentro de casa, por um brinquedo conectado, por exemplo, para um banco de informações localizado em outros lugares que sequer se sabe onde, é extremamente preocupante.

Chegaríamos a uma "sociotecnocracia" em que não precisaríamos expressar nossas crenças e valores, pois nossos dados comportamentais já fariam isso por nós? Devemos nos questionar até aonde queremos e devermos ir. Os sistemas hiperconectados podem vir a gerar uma tecnologia ampla formulada com base em informes sobre os dados relativos a nossos comportamentos, os quais seriam transmitidos por meio de dispositivos, como *smartphones, tablets, smart* TVs. E isso em relação a pessoas vulneráveis é ainda mais alarmante.

O reconhecimento e interpretação de comandos de voz de forma conectada à internet, dando respostas de acordo com a idade da criança, traçando seus hábitos e atitudes, certamente molda o comportamento e personalidade dessa pessoa em desenvolvimento. Outrossim, se é traçado um perfil da criança de maneira a tornar viável sua interação com o brinquedo, faz-se necessário, ao menos, que os algoritmos sejam transparentes, possibilitando, inclusive, o monitoramento pelos pais.

A preocupação quanto aos brinquedos conectados como portal para a internet, onde servidores processam dados que estão indo para fora da casa da família, faz com que, por vezes, pensemos que a verdade pode ser mais assustadora que a ficção. Os dados coletados podem incluir arquivos de voz de conversas que uma criança tem com seus brinquedos, informações demográficas e até mesmo a sua localização.[6]

Foi amplamente divulgada nas redes sociais a notícia de que as autoridades alemãs alertaram a sociedade sobre as falhas em uma boneca, *Cayla*, fabricada pela empresa Genesis Toys, sendo necessário desativar o brinquedo no país. Chegou-se a afirmar que pessoas de má índole poderiam se conectar ao brinquedo e falar com a criança por meio dele, sem qualquer controle parental, além de que, por meio do *bluetooth*, haveria um espião do infante da e família dentro da própria casa.[7]

[6] Vide, pela importância "Este novo boneco está espionando seus filhos?", disponível em: https://particle.scitech.org.au/tech/is-that-new-doll-spying-on-your-kids. Acesso em: 12 out. 2021. A interação entre boneca e criança é demostrada em vários vídeos na internet, um deles advém da casa da Barbie, *Dreamhouse*, disponível em: https://www.youtube.com/watch?v=zxIE85c3RO4 Acesso em: 12 out. 2021.

[7] Quanto ao episódio, confira-se a reportagem do Today U.S., disponível em: https://www.youtube.com/watch?v=OkYVSag-uik. Acesso em: 12 out. 2021. E no Euronews, disponível em: https://www.youtube.com/watch?v=hC6s8x5wXj0. Acesso em: 12 out. 2021.

Igualmente divulgada na mídia, a boneca *Hello Barbie* também sofreu diversas especulações de violação à privacidade. Entretanto, a boneca *Cayla* pode ser definida como uma caixa de som com um microfone, só que em formato de boneca, direcionada para a criança, sem o ofertar a necessária segurança porque qualquer dispositivo que tenha *bluetooth* que esteja próximo pode se ligar a ela. Já na boneca *Hello Barbie*, porém, o microfone se torna ativo apenas quando acionado botão a ela integrado, não possibilitando, ao que parece, invasões tão imediatas como no caso da boneca *Cayla*. Outrossim, disponibiliza-se banco de dados da conversa da criança com a boneca aos seus pais que podem ouvir e apagar quando quiserem, por meio de um site.[8]

Até mesmo a Netflix, poderoso meio de *streaming*, relatou os acontecimentos por meio da quinta temporada de *Blackmirror*, série que é conhecida por explorar o mundo digital, interativo, inicialmente de ficção científica, mas que, na realidade, apenas denota o que já estamos vivenciando, em certa medida. O episódio terceiro da quinta temporada "Rachel, Jack and Ashley Too" narra a estória de uma adolescente solitária obcecada pela boneca robô de sua estrela pop favorita, protagonizado por Miley Cyrus, como a cantora pop Ashley O. Essa cantora, com uma legião de fãs, composta principalmente por meninas pré-adolescentes, lança uma assistente pessoal, mas em forma de boneca. Ashley Too tem a mesma personalidade da cantora, e a adolescente Rachel, de 15 anos, que tem dificuldade para fazer amigos, acaba preenchendo essa lacuna por meio da referida assistente pessoal, numa relação interessante entre criança/boneca.[9]

Em ambiente de discussões, buscam-se respostas para como as crianças vão reagir por estarem tendo interações tão cedo com os robôs. Ou, como a influência promovida por promoções de *marketing* surtem efeitos na personalidade e comportamento delas. Faz-se propaganda para que

[8] Para maiores informações: *The eletronics of Hello Barbie*, disponível em: https://www.youtube.com/watch?v=I9aHenyz_cg. Acesso em: 12 out. 2021.

[9] Na página oficial Netflix no Facebook do dia 9 de junho encontrava-se a seguinte mensagem: "A Netflix lançou hoje (05) três novos episódios da série. Video: https://www.facebook.com/netflixbrasil/videos/black-mirror-comercial-ashley-too/2048917292079228/ "Você pode substituir um ser humano por uma boneca, por exemplo. Ashley Too já está disponível, na quinta temporada de Black Mirror".

haja o consumo de certos produtos ou serviços, induzindo, por meio da publicidade, crianças e adolescentes.

Relembre-se que a responsabilidade para lidar com as novas tecnologias é compartilhada (artigo 227 da CF) e não apenas da mãe ou pai. Com efeito, os fabricantes de tais brinquedos são responsáveis, igualmente, pelos dados coletados das crianças, como eles serão utilizados, por quanto tempo ficarão disponíveis e quem terá acesso aos mesmos.

A necessidade de um protocolo de boas práticas de brinquedos, não permitindo, por exemplo, que eles escutem tudo o tempo todo e possam vir a transmitir pela internet, é medida a ser estudada, até porque, na atualidade, os brinquedos devem passar por testes para atestar a adequabilidade da idade em relação aos riscos que eles apresentam.

Assim, devemos nos perguntar e tentar formular respostas para diversas questões que surgem a cada dia, num avanço exponencial: Para qual finalidade aquele dado é coletado? Qual o impacto disso para o livre desenvolvimento da criança, no futuro? Quais as consequências de obter dados sensíveis de um ser humano tão pequeno para a futura educação e saúde daquela pessoa? Como tratar, legislativamente, os aparelhos conectados a todo o tempo?

## Conclusões

A interação diuturna com diversos dispositivos conectados é inafastável. Inicialmente, a migração para o ambiente virtual deu-se por meio da digitalização, a transformação de qualquer informação em códigos numéricos, sendo que o transporte de tais códigos se dá por meio das mídias.

É nesse contexto de virtualização da sociedade que surgiu a robótica como avanço da inteligência artificial, ou seja, o desenvolvimento de sistemas inteligentes que aprendem sozinhos a realizar suas atividades. Essa interação, como vimos, estabelece nova relação de brincar para as crianças e adolescentes, novas políticas públicas a serem pensadas, considerando que a primeira infância deve ter contato com a natureza, com o real, e não somente com o uso da tecnologia.

Não se discute que a internet possui um grande potencial para estimular o desenvolvimento das crianças, mas esses resultados benéficos dependem significativamente dos usos que serão atribuídos a tais recursos tecnológicos pelos pais, professores, educadores e outros cuidadores.

Por se encontrarem ainda em desenvolvimento físico e psicológico, crianças e adolescentes não têm plena capacidade de perceber os potenciais riscos e prejuízos a que estão expostos como: *ciberbullying* (calúnia, difamação, roubo de identidade, ameaça, dano etc.), pornografia, pedofilia, aliciamento (turismo sexual e redes de exploração sexual), assédio, corrupção de menores, nudez, sexo explícito, sites de violência ou racistas, venda de drogas e medicamentos.

O uso da rede é formulado, por vezes, como ambiente de convencimento e manipulação.

As redes sociais favorecem a formação de novos vínculos e relacionamentos com crianças e adolescentes e, nesse sentido, especialistas da academia, acadêmicos de informática, organizações civis, instituições governamentais devem informar e divulgar estratégias de educação voltada à navegação segura da internet para pais, responsáveis, educadores, os próprios infantes, com a cooperação dos provedores de serviços da internet.

Há de se reconhecer que o ambiente virtual exige habilidade e segurança, com deveres para todos os abrangidos (família, sociedade civil e estado, conforme o artigo 227 da Constituição da República), a fim de, efetivamente, conferir a proteção integral às crianças e adolescentes.

O crescimento do acesso à rede via dispositivos móveis é um dos aspectos mais importantes a serem considerados pelas políticas públicas. A necessidade de que sejam assegurados a proteção, a garantia de direitos, a privacidade e a liberdade de expressão na internet, conduz ao entendimento de que escopo das políticas públicas deve focar na ampliação de ações que considerem, de forma específica, as crianças e os adolescentes, lembrando que o poder de controle sobre os próprios dados (seja pelo próprio adolescente ou pelo responsável quando se trata de criança), deve ser a tônica quando buscamos a proteção dos dados sensíveis, especialmente se tais dados podem gerar tratamentos desiguais.

A Internet das Coisas está presente de forma natural hodiernamente e, onde há muita interação, há maior facilidade de obtenção de dados, o que, por certo, aumenta os interesses em jogo para a personificação, invasão e manipulação das informações, atraindo infratores. Nesse contexto, as crianças e adolescentes necessitam de ainda maior proteção quanto nos referimos a tais objetos, brinquedos e games conectados (*Internet of Toys*), inclusive no que tange à exposição, promoção e propaganda no universo on-line, uma vez que a pessoa humana hipervulnerável deve ter maior atenção normativa.

Num ambiente em plena evolução, com milhões de usuários conectados e sem fronteiras, as mudanças sociais ocorrem de forma mais dinâmica, fruto desse desenvolvimento tecnológico e, no momento, a Lei Geral de Proteção de Dados Pessoais (Lei 13.709/2018) tem papel central na busca pela segurança e proteção esperadas pela sociedade. Demos os primeiros passos, agora compete a nós seguir, considerando os grupos ainda mais vulneráveis, dentre eles, as crianças e os adolescentes.

## Referências

AMORIM, Bruno de Almeida Lewer. Vulnerabilidades no Ciberespaço. In: LIMA, Taisa Maria Macena; SÁ, Maria de Fátima Freire; MOUREIRA, Diogo Lima (Org.). **Autonomia e vulnerabilidade**. Belo Horizonte: Arraes, 2017.

BLUM, Renato M. S. Opice. Aspectos jurídicos da internet das coisas. **Revista de Direito e as Novas Tecnologias,** v.2, jan.-mar.2019.

CHADE, Jamil. **Neonazistas recorrem a games e memes para recrutar crianças**. 2019. Disponível em: https://jamilchade.blogosfera.uol.com.br/2019/07/18/neonazistas-recorrem-a-games-e-memes-para-recrutar-criancas/. Acesso em: 12 out. 2021.

COMITÊ GESTOR DA INTERNET NO BRASIL. **TIC kids on line Brasil**: pesquisa sobre o uso da internet por crianças e adolescentes no Brasil. 2013. 2014. 2017. Disponível em: https://www.cetic.br/pesquisa/kids-online/publicacoes. Acesso em: 12 out. 2021.

DONEDA, Danilo. **Da privacidade à proteção de dados pessoais.** Rio de Janeiro: Renovar, 2006.

DONEDA, Danilo; ROSSINI, Carolina. Proteção de dados de crianças e adolescentes na internet. In: COMITÊ GESTOR DA INTERNET NO BRASIL. **TIC kids on line Brasil**: pesquisa sobre o uso da internet por crianças e adolescentes no Brasil. 2014. Disponível em: https://www.cetic.br/pesquisa/kids-online/publicacoes. Acesso em: 12 out. 2021.

FACHIN, Luiz Edson. **Direito Civil**: Sentidos, transformações e fim. Rio de Janeiro: Renovar, 2015.

HARARI, Yuval Noah. **21 lições para o século 21**. São Paulo: Companhia das Letras, 2018.

LACERDA, Bruno Torquato Zampier. **Bens digitais.** São Paulo: Foco Jurídico, 2017.

LEAL, Livia Teixeira. *Internet of toys*: os brinquedos conectados à internet e o direito da criança e do adolescente. **Revista Brasileira de Direito Civil**, Belo Horizonte, v. 12, p. 175-187, abr./jun.2017.

MARQUES, Cláudia Lima; MIRAGEM, Bruno. **O novo direito privado e a proteção dos vulneráveis**. 2. ed. São Paulo: Revista dos Tribunais, 2014.

MULHOLLAND, Caitlin. Dados pessoais sensíveis e a tutela de direitos fundamentais: uma análise à luz da Lei Geral de Proteção de Dados (Lei 13.709/18). **Revista de Direitos e Garantias Fundamentais**, v. 19, n. 3, 2018. Disponível em: http://sisbib.emnuvens.com.br/direitosegarantias/article/view/1603. Acesso em: 12 out. 2021.

PERLINGIERI, Pietro. **Perfis do Direito Civil**: introdução ao Direito Civil Constitucional. 3. ed. Rio de Janeiro: Renovar, 2002.

PINHEIRO, Patrícia Peck. **Proteção de dados pessoais**: comentários à Lei n. 13.709/2018 (LGPD). São Paulo: Saraiva, 2018.

SOCIEDADE BRASILEIRA DE PEDIATRIA. **Saúde de crianças e adolescentes na era digital**: manual de orientação. 2016. Disponível em: https://www.sbp.com.br/fileadmin/user_upload/2016/11/19166d-MOrient-Saude-Crian-e-Adolesc.pdf. Acesso em: 12 out. 2021.

SOUZA, Dercia Antunes; OLIVEIRA, Joyce Alessandra de Moraes. **Uso de tecnologias digitais por crianças e adolescentes**: potenciais ameaças em seus inter-relacionamentos. 2016. Disponível em: https://www.aedb.br/seget/arquivos/artigos16/952473.pdf. Acesso em: 12 out. 2021.

TEIXEIRA, Tarcisio; SABO, Isabela Cristina. O uso da tecnologia da informação e a validade jurídica dos negócios realizados por crianças e adolescentes: uma análise de sua hipervulnerabilidade nas relações de consumo virtuais. **Revista de Direito do Consumidor**, v. 104, p. 257-283, mar.-abr. 2016.

TEPEDINO, Gustavo; BARBOZA, Heloisa Helena; BODIN DE MORAES, Maria Celina. **Código Civil interpretado conforme a Constituição da República**. V. 1. 3. ed. Rio de Janeiro: Renovar, 2014.

TEPEDINO, Gustavo; TEIXEIRA, Ana Carolina Brochado; ALMEIDA, Vitor (Coords.). **O Direito Civil entre o sujeito e a pessoa**. Belo Horizonte: Fórum, 2016.

ZAMAN, Bieke. Internet dos brinquedos: vantagens, riscos e desafios de um intrigante cenário de consumo para pais e pesquisadores. **Intercom: RBCC**, São Paulo, v. 41, p. 213-219, set.-dez. 2018.

# 11. ANÁLISE DA DECISÃO DO STF NO RHC 163.334: CRÍTICA À CRIMINALIZAÇÃO DA MERA DÍVIDA DO ICMS (PRÓPRIO) DECLARADO

José Luiz de Mendonça Galvão Júnior

**Introdução**

O Poder Judiciário brasileiro é tido como uma espécie de esperança da ação política, diante do seu caráter imparcial e da possibilidade de dele exigir as promessas constitucionais. Assim, vem se tornando cada vez mais corriqueiro o julgamento de *hard cases* pelos tribunais superiores, como é o caso do RHC 163.334-SC.

O Recurso em Habeas Corpus nº 163.334 foi julgado e improvido em 18 de dezembro de 2019 pelo Supremo Tribunal Federal, por maioria, fixando-se a seguinte tese: "O contribuinte que, de forma contumaz e com dolo de apropriação, deixa de recolher o ICMS cobrado do adquirente da mercadoria ou serviço incide no tipo penal do art. 2º, II, da Lei nº 8.137/1990".

O Plenário do Supremo Tribunal Federal debruçou-se, pode-se dizer, num dos casos mais importantes julgados pela Suprema Corte em 2019, especialmente pela sensibilidade do tema, decidindo sobre a criminalização do mero "não recolhimento" do ICMS (declarado) em operação própria, que difere do ICMS em substituição tributária.

Antes de o STF se debruçar sobre o tema, o STJ já havia analisado a questão da criminalização do ICMS declarado e não pago em operação própria. Havia, inclusive, divergência entre as suas 5ª e a 6ª Turmas, sendo que aquela considerava que o ato configurava crime, enquanto esta entendia que não.

Ante esta divergência, a matéria chegou à 3ª Seção da Corte Superior em agosto de 2018, que julgou o Habeas Corpus nº 399.109, de Relatoria do Ministro Rogério Schietti Cruz, e, por maioria, decidiu criminalizar a mera dívida perante o Fisco do ICMS (declarado) percebido em operação própria, no regime de apuração normal, sob a alegação de que o tipo penal dispensaria a clandestinidade (fraude) na conduta do contribuinte, além de outros argumentos de política pública e criminal – a exemplo da necessidade de se utilizar do Direito Penal para coibir o não recolhimento de impostos, além de aumentar a arrecadação, consoante a ementa do acórdão.

Insatisfeitos com o acórdão do STJ, os Pacientes do referido HC recorreram ao STF, tendo o Ministro Roberto Barroso, Relator, votado pela criminalização da conduta e acompanhado pela maioria dos Ministros da Suprema Corte, e o Ministro Gilmar Mendes, aberto divergência e acompanhado pela minoria.

É possível identificar nos votos dos Ministros que acompanharam o voto do Relator Ministro Roberto Barroso a ideia de que o tipo penal não restringe sua incidência a determinadas espécies de sujeitos passivos, abrangendo tanto a figura do contribuinte como a do responsável (art. 121, da Lei nº 5172/66 – Código Tributário Nacional), na linha de que o elemento normativo do tipo "cobrado" passa a ter uma interpretação penal, distinta do conceito previsto pela norma e pela doutrina tributária.

Outro argumento dos Ministros foi de que a ausência de recolhimento do ICMS não denota simples inadimplemento fiscal, mas sim disposição de recursos de terceiros, aproximando-se de apropriação tributária, além de que a tipificação não exigiria a ocorrência de fraude para a ocorrência do crime

Noutra linha, e de forma mais adequada, foi o voto divergente do Ministro Gilmar Mendes, que foi acompanhado pelos Ministros Ricardo Lewandowski e Marco Aurélio, os quais trataram o tema sob uma vertente penal constitucional, registrando que a Constituição Federal veda a prisão civil por dívida, salvo no caso do depositário infiel, além de terem enfrentado a matéria tributária de fundo, qual seja a real diferença dos ICMS próprio e por substituição tributária, fundamental, diga-se, à solução do caso.

Pode-se afirmar, então, que o STF, enfrentando a questão no RHC 163.334, confirmou o julgado do STJ, porém, acrescentando que o crime somente se aperfeiçoaria se houvesse a elementar "de forma contumaz".

A tese firmada, assim, por um lado, sossega a divergência jurisprudencial que existia e, por outro, inquieta os operadores do direito que, a bem da verdade, estão diante de um julgado cujo reflexo prático é incerto pela construção de uma tese que incrementa em termos de tipicidade penal objetiva ou subjetiva.

Focando nas duas teses conflitantes, serão analisados, criticamente, os votos dos Ministros que participaram do julgamento do RHC, dando ênfase aos votos do Relator Ministro Roberto Barroso e do Ministro Gilmar Mendes, que abriu divergência, mas antes, de forma breve, serão apresentados alguns conceitos de Direito Tributário que são essenciais à compreensão do julgamento numa vertente tributária-penal, e não o contrário, penal-tributário.

Examinando a decisão, a interpretação dos elementos normativos dos respectivos tipos penais deveria ter sido buscada a partir do Direito Tributário. Assim, o tipo penal do art. 2º, inciso II, do mencionado diploma legal não pode ser lido sem o necessário conhecimento da referida matéria (SCAFF; BECHARA, 2019).

## 1. Análise de direito tributário relacionada ao art. 2º, II da Lei n.º 8.137/90

O crime de apropriação indébita tributária está assim descrito: "Lei n.º 8137/90. Art. 2º Constitui crime da mesma natureza: II – deixar de recolher, no prazo legal, *valor de tributo* ou de contribuição social, *descontado ou cobrado*, na qualidade de *sujeito passivo de obrigação* e que deveria *recolher aos cofres públicos*." (grifo nosso)

Compõe o crime e apropriação indébita tributária o termo "valor de tributo", que nada mais é do que o valor que não foi recolhido nem recebido pelo Fisco, mas que, em determinado momento da operação empresária do contribuinte, foi descontada ou cobrada de outrem.

Há duas formas de cobrança dos tributos – as formas direta e indireta. A primeira não comporta qualquer tipo de repasse, é dizer: o sujeito passivo da obrigação tributária é o mesmo que sofre o impacto econômico-financeiro que lhe é cobrado; já a segunda forma – indireta – ocorre quando há uma permissão de repassar a outrem a obrigação legal de sujeito passivo – que acontece justamente com o ICMS (ALEXANDRE, 2017).

Na Lei Complementar 87/1996[1] – que trata do imposto estadual – há previsão desse "repasse" a outrem da obrigação de sujeito passivo. Dessa forma, o consumidor, quando paga pela mercadoria, recebe esta condição da tributação indireta, que está embutida no preço pago ao comerciante. O que se pode extrair é que no caso dos tributos indiretos, quando são embutidos no valor final (preço) repassado ao consumidor o valor do ICMS, passa a existir, nesta relação, o contribuinte de direito (responsável legal pelo pagamento do tributo) e contribuinte de fato (quem arca economicamente com o valor do tributo).

É justamente o que diferencia o substituído tributário do consumidor final. O primeiro, na cadeia do ICMS-ST sofre o impacto econômico, mas o pagamento é feito pelo substituo tributário. O segundo, por sua vez, paga o valor da mercadoria, em que no preço está embutida uma série de encargos oriundos do negócio empresarial do comerciante, não sofrendo qualquer impacto direto tributário, nem se tornando sujeito passivo da obrigação tributária.

O assunto penal-tributário, talvez, pudesse ser resolvido apenas com a hipótese de que ninguém pode ser acusado de crime cuja conduta tenha sido praticada contra si mesmo. Ora, como é possível cometer crime se apropriando de algo que lhe pertence? Não há como, pois o crime de apropriação sugere que se aproprie de algo que pertence a outrem e, portanto, é caso de crime impossível.

Uma intersecção é válida neste momento: a redação do então projeto de lei elaborado pelo Poder Executivo, cujo numeração era Lei 4.788-B, antes da edição da Lei n.º 8.137/90:

> Art. 2º Constitui, ainda, crime contra a administração tributária:
>
> IV – deixar de recolher aos cofres públicos, nos sessenta dias seguintes ao término do prazo fixado, tributo ou contribuição que tenha *retido* na fonte;
>
> V – deixar de recolher aos cofres públicos, nos sessenta dias seguintes ao término do prazo fixado, tributo ou contribuição *recebido de terceiros mediante acréscimo ou inclusão no preço* do produto ou serviços cobrados na fatura, nota fiscal ou documento assemelhado. (grifo nosso)

[1] Art. 6º. Lei estadual poderá atribuir a contribuinte do imposto ou a depositário a qualquer título a responsabilidade pelo seu pagamento, hipótese em que assumirá a condição de substituto tributário.

A verdade é que, após a novel legislação de 1990, mais confusa ficou a sua redação, e isto fica perceptível quando da leitura do artigo mencionado, que é mais claro, objetivo e seria capaz de impedir, aparentemente, interpretações com viés arrecadatório e politizador.

Bom, em se tratando de impostos indiretos, somente aquele que "cobra" ou "desconta" tributo, por força de lei pode ser o agente ativo do crime de apropriação indébita, em caso de não efetuar o recolhimento ao Fisco no prazo legal, desde que com dolo de se apropriar da quantia.

O Ministro Roberto Barroso assim se manifestou quanto ao tema:

> O debate nos presentes autos, porém, não se refere ao valor de tributo descontado, mas ao valor cobrado e não recolhido aos cofres públicos. Cobrado significa, literalmente e no contexto do tipo penal, recebido ou arrecadado. Diferentemente do tributo descontado, aqui o sujeito passivo cobra o valor do tributo conjuntamente com o preço. A previsão visa a abarcar os tributos indiretos, cuja incidência acarretará o aumento do valor do produto a ser suportado pelo contribuinte de fato. Encontra-se a expressão tributo cobrado também, por exemplo, na norma que exclui da base de cálculo do imposto de renda calculado pelo lucro real os tributos não cumulativos cobrados, destacadamente, do comprador ou contratante pelo vendedor dos bens ou pelo prestador dos serviços na condição de mero depositário (STF, 2019).

Acontece que só se pode considerar como tributo descontado ou cobrado, na qualidade de sujeito passivo da obrigação, aquele cujo desconto ou cobrança decorre de disposição legal expressa. Diferente daquele que, por circunstâncias meramente econômicas, embute-se no preço dos bens ou serviços (MACHADO, 2015).

O termo "cobrado não expressa o sentido de recolhido ou pago pelo contribuinte, mas sim o significado de que houve incidência do imposto nas operações efetuadas" (BERGAMINI, 2012, p. 352). Dessa forma, quando se diz "imposto cobrado" aduz-se que ele é "devido" na operação, calculado e adicionado ao valor total da operação.

Corretamente e divergindo da posição do Ministro Roberto Barros, o Ministro Gilmar, em seu voto, aponta o equívoco de interpretação quanto ao elemento normativo "cobrado":

> Existe aqui uma nítida diferenciação entre a repercussão tributária, em que, por lei, existe a previsão do recolhimento por substituição pelo contribuinte, e a mera repercussão econômica, na qual o consumidor não deve ser considerado sujeito passivo da obrigação – o consumidor não integra a relação jurídica tributária [...]. Não há apropriação de tributo devido por terceiro, pois o tributo é devido pela própria empresa. Não há previsão (neste caso) de hipótese de substituição tributária (STF, 2019).

Já o termo "descontado", à luz do Direito Tributário, é aquele diminuído do montante total a ser pago a título de remuneração, por exemplo, quando tratamos do IRRF (Imposto de Renda Retido na Fonte). Neste caso, desconta-se diretamente pela fonte pagadora, inclusive por determinação legal, o tributo que deve ser repassado a quem de direito. Referida retenção deve garantir a plena satisfação do crédito tributário que surgiu da relação entre sujeito ativo e contribuinte tributário.

Assim, se o tributo é descontado ou cobrado por um particular, em se tratando de tributos indiretos, é porque ele é devido por outro. Isso acontece em todos os casos de retenção pela fonte pagadora (tributo descontado) e na substituição tributária para a frente (tributo cobrado de uma empresa por outra). No caso apreciado pelo RHC no Supremo – ICMS próprio – não funciona da mesma maneira, tendo em vista que o consumidor final não tem nenhuma relação jurídica que aquela relacionada ao seu direito de consumidor perante aquele que lhe vende a mercadoria. No âmbito tributário, como se observa, há uma nítida diferença entre ICMS próprio e ICMS por substituição, que é o detalhe que escapou ao STF (e ao próprio STJ) na apreciação do caso.

Assim, diante da análise do que seria "descontado" ou "cobrado", pode-se concluir que na operação de ICMS próprio não há desconto ou cobrança para se recolher aos cofres públicos. Além disso, o ICMS, de acordo com o art. 155, II[2] da Constituição Federal, é um imposto estadual e, segundo o § 2º, I do mesmo artigo, é não cumulativo, o que significa dizer que o contribuinte deve compensá-lo a cada operação de circulação de mercadorias e/ou serviços por ele realizados (MACHADO, 2018).

[2] Art. 155. Compete aos Estados e ao Distrito Federal instituir impostos sobre: [...] II – operações relativas à circulação de mercadorias e sobre prestações de serviços de transporte interestadual e intermunicipal e de comunicação, ainda que as operações e as prestações se iniciem no exterior.

O que caracteriza a cumulatividade do tributo, posto que quem faz parte da cadeia já sabe exatamente o *quantum* a pagar em cada fase da circulação das mercadorias/serviços, bem assim o que deve recolher por cada operação própria (PAULSEN, 2017).

O ICMS destacado na nota fiscal presta-se apenas para fins informativos, como diz o art. 13, § 1º, I da Lei Complementar 87/1996, ao tempo que se calcula o imposto pela compensação com os créditos apurados, conforme a não cumulatividade. E nunca como mero somatório das notas fiscais emitidas.

Até porque existe o cálculo por dentro do ICMS, podendo haver descontos, inadimplência, parcelamentos do preço, não pagamento total e outros. Portanto, os consumidores de mercadorias não entregam parcela certa do tributo devido a ser repassada ao erário sob a forma de dívida certa, descontada ou cobrada.

Sintetizando, a técnica de tributação da não cumulatividade é representada pelo sistema de créditos tributários, formado pelo saldo de impostos pagos anteriormente, podendo ser negativo ou positivo.

Importante detalhar que o pagamento do ICMS é habitualmente feito de duas formas: uma parte por meios dos créditos obtidos contra o Fisco e outra parte em valores a recolher pela empresa do contribuinte. Contudo, pode acontecer de o contribuinte quitar os impostos apenas com os créditos, o que ocorre quando eles equivalem ou excedem os débitos nascidos no mesmo período de apuração, bem como pode pagar só em moeda, quando não há créditos de ICMS provenientes de operações ou prestações anteriores (CARRAZZA, 2011, p. 410). Esta é a razão pela qual o art. 2º, II, da Lei nº. 8.137/1990 trouxe os elementos "descontado ou cobrado" e não "destacado".

No tocante à substituição tributária, prevista no art. 150, §7º da CF, trata-se de instituto que se faz presente no ICMS, capaz de auxiliar na compreensão em relação ao elemento "cobrado", equivocadamente interpretado como sendo o valor agregado ao preço final do produto destinado ao consumidor.

É permissivo, pela leitura do CTN, que o contribuinte não recolha o tributo, atribuindo tal responsabilidade a outrem, que estaria ainda assim vinculado ao fato gerador da obrigação. Qualquer um pode ser essa terceira pessoa (um doador, um transportador, um depositário, quem a lei designar), é dizer: a responsabilidade por substituição ocorre quando, por lei, recai sobre uma pessoa alheia à relação tributária originária o dever de pagar o tributo desta.

A "substituição tributária pode ser definida como a imputação da responsabilidade pelo recolhimento do imposto devido a terceiro que, embora não tenha praticado o fato gerador, a ele está indiretamente vinculado" (BERGAMINI, 2012, p. 541).

Aqueles que são responsáveis pelo recolhimento antecipado do imposto são os substitutos tributários, enquanto os que estão na outra ponta, é dizer, os que têm seu imposto recolhido de forma antecipada, são os substituídos. Os substituídos tributários terão seu ICMS recolhido pelo substituto por força de lei, ainda que não pratiquem o fato gerador. Isso reflete regra básica da tributação: só se onera quem praticou o fato típico.

Importante observar que há duas formas de substituição tributária (PAULSEN, 2017). A primeira denominada "para trás" (regressiva ou por diferimento) e outra chamada de "para frente" (progressiva ou por antecipação). Quando há diferimento, ou substituição tributária para trás, ocorre a postergação do pagamento. O fato gerador ocorre quando, por exemplo, um comerciante/produtor vende a sua mercadoria para uma grande indústria, ocasião em que a autoridade fazendária atribui a esta, na forma da lei, o dever de recolher seu tributo (substituto) somado ao do pequeno produtor (substituído).

Já no caso da substituição tributária para frente, ocorre um pagamento precoce e anterior do tributo de toda a cadeia, que tem base na presunção. O fato gerador somente vai acontecer no futuro, contudo o primeiro da cadeia será o responsável por recolher a tributação dos que estão na sua frente. No fim das contas, um substituto tributário é escolhido para se responsabilizar pelo recolhimento de todos os substituídos, incidindo assim em toda a cadeia mercantil (BERGAMINI, 2012).

O que aconteceu no julgamento do STF foi justamente a não observância deste instituto em detrimento de uma interpretação "deontológica" do termo "cobrado" – elemento normativo do tipo objeto do caso concreto julgado.

O Ministro Barroso, percussor da tese vencedora, aduziu que:

> Assim, o significado da palavra "desconto" melhor se amolda, sob o prisma penal, aos casos de tributos diretos em que há a responsabilidade por substituição tributária (nas hipóteses em que o responsável pela retenção

na fonte não recolhe o tributo). O termo "cobrado", por sua vez, deve ser compreendido nas relações tributárias havidas com tributos indiretos, mesmo aqueles realizados em operações próprias, visto que o contribuinte de direito, ao reter o valor do imposto ou contribuição devidos, repassa o encargo para o adquirente do produto (STF, 2019).

A lógica adotada no julgamento do RHC pelo STF, de que o empresário que embute o valor do ICMS no preço do produto, vende esse produto e não repassa o valor do tributo ao Fisco Estadual, se apropria indevidamente do imposto "cobrado", está equivocada, pois o ICMS-ST não é embutido no preço da mercadoria do substituto (muito embora assim o faça com o ICMS próprio), mas é cobrado à parte (de forma destacada) do próximo adquirente na cadeia.

Por outro lado, caso o substituto tributário cobre e receba o valor referente ao ICMS-ST do substituído e, após ter a posse desse valor, não repasse o mesmo ao Fisco, poderia incorrer no crime de apropriação indébita tributária, por ter cobrado o valor do tributo e não ter recolhido aquele valor.

Ainda no espectro Tributário, percebe-se que no ICMS há uma peculiaridade, tendo em vista ser ele imposto embutido no preço final da mercadoria, é preciso compreender se o consumidor, nessa cadeia, poderia se tornar sujeito passivo da obrigação.

No âmbito tributário, o CTN trata de definir quem é o sujeito passivo da obrigação (contribuinte) e quem é responsável tributário, nos artigos 121 e 128, respectivamente.

Conforme explica Bergamini (2012),

> contribuinte é a pessoa que realiza o fato gerador do tributo, mas a lei pode atribuir a responsabilidade pelo seu pagamento a terceiro que, embora não tenha praticado o fato gerador, esteja de algum modo vinculado a ele – este último denominado responsável (BERGAMINI, 2012, p. 240).

A Lei Complementar nº 87/1996 apresenta, em seu art. 4º, *caput*[3], a conceituação do contribuinte do ICMS. E o tipo penal do art. 2º, inciso II,

[3] Art. 4º Contribuinte é qualquer pessoa, física ou jurídica, que realize, com habitualidade ou em volume que caracterize intuito comercial, operações de circulação de mercadoria ou prestações de serviços de transporte interestadual e intermunicipal e de comunicação, ainda que as operações e as prestações se iniciem no exterior.

da Lei n. 8.137/1990 não pode ser interpretado sem esse conhecimento, tornando-se impossível, assim, reconhecer a tipicidade penal nas hipóteses em que o imposto é repassado ao consumidor, uma vez que este não é, inclusive legalmente, contribuinte do ICMS.

Deixe-se claro que não há nenhum vínculo entre o consumidor e o Fisco nesses casos, não se admitindo, portanto, a confusão presente no julgamento do RHC que se critica entre obrigação tributária – comerciante e Fisco – com uma relação jurídica de consumo e o mero suportar econômico de quem consome.

O que se conclui da fundamental análise de Direito Tributário, essencial ao alcance do julgado do STF, é que o sujeito passivo de qualquer tributo, bem assim do ICMS, sempre será aquela pessoa imposta pela lei na figura no polo passivo da obrigação tributária.

Fundamental para resolução do caso concreto seria um mais profundo entendimento e conhecimento, como visto, acerca das modalidades de ICMS (próprio e ST) para definir qual deles poderia se amoldar à apropriação indébita tributária.

A confusão gerada no voto do Ministro Roberto Barroso é patente, especialmente quando ele afirma:

> Pretendeu-se referir, respectivamente, com a utilização das expressões "descontado" e "cobrado", às hipóteses de: a) não recolhimento de tributo retido na fonte; b) não recolhimento de tributo transferido economicamente na cadeia produtiva (STF, 2019).

Omite o Relator, na letra "b", que é preciso que o ICMS seja na modalidade substituição tributária, pois o "cobrado" presente como elemento normativo do tipo penal do art. 2º, II da Lei nº 8.137/90 não se refere, por uma simples análise do Direito Tributário, ao ICMS que é embutido no preço do consumidor, diante de todas as nuances explicadas.

Por outro lado, amolda-se à escorreita percepção do ordenamento jurídico tributário o voto divergente do Ministro Gilmar Mendes, que apresenta o consumidor final como mero agente econômico, que não contribui com qualquer tributo, apenas arca com a repercussão econômica daquele, conforme trecho:

> Como se depreende do ensinamento doutrinário, os termos descontado e cobrado, elementos normativos do tipo sem os quais não há que se falar

em crime, não devem ser aplicados a casos em que, por mera repercussão econômica, o comerciante repassa o seu ônus tributário no preço final da mercadoria ao consumidor. Existe aqui uma nítida diferenciação entre a repercussão tributária, em que, por lei, existe a previsão do recolhimento por substituição pelo contribuinte, e a mera repercussão econômica, na qual o consumidor não deve ser considerado sujeito passivo da obrigação – o consumidor não integra a relação jurídica tributária (STF, 2019).

Como o caso analisado se refere ao ICMS próprio, em que o consumidor final é apenas quem suporta economicamente o valor da operação, não participando do polo passivo da obrigação tributária, por, além de outras características, pura falta de previsão legal para tanto, não se poderia, por hipótese alguma, afirmar que houve algum tipo de apropriação, especialmente a contida no tipo penal de apropriação indébita tributária.

## 2. Bem jurídico como critério de legitimidade da intervenção penal nos crimes tributários

Feita a análise das questões tributárias atinentes ao julgamento que se critica, é o momento de abordar questões de dogmática penal, especialmente no que toca à funcionalidade do Direito Penal a partir do modelo "funcional impróprio" de Roxin, a fim de revigorar o conceito de bem jurídico sob a ótica de uma política criminal garantista, sustentada na Constituição, limitando o poder punitivo do Estado (TAVARES, 2002).

Para Roxin (2009, p. 18), "circunstâncias reais dadas ou finalidades necessárias para uma vida segura e livre, que garanta todos os direitos humanos e civis de cada um na sociedade ou para o funcionamento de um sistema social que se baseia nestes objetivos".

O autor aduz que a função do Direito Penal consiste em garantir a seus cidadãos uma existência pacífica, livre e socialmente segura, em todos os momentos que estas metas não possam ser alcançadas por outras medidas político-sociais que afetem, num menor grau, a liberdade dos cidadãos. Assim, percebe-se que ele enxerga o bem jurídico como limite de punição legítima do legislador, contrariando a ideia de que o bem jurídico deve entender o fim das normas.

Deve-se questionar se a legitimidade dos bens jurídicos que agora figuram no eixo de novos crimes encontra no Direito Penal o meio mais adequado para proceder à proteção desses mesmos bens, ou se, ao contrário, haveria formas mais eficazes e menos custosas ao indivíduo e ao conjunto social para fazê-lo de maneira satisfatória (GIULIANI, 2014).

Assim, não se sabe, é verdade, se é possível manter a função crítica do bem jurídico também quando se fala em bens supraindividuais. Essa função crítica somente se faz possível quando se reconhece como legítimo e se sabe qual bem se quer tutelar, por meio da norma, assim como quando seja possível identificar a ofensa ao mesmo. Não havendo tal ofensa, equivocado está qualquer meio de criminalização.

No tocante ao bem jurídico protegido pelos delitos penais tributários, a "ordem tributária", visa a proteger a manutenção do convívio e da paz social, sendo fundamental para legitimar uma incriminação (GRECO, 2004).

Bitencourt e Monteiro (2013, p. 21) explicam que no âmbito dos delitos tributários, há duas "vertentes básicas que divergem sobre o objeto jurídico de proteção penal no âmbito dos delitos fiscais: de um lado, encontram-se as posturas patrimonialistas e, de outro lado, as funcionais".

Assim, os crimes tributários possuem "bem jurídico bifronte: de um lado, o interesse estatal na obtenção de meios para a consecução de suas atividades e prestação de seus serviços; de outro, o interesse patrimonial do Tesouro". Com efeito, atingiria os objetivos da política econômica, pois, ao sonegar o tributo devido, está-se afetando a arrecadação estatal, prejudicando as atividades do Estado (PALHARES, 2004, p. 149).

Estellita (2001, p. 101) afirma que a arrecadação tributária "representa um valor supraindividual, com relevância constitucional e indiretamente reconduzível à pessoa humana, apto, portanto, a ser tutelado com o emprego da sanção penal." Contudo, é preciso observar que também a pena deve ser a mais adequada em relação à conduta humana praticada em dissonância com o tipo penal (BECCARIA, 1999).

Assim, outra conclusão não se pode ter que não enxergar o bem jurídico tutelado pelo Direito Penal Tributário como sendo a "ordem tributária", no modo coletivo de "ordem", levando-se em conta não apenas o caráter patrimonial da conduta praticada, como também suas consequências e relevância social, quando comprovada, claro, a impossibilidade de sua proteção por outros meios menos gravosos.

As regras de interpretação da legislação tributária e a própria legitimidade do regime jurídico do ilícito fiscal e suas sanções são fundamentais para análise do seu bem jurídico tutelado (PALHARES, 2004). Por isso, compreender o bem jurídico tutelado nos crimes contra a ordem tributária é de suma importância na análise do tipo penal formal do art. 2º, II da Lei nº 8.137 e a sua interpretação no julgado da Corte Suprema – objeto deste artigo.

Oliveira Júnior (2009, p. 120) alerta que se encontra inserido na nossa Carta Magna, em seu art. 173, § 4º, o dever de "reprimir penalmente o abuso do poder econômico que vise à dominação dos mercados, à eliminação da concorrência e ao aumento arbitrário dos lucros", podendo-se concluir que a incriminação, especialmente no que tange os delitos econômicos, incluído os crimes tributários, funciona como meio de satisfação dos interesses da ordem jurídica da economia, procurando garantir relações "saudáveis" econômicas pelo Direito Penal, que funcionaria, pode-se dizer, como uma espécie de sistema jurídico do medo.

A atividade tributária deve ser analisada e entendida conforme o referido modelo constitucional de Estado, sendo um meio de obtenção de receitas; contudo, deve-se sopesar a justa necessidade arrecadatória, os direitos individuais e o modelo constitucional econômico, objetivando atingir um equilíbrio entre o tributo exigido e a penalização aos evasores fiscais.

Entendendo por escorreita e legítima a proteção de bens jurídicos universais, Roxin (2006) aduz que a cobrança dos impostos, nada obstante seja odiada pelos cidadãos, "não busca o enriquecimento do Estado, mas o benefício do particular que está sujeito às contribuições do Estado que estão financiadas precisamente através dos gravames" (ROXIN, 2006, p. 19).

O que se percebe, portanto, é que há, na doutrina, divergências sobre qual seja o conteúdo do bem jurídico protegido nos crimes contra a ordem tributária, tipificados na Lei nº 8.137/90. Tais parâmetros diversos decorrem, aparentemente, da imprecisão do conteúdo material do bem jurídico, que é expressamente indicado na norma incriminadora como objeto de proteção, bem como do fato de que os diversos crimes previstos nos artigos 1º e 2º da referida lei materializam ofensas a diversos valores que compõem um conjunto a que se pode chamar de ordem tributária (GALVÃO, 2015).

Ou seja, a diversidade de entendimentos sobre o que seja a 'ordem tributária' revela, a princípio, uma fragilidade da função limitadora da intervenção punitiva estatal que a doutrina atribui ao bem jurídico (ROXIN, 1997).

A título exemplificativo, a doutrina e jurisprudência alemã, italiana, francesa e espanhola (SOUSA, 2006) – ante uma perspectiva patrimonialista – sustenta que os crimes tributários ofendem direta e imediatamente o patrimônio da Fazenda Pública, ou erário público, que se compõe dos valores que decorrem da arrecadação tributária.

A concepção exclusivamente patrimonial da relação tributária estaria, hoje, ultrapassada, tendo em vista que a natureza privada e contratualista não reflete o benefício obtido pelo contribuinte em relação ao imposto que paga (SOUSA, 2006).

Somente a interpretação de que os crimes tributários ofendem concretamente o patrimônio do Estado inibiria o desvirtuamento da função do conceito de bem jurídico. Segundo ele, a identificação do patrimônio do Estado como bem jurídico tutelado permite aplicar de maneira adequada o princípio da ofensividade nos crimes tributários, estabelecendo limites ao poder punitivo (MONTE, 2006).

As medidas despenalizadoras, por exemplo, são um sinal de que o legislador brasileiro, bem assim o aplicador do direito, identifica o bem jurídico "ordem tributária" aliado ao patrimônio do Estado. Ora, se o contribuinte que pratica alguma das condutas previstas na Lei nº 8.137/90, posteriormente ao ato delituoso, parcelar ou pagar o tributo sonegado ou reduzido (ou que se pretendia sonegar), suspensa estará a pretensão do Estado contra ele ou extinta estará a sua punibilidade. É dizer: o Estado parece se preocupar apenas com a arrecadação dos valores sonegados, e não com a real e concreta função do Direito Penal.

É justamente o que se observa no julgamento do RHC, no qual se priorizou a criminalização para criar um medo e uma desmotivação de sonegar no contribuinte, com fins políticos-arrecadatórios, ignorando-se completamente a função precípua do Direito Penal (tributário), qual seja a proteção de bens jurídicos relevantes.

Se a conduta do contribuinte que declara, mas não paga do ICSM próprio não se adequa ao tipo penal, aliada à ausência de fraude na sua conduta (pois declarou o tributo devido), onde estaria atingida, por assim dizer, a "ordem tributária"?

Se fosse possível resumir, sendo o Direito Penal um instrumento que visa a tutelar bens, valores e interesses essenciais da vida em sociedade, não poderia ele estar dissociado de uma função social que legitime a intervenção jurídico-penal (SISTI; TEIXEIRA, 2015).

Com efeito, tem-se que o bem jurídico tutelado nos crimes ficais não pode ser reduzido ao simples método de construção ou interpretação das normas, pois infringirá, certamente, a precípua função de limite do poder punitivo estatal.

## 3. Tipicidade: fraude como tipo objetivo. Quebra de confiança e o princípio da estrita legalidade

Ainda numa linha equivocada, o Relator do RHC aduziu que na sonegação a reprovabilidade estaria na fraude, ou na omissão, ou na simulação, no engano, enquanto na apropriação indébita tributária, a censurabilidade estaria em tomar para si um valor que não lhe pertence.

O STF, inclusive, em feito de Relatoria do Ministro Ricardo Lewandowski, já reconheceu a constitucionalidade desse tipo penal.[4] Portanto, a conduta para caracterizar o tipo penal é dupla, cobrar do consumidor e não recolher ao Fisco. Nesse contexto, o Ministro Roberto Barroso entendeu pela tipificação da conduta, com o seguinte e argumento:

> Já na apropriação indébita tributária, a censurabilidade da conduta decorre da circunstância de que o agente toma para si um valor que não lhe pertence, ao qual teve acesso pelo único e específico motivo de lhe ter sido atribuído o dever de recolher o tributo. Diferentemente do delito do art. 1º, o tipo penal do art. 2º, II, da Lei nº 8.137/1990 não requer fraude (STF, 2019).

Em verdade, a fraude faz parte da tipicidade objetiva dos delitos tributários e não é elemento subjetivo do injusto, que é justamente deixar de recolher o tributo (desde que tenha sido cobrado ou descontado de terceiro). Há, novamente no voto do Ministro, uma confusão em relação aos elementos do tipo, pois a conduta dolosa não se demonstra com a fraude (FÖPPEL; MINARDI, 2020).

A fraude está justamente no contexto da lesão ao Fisco de modo ardiloso, com cilada ou dissimulação, sendo certo que quem declara,

[4] Agravo em Recurso Extraordinário nº 999.425/SC. Relator: Ministro Ricardo Lewandowski. Brasília, julgado em 02/03/2017.

escriturando todas as vendas, indicando o valor do ICMS, mas apenas não paga, não incorre em fraude, ainda mais, como explicado, a conduta do contribuinte, na venda do produto, não se amolda aos elementos normativos do tipo "descontado" ou "cobrado".

E mais: ainda que tenha havido o desconto ou cobrança de terceiro, necessária a presença da fraude, pois se ausente a tipicidade objetiva, excluída estará a tipicidade, restando desnecessário o enfrentamento da tipicidade subjetiva.

A ausência de clandestinidade como aceitação para a adequação da conduta do mero não pagamento de tributo ao crime de apropriação indébita tributária é equivocada também do ponto de vista da análise da tipicidade, pois a fraude se concentra na tipicidade objetiva (juízo de desaprovação da conduta) que se conecta com a relevância do bem jurídico "ordem tributária" e a conduta que afeta o Fisco e que permite a tutela pelo Direito Penal.

Arguir que o tipo dispensa a clandestinidade é mudar o texto que diz que o crime de apropriação indébita é da mesma natureza (crime contra a "ordem tributária") dos crimes materiais do art. 1º da referida lei. Qualquer conexão fora disso é caso de disfunção do direito penal, que tem como função precípua a proteção de bens jurídicos relevantes, na linha que propõe Roxin (2009).

Como se sabe, compõe o fato típico objetivo a tipicidade formal e a tipicidade material ou normativa. Quando ausentes um desses requisitos implica naturalmente na atipicidade do fato - formal ou material - a depender da natureza do requisito faltante.

No âmbito formal (da tipicidade objetiva), devemos observar: 1. A conduta; 2. O resultado naturalístico (nos crimes materiais); 3. O nexo de causalidade; e 4. A adequação típica (subsunção do fato à norma) (GOMES, 2006).

Já no campo material, o primeiro juízo valorativo recai sobre a conduta e, nesse ponto, adere ao critério da imputação objetiva de Roxin (2000): criação ou incremento de risco proibido relevante. No tocante ao segundo juízo valorativo, esse tem relação com a ofensa ao bem jurídico.

Essa introdução é importante para, já tendo analisado questões tributárias inerentes ao tipo e, agora, analisando o elemento fraude, compreender que não há crime pela ausência de adequação típica (atipicidade formal), ante os elementos "descontado" e "cobrado", bem como diante da ausência de ofensa ao bem jurídico "ordem tributária", sendo, portanto, a fraude o elemento que justamente diferencia o inadimplemento tributário do crime tributário.

O Ministro Roberto Barroso reforça a necessidade de se esclarecer a diferença entre a mera inadimplência e a conduta que lesiona de forma significativa o bem jurídico tutelado:

> Mais do que isso, como forma de reforçar essa diferenciação entre crime e mera inadimplência, é necessário que a conduta lesione de modo significativo o bem jurídico protegido. Impõe-se, nesse sentido, uma interpretação restritiva do tipo (STF, 2019).

Então, é possível identificar que o Ministro Relator dá alguma importância ao bem jurídico protegido pela norma penal – a ordem tributária – mas se equivoca quando insere e sobrepõe a preocupação atinente às questões econômicas e sociais, resultando num alcance maior do que o Direito Tributário permite aos termos "descontar" e "cobrar".

Não é possível, então, afirmar que o inadimplemento de ICMS próprio é crime, se o bem jurídico tutelado pelos crimes contra a ordem tributária não é a pretensão imediata do Fisco, como defende Machado (2015, p. 20) ao afirmar que "não devemos confundir a ordem tributária com o interesse imediato da Fazenda Pública, especialmente quanto à comodidade na arrecadação dos tributos."

Caso o contribuinte deixe de recolher o valor que deve aos cofres do Estado, deve-se proceder à execução fiscal (jamais à ação penal), consoante lição de Torres (2019):

> Com a declaração, o contribuinte faz confissão dos seus débitos, e, a partir dela, o Fisco tem em suas mãos os elementos para exigir do contribuinte, pelos meios de direito e privilégios da Fazenda Pública em juízo, todo o valor do tributo devido, com os acréscimos sancionatórios de estilo, juros de mora e multas. Este tem sido o estado de coisas (TORRES, 2019, p. 7).

A importância do bem jurídico tutelado pela Lei nº 8.137/90 é cristalina para a consecução de políticas estatais voltadas à materialização de direitos fundamentais e ao desenvolvimento econômico e social. Noutro norte, não se trata de discutir se houve ou não dolo na conduta praticada pelo agente. Na verdade, a discussão do caso há de se centrar na verificação da tipicidade objetiva (SCAFF; BECHARA, 2019).

No direito alemão, conforme lições de Panoeiro (2014), admite-se que as condutas isoladamente não afetam o bem jurídico, não obstante a sua repetição traga graves danos. E aproveita como fundamento os já mencionados delitos de acumulação, mesmo não tendo uma aceitação unânime da doutrina, ante a análise da conduta lesiva não isoladamente, mas no cenário de acúmulo de condutas similares.

Para Föppel e Santana (2010), nas hipóteses de crimes tributários, cujo bem jurídico é coletivo – "ordem tributária" –, o critério que se apresenta como mais adequado é a perquirição de o que é relevante para o Estado em matéria de arrecadação tributária, uma vez que é sobre esse interesse que se assenta a incriminação de infrações tributárias. Assim, a tipicidade, como juízo de valor que decorre da conduta, no intuito de identificar se ela se adequa ao tipo penal individualmente descrito, é a justaposição da conduta praticada à norma.

Mas é fundamental que haja uma real lesividade ao bem jurídico tutelado pelo delito, denominado de "risco jurídico relevante", e a legislação tributária destina como uma de suas principais atribuições a promoção da arrecadação tributária, se sobrepondo, como visto no julgamento do RHC pelo STF, ao bem jurídico tutelado pela Lei nº 8.137/90 – "ordem tributária".

Por isso que a tipicidade é de suma importância para a solução do caso concreto. Ora, para mais do que a indiscutível presença do elemento subjetivo do tipo – o dolo –, que, no caso concreto, é a consciência e intenção de não recolher o tributo devido, é preciso que o agente intente ludibriar a fiscalização tributária, isto é, a conduta necessita comprovadamente manifestar uma manobra fraudulenta, sob pena de se criminalizar – erroneamente – o mero inadimplemento.

Mas o julgado vai além quando aduz o Relator que "o dolo há que ser esclarecido com a instrução criminal". Ora, o dolo sequer precisaria ser discutido, pois para o crime bastaria a intenção de deixar de recolher. Pode-se, ainda assim, questionar: então o dolo está implícito ou dispensada está a clandestinidade? Apenas se a conduta do agente se adequar aos elementos tributários "cobrado" ou "descontado" com a presença da fraude é que se torna plausível partir para eventual análise da intenção da prática apropriadora. E mesmo que a conduta se adeque ao tipo penal, é possível que, com uma análise acurada, se verifique a ausência de dolo (SOUZA, 2018).

Lovatto (2008) afirma, no tocante à tipificação da apropriação indébita tributária, que

> A reprovabilidade não se situa no não pagamento da dívida, mas na *conduta de quem, por obrigação legal, cobra ou desconta o tributo e não o recolhe a quem de direito,* ficando com aquilo que não lhe pertence. Daí que não se trata de penalização por dívida, mas, à semelhança da apropriação indébita, da conduta do agente penalmente relevante (LOVATTO, 2008, p. 129). (grifo nosso)

No mesmo sentido é o pensamento de Decomain (2010):

> O puro e simples não recolhimento do ICMS pelo contribuinte configura o crime previsto pelo art. 2º, II, da Lei 8.137/90 [...]. Numa primeira abordagem, de cunho eminentemente econômico, deixando de parte discussões doutrinárias sobre os tributos conhecidos como diretos e indiretos, e levando em conta apenas o aspecto econômico a partir do qual são conceituadas essas espécies, ou seja, *atentos ao fato de que existem tributos cujo ônus é imediatamente repassado pelo contribuinte a terceiro, em contrapartida a outros em que tal não ocorre* [...] conclui-se que o não recolhimento do ICMS no prazo previsto pela legislação implica a ocorrência desse crime (DECOMAIN, 2010, p. 360). (grifo nosso)

O Ministro Roberto Barroso trata da suposta desnecessidade de fraude na conduta do agente, bem assim a caracterização do elemento subjetivo (dolo), sem, contudo, estabelecer a importância, dentro dessa análise, do bem jurídico tutelado pelo Direito Penal – a "ordem tributária", especialmente quando afirma que "o art. 2º, II, da Lei nº 8.137/1990 não requer fraude."

Outro argumento do Ministro Barroso foi no sentido de que seria preciso haver dolo específico na conduta daquele que se "apropria indebitamente" de tributo:

> O mero inadimplemento tributário configura apenas ilícito administrativo, passível de inscrição na dívida ativa e de cobrança via execução fiscal. Contudo, não é crime. Para que o não recolhimento de tributo caracterize

crime se exige algo a mais, uma reprovabilidade especial que justifique o tratamento mais gravoso (STF, 2019).

Observa-se que o Ministro vota convicto de que não está criminalizando a inadimplência. Contudo, como visto, sob o ângulo tributário, o termo "cobrado" não se reveste naquele valor embutido na mercadoria pelo comerciante/contribuinte. Por isso, ele procurou trazer um "elemento subjetivo especial", juntamente com uma necessidade de se provar o dolo específico na conduta do agente, gerando uma confusão no que toca ao cerne da questão. Misturou-se tipicidade objetiva com tipicidade subjetiva, causando a (equivocada) criminalização daquele que declara e não paga o imposto.

Consoante artigo 18 do Código Penal, o dolo existe quando se queria o resultado ou quando se assumiu o risco de ele ser produzido. Fazendo uma conexão deste artigo com o delito de apropriação indébita tributária, no âmbito da jurisprudência do STJ, relativo ao ICMS próprio, percebe-se que "elemento subjetivo especial, no crime de apropriação indébita tributária (artigo 2º, inciso II, da Lei 8.137/90), é prescindível, sendo suficiente para a configuração do crime a consciência (ainda que potencial) de não recolher o valor do tributo devido."[5]

O STJ, acertadamente, já tem posição consolidada no sentido de que o dolo, analisado como elemento subjetivo geral do tipo, é a consciência (ainda que potencial) de não recolher ao Fisco o valor do tributo devido. É dizer: basta isso para que o crime se configure, basta o fato de o agente registrar, apurar e declarar em guia própria ou em livros fiscais o imposto devido.

O erro do julgado em análise, por outro lado, foi enviesar a tipicidade objetiva como se subjetiva especial fosse, além, claro, de não enfrentar os conceitos tributários inerentes ao tipo penal.

Parece lógico que a intenção de se apropriar não está presente na conduta do comerciante que deixa de recolher o tributo por conta de uma crise financeira e que tenha utilizado o valor em sua posse para o

[5] BRASIL. Superior Tribunal de Justiça. Agravo Regimental no Recurso Especial n.º 1.635.341/SC. Relatora: Ministra Laurita Vaz. Brasília, julgado em: 26 out. 2018; Agravo Regimental no Recurso Especial n.º 1.767.899/SC. Relator: Ministro Joel Ilan Paciornik. Brasília, julgado em: 15 out. 2019.

pagamento de algo que impediria a empresa de encerrar suas atividades. Mas isso, claro, é de se analisar com a devida produção de prova e eventual perícia contábil.

O Ministro Gilmar Mendes também adere à linha de que o elemento subjetivo do tipo penal em análise é a vontade de se apropriar, como se percebe no seu voto:

> Nessa linha de raciocínio, acerca do inciso II, o dolo, com a necessária consideração do elemento subjetivo especial do injusto em comento, qual seja, a vontade de se apropriar dos valores retidos, omitindo o cumprimento do dever tributário e com a intenção de não os recolher, deve, imperiosamente, ser levado em conta.

Num outro trecho, é possível perceber essa análise no voto do Ministro Gilmar Mendes: "No caso em tela, o tipo objetivo se caracteriza pelo não recolhimento do tributo devido, e o elemento subjetivo especial pela apropriação fraudulenta dos valores que se manifesta pela ausência de sua devida declaração."

Nesse aspecto, a análise peca no aspecto da subsunção da conduta ao tipo penal. Fato é que     um erro, pois não se precisa analisar o dolo, elemento subjetivo do tipo, quando já inexiste a tipicidade objetiva. Quando se afirma que o dolo na conduta se configura com a intenção de não recolher, está certo. Errado está quando o STF, no RHC, diz que o dolo é a clandestinidade, que na verdade compõe o tipo objetivo do crime tributário de apropriação indébita devido ao bem jurídico tutelado pela Lei n. 8.137/90.

E, nesse ponto, os Ministros Roberto Barroso e Ministro Gilmar não deveriam ter evoluído para uma análise da tipicidade subjetiva, estipulando novos elementos para a configuração do crime, pois o caso concreto deveria ter sido resolvido no âmbito da tipicidade objetiva, especialmente porque sem fraude não há crime tributário, seja ele omissivo ou comissivo, seja ele de redução de tributo ou de apropriação indébita.

E, além da comprovada ausência de fraude, os Recorrentes também não poderiam ser considerados como apropriadores de valor pertencente a terceiro, pois também não houve a presença do elemento de quebra de confiança que se depositaria no contribuinte, assim como ocorre quando se trata do ICMS-ST.

Esse ponto justificaria, na visão de Buonicore et al. (2020, p. 129), "o ilícito penal como modalidade de fraude", só sendo possível restringir a liberdade pelo mero inadimplemento "em caso de fraude, jamais por conta, apenas, pela dívida". Para os autores, criminalizar a operação de ICMS próprio seria uma analogia *in malam partem*, que não se admite no nosso ordenamento jurídico, violando princípio da legalidade estrita (FÖPPEL; MINARDI, 2020).

O Ministro Gilmar Mendes, acertadamente, aborda o tema da quebra de confiança entre o consumidor final e o contribuinte como mais um argumento a demonstrar que inexiste relação jurídica entres esses, impossibilitando, como consequência, a subsunção da conduta aos elementos normativos ("descontado" e "cobrado") do tipo penal de apropriação indébita:

> Imperioso esclarecer sobre a questão que, ao contrário do que ocorre com a apropriação indébita previdenciária, como se verá adiante, os recorrentes não se apropriaram de um valor pertencente a terceiro, não havendo a presença do elemento da quebra de confiança depositada no substituto tributário que justifica o ilícito penal como modalidade de fraude. Tal operação tratar-se-ia, de todo modo, de uma analogia *in malam partem*, vedada em nosso ordenamento (STF, 2019).

Inclusive, o Vice-Procurador-Geral da República, Bonifácio Andrada, manifestou-se em sustentação oral no dia do julgamento, pela atipicidade da conduta, uma vez que a obrigação do contribuinte se dá em relação ao Fisco, entendendo que a questão do desconto do ICMS é apenas uma ficção jurídica, na medida em que há apenas a fixação do preço e o contribuinte passa a ser devedor do valor perante o Fisco.

A PGR exemplificou o caso da apropriação indébita da Previdência Social, valor que a empresa desconta do salário dos empregados e tem de recolher ao INSS. Nessa situação, o dinheiro seria do trabalhador e a empresa se apropria de recursos que não são dela, em caso de não recolhimento, referendando que não há quebra de confiança na relação entre o consumidor final e o contribuinte, que não fica, por assim dizer, com nenhum valor do consumidor a ser repassado ao Fisco, afinal de contas este não é sujeito passivo da obrigação tributária.

Se a apropriação indébita não exige fraude, mas sim quebra de confiança, essa seria responsável por conferir ofensividade à conduta. Não é possível ter como típica a conduta de quem deixa de recolher o ICMS próprio, devidamente escriturado, pois não há presente a quebra de confiança por parte do contribuinte em relação ao consumidor. É dizer: se não restar demonstrado o elemento ardil na conduta do agente, ante a ausência deste elemento objetivo do tipo, estará havendo criminalização, por óbvio, da dívida, o que não é admitido pela nossa Constituição.[6] Enxerga-se, dessa forma, uma nova característica no Direito Penal Tributário, desfigurado da sua funcionalidade, em benefício de políticas públicas dos estados.

Nesse ponto, Machado (2011) aduz que:

> A nosso ver, a norma do art. 2º, inciso II, da Lei 8.137/90, deve ser interpretada em conformidade com a Constituição. Seu alcance, assim, abrangerá somente aquelas situações nas quais o não pagamento do tributo envolva um artifício qualquer, que impossibilite a cobrança pelos meios ordinários, da quantia devida à Fazenda a título de tributo (MACHADO, 2011, p. 421).

É cristalino que ao art. 2º, inciso II, da Lei n. 8.137/1990 deve-se dar uma interpretação constitucional, levando em consideração o elemento "fraude" do agente, a pretexto de validar e incentivar uma política criminal arrecadatória, pois o direito penal tributário necessita de uma interpretação constitucional que iniba ou evite a sua mutação em instrumento simbólico de coerção com fins arrecadatórios.

Assim, o sujeito ativo do crime previsto no art. 2º, II da Lei n. 8.137/90 é o contribuinte de direito, sujeito passivo direto da obrigação tributária, que deixa de recolher tributo indireto retido (cobrado) do adquirente do produto mercadoria ou serviço, para além do dolo de deixar de recolher o tributo, com a consequente apropriação do que não lhe pertence. Qualquer interpretação diferente é equivocada, pois se utilizaria o Direito Penal para cobrança de tributo, quando este é papel do Fisco, por seus

[6] Art. 5º, LXVII. Não haverá prisão civil por dívida, salvo a do responsável pelo inadimplemento voluntário e inescusável de obrigação alimentícia e a do depositário infiel.

meios legais, indo de encontro ao princípio da estrita legalidade (BUSATO; SÁ; SCANDELARI, 2016), previsto no art. 5º, XXXIX CF.[7]

É no princípio da legalidade estrita que se impõem limites à interpretação dos elementos normativos do tipo "descontado" e "cobrado". A seriedade das penas criminais não prescinde que as normas sejam precisas, não podendo ser vencidas ou flexibilizadas por conta dos fins sociais. Para Scaff e Bechara (2019, p. 94), "os sentidos literais possíveis da norma penal são limitados não só por meio da linguagem, como também por seu conteúdo técnico-jurídico penal ou extrapenal." Para os autores, não se pode interpretar os elementos normativos do tipo penal de apropriação indébita para além de sua referência jurídica estrita, em respeito ao princípio da legalidade. E complementam:

> portanto, a vinculação do intérprete penal ao sentido jurídico original do elemento deve ser respeitada, não sendo possível que, na aplicação da norma penal, o julgador adote conceitos mais amplos do que aqueles reconhecidos pelo próprio campo jurídico extrapenal a que o tipo se refere (SCAFF; BECHARA, 2019, p. 94)

Os elementos do tipo penal carecem de uma interpretação nos limites do sentido que lhes é atribuído pelas normas tributárias, por vários motivos, consoante explicitado em tópicos anteriores, mas nunca por uma decisão judicial.

O Ministro Gilmar Mendes, em seu voto, também se posiciona sobre o princípio da legalidade, especialmente quando afirma:

> Tal operação tratar-se-ia, de todo modo, de uma analogia *in malam partem*, vedada em nosso ordenamento. O instrumento hermenêutico da analogia não poderia ser utilizado, neste caso, para suprir a necessária demonstração da vontade ardilosa de se apropriar dos valores devidos. Esta Suprema Corte já firmou entendimento repudiando essa forma de interpretação em sede de direito penal [...] na mesma direção, a doutrina, ao descrever o tipo penal em debate, prevê expressamente a não declaração da espécie tributária como manifestação do ardil do agente é elemento indispensável do tipo penal (STF, 2019).

[7] Art. 5º, XXXIX. Não há crime sem Lei anterior que o defina, nem pena sem prévia cominação legal.

Nada obstante seja difícil sintetizar o julgamento do RHC, no tocante aos argumentos relacionados à tipicidade (objetiva e subjetiva), o que se pretende demonstrar é que o Supremo Tribunal Federal protagonizou o antagonismo entre a exigência de fraude para ofensa ao bem jurídico "ordem tributária" e a criminalização do mero não recolhimento do ICMS próprio (inadimplemento).

## 4. A inconstitucionalidade da criminalização da mera dívida tributária: Direito Penal deve ser a *ultima ratio*

Em primeiro lugar, necessário trazer um trecho do voto do Ministro Marco Aurélio, que rechaça a ideia da criminalização com base numa dívida de maneira bastante veemente, reproduzindo de modo adequado o equívoco decisório da maioria do Supremo:

> Tem-se cobrança de dívida! É uma coação, uma coação política, para ter-se a arrecadação do tributo. O Tribunal não admite. Tem-se uns três ou quatro verbetes integrando a Súmula, revelando glosa de coação política! (STF, 2019).

Quando não se encontram presentes os elementos objetivo e subjetivo do tipo penal, como o é no caso concreto em relação ao crime de apropriação indébita, resta claro que a criminalização estará atingindo uma dívida, é dizer, estar-se diante de uma criminalização de um fato atípico, pois equiparada a uma prisão civil, não aceita pela Constituição Federal e, também, pelo Pacto de São José da Costa Rica (BUONICORE et al. 2020).

Apesar de compreender, equivocadamente, que o caso concreto não se relaciona com a criminalização de uma dívida, o Ministro Edson Fachin cita a inadmissibilidade pelo ordenamento jurídico da prisão por dívida:

> Com efeito, o simples inadimplemento fiscal não denotaria desvalor suficiente a ponto de legitimar sanção penal. Além disso, prisão por dívida é um tema que não se concilia, via de regra, com a sistemática constitucional e convencional. No entanto, tenho que não é disso que se cuida, como bem demonstrado pelo eminente Relator, conforme passo a esmiuçar (STF, 2019).

Como já deveras observado, no julgamento do Agravo em Recurso Extraordinário nº 999.425/SC, o STF, reconhecendo a Repercussão Geral julgou constitucional a Lei nº 8.137/90, contudo, deixou-se claro que:

não se referem simplesmente ao não pagamento de tributos, mas aos atos praticados pelo contribuinte com o fim de sonegar o tributo devido, consubstanciados em fraude, omissão, prestação de informações falsas às autoridades fazendárias, e outros ardis. Não se trata de punir a inadimplência do contribuinte, ou seja, apenas a dívida com o fisco (STF, 2019).

O 5º, inciso LXVII da Constituição Federal veda, ostensivamente, a prisão civil por dívida e a interpretação que o STF outorga a ele altera, claramente, a sua aplicação. O Ministro Celso de Mello, em 1998, nos autos do Habeas Corpus nº 77.631-SC decidiu ser compatível a prisão por dívida tributária, arguindo que o Pacto de São José da Costa Rica não poderia prevalecer sobre o texto constitucional.

Acontece que nosso país é signatário[8] da Convenção Americana de Direitos Humanos ou Pacto de San José da Costa Rica e, diante da concretude que a CF dá aos tratados internacionais que versam sobre direitos humanos, justa é a mudança de paradigma da prisão civil por dívida no Brasil.

"Ninguém deve ser detido por dívidas" e que "este princípio não limita os mandados de autoridade judiciária competente expedidos em virtude de inadimplemento de obrigação alimentar", é assim a redação do art. 7º, n. 7, do Pacto de San José da Costa Rica. Quando de sua ratificação, o Brasil incorporou os ditames do tratado em sua rotina jurídica, especialmente por estar em consonância com a Constituição.

Assim, após se debruçar mais uma vez sobre o tema, o STF, editando a súmula vinculante n.º 25[9], rechaçou completamente a modalidade de prisão civil por dívida – excluindo aquela que tenha origem nas ações de alimentos, por insuficiência de pagamento. Inclusive, é assim a predominância nas legislações modernas que abarcam os direitos humanos (MENDES, 2017).

A bem da verdade, não cabe mais, especialmente ante a uma inviabilidade jurídica, a prisão por dívida, sendo matéria de fundamental

[8] Art. 5º, § 3º. Os tratados e convenções internacionais sobre Direitos humanos que forem aprovados, em cada Casa do Congresso Nacional, em dois turnos, por três quintos dos votos dos respectivos membros, serão equivalentes às emendas constitucionais.

[9] Súmula Vinculante nº 25. É ilícita a prisão civil de depositário infiel, qualquer que seja a modalidade de depósito.

compreensão e absorção quando se analisam os delitos de natureza tributária.

Segundo sustenta Machado (2018), entre a prisão civil e a pena de prisão cominada ao art. 2º, inciso II, da Lei n. 8.137/1990 não há diferença, pois não existindo fraude na conduta do agente não deve se iniciar uma persecução penal, sob pena de a prisão ser fruto de um inadimplemento tributário – equiparada à prisão civil por dívida, portanto.

Por isso que a interpretação do crime de apropriação indébita tributária necessita ser, sobretudo, constitucional, para evitar, como no caso concreto, uma criminalização por dívida, com fins políticos-arrecadatórios, disfarçada de legalidade. Até mesmo porque, para dizer o óbvio, se a prisão civil por dívida é vedada, mais ainda é a dívida enquanto crime (MACHADO, 2015).

O Ministro Luiz Fux, nesse sentido, afirmou, em seu voto, que "a inexistência de intervenção indevida do legislador na esfera dos direitos fundamentais da pessoa humana recomenda a autocontenção (*self restraint*) no exercício do controle de constitucionalidade".

Segundo lembra Machado, "a norma da Constituição que proíbe a prisão por dívida protege o direito à liberdade, colocando-o em patamar superior ao direito de receber um crédito" (MACHADO, 2015, p. 414). A dívida tributária deverá ser alcançada pelas vias administrativas fiscais, por isso o equívoco decisório da Suprema Corte, que autorizou, por assim dizer, a prisão por uma mera dívida.

Ao contrário do que apontado pelo Ministro Roberto Barroso no sentido de que a decisão do Supremo, caso tivesse sido distinta, acarretaria numa motivação do contribuinte em sonegar é equivocada, pois seguindo a mesma lógica do Relator, a sonegação passaria a ser algo mais vantajoso do que a dívida. Podendo o contribuinte ser preso ou, no mínimo, ser processado criminalmente por uma dívida confessada, que gerará uma incessante perseguição do Fisco, melhor seria sonegar e tornar a vida do investigador e/ou do Fisco, muito mais difícil, pois se desvendada a engenharia criminosa, o risco seria idêntico, com as mesmas vantagens despenalizadoras para ambos os delitos. Aliás, poderia dizer que seja até melhor, ante a característica material do crime de sonegação, ainda discutível no crime (formal) de apropriação indébita tributária.

Nessa linha, Torres questiona: "o que o Estado prefere estimular? O dever de declaração espontânea ou a omissão como prática?" (TORRES, 2019).

Ainda mais, a prisão civil é diferente da penal, com finalidades distintas, pois não pressupõe a reprovabilidade social prevista, não gera reincidência e nem exige trânsito em julgado de sentença condenatória. Souza (2018) aduz que:

> Inobstante a concepção de *ultima ratio* seja um preceito basilar básico e norteador do Direito Penal e Processual Penal, o fato é que se torna de suma importância a sua análise, a fim de possibilitar o exercício de uma hermenêutica fundada em conceitos principiológicos que deveriam ser a premissa para a aplicação das normas (SOUZA, 2018, p. 171).

Batista (2007) afirma que o princípio da proporcionalidade orienta o Direito Penal, pois tem como função orientar o legislador a decidir sobre determinada conduta, bem assim ao julgador a aplicar uma pena. E quando a pena é o único e último recurso para fazer valer a funcionalidade do Direito Penal, presente, de fato, a *ultima ratio* (CAPEZ, 2011).

Não pode eventual violação a um bem jurídico justificar a intervenção do Direito Penal, mas apenas aquela de maior indignação social, com grave intensidade, sendo esse o raciocínio que permite a identificação do Direito Penal como uma ciência jurídica subsidiária, fragmentária, de intervenção mínima, cuja legitimação é a última opção, o último remédio de controle social. Numa linha oposta, é o posicionamento do Ministro Roberto Barroso:

> Os crimes tributários são um mal social grave. No Brasil, onde, após tantos escândalos, atingiu-se uma consciência crítica severa contra a corrupção, ainda se considera a fraude fiscal um mal menor. Mas a verdade é que o crime fiscal nada mais é do que a outra face da corrupção: a corrupção tira dinheiro dos serviços públicos; o crime fiscal impede que exista dinheiro para ser utilizado nesses serviços (STF, 2019).

E não é esse o sentido da *ultima ratio*, considerado como um princípio constitucional implícito, quando se interpreta o art. 5º, §2º da Constituição Federal[10] e do art. 8º da Declaração dos Direitos do Homem e do

[10] Art. 5º, §2º Os Direitos e garantias expressos nesta Constituição não excluem outros decorrentes do regime e dos princípios por ela adotados, ou dos tratados internacionais em que a República Federativa do Brasil seja parte.

Cidadão.[11] E o Direito Penal deve ser a última medida penalizadora cuja intervenção só deve ocorrer quando outros meios de solução social do problema falhem, por isso se denomina a pena como a *ultima ratio* da política social.

Não basta, assim, que se eleja um bem jurídico de dignidade penal em consonância com a Constituição Federal para dar legitimidade à criminalização de determinada conduta, sendo fundamental que haja presente a necessidade da tutela penal, pois o Direito Penal é a *ultima ratio* da política criminal social, especialmente porque ante os elevados custos e seus nefastos efeitos, a intervenção para proteger bens jurídicos essenciais só deve ocorrer nas situações em que meios não penais sejam insuficientes à resolução do conflito (ALMEIDA, 2012).

E, no caso concreto, o Direito Penal foi utilizado como *prima ratio,* mormente quando demonstrado o desvio de interpretação principiológica, da funcionalidade do Direito Penal e da ciência jurídica tributária.

## 5. Escolhas (equivocadas) de política criminal na decisão do STF

Em seu voto, no julgamento do RHC, o Ministro Marco Aurélio relembra que há súmulas do próprio Supremo Tribunal Federal que desautorizam a cobrança de tributo de maneira tão acintosa como na decisão vergastada. Para ele, as súmulas 70, 323 e 547[12] denotam que, apesar do tributo ser importante para a sociedade, não pode existir uma coação política para recolhê-lo:

> Presidente, a jurisprudência deste Tribunal é reiterada, e existem três verbetes a integrarem a Súmula, no sentido de que não pode haver coação política para lograr-se o recolhimento do tributo. O Estado tem o executivo fiscal, presente a dívida tributária. E nem cabe dizer que o Estado é deficitário em termo de assistência técnica, já que o corpo de procuradores é elogiável.

[11] Art. 8.º A Lei apenas deve estabelecer penas estrita e evidentemente necessárias e ninguém pode ser punido senão por força de uma Lei estabelecida e promulgada antes do delito e legalmente aplicada.

[12] Súmula nº 70. É inadmissível a interdição de estabelecimento como meio coercitivo para cobrança de tributo. Súmula nº 323. É inadmissível a apreensão de mercadorias como meio coercitivo para pagamento de tributos. Súmula nº 547. Não é lícito à autoridade proibir que o contribuinte em débito adquira estampilhas, despache mercadorias nas alfândegas e exerça suas atividades profissionais.

Refiro-me aos verbetes nº 70, de 1963 – mas vivenciamos, hoje, tempos estranhos –, 323, também de 1963, e 547, de dezembro de 1969 (STF, 2019).

O Ministro Luiz Fux contempla em seu voto esta questão, no entanto acompanha o Relator, numa clara contradição:

> A Súmula 70 proibia a interdição de estabelecimento para cobrar tributo; a Súmula 323 impedia a apreensão de mercadoria como forma de obrigar o comerciante a pagar tributo; e a Súmula 547, genericamente, impede que se obste a atividade comercial para impor o pagamento do tributo. Por isso é importante essa explicitação na tese: "quando há o dolo de se apropriar e a contumácia no sentido de que não é um mero inadimplemento". Às vezes, a empresa está em estado de solvabilidade e não há dolo. Por outro lado, pode haver erro do contador, como ocorre conosco, pessoa física, e não há dolo. É preciso comprovar o dolo para que haja essa criminalização, que é a *última ratio* do Direito. Estou integralmente de acordo. É uma tese muito bem esposada (STF, 2019).

O Ministro Roberto Barroso, por sua vez, trouxe o argumento que o crime de apropriação indébita tributária tem pena baixa, qual seja de seis meses a dois anos. Ora, como a pena mínima do tipo penal não ultrapassa dois anos, caberá, no caso concreto, oferta de transação penal pelo Ministério Público, consoante art. 76 da Lei nº 9099/95, desde que não haja concurso de crimes – concurso formal, material ou continuidade delitiva. Caberá, também, é verdade, conforme previsão no mesmo diploma legal, a suspensão condicional do processo, pois a pena mínima não ultrapassa um ano.

Outro ponto relevante no que toca à pena cominada ao crime em análise é a possibilidade, após a publicação da Lei n. 13.964/19, de oferta de um acordo de não persecução penal por parte do Ministério Público, já que o principal requisito objetivo se adequa à pena cominada para o delito de apropriação indébita tributária, qual seja ser a pena mínima cominada inferior a quatro anos, além de outros requisitos objetivos e subjetivos que devem ser observados e avaliados caso a caso.

Outrossim, importante lembrar que em caso de aplicação de uma pena, já que o limite máximo é de dois anos, mesmo com eventuais agravantes e causas de aumento, dificilmente a pena ultrapassaria os quatro anos, cabendo, assim, substituição da pena privativa de liberdade por pena restritiva de direitos, bem assim a imposição de um regime menos gravoso, como o regime aberto, para início do cumprimento da pena.

Em seu voto, o Ministro Roberto Barroso fala da pena baixa para o crime em questão:

> Por outro lado, as consequências do reconhecimento da tipicidade da conduta não são excessivamente gravosas aos comerciantes. É virtualmente impossível que alguém seja efetivamente preso em razão de condenação pela prática do delito do art. 2º, II, da Lei nº 8.137/1990. Dada a baixa pena cominada para o crime – de seis meses a dois anos –, são cabíveis a transação penal e a suspensão condicional do processo (Lei nº 9.099/1995, arts. 76 e 89)18, além da substituição da pena privativa de liberdade (CP, art. 44)19 e, na pior das hipóteses, o regime inicial fixado será o aberto (CP, art. 33, §º, "c"). Isso sem falar na possibilidade de extinção da punibilidade pelo pagamento do tributo a qualquer tempo (Lei nº 10.684/2003, art. 9º, §2º) (STF, 2019).

É necessário, de fato, atentar-se para o fato de que a aplicação de uma sanção penal à pura e simples inadimplência, ainda que de uma prestação tão importante como a tributária, envolve o ônus de demonstrar que todas as outras medidas legais disponíveis ao Fisco são insuficientes e que a restrição à liberdade não só é adequada para a proteção dos interesses de arrecadação, como também é proporcional à gravidade da lesão causada na liberdade individual daquele que recebe a pena. Só assim se legitimaria uma interpretação do art. 2º, II, da Lei nº 8.137/90 em alinhamento com a Constituição Federal.

Vale dizer que isto independe do *quantum* da pena cominada para o tipo penal em discussão. Independe da possibilidade (ou não) de cabimento de prisão para o crime, uma vez que não se pode criminalizar com base na "legitimidade da causa" e, como consequência, agredir a função do Direito Penal e a própria "ordem tributária".

Em respeito à funcionalidade do Direito Penal, que não pode ser instrumento de cobrança de dívida, mas sim protetor de bens jurídicos relevantes, o argumento da "pena baixa", para além de ser um fundamento pessoal, constante na decisão do Ministro Relator, é uma discussão lateral à tipicidade do delito de apropriação indébita tributária no caso concreto. A questão é simples: não se pode criminalizar uma conduta que não se adequa ao tipo penal específico apenas porque a pena é baixa, por não caber prisão, ou mesmo por ser fácil atingir a prescrição. Isto é inadmissível por todos os aspectos – constitucional, dogmático penal e tributário e até mesmo de política criminal.

## Conclusões

Neste artigo, analisou-se com bastante acuidade os institutos do ICMS relacionados à discussão sobre a adequação, ou não, da conduta do devedor, no caso concreto julgado pelo STF, ao crime de apropriação indébita tributária, especialmente levando em consideração que os elementos do tipo da apropriação indébita transformam o crime numa espécie de tipo penal aberto, devendo-se recorrer aos conceitos e normas tributárias para que seja possível identificar a ocorrência ou não de um crime.

Assim, sobre o caso analisado, é possível identificar que na tese firmada pelo STF há um desvirtuamento da função do Direito Penal, a partir de uma equivocada adequação ao crime de apropriação indébita tributária da conduta do contribuinte que declara o ICMS e não o paga, em benefício de políticas públicas arrecadatórias, verificando que a tese firmada pelo Supremo Tribunal Federal ampliou o âmbito de atuação do Direito Penal no que tange à conduta tributária de não recolher o valor do ICMS embutido no preço do consumidor final, a partir, como dito, de uma disfuncionalidade do Direito Penal.

Assim, diante de tudo que foi exposto, conclui-se que há, na decisão, uma clara violação ao mecanismo de imputação penal, ante a negativa de vigência dos elementos fundamentais que formam o conceito de crime, em particular a tipicidade.

Além disso, não há crime de apropriação indébita tributária na conduta de quem declara e não paga o ICMS próprio pela ausência de adequação típica (atipicidade objetiva formal), pois não se analisaram os elementos "descontado" e "cobrado" consoante a dogmática tributária.

Inexiste, igualmente, crime, pois ausente a fraude (atipicidade objetiva material), quer dizer, ausente a ofensa ao bem jurídico "ordem tributária", sendo a fraude o elemento de diferenciação do inadimplemento tributário e do crime tributário (tendo sido desnecessária e inadequada o exame do dolo pelo Supremo como crucial à resolução do caso concreto), sob pena, inclusive, de afrontar o princípio do *non bis is idem* e o princípio da *ultima ratio* do Direito Penal.

A decisão está equivocada porque o dolo não é a clandestinidade, conforme argumentos presentes nos votos da tese vencedora, pois essa compõe o tipo objetivo do crime tributário de apropriação indébita e não o subjetivo. A atenção dada ao "dolo" como elemento subjetivo especial do injusto serviu para encobrir a ausência da fraude na conduta daquele que declara e apenas se torna inadimplente.

Criminalizar a conduta do contribuinte, devedor do tributo declarado e informado ao Fisco, é, para além de ilegal, sobretudo inconstitucional, pois infringe o art. 5º, LXVIII da CF, que proíbe a prisão civil por dívida, bem assim fere o art. 7º, item 7 do Pacto de San Jose da Costa Rica, do qual o Brasil é signatário.

## Referências

ALEXANDRE, Ricardo. **Direito Tributário.** 11. ed. Salvador: Juspodivm, 2017.

ALMEIDA, Fernanda Afonso. **Proteção penal do patrimônio e sonegação fiscal**: uma abordagem à luz da teoria crítica. Dissertação de Mestrado. Universidade de São Paulo. São Paulo, 2012.

BATISTA, Nilo. **Introdução crítica ao Direito Penal brasileiro I.** 11. ed. Rio de Janeiro: Revan, 2007.

BECCARIA, Cesare. **Dos delitos e das penas**. 2 ed. São Paulo: Revista dos Tribunais, 1999.

BERGAMINI, Adolpho. **Curso de Tributos Indiretos**: ICMS. São Paulo: FISCOSoft, 2012.

BITENCOURT, Cezar Roberto; MONTEIRO, Luciana de Oliveira. **Crimes contra a ordem tributária.** São Paulo: Saraiva, 2013.

BUONICORE, Bruno Tadeu; MENDES, Gilmar; RIBEIRO, Juliana Queiroz; FERNANDES, Tarsila Ribeiro Marques. Reflexões sobre a criminalização do não recolhimento de ICMS declarado. **Revista Brasileira de Ciências Criminais**, São Paulo, v. 167, ano 28, p. 129-147, 2020.

BUSATO, Paulo César; SÁ, Priscilla Placha; SCANDELARI, Gustavo Britta (Orgs.). **Perspectivas das ciências criminais**: coletânea em homenagem aos 55 anos de atuação profissional do Prof. Dr. Réné Ariel Dotti. Rio de Janeiro: LMJ/ Mundo Jurídico, 2016.

CAPEZ, Fernando. **Curso de Direito Penal**. V. 1, parte geral. 15. ed. São Paulo: Saraiva, 2011.

CARRAZZA, Roque Antonio. **Curso de Direito Constitucional Tributário.** 27. Ed. São Paulo: Malheiros, 2011.

DECOMAIN, Pedro Roberto. **Crimes contra a ordem tributária**. Belo Horizonte: Fórum, 2010.

ESTELLITA, Heloisa Salomão. **A tutela penal e as obrigações tributárias na Constituição Federal**. São Paulo: Revista dos Tribunais, 2001.

FÖPPEL, Gamil; MINARDI, Josiane Gomes. **Sobre a criminalização da dívida tributária pelo inadimplemento do ICMS próprio**: considerações críticas ao entendimento do RHC 163.334. Grupo de Trabalho de Direito Tributário e Financeiro II. I Encontro Virtual do CONPEDI, Florianópolis, 2020.

FÖPPEL, Gamil; SANTANA, Rafael de Sá. **Crimes tributários**: legislação penal especial em homenagem a Raul Chaves. Rio de Janeiro: Lumen Juris, 2010.

GALVÃO, Fernando. **Direito Penal Tributário**: imputação objetiva do crime contra a ordem tributária. Belo Horizonte: D'Plácido, 2015.

GIULIANI, Emília Merlini. A função crítica do bem jurídico supraindividual frente à intervenção penal. **Revista Justiça e Sistema Criminal**, v. 6, n. 11, p. 101-120, jul./dez. 2014.

GOMES, Luiz Flávio. Tipicidade material e a tipicidade conglobante de Zaffaroni. **Revista Jus Navigandi**, Teresina, ano 11, n. 1048, maio 2006. Disponível em: https://jus.com.br/artigos/8450. Acesso em: 18 jun. 2021.

GRECO, Luís. "Princípio da ofensividade" e crimes de perigo abstrato: uma introdução ao debate sobre o bem jurídico e as estruturas do delito. **Revista Brasileira de Ciências Criminais**, São Paulo, n. 49, jul.-ago. 2004.

LOVATTO, Alecio Adão. **Crimes tributários**: aspectos criminais e processuais. 3. ed. Porto Alegre: Livraria do Advogado, 2008.

MACHADO, Hugo de Brito. **Crimes contra a ordem tributária**. 4. ed. São Paulo: Atlas, 2015.

______. **Curso de Direito Tributário**. 39. ed. São Paulo: Malheiros, 2018.

______. **Crimes contra a ordem tributária**. São Paulo: Atlas, 2011.

MENDES, Gilmar Ferreira. **Curso de Direito Constitucional**. 12. ed. São Paulo: Saraiva, 2017.

MONTE, Elio Lo. **Principios de Derecho Penal Tributario**. Buenos Aires: B de F, 2006.

OLIVEIRA JUNIOR, Gonçalo Farias. **Ordem econômica e Direito Penal antitruste**. 2. ed. Curitiba: Juruá, 2009.

PALHARES, Cínthia Rodrigues Menescal. **Crimes tributários**: uma visão prospectiva de sua despenalização. Rio de Janeiro: Lumen Juris, 2004.

PANOEIRO, Jose Maria de Castro. **Política criminal e Direito Penal econômico**: um estudo interdisciplinar dos crimes econômicos e Tributários. Porto Alegre: Núria Fabris, 2014.

PAULSEN, Leandro. **Curso de Direito Tributário completo**. 8. ed. São Paulo: Saraiva, 2017.

ROXIN, Claus. **Derecho Penal**: parte general. Tomo I. Madrid: Civitas, 1997.

______. **Funcionalismo e imputação objetiva no Direito Penal**. Rio de Janeiro: Renovar, 2000.

______. **A proteção de bens jurídicos como função do Direito Penal**. Porto Alegre: Livraria do Advogado, 2006.

______. **A proteção de bens jurídicos como função do Direito Penal**. 2. ed. Porto Alegre: Livraria do Advogado, 2009.

SCAFF, Fernando Facury; BECHARA, Ana Elisa Liberatore Silva. O STJ e a criminalização da inadimplência tributária do ICMS próprio. **Revista do Advogado**, São Paulo, v. 39, 2019.

SISTI, Jaqueline Tortola Ribeiro; TEIXEIRA, Rodrigo Valente Giublin. Da legitimidade da intervenção penal na ordem tributária. **Revista Brasileira de Ciências Criminais**, São Paulo, v. 117, n. 15, nov.-dez. 2015.

SOUSA, Suzana Aires. **Os crimes fiscais**: análise dogmática e reflexão sobre a legitimidade do discurso criminalizador. Coimbra: Coimbra Editora, 2006.

SOUZA, Leonardo Oliveira. **A tipicidade Penal e a subversão dos crimes contra ordem tributária**: indevida utilização da "ultima ratio" como instrumento para a cobrança de tributos. Anais do II Congresso de Pesquisas em Ciências Criminais. São Paulo: IBCCRIM, 2018. Disponível em: https://www.ibccrim.org.br/media/posts/arquivos/arquivo-09-04-2020-16-50-56-714871.pdf. Acesso em: 15 jun. 2021.

SUPREMO TRIBUNAL FEDERAL. **Recurso ordinário em habeas corpus 163.334 Santa Catarina**. Rel.: Min. Roberto Barroso. 18 dez. 2019.

TAVARES, Juarez. **Teoria do injusto penal**. 2. ed. Belo Horizonte: Del Rey, 2002.

TORRES, Heleno Taveira. **Parecer jurídico "pro bono", sobre os limites constitucionais e legais para a tipificação do crime de "apropriação indébita", previsto no inciso II do art. 2º, da Lei nº 8.137/1990, no caso de tributo (ICMS) declarado e não pago**. 2019. Disponível em: https://static.poder360.com.br/2019/02/PARECER-FIESP-Apropriacao-Indebita-e-ICMS2019_vf.pdf. Acesso em: 20 jun. 2021.

# 12. A UTILIZAÇÃO DA TEORIA DOS JOGOS COMO FORMA DE INCENTIVO À CELEBRAÇÃO DE TERMOS DE COMPROMISSO DE CESSAÇÃO POR PESSOAS FÍSICAS

LUIZ GUILHERME ROS

## Introdução

O presente trabalho busca verificar, a partir da utilização da Teoria dos Jogos, se o Programa de Leniência[1] do Conselho Administrativo de Defesa Econômica (CADE), previsto na Lei 12.529/2011, é capaz de incentivar potenciais colaboradores, especificamente pessoas físicas, a buscarem a

[1] Apenas para fins didáticos do presente trabalho, como feito por Athayde (2019), será utilizada da expressão Acordo de Leniência para referir se àqueles Acordos que são celebrados entre uma autoridade pública investigadora – seja ela o Ministério Público, o CADE, a Controladoria Geral da União, dentre outros – e um agente privado que cometeu um ilícito. Por intermédio desse Acordo, o agente privado receberá algum tipo de benefício na sanção que seria esperada – seja uma imunidade total, seja um abrandamento da potencial punição – ao passo que a autoridade receberá provas e uma descrição de como se deu o ilícito. Definição semelhante é adotada por Wils (2007, p. 1), o qual indica que "this paper deals with leniency in antitrust enforcement, defined here as the granting of immunity from penalties or reduction of penalties for antitrust violations in exchange for cooperation with the antitrust enforcement authorities." Também assim expõe Thépot (2011, p. 13) "[In the jurisdiction of the European Union] The term 'leniency' refers to immunity as well as a reduction of any fine which would otherwise have been imposed on a participant in a cartel, in exchange for the voluntary disclosure of information regarding the cartel which satisfies specific criteria prior to or during the investigative stage of the case" (European Commission Notice on Immunity from fines and reduction of fines in cartel cases (2006/C298/11)."

autoridade para celebração desses acordos.[2] A escolha do Programa de Leniência antitruste para o presente estudo se dá pelo fato de ser o mais antigo e aprimorado programa existente no Brasil. Instituído pela Lei nº 10.149/2000, o Programa de Leniência Antitruste ganhou ainda mais relevância com o advento da Lei nº 12.529/2011 (Nova Lei de Defesa da Concorrência), que, considerando as legislações estrangeiras e a bem-sucedida experiência brasileira, tornou esse programa ainda mais sofisticado, sendo o CADE de forma reiterada reconhecido internacionalmente por suas boas práticas.[3]

Considerando a nomenclatura utilizada para fins do presente trabalho, é importante ressaltar que o Programa de Leniência concorrencial engloba dois tipos de acordos, quais sejam: (i) o Acordo de Leniência, previsto no art. 86 da Lei nº 12.529/2011; e (ii) o Termo de Compromisso de Cessação (TCC). A diferença entre estes institutos se dá (i) no momento em que a colaboração é proposta; e (ii) no grau de benefícios concedidos ao colaborador. Assim, enquanto o primeiro prevê imunidade administrativa de sanções[4]

[2] Apesar da definição adotada neste trabalho, apenas para fins acadêmicos, é importante lembrar a distinção exposto por Spagnolo (2008), de que o Programa de Leniência se difere do que é denominado *Plea Bargain*. Enquanto o Programa de Leniência seria sempre um instrumento *ex ante*, isto é, antes de a autoridade descobrir o ilícito e começar a processá-lo, o *plea bargai*n ocorre após a instauração de um processo. Trazendo para os fins do presente trabalho, tal distinção se mostra especialmente relevante, haja vista a existência de duas figuras no ordenamento jurídico brasileiro de acordos perante à Autoridade de Defesa da Concorrência, qual seja, o Acordo de Leniência – realizado antes da instauração do processo – e o TCC, que é celebrado após a instauração do processo e no curso da investigação.

[3] O CADE foi, no ano de 2020, e pelo oitavo ano consecutivo, considerado uma das dez melhores agências antitruste do mundo, conforme publicação da GCR, sendo tal fato muito decorrente do sólido Programa de Leniência existente. Disponível em: http://www.cade.gov.br/noticias/pelo-oitavo-ano-consecutivo-cade-e-considerado-uma-das-melhores-agencias-antitruste-do-mundo.

[4] Art. 86. O Cade, por intermédio da Superintendência-Geral, poderá celebrar acordo de leniência, com a extinção da ação punitiva da administração pública ou a redução de 1 (um) a 2/3 (dois terços) da penalidade aplicável, nos termos deste artigo, com pessoas físicas e jurídicas que forem autoras de infração à ordem econômica, desde que colaborem efetivamente com as investigações e o processo administrativo e que dessa colaboração resulte [...].

e imunidade penal[5] para os crimes de cartel e crimes meio (como fraude à licitação e organização criminosa), o segundo prevê, apenas, um redutor na penalidade administrativa – multa – a depender do momento em que os demais optarem por negociar com a autoridade, nos termos do art. 183 e seguintes do Regimento Interno do CADE (RICADE).

Nesse contexto, a pessoa física que optar por colaborar com a autoridade de defesa da concorrência, em casos de TCC, tomará em consideração o fato de que, ao reconhecer sua conduta perante o CADE, também assumirá a realização de um fato típico que é criminalmente sancionável, nos termos da Lei 8.137/90, bem como de outras legislações. A escolha por celebrar um acordo com a autoridade de defesa da concorrência, portanto, implica que o indivíduo reconheça sua participação na conduta, estando essa obrigação prevista no RICADE.[6] Significa dizer que a assunção da prática delituosa – ou a confissão administrativa da prática do ilícito de cartel – é uma obrigação para o indivíduo.

Em casos de cartéis em licitações, por exemplo, um indivíduo que optasse por colaborar com a autoridade de defesa da concorrência em eventual TCC, precisaria reconhecer, ainda que administrativamente, a prática de condutas penalmente tipificáveis de (i) cartel (Art. 4º da Lei 8.137/1990); (ii) fraude à licitação (art. 90 da Lei 8.666/93); e (iii) associação criminosa (Art. 288 do Código Penal), o que poderia acarretar uma pena máxima de doze anos. Considerando a legislação penal, tal pena importaria na aplicação do regime fechado ao praticante do ilícito. Ora, considerando que a principal preocupação das pessoas físicas praticantes do ilícito é eventual encarceramento, torna-se questionável se o indivíduo optará por colaborar com o CADE, tendo em vista o aumento de exposição no âmbito penal.

[5] Art. 87. Nos crimes contra a ordem econômica, tipificados na Lei nº 8.137, de 27 de dezembro de 1990 , e nos demais crimes diretamente relacionados à prática de cartel, tais como os tipificados na Lei nº 8.666, de 21 de junho de 1993, e os tipificados no art. 288 do Decreto-Lei nº 2.848, de 7 de dezembro de 1940 – Código Penal, a celebração de acordo de leniência, nos termos desta Lei, determina a suspensão do curso do prazo prescricional e impede o oferecimento da denúncia com relação ao agente beneficiário da leniência.

[6] Art. 184. Tratando-se de investigação de acordo, combinação, manipulação ou ajuste entre concorrentes, o compromisso de cessação deverá, necessariamente, conter reconhecimento de participação na conduta investigada por parte do compromissário

Assim, busca-se verificar se o modelo utilizado no Brasil para celebração de TCC tende a estimular ou desestimular a realização destes acordos, especialmente em um cenário em que não há uma integração efetiva entre o CADE e o Ministério Público. Essa ausência de alinhamento institucional, possibilidade que este último – apesar dos nítidos benefícios que o Compromissário trará à investigação conduzida pelo CADE – possa repreender, de maneira ainda mais forte, o indivíduo que pretender colaborar com a Administração Pública. O objetivo do presente trabalho, portanto, é analisar se a atual modelagem do TCC, sob o enfoque do indivíduo, tende a estimular a sua celebração. Isso porque, antes de decidir por colaborar com a autoridade de defesa da concorrência, o potencial Compromissário sopesa os riscos – e benefícios – de eventual negociação e celebração de acordo e toma a decisão de seguir o caminho que lhe trouxer um maior bem-estar. Tal sopesamento se dá, considerando se tratar de indivíduos racionais, a partir da Teoria dos Jogos, mais especificamente no que se refere ao Dilema do Prisioneiro.

O que se pretende demonstrar, entretanto, é que no modelo atual de TCC e especificamente para pessoas físicas, os incentivos para colaborar são pouco atrativos, pois o reconhecimento do ilícito em âmbito administrativo implica uma evidente exposição no âmbito penal. Não é por outra razão que a criminalização dessa conduta é vista como o principal elemento dissuasório da realização desta prática, tendo o legislador pátrio, a partir da Lei 12.529/2011, exigindo que os crimes de cartel fossem, também, penalmente repreendidos por meio de penas restritivas de liberdade.

Dessa forma, a correta estruturação de um Programa de Leniência considerando os seus pilares de formação, bem como a utilização da criminalização como elemento indutor para propiciar mais acordos cria incentivos positivos, com base na Teoria dos Jogos, para confissões, auxiliando o Estado a desmantelar organizações criminosas, impedindo assim a continuidade do ilícito, bem como dissuade práticas futuras, além de possibilitar que o Estado recupere parte do prejuízo imposto à sociedade.

É importante ter em mente que o Brasil vive um momento em que soluções negociadas no âmbito penal vêm ganhando cada vez mais destaque, mormente após a operação Lava Jato. Assim, e como expõem Suxberger e Gomes Filho (2016), existe um padrão de expansão no Direito Penal que originou novos instrumentos para solução jurídica dos problemas penais, classificados como negócio processual penal ou negócio penal, o qual também é verificável em outras esferas do direito, como é o caso do Direito Administrativo. Surge, nesse contexto, um espaço de consenso no ordenamento jurídico brasileiro,[7] que possibilita a realização de transações entre o Estado e agentes privados que cometeram ilícitos para que esses, de um lado, exponham os meandros do ilícito e o Estado, de outro lado, realize uma mitigação da pena ou sanção aplicável.

Nesse contexto, ao admitir a participação em condutas que podem ser, ao mesmo tempo, infrações administrativas e ilícitos penais, dado o sistema bimodal de aplicação de penalidades – também denominado de modelo multifacetado – os indivíduos poderão optar por não colaborar haja vista o fundado receio de virem a ser processados penalmente em virtude do relato fornecido à autoridade antitruste.

## 1. Teoria dos jogos – uma análise dos agentes econômicos racionais

### 1.1. A Teoria dos Jogos e Dilema do Prisioneiro

A Teoria dos Jogos é um modelo econômico, desenvolvido por John Nash que busca fornecer uma explicação sobre o processo de tomada de decisões realizado por indivíduos racionais. Segundo o modelo, indivíduos racionais buscariam maximizar o seu resultado por meio de decisões que lhes trouxessem o melhor resultado, levando-se em conta as decisões que os outros agentes deverão tomar.[8]

Como o próprio nome diz, a Teoria dos Jogos busca explicar, a partir do conceito de um "jogo" como agentes racionais buscariam maximizar os seus resultados, levando em consideração a escolha dos outros "jogadores". A razão pela qual, possivelmente, o referido modelo ganhou tanta evidência se dá pelo fato de o jogo ser algo elementar na vida do ser

[7] Para maiores informações sobre o tema, vide: OLIVEIRA (2015); TOJAL; TAMASAUSKAS (2018).

[8] A Teoria dos Jogos é um método racional de modelagem dos processos de tomada de decisão, aplicável principalmente em situações em que a decisão de um agente econômico influencia a decisão do outro – ou, em outras palavras, situações em que "eu penso no que você pensa". Modelado o problema, é possível identificar a decisão que apresenta o melhor resultado econômico, conhecido como "equilíbrio de Nash", a melhor decisão possível, levando-se em conta a decisão do outro (MARINHO, 2011).

humano, como expõe Gadamer (1985).[9] Para além do jogo e do jogador, esse modelo baseia-se em outros dois conceitos, quais sejam: estratégia e resultado.

Em virtude da existência do jogo, cada um dos jogadores adotará suas estratégias no sentido de tomar decisões que maximizem o seu resultado. Nesse contexto, a Teoria dos Jogos busca avaliar enfrentamentos de atores de determinada situação real — denominada de "jogo" — examinando-se quais são as alternativas possíveis de comportamento que se apresentam, atribuindo-lhes valor e entrecruzando respostas de um e de outro, tudo de modo a aquilatar quais cenários serão mais ou menos favoráveis (ALAN, 2017). Verifica-se, assim, que a Teoria dos Jogos tem como cerne a ideia de que os agentes são racionais e que, portanto, sopesam suas escolhas com base na inteligência, buscando sempre aquelas estratégias que lhe promovam um maior *pay off*.[10]

Ocorre, entretanto, que o jogador não tem conhecimento de qual será a estratégia dos demais jogadores, de modo que a racionalidade do indivíduo é limitada. Assim sendo, o jogador supõe qual seria a estratégia do oponente e, a partir daí, formula a estratégia Dominante, isto é, aquela estratégia que lhe promoverá o melhor resultado[11]. Essa assimetria de

[9] A primeira evidência que precisamos levar em conta é que o jogo é uma função elementar da vida do homem, de tal sorte que a cultura humana, sem um elemento de jogo, é impensável [...]. É louvável lembrar-se aqui o dado elementar do jogo humano em suas estruturas, a fim de que o elemento lúdico da arte torne-se visível, não apenas de modo negativo, como libertação de objetivos obrigatórios, mas como impulso livre (GADAMER, 1985, p. 37).

[10] Orientando a racionalidade, estão os conceitos de utilidade, transitividade e completude (CALLIARI, 2003). Especificamente para a Teoria dos Jogos, Von Neumann e Morgenstern, por meio do teorema da maximização da utilidade esperada (BINMORE, 2007) definem que qualquer agente racional confere valores aos resultados possíveis em um determinado jogo, indicando assim a sua ordem de preferência e tomando suas decisões de forma a maximizar a utilidade esperada. É a partir da atribuição de valores de utilidade em um jogo que se pode prever como cada jogador se comportará (RUFINO, 2016).

[11] Segundo Pindyck e Rubinfield (2013, p. 486), "iniciaremos apresentando o conceito de estratégia dominante — aquela que é ótima independentemente do que o oponente venha a fazer. [...] Quando cada jogador tem uma estratégia dominante, chamamos o resultado do jogo de equilíbrio em estratégias dominantes. Esses jogos podem ser analisados objetivamente, pois a estratégia ótima para cada jogador pode ser determinada sem a preocupação com as ações dos outros.

informações faz com que o jogador tenha que sempre tentar antecipar o movimento dos demais jogadores[12].

Segundo diversos autores, dentre eles Stefan e Nikpay (2006),[13] a Teoria dos Jogos poderia ser um caminho para, no âmbito do Direito Antitruste, explicar a razão de empresários ingressarem em acordos anticompetitivos. Segundo os autores, antes da prática do crime, os empresários – agentes racionais – sopesariam o ganho obtido a partir da referida violação em face da expectativa de serem punidos.[14] Nesse contexto, a dissuasão de determinado agente do cometimento da prática de um ilícito seria uma função que levaria em consideração o tamanho da penalidade e, também,

[12] Como bem expõe Rosa (2020, p.183), "Mas a protagonista dos jogos processuais é sempre uma ação humana, nos limites da sua racionalidade limitada, e daí a importância da Teoria dos Jogos. [...] No jogo processual os agentes podem esconder ações táticas e isso implica que a informação será sempre imperfeita/incompleta, gerando, assim, a necessidade de antecipação dos sentidos possíveis."

[13] The model of deterrence that forms much of the basis of modern cartel enforcement is the economic theory of optimal deterrence advocated by the economist Gary Becker and inspired by the writings of Jeremy Bentham. This theory assumes that before committing an economic crime, rational firms will balance the expected gain from a violation (in terms of illegal profits) against the expected punishment (the size and likelihood of the penalty). Deterrence is therefore a function of the size of the penalty and the probability of detection, 'altering the potential offender's balance of expected costs and benefit in such a way as to induce him to refrain from undesirable action' (STEPHAN; NIKPAY, 2006, p. 4).

[14] A teoria econômica aplicada ao Direito Penal parte de alguns pressupostos metodológicos importados da ciência econômica: **a teoria parte da premissa de que os agentes são racionais. Ela também parte de uma definição particular da racionalidade humana – a de que o *homo economicus* age, em regra, para maximizar a sua utilidade**. Vale dizer, dados dois cursos de ação alternativos, a análise econômica do direito conclui que o agente irá adotar aquele que, à luz das informações que tem no momento da decisão, lhe trará o maior benefício esperado, medido em termo de bem-estar. Daí extrai o conceito de dissuasão da norma penal como aquele efeito que reduz ou elimina o benefício esperado do crime, e, portanto, sua prevalência. [...] Nesse contexto, vale revisitar o que a literatura empírica mais recente nos ensina acerca de nossa hipótese central: a de que o efeito dissuasório do direito penal guarda relação direta com o aumento esperado do custo do crime e, por derivação, das suas premissas metodológicas – o criminoso, como regra geral, é racional, e sua racionalidade é similar àquela descrita pelo *homo economicus*: o agente é maximizador de seu bem estar (MARTINEZ, 2013, p. 69). (grifo nosso)

da probabilidade de detecção e punição do indivíduo pela prática ilícita perpetrada, como salientado por Posner (2001).[15]

O Dilema do Prisioneiro, por sua vez, criado em 1950 por Merril Flood e Melvin Dresher é, provavelmente, o modelo mais utilizado para explicar como a Teoria dos Jogos pode ser aplicada no âmbito do Direito.[16] De acordo com esse modelo, duas pessoas são detidas pela prática de dois crimes. Ocorre que, apesar de terem cometido dois ilícitos, a autoridade somente detém provas em relação ao crime mais leve, cuja pena de prisão é de um ano. Contudo, e com objetivo de condenar, ao menos, um dos indivíduos pela prática do ilícito mais grave, a autoridade investigadora necessita que algum dos comparsas coopere com a investigação, visto que não será possível a obtenção das provas a partir de uma investigação isolada. Portanto, e na tentativa de convencer para que um dos agentes colabore com a investigação, a polícia passa a oferecer aos indivíduos, os quais estão isolados e incomunicáveis entre si, a possibilidade de realizar um acordo, que é o seguinte:

(i) Caso o colaborador confesse a prática do delito mais grave, esse não será punido por nenhum dos dois ilícitos, desde que seu comparsa não confesse. O comparsa, por sua vez, ficará preso por três anos;

[15] *Rational person is influenced by his decision whether to engage in criminal activity by the probability of punishment as well as by the magnitude of the punishment imposed if it is imposed* (POSNER, 2001, p. 271).

[16] Furdenberg e Tirole (1991, p.10) definem o Dilema do Prisioneiro da seguinte forma: "*The story behind the game is that two people are arrested for a crime. The police lack sufficient evidence to convict either suspect and consequently need them to give testimony against each other. The police put each suspect in a different cell to prevent the two suspects from communicating with each other. The police tell each suspect that if he testifies against (doesn't cooperate with) the other, he will be released and will receive a reward for testifying, provided the other suspect does not testify against him. If neither testifies, both will be released on account of insufficient evidence, and no reward will be paid. If one testifies, the other go to prison if both testify, both will go to prison, but thwy will still colect rewards for testifying. In this game, both players simultaneously choose between two actions. If both players cooperate (C) (do not testify) they get 1 each. If they both play noncooperatively (D, for defect), they obtain 0. If one cooperates and the other does not, the latter is rewarded (gets 2) and the former is pushed (gets –1). Although cooperating would give each player a payoff of 1, self-interest leads to an inefficient outcome with payoff.*"

(ii) Se ambos confessarem, os dois ficarão presos por dois anos em virtude do delito mais grave;
(iii) Se ambos não confessarem, ambos ficarão presos por um ano pela prática do delito mais leve; e
(iv) Se não confessar, mas o comparsa o fizer, aquele ficará preso por três anos, ao passo que este estará livre.

Quando inexistirem evidências suficientes para ensejar a condenação, a criação do Dilema do Prisioneiro seria, para o Estado, a melhor opção. Tal situação seria, por exemplo, extremamente benéfica em casos de crimes contra a ordem econômica, cujos ilícitos são de difícil detecção (LESLIE, 2006).

O Dilema do Prisioneiro, portanto, traduz a seguinte situação: ambos os indivíduos terão um maior ganho conjunto se atuarem de forma cooperativa. Contudo, do ponto de vista individual, existirão incentivos para que o indivíduo traia o seu comparsa, pois, caso o outro não o faça, aquele que delatou ficará livre da persecução penal (PINHA, 2018). Significa dizer que o Equilíbrio de Nash e a Escolha Dominante ocorreriam quando ambos os indivíduos não confessassem a prática do ilícito de modo que o somatório das penas seria de, no máximo, dois anos.

Nesse contexto, a construção da confiança é requisito necessário para a própria instalação e manutenção dos ilícitos, dentre eles o cartel. Sobre este, a conduta reiterada e perene dos agentes no sentido de manter o esquema criminoso cria condições para a cooperação entre os infratores, tornando a preferência pela não confissão uma proposição menos arriscada, especialmente quando se tratam de cartéis estáveis.

## 1.2. A teoria dos jogos e o acordo de leniência

Organizações criminosas – ou ilícitos que contem com múltiplos participantes – pressupõem que os seus praticantes confiem uns nos outros, de modo que permaneçam engajados na prática ilícita, sem reportá-la ao Estado e sem agir em desacordo com o ajuste. Para desestabilizar os laços de confiança entre os participantes do ilícito, foram desenvolvidos inúmeros novos instrumentos para soluções jurídicas em nosso ordenamento. Por meio desses, permite-se, assim, que o agente privado que tenha cometido o ilícito receba benefícios para expor os meandros da conduta, trazendo informações e documentos relacionados à prática.[17]

O grande problema relacionado aos cartéis é que, ainda que se tente criar um Dilema do Prisioneiro, esses são, muito raramente, detectados pela autoridade por meio de investigações conduzidas de maneira isolada – isto é, sem a colaboração de um terceiro denunciante ou de um signatário de um Acordo de Leniência. Ou seja, os praticantes do ilícito têm um significativo conforto de saber que a autoridade, raramente, tomará conhecimento, de maneira isolada do ilícito, salvo se houver alguma denúncia de um afetado pela prática, ou quando algum dos praticantes optar por colaborar com a autoridade. Os cartéis, portanto, são, na maioria das vezes, indetectáveis e se traduzem em lucros extraordinários para os seus participantes.[18]

Nesse contexto, e considerando a escolha racional dos agentes, o Equilíbrio de Nash se traduziria na perpetuação da prática ilícita, sem que haja nenhuma traição dos seus membros, correspondendo assim à Escolha Dominante. Além disso, para que aquele que optar por colaborar com a autoridade, para além de deixar de obter os lucros do cartel, passará a ser mal visto pelos seus pares, além de se expor a indenizações cíveis.[19]

[17] *Leniency encourages cartel participants to confess their cartel conduct and implicate their co-conspirators, providing first-hand, direct "insider" information or evidence of conduct. Leniency programs help to uncover conspiracies that would otherwise go undetected and can destabilise existing cartels. They also act as a deterrent to those contemplating entering into cartel arrangements* (ICN, 2014, p. 3).

[18] *Creating trust in order to solve this second prisioner's dilemma most probably occurs through the profitability of the cartel itself. Once a cartel is established and operating, it can generate billions of dollars in illegal overcharges to customers. If a firm were to inform the authorities about the cartel, the exorbitant profits would stop. That is a powerful incentive to cooperative with one's cartel partners and not confess to government prosecutors. Knowing that successful cartelization benefits all conspirators, a firm may be willing to put itself in a vulnerable position – to trust its rival not to confess – in order to secure cartel profits (LESLIE, 2006, p. 12).*

[19] Segundo Rufino (2016, p. 30) Ao confessar o cartel e, portanto, desmantelá-lo, o participante: (i) renuncia a todos os benefícios colhidos pela prática, tais como os lucros advindos do sobrepreço; (ii) diminui a possibilidade de participar de arranjos ilícitos futuros, devido à perda de confiança de potenciais parceiros; (iii) se expõe a indenizações cíveis pelos danos causados a particulares com a prática; (iv) se expõe a persecuções estatais diversas por ilícitos associados e que não estejam cobertos pela imunidade adquirida na confissão; (v) se o cartel tiver caráter internacional, se expõe à persecução em outras jurisdições; (vi) terá de arcar com os custos de uma investigação demorada, em que será compelido a adotar comportamento

Assim sendo, para que se tenha algum grau de sucesso na detecção desses crimes, para além de conduzir efetivas investigações que permitam a detecção deste ilícito de maneira independente de qualquer Acordo de Leniência, deve o Estado buscar desestabilizar os jogadores, retirando-os do Equilíbrio de Nash.

Para que seja possível desestabilizar o conluio, haja vista que os agentes praticantes estão auferindo significativos lucros com a manutenção prática anticompetitiva, devem ser concedidos benefícios significativos àqueles que, antes mesmo da investigação estatal, "mudarem de lado". Uma vez obtido o primeiro acordo, deve-se punir, de forma severa e exemplar, aqueles que optarem por não colaborar com a autoridade. Assim sendo, o "truque da leniência" como expõe Athayde (2019, p. 31), seria o seguinte:

> Nesse sentido, Harding, Beaton-Wells e Edwards entendem que o "truque da leniência" é fazer com que cada um dos potenciais delatores saiba que o incentivo da cooperação (a "cenoura") foi oferecido para todos os participantes do ilícito, forçando-os a decidir se e quão rápido devem "mudar de lado" e receber a rara recompensa: certa e completa segurança contra a persecução judicial. Caso não cooperem, as sanções serão aplicadas a todos os demais coautores ("o bastão"). Trata-se, assim, do instrumento da "cenoura e do bastão" ("carrot and stick approach").

Dessa forma, para que seja atrativo deixar o ilícito e colaborar com o Estado, os incentivos devem ser tão significativos que sejam capazes de desestabilizar o cartel e possibilitar que, ao menos, um indivíduo passe a considerar a Leniência como uma alternativa. Isso porque, por ser um ilícito de difícil detecção, seria plausível que os indivíduos – ausente um significativo benefício – optassem por permanecer no ilícito, usufruindo assim os lucros do cartel.

Nesse contexto, a par da Escolha Dominante ser a manutenção no ilícito, o indivíduo que optar por confessar percebe que, do ponto de vista individual, é possível que sua escolha lhe renda – única e exclusivamente

cooperativo; (vii) arcará com os danos reputacionais oriundos da investigação. Todos estes fatores concorrem para retirar a atratividade da opção confessar e, ao mesmo tempo, aumentar a atratividade da opção não confessar.

para ele – um resultado superior que a manutenção do ilícito, independentemente dessa escolha importar prejuízo para os demais. O principal benefício mensurável para os indivíduos, nesse contexto, é a isenção de qualquer sanção penal para o participante da conduta. Isso porque a principal preocupação do indivíduo que pratica tais ilícitos – que se assemelham aos crimes de colarinho branco – é a de ser preso. Assim sendo, a criação de um benefício penal, com o recrudescimento da legislação penal para esse crime, levando-se em conta a Teoria dos Jogos e os mecanismos de desestabilização criados pelos acordos, mostra-se como elemento indutor para a desestruturação dessa modalidade de crime organizado.

## 2. Da aplicação de sanções penais

Cartéis são acordos entre concorrentes, cujo objetivo é reduzir a produção de determinado bem ou serviço a determinado nível, ou comercializar produtos a um preço acordado que normalmente se assemelha aos preços praticados por empresas monopolistas.[20] Significa dizer que os cartéis atuam por meio da fixação das mais diversas condições comerciais, não somente o preço dos produtos, mas também os clientes, a qualidade do produto, dentre outros. São considerados os principais ilícitos existentes no direito antitruste e os que têm maior potencial de lesar os consumidores. Considerando o nocivo efeito da prática, os cartéis são a principal fonte de preocupação das autoridades de defesa da concorrência ao redor do mundo, como salientado pela OCDE (1998).

A Teoria dos Jogos indica que agentes econômicos racionais, antes de adentrarem uma prática ilícita, sopesam alguns fatores, dentre eles: (i) a probabilidade de o ilícito vir a ser detectado pelos órgãos de controle; (ii) a probabilidade de o ilícito vir a ser condenado pelos órgãos de controle; e (iii) as sanções que serão aplicadas em caso de condenações. Esse conceito, isto é, que os indivíduos seriam racionais e sopesariam, antes da prática de um ilícito, os riscos e benefícios foi apresentado por Becker (1974) ao buscar estabelecer políticas públicas que desincentivassem a ocorrência dos mais diversos crimes. Estabelecer sanções penais, portanto,

[20] Tradução livre de: *A cartel is an agreement among otherwise competing firms to reduce their output to agreed upon levels, or sell at an agreed upon price* (HOVENKAMP, 2011, p. 158).

mostra-se como um elemento dissuasório significativo de ilícitos,[21] tendo em vista que a principal preocupação dos agentes é um eventual encarceramento.

Essa conduta, além importar em diversas ineficiências de mercado, tal como exposto, também acarreta um sobrepreço que, segundo a OCDE (2005, p. 25), poderia chegar a 70% do preço real do produto ou serviço comercializado. Em uma leitura mais conservadora, porém não menos assustadora, CONNOR (2006, p. 17) aponta que, após uma análise de 770 cartéis, em média, as empresas praticariam um sobrepreço de 25% em relação ao valor do bem ou serviço comercializado. Assim, considerando que cartéis são, em regra, condutas que se prolongam no tempo, chegando a durar mais de décadas, e que a sanção máxima no CADE aplicável às empresas, nos termos do art. 37, I, da Lei de Defesa da Concorrência é de "20% do valor do faturamento bruto da empresa, grupo ou conglomerado obtido, no último exercício anterior à instauração do processo administrativo", tem-se uma potencial desproporção entre o valor da sanção aplicável e o proveito econômico obtido pelas empresas cartelizantes, visto que cartéis costumam durar por décadas antes de serem detectados. Portanto, a sanção pecuniária às empresas tende a se mostrar insuficiente para desestimular a ocorrência desses ilícitos,[22] especialmente quando se verifica que apenas uma parcela ínfima de cartéis é detectada pelas

[21] Conforme expõe BARNETT (2006, p. 8), *penalties should reflect the fact that cartels inflict enormous consumer harm with no corresponding efficiency gains. Because cartelists are capable of making a cost/benefit decision that discounts a possible fine as merely a cost of doing business illegally, cartel penalties not only should be large enough to negate financial incentives to conspire, but also should include substantial jail time for responsible individuals. Nothing is a greater deterrent and nothing is a greater incentive for a cartelist, once exposed, to cooperate in the investigation of his co-conspirators than the threat of substantial incarceration in a U.S. prison.*

[22] Como expõe a OCDE, *as corporate sanctions rarely are sufficiently high to be an optimal deterrent against cartels, there is a place for sanctions against natural persons that can complement corporate sanctions and provide an enhancement to deterrence. There is ample empirical evidence that corporate sanctions in the form of fines are almost never sufficiently high to be an optimal deterrent, and in most cases are substantially below that level. In these circumstances, the threat of individual sanctions can strengthen the incentive of directors and employees to resist corporate pressure to engage in unlawful activity, and thus enhance the level of deterrence. Moreover, as individuals act as agents on behalf of a corporation, it makes sense to deter those individuals directly by threatening them with sanctions, and to impose such sanctions if they violate the law. Since corporate fines rarely reach a level that would maximize their deterrent effect, they also provide insufficient incentives for a corporation to effectively monitor its*

autoridades de defesa da concorrência. Nesse contexto, tendo em vista a impossibilidade de a sanção pecuniária mostrar-se efetiva para a dissuasão desses ilícitos, diversos países passaram a considerar o cartel uma ofensa criminal.

Verificou-se assim um fenômeno global de criminalização do cartel[23], especialmente depois da década de 90.[24] É importante ressaltar, contudo, que, por se tratar da *ultima ratio*, o Direito Penal só deve sancionar aquelas condutas que violem um bem jurídico[25] significativamente considerável para a sociedade.[26] É inegável que a criminalização do cartel cria mecanismos para evitar a prática desse ilícito, pois seu praticante sentirá na pele a sanção a ser aplicada pelo Estado, pois mera aplicação de

*agents to prevent them from acting unlawfully and from putting the corporation at the risk of being fined for participating in an unlawful cartel.*

[23] Em 2011, ao menos 35 países já tinham criado sanções penais para os crimes de cartel. While ten years ago cartel prosecutions were largely the province of the U.S. Department of Justice, a broad range of countries have now adopted enhanced sanctions against cartel offenses, including criminal sanctions now being available in over thirty countries. Around thirty-five countries have criminalized cartel conduct in some form, most of them since the mid- 1990s, and the list is growing (SHAFFER; NESBITT; WALLER, 2011, p. 1).

[24] Apesar de inúmeros países europeus possuírem legislação que criminalizam a conduta de cartel, a Comissão Europeia pode impor multas por cartel, mas não pode impor pena de prisão, como salientado por Whelan (2016): *While the Commission can impose fines on undertakings for violating the cartel prohibition, it cannot impose criminal sanctions. This is in line with the general legal European culture concerning the enforcement of cartel law. Indeed, within Europe there is a tradition of avoiding the use of personal criminal punishment (which in this article is defined restrictively as the imposition of a custodial sentence) to enforce cartel law. Over the last decade or so, however, things have started to change. In particular, considerable debate has been fostered concerning the employment of criminal cartel sanctions and the subjecting of convicted cartelists to time in prison as punishment for their actions.*

[25] *Esto implica que las conductas amenazadas con pena sean las imprescindibles para proteger los intereses relevantes de la sociedad, y que quienes por su conducta sospechosa o delictiva entren en contacto con los órganos de prevención y persecución de delitos o de ejecución de penas padezcan moléstias y aflicciones moderadas como consecuencia de su comportamento* (RIPOLLÉS, 2016, p. 2).

[26] No que diz respeito ao bem jurídico afetado, aponta Martinez (2013, p. 61): no contexto do tratamento penal das infrações contra ordem econômica, o bem jurídico tutelado é o mercado, a ordem econômica, erigida pelo princípio da livre concorrência (art. 170, IV, da Constituição Federal) [...] Tradicionalmente afirma-se que o bem jurídico tutelado pelo Direito Penal Econômico ao reprimir cartéis é a livre concorrência. Em verdade a livre concorrência é princípio que informa a ordem econômica e conforma o sistema de proteção do mercado, ente abstrato e coletivo, este sim caracterizado como bem jurídico constitucionalmente tutelado.

sanção pecuniária é insuficiente para desincentivar a ocorrência desses ilícitos.[27] A criminalização, portanto, é, para as pessoas físicas, o principal mecanismo para desincentivar a conduta.[28] A criminalização da conduta é ainda mais relevante quando se percebe que se trata de ilícitos que se prolongam no tempo. Tal fato faz com que o estabelecimento de uma multa correspondente aos prejuízos causados seja, praticamente, inviável e inexequível. Dessa forma, para que se demonstre que a prática ilícita não compensa, a criminalização se mostra como essencial, como expõe a doutrina.[29]

O Brasil também experimentou, recentemente, o endurecimento da legislação antitruste e, também, a consolidação das penas restritivas de liberdade para apenamento de indivíduos que praticaram condutas colusivas. Anteriormente, se a legislação definia que o cartel seria punível com

[27] Segundo Calkins (1997), analisando o cenário da criminalização de cartel nos EUA, pode-se concluir que a opção legislativa pelo aprisionamento se dava pelo fato de as multas não se mostrarem suficientes para desestimular a ocorrência destes ilícitos: *"The Division's preference for incarceration, as opposed to individual fines, also seems sensible. It seems highly unlikely that individual fines alone would rise to the level needed to deter price-fixing without additional deterrence, such as incarceration. This assumption stems from two reasons. Fines are unlikely to rise, and high fines would not work anyway. [...] Accordingly, individual criminal liability for hard-core price fixing seems warranted. Indeed, it would seem desirable to make greater use of it by increasing the number of individual compared with corporate indictments."*

[28] *Bringing criminal charges against the individual within the corporation creates a new level of deterrence by pinpointing the source of the illegality. Most price fixing schemes are approved at the highest levels of management; without individual penalties cartelists could continue to blame violations on low level "rogue managers." Criminal sanctions can be individual, imprisonment, or both. A potential drawback to individual fines is that loyal employees could be reimbursed by the benefited employer. 1e loss of freedom, time and community standing entailed by incarceration, on the other hand, is generally understood to be a powerful deterrent, as discussed below* (CONNOR, FOER e UDWIN, 2010).

[29] *While in principle there is certainly some fine or a combination of fine and jail time sufficiently high to deter individuals from price-fixing, the available anecdotal and quantitative data suggest further increasing the fines imposed upon corporations is not likely to solve the problem. [...] As we shall argue below, imposing ever-higher corporate fines is misguided; criminally sanctioning the persons directly engaged in or complicit with price-fixing and debarring negligent directors and officers whose conduct do not warrant a greater sanction would deter more price-fixing than would increasing the fines levied upon the corporation that employed them. [...] There are a number of reasons, however, to believe fines alone will not provide sufficient deterrence and alternative sanctions such as imprisonment, which is costly, and debarment, which is not costly, should also be used in antitrust enforcement* (GINSBURG; WRIGHT, 2010, p. 6).

pena "ou" multa, o que acarretava inúmeras penas alternativas ao invés do aprisionamento, atualmente a legislação prevê pena "e" multa, devendo o praticante sofrer, necessariamente, a restrição de sua liberdade.[30] A criminalização da conduta abre espaço para espaços de soluções negociadas. O objetivo que se almejava com a criminalização dos cartéis, era, de acordo com Masoudi (AMC, 2006, p. 4),[31] membro do Departamento de Justiça dos EUA, criar incentivos para os praticantes do ilícito traírem seus comparsas e reportar a conduta ilícita para o Estado. Segundo a OCDE[32] (2020, p. 30), após a criminalização do cartel, verificou-se, tanto nos EUA, quanto no Brasil, um aumento de Leniências perante as respectivas autoridades de controle

Assim, considerando que o objetivo do Programa de Leniência, portanto, é gerar desconfiança entre os membros do conluio, especialmente pelo fato de o cartel ser instável.[33] Dessa feita, a criminalização

[30] A Lei 8137, alterada pela Lei 8884/94, previa que o crime de cartel seria sancionado da seguinte forma: Pena – reclusão, de 2 (dois) a 5 (cinco) anos, ou multa. Identificou-se, entretanto, que indivíduos condenados por cartel acabavam não eram encarcerados. Assim, a Legislação vindoura (Lei 12.529/2011), passou a prever a seguinte: Pena – reclusão, de 2 (dois) a 5 (cinco) anos e multa.

[31] *"[w]e expect these changes to induce more cartel participants to break the code of silence and come forward, and ultimately to make more potential violators think twice before forming cartels* (AMC, 2006).

[32] *[...] criminalisation resulted in an increase in the number of corporate immunity applications in the United States. Similarly, Brazil seems to have experienced an increased number of leniency applications, following criminalisation of its regime* (OCDE, 2020).

[33] Cartéis são, paradoxalmente, estáveis e instáveis ao mesmo tempo. Sua estabilidade deriva, principalmente, dos significativos ganhos decorrentes da prática. No recente caso do cartel do cimento, julgado pelo CADE em 2014 (CADE, 2014), há evidências de existência da colusão já nos anos 90. Nos EUA, há cartel identificado no setor de alcalinos que se estendeu por quase cinco décadas (LESLIE, 2006). Sua instabilidade, por outro lado, é consequência das dificuldades inerentes à manutenção prolongada de esquemas ilícitos com participação coletiva e, sobretudo, dos ganhos inerentes às quebras pontuais e traições secretas: se existente o acordo ilícito e, por exemplo, um dos participantes oferece o bem a eventuais consumidores por valor inferior ao acertado pelo cartel, este pode aumentar seus ganhos substancialmente, acima mesmo daqueles obtidos no âmago do acordo (GABAN; DOMINGUES, 2012, p. 166). Esses dois fatores, em conjunto, representam a grande dificuldade e as possibilidades que se abrem ao acordo de leniência. Para se obter confissões, é necessário então que se crie um complexo de incentivos que torne mais atraente ao infrator optar por confessar e deixar de auferir os ganhos que vinha obtendo através da prática da infração (RUFINO, 2015).

da prática, aliada ao desenvolvimento de um robusto Programa de Leniência com benefícios claros e efetivos ao colaborador, passou a ser elemento central para a detecção destes ilícitos, permitindo que indivíduos reportem as práticas anticompetitivas em troca de benefícios penais e administrativos.[34] Aliar a sanção penal a um Programa de Leniência efetivo, como já demonstrou a prática estadunidense, é extremamente benéfico para a detecção e dissuasão desses ilícitos, como salientado por Hammond (2004)[35]. A possibilidade de ser sancionado criminalmente é, em grande medida, um catalizador de novos acordos, servindo como impeditivo futuro do ilícito.[36] A responsabilização criminal serve como elemento indutor para que eventuais participantes do conluio optem por colaborar com a autoridade pública, como salientam Rosenberg e Exposto (2020).[37] O receio de ser preso, nesse contexto, é extremamente relevante

[34] *Criminalisation and leniency provide a key incentive for individuals to report collusive practices and desist from indulging in such behaviour in the future. The threat of imprisonment and the availability of immunity to the first individual only (or the employees of the first firm to come forward) ensures that cartelists bear the risk of their illegal practices and sparks a race to the competition authority (usually through their employer) between individual employees keen to avoid incarceration* (STEPHAN, 2009).

[35] *Think most people would agree that the threat of criminal sanctions and individual jail sentences passes the test and provides the foundation for an effective leniency program. [...] a jurisdiction without individual liability and criminal sanctions will never be as effective at inducing amnesty applications as a program that does. [...] Criminal Sanctions Provide The Greatest Inducement To Cooperation. A few moments ago, I said that, all else being equal, a jurisdiction without individual liability and criminal sanctions will never be as effective at inducing amnesty applications as a program that does. Individuals stand the most to lose and so avoiding jail sentences is the greatest incentive for seeking amnesty. [...] We are observing firsthand in some of our investigations how the threat of criminal prosecution in the United States has deterred a significant number of global cartels from extending their conspiracy into the United States. We have uncovered cartels that operated profitably and illegally in Europe, Asia, and elsewhere around the world, but did not expand their cartel activity to the United States solely because it was not worth the risk of U.S. sanctions. I am referring to cartels that had every opportunity to target U.S. consumers, because they sold in the U.S. market. Indeed, in some cases, the U.S. market was the largest and potentially most profitable but the collusive conduct still ceased at the border. Why? The answer, from the mouths of the cartel members and verified by our investigators, is that the executives did not want to risk getting caught and going to jail in the United States* (HAMMOND, 2004).

[36] *[...] individual accountability through the imposition of jail sentences is the single greatest deterrent [to cartel activity]* (HAMMOND, 2004).

[37] *Another important takeaway is that the experience as an attorney allows us to conclude that the perspective or the possibility of imprisonment is a major element in the decision to apply for immunity in the context of a leniency agreemen*t (ROSENBERG; EXPOSTO, 2020, p. 2)

para criação de um ambiente de incerteza para o indivíduo, especialmente quando para esse ir ao cárcere faz com que a prática ilícita deixe de ser a Escolha Dominante.

Para que um Programa de Leniência se mostre frutífero é essencial que seja moldado com base nos seguintes aspectos: (i) garantir segurança jurídica, transparência e previsibilidade para aqueles que optarem por colaborar com a respectiva autoridade; (ii) corrida para a delação, pela aplicação de grandes sanções aos que não colaborarem; (iii) sigilo nas negociações; e (iv) garantir a "Regra de Ouro" da Leniência. No que diz respeito à Regra de Ouro, tem-se que o indivíduo que vier a cooperar com o Estado, precisa, após a celebração da Leniência, estar em uma posição melhor do que quando começou a investigação, diminuindo, ou extinguindo a sanção que seria esperada.

Atualmente, existe na legislação antitruste a previsão de dois tipos de acordos, que podem vir a ser realizados com a autoridade de defesa da concorrência em casos de cartel: o primeiro deles ocorre antes da investigação conduzida pela autoridade, ou seja, quando ainda não se tinha ciência da prática coordenada. Nesse contexto, a empresa, ou executivo, que for o primeiro a buscar a autoridade, exporá para a Superintendência Geral do CADE os meandros da prática ilícita que a autoridade ainda não tinha conhecimento. Esse primeiro acordo, denominado de Acordo de Leniência, poderá importar na isenção de qualquer penalidade, seja na esfera administrativa, seja na esfera penal,[38] sendo exclusivo para o primeiro colaborador. O Acordo de Leniência está previsto em nosso ordenamento jurídico no Art. 86[39] da Lei de Defesa da Concorrência. Os Signatários do acordo precisarão reportar a conduta e obrigatoriamente

[38] Art. 87. Nos crimes contra a ordem econômica, tipificados na Lei nº 8.137, de 27 de dezembro de 1990 , e nos demais crimes diretamente relacionados à prática de cartel, tais como os tipificados na Lei nº 8.666, de 21 de junho de 1993, e os tipificados no art. 288 do Decreto-Lei nº 2.848, de 7 de dezembro de 1940 – Código Penal, a celebração de acordo de leniência, nos termos desta Lei, determina a suspensão do curso do prazo prescricional e impede o oferecimento da denúncia com relação ao agente beneficiário da leniência.

[39] Art. 86. O Cade, por intermédio da Superintendência-Geral, poderá celebrar acordo de leniência, com a extinção da ação punitiva da administração pública ou a redução de 1 (um) a 2/3 (dois terços) da penalidade aplicável, nos termos deste artigo, com pessoas físicas e jurídicas que forem autoras de infração à ordem econômica, desde que colaborem efetivamente com as investigações e o processo administrativo e que dessa colaboração

identificar os demais agentes envolvidos na infração, bem como subsidiar a autoridade com provas e informações da conduta reportada.

Também se faz presente em nosso ordenamento jurídico, especificamente no art. 85 da Lei 12.529/2011,[40] o Termo de Compromisso de Cessação. Ao contrário do Acordo de Leniência, o TCC é celebrado após a instauração de um processo pela autoridade de defesa da concorrência. Nestes casos, e em se tratando de condutas de cartel, o TCC deverá prever, obrigatoriamente, a obrigação de recolher contribuição pecuniária ao Fundo de Direitos Difusos.[41]

Ao contrário do Acordo de Leniência, o TCC não importa em imunidade – ou qualquer redução de penalidade – no âmbito penal, mas, tão somente, uma redução da sanção esperada em âmbito administrativo. Essa redução, por sua vez, está escalonada com base no momento da propositura do acordo ao CADE. Nesse contexto, nos termos do art. 186 do RICADE, o escalonamento das contribuições pecuniárias nesses acordos é a seguinte:

> Art. 186. A análise da contribuição pecuniária nas propostas de TCC no caso das infrações previstas no art. 185 deste Regimento Interno levará em consideração, quando exigível, a amplitude e utilidade da colaboração do compromissário com a instrução processual e o momento de apresentação da proposta, observados, quando possíveis de estimação e caso seja celebrado o TCC, os seguintes parâmetros:
>
> I – redução percentual entre 30% e 50% da multa esperada para o primeiro Representado que requerer TCC no âmbito da investigação de uma conduta;

resulte: I – a identificação dos demais envolvidos na infração; e II – a obtenção de informações e documentos que comprovem a infração noticiada ou sob investigação.

40 Art. 85. Nos procedimentos administrativos mencionados nos incisos I, II e III do art. 48 desta Lei, o Cade poderá tomar do representado compromisso de cessação da prática sob investigação ou dos seus efeitos lesivos, sempre que, em juízo de conveniência e oportunidade, devidamente fundamentado, entender que atende aos interesses protegidos por lei.

41 Art. 183. Tratando-se de investigação de acordo, combinação, manipulação ou ajuste entre concorrentes, ou ainda de promoção, obtenção ou influência a adoção de conduta comercial uniforme ou concertada entre concorrentes, o compromisso de cessação deverá, necessariamente, conter a obrigação de recolher ao Fundo de Defesa de Direitos Difusos um valor pecuniário, que será estabelecido durante o processo de negociação e que não poderá ser inferior ao mínimo previsto no art. 37 da Lei 12.529, de 2011.

> II – redução percentual entre 25% e 40% da multa esperada para o segundo Representado que requerer TCC no âmbito da investigação de uma conduta;
> III – redução percentual de até 25% da multa esperada para os demais Representados que requererem TCC no âmbito da investigação de uma conduta (CADE, 2020).

Significa dizer, portanto, que no melhor cenário possível, aquele que se candidatar ao TCC poderá obter um desconto de 50% da multa que lhe seria esperada. Ocorre que, a despeito da inexistência de qualquer benefício em âmbito penal, o TCC, em casos de cartéis, pressupõe que o Compromissário reconheça a sua participação na conduta investigada, isto é, no cartel, nos termos do art. 184 do RICADE:

> Art. 184. Tratando-se de investigação de acordo, combinação, manipulação ou ajuste entre concorrentes, o compromisso de cessação deverá, necessariamente, conter reconhecimento de participação na conduta investigada por parte do compromissário (CADE, 2020).

Assim sendo, e como exposto por Martinez (2013), ao exigir a confissão de participação na conduta, o indivíduo poderá optar por não negociar com a autoridade de defesa da concorrência, visto que ao celebrar o acordo, esse poderá servir para subsidiar uma ação penal, ou robustecer alguma ação em curso. Assim, caso o indivíduo opte por celebrar acordo de TCC com o CADE, terá que lidar com a confissão administrativa em âmbito penal, seara do Direito que mais lhe preocupa. Assim sendo, e considerando que a principal preocupação das pessoas físicas é com eventual investigação criminal e, consequentemente, com o risco de ser preso, o estabelecimento dessa obrigação pode se tornar um elemento que desincentiva a celebração desses acordos, pois o indivíduo que optar por celebrar com a autoridade não enxergará a Regra de Ouro da Leniência e poderá sair do acordo em uma situação pior do que quando nela ingressou.

É inegável – e não poderia ser diferente – que o Acordo de Leniência é muito mais benéfico para o executivo que optar por confessar a prática ilícita à autoridade. Ocorre, ao que parece, que atualmente os benefícios previstos em ambos os acordos estão descalibrados, trazendo para os proponentes de TCC apenas benefícios na esfera administrativa, sem qualquer previsão de reduções de pena em âmbito penal, o que parece ser desarrazoado para aqueles que optarem por colaborar com a autoridade após a instauração de um Processo Administrativo, visto que existe a obrigação regimental de o Compromissário reconhecer a prática da conduta ilícita, o que, ao cabo, importa em uma confissão no âmbito penal.

Ocorre que ao se implementar uma política de que os acordos de TCC sejam comunicados ao Ministério Público, isso aumenta de maneira exponencial o risco de um determinado executivo deixar de colaborar com a autoridade haja vista o receio de sua colaboração ser utilizada para incriminá-lo, visto que será realizada uma confissão administrativa pelo Compromissário. Dessa forma, o indivíduo deixará – ou poderá deixar – de negociar com o CADE, a despeito de sua colaboração ser, em muitos casos, crucial para a autoridade de defesa da concorrência, pois o potencial colaborador terá um cenário de incerteza e total ausência de segurança jurídica sobre a forma como sua colaboração será tratada pelos demais órgãos de controle. Talvez por essa falta de segurança jurídica e aumento de exposição em outra seara, que representa a principal preocupação para as pessoas físicas, apontam Rufino e Mendes (2015) um possível avanço seria a concessão de benefício na esfera penal a pessoas físicas que desejem colaborar com as investigações no CADE mesmo após a celebração de acordo de leniência relativa à conduta em questão.

Nesse mesmo caminho, apontam Silveira e Fernandes (2019)[42] que a principal fraqueza dos TCC é que o indivíduo, a despeito de colaborar com a autoridade, remanescerá exposto em âmbito penal. Assim sendo, e como aponta a OCDE (2020, p. 30),[43] a criminalização da conduta requer que as autoridades ajustem seus programas para proporcionar os incentivos corretos àqueles que optem por colaborar com a investigação. Políticas de Leniências que não estejam alinhadas com os aspectos criminais, nesse

[42] *The main weakness of the multiple leniency system in Brazil seems to derive from the fact that lenient applicants in competition law and anti-corruption spheres can remain exposed to criminal sanctions even if they engage in full collaboration with CGU or CADE* (SILVEIRA; FERNANDES, 2019, p. 6).

[43] *Notwithstanding these opposite views, it cannot be discounted that the co-existence of criminalisation with administrative leniency programmes requires adjustments to provide the right incentives for individuals as well as to protect their rights. Indeed, leniency policies that are not aligned with possible parallel criminal procedures might lack effectiveness* (OCDE, 2020, p. 30).

contexto, perdem a sua efetividade. Essa perda de efetividade vem se apresentando em casos de TCC. Inúmeras foram as vezes em que executivos – que poderiam ter interesse em negociar com a autoridade de defesa da concorrência – desistiram de negociações ao tomarem conhecimento que terão uma exposição desmedida em âmbito penal. Ocorre que, em muitos casos, a contribuição dos executivos seria extremamente relevante para autoridade e poderia robustecer, em muito, a investigação conduzida pelo CADE. Em muitos casos, inclusive, a colaboração em TCCs apresenta a participação de outras empresas e indivíduos que não estavam, em um primeiro momento, no radar da autoridade.

Assim sendo, deve-se prever, nos Termos de Compromisso de Cessação algum benefício penal, além de se garantir maior segurança jurídica e previsibilidade para aqueles que desejarem colaborar com a Autoridade de Defesa da Concorrência. Aqueles que desejarem colaborar com a autoridade após a instauração do Processo Administrativo em curso perante o CADE precisarão ter algum tipo de benefício penal, ou ao menos a possibilidade de obtê-lo, pois, caso contrário, esse potencial colaborador tenderá a adotar uma postura beligerante com a autoridade. Nesse ponto – previsão de benefício penal e garantia de maior segurança jurídica e previsibilidade aos proponentes de um Termo de Compromisso de Cessação – acredita-se que a solução proposta deverá advir de uma mudança legislativa para se conferir maior segurança jurídica aos Compromissários.

Isso porque, por se tratar de matéria que concederá benefícios penais específicos e pré-determinados, devem ser obedecidas as regras do processo legislativo referente a matérias de natureza penal, as quais devem vir a ser legisladas pelo Congresso Nacional. Aliado a isso, a única forma de se garantir segurança jurídica e previsibilidade em relação aos benefícios esperados dá-se pela elaboração de um Projeto de Lei que preveja, especificamente, os limites máximos e mínimos do benefício esperado, não se deixando a bel prazer do Ministério Público gradar o benefício a ser concedido

Por outro lado, também não se pode conceder benefícios tão significativos aos retardatários na colaboração com Estado (Compromissários dos TCCs) que retirem do primeiro agente (Signatário do Acordo de Leniência) o interesse de colaborar com a Autoridade de Defesa da Concorrência, sob o risco de o Programa de Leniência deixar de ser atrativo e, consequentemente, o Estado passar a sancionar ainda menos esse ilícito que provoca tantos malefícios.

Nesse contexto, entende-se que o primeiro ponto importante a ser previsto em uma futura legislação, *lege ferenda*, é que, uma vez manifestado o interesse da pessoa física em celebrar um TCC em uma investigação de prática colusiva, deveria ser facultada ao potencial Compromissário a oportunidade automática de se negociar com o Ministério Público um eventual acordo de Colaboração Premiada. Ou seja, a propositura de um TCC abriria uma porta ao potencial Compromissário de realizar uma negociação penal com o *parquet*. Assim, o relato produzido pelo Compromissário serviria para munir, também, o Ministério Público, seja para realizar a denúncia, seja para robustecer eventual investigação em andamento.

Ademais, como forma de se garantir certo grau de previsibilidade e segurança jurídica ao Compromissário, e considerando a experiência exitosa na gradação dos descontos de TCC, previstos no art. 186 do Regimento Interno do CADE, esses percentuais poderiam ser utilizados como balizadores de eventual redução da pena esperada para o Compromissário.

Assim sendo, poderia ser utilizado, como paralelismo, o redutor de sanção previsto no ordenamento antitruste como parâmetro para a redução penal. Dessa feita, a redução mínima da pena deverá corresponder ao máximo do desconto previsto no Regimento Interno do CADE, a depender da posição do *marker* detido pelo Compromissário. Significa dizer, portanto, que para o primeiro Compromissário de TCC, o mínimo de redução da pena deverá corresponder a 50% da pena máxima aplicável, ao passo que o segundo deverá corresponder a 40% e os demais a 25% de redução da pena máxima aplicável.

Imagina-se que esse redutor, para além de não desestimular a corrida para a celebração do Acordo de Leniência, tendo em vista que ainda poderá vir a ser imposta pena restritiva aos praticantes da conduta, poderia servir como elemento central para possibilitar que "retardatários" tenham interesse em negociar com a autoridade de defesa da concorrência, evitando-se assim uma postura beligerante, e promovendo a colaboração com a investigação, o que facilitaria, assim, o ressarcimento dos danos causados.

## Conclusões

O presente trabalho buscou verificar, a partir da utilização da Teoria dos Jogos, se o Programa de Leniência Antitruste atualmente previsto na Lei nº 12.529/2011 especificamente no que se refere aos acordos de TCC, criam incentivos positivos para que pessoas físicas busquem a autoridade para colaborar na investigação. Além disso, buscou-se verificar quais os eventuais ajustes que poderiam ser feitos neste tipo de acordo para torná-los mais atrativos e dissuadir a prática do crime de cartel.

Ocorre que, para se ter uma maior efetividade desses programas, parece ser necessário que haja, de um lado, a criação de uma legislação que preveja algum tipo de prêmio na seara penal para os Compromissários de Termos de Compromissos de Cessação e, por outro lado, uma atuação mais efetiva do Ministério Público na apresentação de denúncias por cartel. A conjugação desses esforços permitirá, em um primeiro momento, que o CADE consiga angariar mais provas em relação ao ilícito, podendo desmascarar outros participantes e aplicar sanções severas àqueles que optarem por não negociar com a autoridade, ainda que tenha que conceder um desconto ao Compromissário, que terá interesse em colaborar visto que, além do benefício na esfera administrativa, terá maior segurança jurídica em relação à confissão administrativa feita. Conforme apresentado, os agentes aptos a participar de cartéis são agentes economicamente racionais que estão em posição de primazia na empresa. A atuação desses executivos se dá de maneira racional, de modo que o processo de tomada de decisão desses agentes buscará maximizar o seu bem-estar. Consequentemente ao tomar uma determinada decisão, o agente buscará realizar o que se denomina de Escolha Dominante, a partir do que ele imagina que serão as escolhas dos demais.

Ciente de que a manutenção do cartel é uma prática extremamente lucrativa, para que haja a traição dos comparsas e a exposição dos fatos e documentos ao CADE, torna-se necessário que o indivíduo tenha grandes benefícios para negociar com a autoridade. Caso contrário, esse permanecerá na conduta ilícita, haja vista ser uma prática de difícil detecção pelos órgãos de controle e extremamente rentável.

Assim, com o objetivo de criar um ambiente que estimule a celebração destes acordos, a Teoria dos Jogos apresenta o modelo denominado de Dilema do Prisioneiro. Esse dilema busca criar situações em que o agente praticante do ilícito, em virtude da assimetria de informação detida em relação à tomada de decisão dos demais, passe a questionar qual será a jogada praticada pelos demais participantes do conluio, criando assim um elemento de desestabilização na conduta, o que faz com que ele opte por buscar o Estado e reportar a conduta ilícita para obtenção dos benefícios previstos na Legislação. Assim, com esse elemento desestabilizador, especialmente quando se verifica que cartéis são instáveis, cria-se um cenário em que o Acordo de Leniência passa a ser uma opção que é atrativa para o praticante do ilícito.

Uma vez que tenha detectado a prática ilícita – seja por intermédio de um acordo, seja por intermédio de uma investigação própria –as autoridades devem atuar de maneira efetiva com o objetivo de sancionar os seus praticantes com todo rigor que a legislação antitruste permite. A aplicação de sanções pecuniárias elevadas, atreladas a outras sanções acessórias, tem como objetivo de criar elementos dissuasórios da prática ilícita. Nesse cenário, mostra-se crucial que o Ministério Público intensifique seus esforços no sentido de punir, com pena restritiva de liberdade, as pessoas físicas praticantes deste ilícito. Como já demonstrado, a imposição de penas restritivas de liberdade às pessoas físicas, especialmente o encarceramento, apresenta-se como o principal elemento dissuasório da prática de cartel para estes executivos. Caso a pena restritiva de liberdade não seja imposta aos executivos e a sanção seja, única e exclusivamente, pecuniária, com base na Lei 12.529/2011, estaremos diante de uma conduta ilícita que vale a pena.

A aplicação de penas restritivas de liberdade, atrelada a um efetivo Programa de Leniência, em que há imunidade penal e administrativa, faz com que a escolha do indivíduo seja de trair os seus comparsas e reportar a conduta ilícita ao Estado. Para isso, é necessário que as autoridades estejam aparelhadas e estruturadas com um sistema de acordos que sejam capazes de atrair os indivíduos para reportar os meandros do ilícito e seja possível, a partir daí, punir os demais agentes e impedir a manutenção da prática delitiva.

Especificamente no que se refere ao Programa de Leniência Antitruste, ele está aparelhado com dois tipos de acordos, quais sejam o Acordo de Leniência e o Termo de Compromisso de Cessação. No que diz respeito ao primeiro, esse deve vir a ser celebrado antes de o CADE tomar conhecimento do cartel e, caso celebrado, pode se traduzir em uma imunidade em âmbito penal e administrativo, sendo o seu sucesso inegável. Por sua vez, no que diz respeito ao Termo de Compromisso de Cessação, esse só pode ser celebrado após a instauração de um Processo Administrativo pela autoridade. Ou seja, o CADE já tem conhecimento da conduta ilícita praticada, mas opta, por seu exclusivo critério de conveniência e oportunidade, por celebrar um acordo com um dos participantes da conduta para robustecer a sua investigação e, em muitos casos, tomar conhecimento de outros agentes que também praticaram o ilícito.

Esses acordos, em se tratando de práticas colusivas, devem prever o recolhimento de contribuição pecuniária ao Fundo de Direitos Difusos e, também, importar no reconhecimento da prática ilícita pelo Compromissário, o que se denomina de "confissão administrativa". É justamente aqui que reside toda a problemática desses acordos. Isso porque, o indivíduo que optar por colaborar com a autoridade de defesa da concorrência precisará relatar, de maneira detalhada e contundente, como se dava a prática ilícita e reconhecer que a praticou, isto é, foi um dos responsáveis pela realização da conduta que é penalmente tipificável. Ocorre que as condutas narradas nesses casos são, também, penalmente sancionáveis, sendo que em alguns casos podem importar em penas máximas de doze anos.

Ou seja, estamos diante de um ilícito que é punido tanto na esfera penal, quanto administrativa. Esse modelo multifacetado de punições cria um cenário em que, em determinados ilícitos, cinco são as autoridades competentes para apurar, processar e sancionar os indivíduos. Esse cenário decorre do sistema bifurcado de punições existentes no Brasil e tem o condão de desestimular a celebração de acordos, pois a premissa de sair de uma negociação "melhor do que entrou" talvez não seja verificável. Isso porque, eventualmente, os fatos narrados pelo indivíduo poderão, em outro momento, serem utilizados contra ele, por exemplo, em eventuais ações de improbidade, ações no Tribunal de Contas.

Tal situação já ocorreu, em realidade, tendo o Ministro Gilmar Mendes indicado que deve existir um alinhamento institucional entre as autoridades, buscando-se não sancionar aqueles que colaboraram com o Estado em outras esferas. Afinal, para o Executivo, o Estado Sancionador é apenas um, independentemente de onde venha a sanção. A ausência de alinhamento institucional entre as autoridades é algo extremamente pernicioso para agentes que tenham interesse de colaborar com o Estado, visto que serão necessários acordos individualizados e específicos com cada uma das autoridades e, em muitos casos, a situação do executivo ficará pior depois de colaborar com uma autoridade, caso não consiga negociar com as demais. Essa ausência de balcão único para negociação importa um potencial desacreditamento desses Programas. Ou seja, o potencial Compromissário, agente economicamente racional, sopesará os benefícios e malefícios de reportar essa conduta ao Estado. No caso de pessoas físicas, cujo principal receio é ser eventualmente aprisionada, o modelo atual de TCCs não cria incentivos para a sua celebração, de modo que em diversas oportunidades, eventuais colaboradores deixaram de celebrar acordos com a autoridade com um fundado receio de as suas colaborações robustecerem, ou até importarem a abertura de ações penais contra eles.

Nesse cenário, o principal ponto que pode vir a ser aprimorado nesses acordos é a previsão de algum tipo de benefício na seara penal para aquele que, mesmo após a instauração do Processo Administrativo, vier a colaborar com o Estado. Considerando que atualmente o RICADE prevê o escalonamento das sanções administrativas, esse talvez seja um bom parâmetro para benefícios na esfera penal. Nesse contexto, o primeiro habilitado ao TCC possuiria um benefício mínimo de 50% da sanção que lhe seria aplicável, ao passo que o segundo colocado teria um benefício mínimo de 40% do que lhe seria aplicável.

A criação desses mecanismos aumentaria a segurança jurídica e permitiria que o colaborador tivesse a capacidade de negociar junto às demais autoridades de controle, robustecendo as investigações e aumentando os detalhes e informações detidas pelas autoridades para sancionar os demais praticantes do conluio de maneira efetiva, bem como, porventura, descobrir outros participantes do ilícito.

Isso porque, o indivíduo se preocupa prioritariamente com a potencial pena carcerária, de modo que, ao escolher ser o segundo lugar ao confessar a prática, pode optar por não o fazer. Possibilitar que indivíduos negociem a redução da sua pena, junto ao *parquet*, poderá criar uma desestabilização ainda maior no Dilema do Prisioneiro.[44] Nesse cenário, inclusive,

[44] *If all confessions are treated the same, each player can take a wait-and-see approach. [...] By rewarding the first confessors with amnesty, the amnesty program reduces the wisdom of the wait-and-see strategy for cartel members. [...] Althouhg the most significant component of the written leniency policy is amnesty for the first confessor, antitrust authorities have wisely applied the policy so that each subsequent confessor receives a reduction in criminal fines. [...] Descending discounts are necessary in order to make confession*

executivos podem se sentir atraídos a colaborar com a autoridade, mesmo sem a participação das empresas. Não se defende uma isenção total para aquele que esperar para delatar, pois isso poderia criar uma situação de "*wait to see*", mas sim, uma potencial redução na pena e, também, a potencial negociação de outros crimes que venham a ser imputados.[45]

## Referências

ALAN, José Alexandre da Silva Zachia. Novos aspectos relacionados com a leniência e a corrupção: uma abordagem na perspectiva da Teoria dos Jogos. **Revista de Direito Administrativo**, Rio de Janeiro, v. 275, p. 189-222, maio-ago. 2017.

ANTITRUST MODERNIZATION COMMISSION. **Public hearing**: International Antitrust Issues. 2006. Disponível em: http://www.amc.gov/commission_hearings/pdf/ Statement_Masoudi.pdf.

ATHAYDE, Amanda. **Manual dos acordos de leniência no Brasil**: teoria e prática. Belo Horizonte: Forum, 2019.

BARNETT, Thomas O. **Seven steps to better cartel enforecement**. 11th Annual Competition Law & Policy Workshop European Union Institute. Florence, Italy, 2006. Disponível em: https://www.justice.gov/atr/speech/seven--steps-better-cartel-enforcement. Acesso em: 5 abr. 2021.

BINMORE, Ken. **Game theory**: a very short introduction. Oxford: Oxford University Press, 2007.

*rational in a wider range of circumstances. If only the first confessor were to receive any leniency, then there would clearly be no prisioner's dilemma. As soon as one member of the cartel confessed, then no other rational firm in the cartel would confess. [...] In sum, if only the first firm gets a deal, then this creates a high incentive not to confess whenever a firm fears that another cartel member has already confessed. In any case, if all confessions did not receive some reward compared to non-confession, then confession would not be a dominant strategy and thus there would be no prisioner's dilemma* (LESLIE, 2006, p. 468).

[45] Sobre este ponto, relevante é o posicionamento da 5ª CCR: Percebe-se, pois, que a negociação sobre as penas ou sanções aplicáveis (seja em quantidade, seja em extensão), para aquele que se dispõe a revelar delitos ao Estado, há de considerar e contemplar, sob o crivo da razoabilidade e proporcionalidade, todas as consequências possíveis da prática infracionária, garantindo-se, por outro lado, ao agente colaborador (mas, evidentemente, não aos demais infratores por ele delatados), a interdição da atuação, tornada desnecessária, das demais instâncias do direito sancionador. Esta solução, fundada na recompreensão da autonomia e interação entre as esferas de responsabilização no paradigma consensual e negocial, é a que mais se amolda aos vetores da confiança, da boa-fé e da expectativa legítima, vigentes no ordenamento pátrio, bem como ao caráter instrumental da sanção e à suficiência de sua aplicação necessária e útil, desde que proporcional (MPF, 2017, p. 48).

CALLIARI, Marcelo Procópio. **A aplicabilidade da teoria dos jogos ao direito internacional**: um estudo exploratório. Tese de Doutorado. Universidade de São Paulo. São Paulo, 2003.

CONNOR, John M. **Optimal deterrence and private international cartels**. 2006. Disponível em: https://ssrn.com/abstract=1103598.

CONNOR, John M.; FOER, Albert A.; UDWIN, Simchua. Criminalizing cartels: an american perspective. **New Journal of European Criminal Law**, v. 1, n. 2, p. 199-217, 2010.

CONSELHO ADMINISTRATIVO DE DEFESA ECONÔMICA. **Processo Administrativo n. 08012.011142/2006-79**. Plenário. Relator: Alessandro Octaviani Luis, 2014.

______. **Regimento Interno**. 2020. Disponível em: https://www.gov.br/cade/pt-br/centrais-de-conteudo/regimento-interno.

FUNDENBERG, Drew; TIROLE, Jean. **Game Theory**. Massachusetts Institute of Technology, 1991.

GABAN, Eduardo Molan; DOMINGUES, Juliana Oliveira. **Direito Antitruste**. São Paulo: Saraiva, 2014.

GADAMER, Hans-Georg. **A atualidade do belo**: a arte como jogo, símbolo e festa. Rio de Janeiro: Tempo Brasileiro, 1985.

GINSBURG, Douglas H.; WRIGHT, Joshua D. Antitrust sanctions. **Competition Policy International**, v. 6, n. 2, p. 3-39, 2010. Disponível em: http://ssrn.com/abstract_id=1705701.

HAMMOND, Scott D. **Cornerstones of an effective leniency program presented before the ICN Workshop on Leniency Programs**. 2004. Disponível em: https://www.justice.gov/atr/speech/cornerstones-effective-leniency-program

HOVENKAMP, Herbert. **Federal antitrust policy**: the law of competition and its practice. 4. Ed. West, 2011.

INTERNATIONAL COMPETITION NETWORK. **Anti-Cartel Enforcement Manual**. 2014.

LESLIE, Christopher. Antitrust amnesty, game theory, and cartel stability. **Journal of Corporation Law**, v. 31, p. 453-488, 2006. Disponível em: http://ssrn.com/abstract=924376.

MARINHO, Raul. **Prática na teoria**: aplicações da Teoria dos Jogos e da evolução aos negócios. São Paulo: Saraiva, 2011.

MARTINEZ, Ana Paula. **Repressão a cartéis**: a interação entre Direito Administrativo e Direito Penal. São Paulo: Singular, 2013.

MINISTÉRIO PÚBLICO FEDERAL. **Estudo Técnico nº 01/2017 – 5ª CCR**. 2017. Disponível em: www.legiscompliance.com.br/images/pdf/mpf_estudo_tecnico_acordo_leniencia_e_seus_efeitos.pdf.

OLIVEIRA, Rafael Serra. **Consenso no Processo Penal**: uma alternativa para a crise do sistema criminal. São Paulo: Almedina, 2015.

ORGANIZAÇÃO PARA A COOPERAÇÃO E DESENVOLVIMENTO ECONÔMICO. **Recommendation of the OECD Council concerning effective action against hard core cartels.** 1998.

______. **Hard Core Cartels**: third report on the implementation of the 1998 Council Recommendation. 2005.

______. **Criminalisation of cartels and bid riggind conspiracies**: a focus on custodial sentences. 2020. Disponível em: https://one.oecd.org/document/DAF/COMP/WP3(2020)1/en/pdf.

PINDYCK, Robert; RUBINFIELD, Daniel. **Microeconomia**. São Paulo: Pearson, 2013.

PINHA, Lucas Campio. Qual a contribuição da Teoria dos Jogos para os Programas de Leniência? Uma análise aplicada ao contexto brasileiro. **Revista de Defesa da Concorrência**, v. 6, 2018. Disponível em: revista.cade.gov.br/index.php/revistadedefesadaconcorrencia/article/download/361/194.

POSNER, Richard A. **Antirust law**. 2. ed. University of Chicago Press, 2001.

RIPOLLÉS, José Luis Díez. **El abuso del sistema penal**. Anuario de Derecho Penal 2015-2016. 2016. Disponível em: https://perso.unifr.ch/derechopenal/assets/files/anuario/an_2015_06.pdf.

ROSA, Alexandre Morais. **Guia do Processo Penal conforme a Teoria dos Jogos**. 5. ed. Florianópolis: EMAIS, 2020.

ROSENBERG, Barbara; EXPOSTO, Marcos. **Criminalisation of cartels and the application of imprisonment penalties**: notes on the challenges for corporate and individual defendants. 2020. Disponível em: http://www.oecd.org/daf/competition/criminalisation-of-cartels-and-bid-rigging-conspiracies.htm.

RUFINO, Victor Santos. Análise da conformação normativa do Programa de Leniência Brasileiro à luz da Teoria dos Jogos. **Revista de Direito Setorial e Regulatório,** Brasília, v. 1, n. 1, p. 47-64, maio 2015.

______. **Os fundamentos da delação**: análise do programa de leniência do CADE à luz da teoria dos jogos. Dissertação de Mestrado. Universidade de Brasília. Brasília, 2016.

RUFINO, Victor Santos; MENDES, Francisco Schertel Ferreira. Evolução das normas sobre TCCs em cartéis após a Lei 12.529/2011. In: CARVALHO, Vinícius Marques (Org.). **A Lei 12.529/2011 e a nova política de defesa da concorrência**. São Paulo: Singular, 2015.

SHAFFER, Gregory; NESBITT, Nathaniel H; WALLER, Spencer Weber. Criminalizing Cartels: a global trend? **Sedona Conference Journal**, v. 12, 2011.

SILVEIRA, Paulo Burnier; FERNANDES, Victor Oliveira. The Car Wash Operation in Brazil: challenges and perspectives in the fight against bid rigging. In: SILVEIRA, Paulo Burnier; KOVACIC, William Evan. (Eds.). **Global competition enforcement**: new players, new challenges. Alphen aan den Rijn: Wolters Kluwer, 2019.

SPAGNOLO, Giancarlo. Leniency and whistleblowers in antitrust. In: BUCCIROSSI, Paolo. **Handbook of antitrust economics**. MIT Press, 2008.

STEPHAN, Andreas. **Hear no evil, see no evil**: why antitrust compliance programmes may be ineffective at preventing cartels. CCP Working Paper. 2009. Disponível em: https://papers.ssrn.com/sol3/papers.cfm?abstract_id=1432340.

STEPHAN, Andreas; NIKPAY, Ali. **Leniency Theory and complex realities**. CCP Working Paper. 2006.

SUXBERGER, Antonio Henrique Graciano; GOMES FILHO, Dermeval Farias. Funcionalização e expansão do Direito Penal: o Direito Penal negocial. **Revista de Direito Internacional**, Brasília, v. 13, n. 1, p. 377-396, 2016.

THÉPOT, Florence. Leniency and individual liability: opening the black box of the cartel. **Competition Law Review**, v. 7, n. 2, p. 221-240, 2011.

TOJAL, Sebastião Botto de Barros; TAMASAUSKAS, Igor Sant'Anna. A leniência anticorrupção: primeiras aplicações, suas dificuldades e alguns horizontes para o instituto. In: **Colaboração premiada**. São Paulo: Revista dos Tribunais, 2018.

WHELAN, Peter. Beyond the theoretical: articulating enforcement strategies for successful european antitrust criminalization. **Antitrust Law Journal**, v. 81, p. 235-270, 2016.

WILS, Wouter P. J.; Leniency in antitrust enforcement: theory and practice. **World Competition: Law and Economics Review**, v. 30, n. 1, mar. 2007.

# 13. DIREITO AO ESQUECIMENTO NO BRASIL: DA RELATIVIZAÇÃO DO HISTÓRICO CRIMINAL AO PRECEDENTE DE REPERCUSSÃO GERAL

Marcos Antônio Pereira

## Introdução

O ano é de 2022 e os principais meios de comunicação noticiam que se passaram 10 anos de um brutal crime envolvendo um dos executivos de uma empresa alimentícia brasileira. Um ano antes, em julho de 2021, a plataforma de *streaming* Netflix adicionou ao seu catálogo o documentário *Elize Matsunaga: era uma vez um crime*. A notícia logo ganhou estampa em diversos meios de comunicação, o que de imediato dividiu a opinião do público. Para quem não conhece a história, Elize foi presa no ano de 2012 pelo assassinato e esquartejamento do marido, Marcos Matsunaga, à época, executivo da Yoki. O crime chocou o país. Até os dias de hoje, quando se fala em Elize Matsunaga, de imediato, liga-se o nome ao crime bárbaro cometido. Um documentário da história de Elize, com o plano de fundo principal o assassinato de Marcos Matsunaga, gerou revolta em muitas pessoas. Algumas pessoas consideraram que não se poderia dar palco a uma assassina. Outras também argumentaram que o referido documentário feriria a imagem de Marcos, morto brutalmente, o que, por conseguinte, poderia atingir a família da vítima, agredida pelo crime.

Evidentemente, alguns acontecimentos marcam a sociedade de forma mais cogente. Crimes bárbaros, situações que andam na contramão da moral e da ética, casos de violência. É incontestável que esses acontecimentos são inadmissíveis, e aquele que comete um crime deve respondê-lo a contento pelos atos cometidos. É inegável, também, que algumas histórias por serem tão graves, e até absurdas de serem críveis devido à seriedade do ato cometido, tornam-se difíceis de serem esquecidas pelo meio social.

Nesse seguimento, para as pessoas envolvidas, o ocorrido pode repercutir de modo imensurável. Porém, existe um limite, uma linha, que divide a imagem da pessoa do crime por ela cometido? Até que ponto um ato cometido pode repercutir na vida de um indivíduo?

Contemporaneamente, o direito à imagem na sociedade tecnológica fragiliza-se sobremaneira. O acúmulo de informações e conhecimento mudou significativamente e a comunicação está disponível a todos na rede mundial de computadores. A deturpação da imagem tornou-se algo extremamente fácil, o que gera infortúnios de ordem material e moral, de forma que a defesa plena de tal direito é imprescindível (VENDRUSCOLO, 2016). O direito ao esquecimento tem sido apresentado como um dos recursos para esse cenário.

Nessa seara verifica-se a pertinência do instituto do direito ao esquecimento, também consagrado como o *right to be let alone*, em tradução livre "o direito a permanecer sozinho", ou "de ser esquecido, de ser deixado em paz".

Reconhecido internacionalmente, o direito ao esquecimento – também consagrado como o *right to be let alone*, em tradução livre "o direito a permanecer sozinho", ou "de ser esquecido, de ser deixado em paz" – é inserido como um meio de proteção aos direitos da personalidade, que se dignam à proteção da pessoa natural por meio de regramentos jurídicos que visam tutelar a vida, a imagem, a privacidade, a liberdade, entre outros direitos (VENDRUSCOLO, 2016).

É inegável que, ao se tratar de pessoas que praticaram crimes, a impulsão de informações não significa, necessariamente, que haverá a deturpação da imagem; no entanto, o imediatismo da transmissão de dados possibilita que acontecimentos, imagens, ações sejam propagadas para mais pessoas e, ainda, que fiquem à disposição do público em geral por um tempo maior. Nessa esteira, o debate acerca da possível perpetuidade da imagem do indivíduo, seja o autor do crime ou mesmo a vítima, tem ganhado destaque.

Espécie do gênero direito da proteção, o direito à imagem no Brasil encontra abrigo na Constituição Federal por meio do art. 5º, com reclames que demandam um maior reconhecimento aos direitos da pessoa humana. Dentro do ordenamento jurídico, a importância outorgada à pessoa humana ganha cada vez maior espaço, pois o resguardo à imagem simboliza uma das principais dimensões de identificação do indivíduo no seio da sociedade, representando elemento essencial e engrandecedor da pessoa humana (VENDRUSCOLO, 2016).

O direito ao esquecimento, por seu turno, teve sua primeira referência no Brasil no ano de 2013 durante a VI Jornada de Direito Civil por meio do Enunciado nº 531. Todavia, apesar de adquirir caracterização e amparo pelo direito civil, o direito ao esquecimento tem o seu cerne na reabilitação penal.

Em que pese as considerações ao instituto, em fevereiro de 2021 o Supremo Tribunal Federal ao julgar o Recurso Extraordinário nº 1.010.606, com efeito de repercussão geral, não recepcionou o direito ao esquecimento no ordenamento jurídico brasileiro. Nesse sentido, o estudo ora proposto enfoca a correlação do direito ao esquecimento e o direito penal, com ênfase no questionamento da relativização do histórico criminal e a imagem do indivíduo, e, ainda, o conflito aparente de direitos fundamentais, particularmente o direito à informação e à imagem. Nessa perspectiva, a linha de pensamento que orientou este trabalho partiu da observação do conceito de direito da personalidade, notadamente acerca do princípio da dignidade da pessoa humana, da apresentação de casos apreciados pelo Superior Tribunal de Justiça a respeito do direito ao esquecimento, e análise das razões que a Suprema Corte brasileira entendeu pela incompatibilidade do instituto com o texto constitucional vigente no país.

## 1. Direitos da personalidade

### 1.1. Conceito

Em noções amplas, o termo "personalidade" tem definição como a "qualidade pessoal, caráter essencial e exclusivo de uma pessoa."[1] No aspecto jurídico, a personalidade é compreendida como a aptidão que todo indivíduo, por força da lei, tem para exercer direitos e contrair obrigações (GUIMARÃES, 1995). É um bem jurídico, que, precipuamente, é o primeiro deles. Trata-se de um complexo de características interiores pelo qual o indivíduo se manifesta perante a sociedade e o meio que o cerca, de modo, a revelar seus atributos materiais e morais.

[1] **Dicionário Básico da Língua Portuguesa**. Porto: Porto Editora, 2013.

Na perspectiva jurídica, personalidade é o primeiro bem pertencente à pessoa humana (SOUZA, 2002). Elimar Szaniawski aduz que o pleno gozo de todos os bens jurídicos decorre da personalidade, portanto:

> Personalidade se resume no conjunto de **caracteres do próprio indivíduo**; consiste na parte intrínseca da pessoa humana. **Trata-se de um bem**, no sentido jurídico, sendo o **primeiro bem pertencente à pessoa**, sua primeira utilidade. **Através da personalidade, a pessoa poderá adquirir e defender os demais bens** [...]. Os bens que aqui nos interessam são aqueles inerentes à pessoa humana, a saber: a vida, a liberdade e a honra, entre outros. A proteção que se dá a esses bens primeiros do indivíduo denomina-se *direitos da personalidade* (SZANIAWSKI, 2002. p. 35). (grifo nosso)

A personalidade está vinculada à pessoa humana. O ser humano situa-se no centro das relações jurídicas, uma vez que ele é o destinatário principal. A personalidade civil da pessoa humana começa a partir do seu nascimento e, ainda, a lei põe a salvo, desde a concepção, os direitos do nascituro, conforme previsão do art. 2º do Código Civil de 2002.

Os direitos da personalidade atuam como salvaguarda da pessoa natural. Segundo Maria Helena Diniz, a conceituação desse instituto pode ser compreendida como o direito da pessoa de defender o que é próprio, como a vida, a liberdade, a identidade, a imagem, a honra, a privacidade, etc. tratando-se de um direito subjetivo (DINIZ, 2007).

Portanto, na condição de bem jurídico, a personalidade possui proteção jurídica e está tutelada pelo Estado Democrático de Direito mediante os denominados "direitos de personalidade". Nesse sentido, além de previsão legal no Código civilista brasileiro, os direitos da personalidade têm status de direito fundamental do indivíduo, sendo assegurados na Constituição Federal de 1988.

Não há uma designação unânime na doutrina quanto à categoria dos direitos da personalidade. Direitos essenciais da pessoa, direitos fundamentais da pessoa, direitos à personalidade, direitos personalíssimos, direitos subjetivos essenciais são alguns dos termos utilizados (DINIZ, 2007). Em virtude de o Código Civil brasileiro contemplar a expressão "direitos da personalidade", essa será a terminologia empregada no presente artigo.

No contexto normativo, os direitos da personalidade não apresentam um conceito legal de forma expressa na norma. Nesse sentido, a conceituação desses direitos encontra respaldo na doutrina. Os direitos de personalidade atuam na salvaguarda das relações humanas e, por conseguinte, nas consequências advindas dessas relações. Erasmo Ramos considera que:

> Em se tratando da personalidade e seus direitos, nota-se que estes muito se desenvolveram e que continuarão a se desenvolver no mundo jurídico. Para se entender a veracidade desta última premissa, basta ter em mente as novas realidades técnicas e científicas do século XX. Levando em conta as novas conquistas e prognosticando outras que estão por vir [...] **até mesmo antever cenários jurídicos problemáticos e até pouco tempo desconhecidos** (mapeamento do DNA, alteração da herança ou bagagem genética), em que a personalidade vem a ser atingida, violada e mesmo alterada em sua essência (RAMOS, 2002, p. 14). (grifo nosso)

Elimar Szaniawski (2002) aduz que o direito da personalidade se compõe de todas as condições necessárias para a conservação e desenvolvimento da personalidade e, ainda, para o reconhecimento e o cumprimento da dignidade moral e jurídica do homem. Silvio Rodrigues (1994), por seu turno, considera que os direitos da personalidade são direitos "que são inerentes à pessoa humana e, portanto, a ela ligados de maneira perpétua e permanente, não se podendo mesmo conceber um indivíduo que não tenha direito à vida, [...] à sua imagem e àquilo que ele crê ser sua honra" (RODRIGUES, 1994, p. 81).

Portanto, os direitos da personalidade conferem garantia à pessoa humana contra lesões mais íntimas. Sua relevância é a tutela da personalidade. Porém, para alcançar o *status quo*, atualmente previsto para a garantia dos direitos da personalidade, houve um longo processo na história. Nesse sentido, a seguir passa-se à análise do desenvolvimento dos direitos da personalidade até os dias de hoje.

## 1.2. Considerações acerca da evolução histórica

Compreender o papel do homem como pessoa na sociedade e a evolução de seus direitos é importante para interpretar o estudo da pessoa humana. Desde os tempos mais remotos, o ser humano procura viver de forma digna e busca a efetiva concretização de suas garantias; porém, a valorização da pessoa humana foi gradativamente ganhando espaço no corpo social, em algumas nações de forma mais tímida, visto que nas civilizações antigas sequer havia noção do significado de direitos de personalidade.

Por certo, na antiguidade não havia a valorização do indivíduo como sujeito. Na verdade, o reconhecimento ocorria devido à condição de seu nascimento ou mesmo pela atividade desenvolvida por ele, o que na Roma antiga era simbolizada pelos status de: *libertatis, civitatis* e *familiae* (VENDRUSCOLO, 2016). Prosseguindo na História, observa-se que:

> Na sociedade grega clássica, **somente alguns indivíduos eram considerados pessoas**. Somente aqueles seres excepcionais, **que desempenhavam papéis importantes na sociedade, possuíam essa denominação**. [...] Só raros homens, pela sua posição social, pelo domínio que adquiriram sobre a sociedade, sobre os outros, se desagregavam como indivíduos singulares (DIAS, 2000, p.13). (grifo nosso)

Os nobres, os governantes e todos aqueles que pertenciam à cúpula eram tidos como pessoas. Aos demais homens, por não deterem tal status social, não lhes eram previstos direitos como daqueles.

De certo, não há entre os estudiosos um consenso quanto ao surgimento dos direitos da personalidade. Alguns acreditam que tenha sido na Roma antiga devido o *actio injuriarum* (FACHIN, 1999), outros alegam que se iniciou na Grécia da *hibris* (SOUZA, 1995), em que ambos os instrumentos eram utilizados como ações de proteção frente às afrontas físicas e morais da pessoa. Todavia, o homem apenas passou a ocupar o centro do ordenamento jurídico e a ter uma maior significação como pessoa, a partir do cristianismo, do jusnaturalismo e do iluminismo, momentos históricos que ressignificaram a perspectiva dos direitos do indivíduo.

Com o advento da Revolução Industrial, no final do século XVIII, a relação jurídica dos direitos da pessoa correlacionada com o sistema de trabalho à época, compeliu o Estado a intervir nessa composição. "Essa nova ordem inaugurada pela Revolução Industrial, trouxe a lume uma enorme série de relações sociais sequer imaginadas pelos códigos oitocentistas" (VENDRUSCOLO, 2016 p. 24).

Notadamente, foi a partir do impulso da modernidade, designadamente com a Declaração dos Direitos do Homem de 1789, que se passou a dar uma maior dimensão e trato aos direitos da personalidade e em especial depois dos acontecimentos da Segunda Guerra Mundial (VENDRUSCOLO, 2016). A Declaração Universal dos Direitos Humanos em 1949, estabelecida no período pós-guerra, pode ser considerada o marco de realçamento à dignidade da pessoa humana.

Com o ato de os países integrarem-se à Organização das Nações Unidas (ONU), houve uma espécie de compulsoriedade por parte das nações signatárias de proteger e conceber instrumentos de garantia aos direitos do homem, de forma a coibir as nações de atuarem com restrição infundada contra a dignidade humana.

Diante dessa conjuntura, o ordenamento jurídico demandou outro centro de referência, vez que, os códigos civilistas já não mais supriam as necessidades que o direito da pessoa pleiteava. Havia a premência de um parâmetro superior às demais normas, por sua força cogente, que se localizasse em status de superioridade jurídica e uniformizador. A Constituição é essa norma.

## 1.3. Dignidade da pessoa humana e a cláusula pétrea de vedação à pena perpétua

O reconhecimento do valor da dignidade da pessoa humana, como observado, é fruto de uma transformação histórica pela qual a humanidade passou com acontecimentos como o totalitarismo, o nazismo, dentre outros; a pessoa humana veio gradativamente a ocupar o centro do ordenamento jurídico e das questões que envolvem o viver em sociedade.

"A dignidade da pessoa humana personalizou, pois, o direito, que deixou de focar o seu centro orientador no 'ter', passando a focá-lo no 'ser'" (VENDRUSCOLO, 2016). Ingo Sarlet (2004) explica que a expressão dignidade humana é um conceito vago, polissêmico, estando em um processo constante de construção e desenvolvimento. O autor define essa expressão da seguinte maneira:

> Assim sendo, temos a dignidade da pessoa humana, a qualidade intrínseca e distintiva reconhecida em cada ser humano que o faz merecedor do mesmo respeito e consideração por parte do Estado e da comunidade, implicando, neste sentido, um complexo de direitos e deveres fundamentais que assegurem a pessoa tanto contra todo e qualquer ato de cunho degradante e desumano, como venham a lhe garantir as condições existenciais mínimas para uma vida saudável, além de propiciar e promover sua participação ativa

e co-responsável nos destinos da própria existência e da vida em comunhão com os demais seres humanos (SARLET, 2004, p. 60).

Derivado do latim *dignitas* o termo dignidade significa consideração, honra, virtude. E ainda, figura a qualidade moral que o indivíduo possui e representa o pilar de seu respeito próprio (SILVA, 2003). Ou seja, a dignidade é algo a que não se pode atribuir valor, pois representa a autonomia e o ser da pessoa.

No Brasil, apenas com a promulgação da Constituição Federal de 1988 o país positivou o princípio da dignidade da pessoa humana. Prevista no art. 1º da CF/88 como fundamento da República Federativa do Brasil, tem valor de direito fundamental justamente por servir de alicerce para um dever de respeito e proteção ao ser humano em todas as suas esferas.

Da dignidade humana é possível originar na esfera jurídica outras pretensões inerentes ao indivíduo. No ordenamento jurídico brasileiro a vedação de cumprimento de penas perpétuas concretizada como uma cláusula pétrea é corolário da dignidade humana, de forma a garantir à sociedade não apenas um direito subjetivo, mas sim uma dimensão objetiva de salvaguarda do que a pessoa representa no corpo social.

A vedação de penas eternas é fundada na dignidade humana e, dentro da esfera relacionada às sanções penais, busca que o condenado tenha tratamento antes de tudo como uma pessoa humana e que a sua dignidade seja respeitada. A aplicação de pena de caráter perpétuo, além de estar fora do sistema penal brasileiro, produz efeitos negativos, tais como a transformação do condenado em pária social e a manutenção da ociosidade (SHECARIA; CORRÊA JUNIOR, 2002). Quanto à recuperação do condenado, sabe-se que a natureza temporária e limitada da pena almeja justamente o restabelecimento do condenado ao convívio social (MORAES, 2003). Diante disso, o tempo máximo de cumprimento de pena privativa de liberdade no Código Penal brasileiro não pode superar 40 anos.[2]

Entretanto, a vedação de pena perpétua não se refere apenas ao cumprimento físico que o condenado cumpre, mas também à sua imagem perante a sociedade. Conforme previsão constitucional, os condenados devem sofrer punição em decorrência do ato que cometeram à sociedade, contudo, é essencial que haja proporcionalidade e que a dignidade da

[2] Redação dada pela Lei 13.964, de 2019, que aperfeiçoa a legislação penal e processual penal.

pessoa seja assegurada. Para aqueles que sofrerem consequências de um crime bárbaro, ou mesmo para o público em geral, falar em dignidade da pessoa humana para condenados pode até soar prepotente. É compreensível para os lados envolvidos; a vítima deve ser preservada e ter seus direitos salvaguardados, porém aquele que contraria os ditames de viver em sociedade, por mais incompreensível que seja, possui direitos, possui dignidade justamente por ser uma pessoa humana. Portanto, o direito da personalidade é garantia do indivíduo, seja ele quem for.

### 1.4. A imagem da pessoa humana

Um dos atributos do ser humano capaz de diferenciá-lo dos outros é a imagem, a qual compõe o rol dos direitos da personalidade e, modernamente, tem se mostrado como elemento essencial na defesa da dignidade da pessoa humana (VENDRUSCOLO, 2016).

O direito à imagem é por Adriano de Cupis apresentado como uma das expressões essenciais do direito ao resguardo. "Resguardo pode ser definido como sendo o modo de ser da pessoa, que consiste na exclusão do conhecimento pelos outros daquilo que se refere somente a ela"(CUPIS, 2004. p. 139).

A imagem da pessoa perante a coletividade sempre foi tema recorrente entre o gênero humano. Por meio de registros de pinturas e desenhos rupestres inscritos nas cavernas, o homem, mesmo que inconsciente, deixa como legado a posterioridade sua imagem e de seu próximo (VENDRUSCOLO, 2016). Para Uadi Lammêgo Bulos a condição de imagem:

> Trata-se de uma noção ampla, que **inclui os traços característicos da personalidade**, fisionomia do sujeito, ar, rosto, boca, partes do corpo, representação do aspecto visual da pessoa pela pintura, pela escultura, pelo desenho, pela fotografia, pela configuração caricata ou decorativa. Envolve, também, **a imagem física, a reprodução** em manequins e máscaras, por meio **televisivos, radiodifusão, revistas, jornais, periódicos, boletins, que reproduzem, indevidamente, gestos, expressões**, modos de se trajar, atitudes, traços fisionômicos, sorrisos, aura, fama etc. (BULOS, 2003. p. 143). (Grifo nosso)

Portanto, a imagem é caracterizada pelo conjunto de atributos que identificam um indivíduo. São atributos inerentes à pessoa. Além do nome, idade, atrelam-se também as características físicas, morais. É a medida da individualidade da pessoa humana.

Na história mundial, o julgamento exarado pelo tribunal francês em junho de 1858 é considerado como a primeira decisão que se tem notícia a respeito da proteção à imagem. Do exame, houve o envolvimento de Rachel, famosa atriz francesa que no seu leito de morte teve divulgação de sua fotografia repassada a uma pintura de forma indevida, tendo em vista que não houve o consentimento da família quanto à reprodução e distribuição da imagem da atriz (CUPIS, 2004).

No Miss Brasil de 1922, Zezé Leone teve indevidamente a captura de sua imagem realizada com o fim de produção cinematográfica de sua imagem. Tal caso é considerado no país como precursor de julgamento em defesa do direito à imagem (CUPIS, 2004).

Na apreciação do caso, em sentença considerada pioneira, o então juiz da Vara compreendeu que o objetivo da proteção legal é a asseguração da personalidade do retratado (CUPIS, 2004), quando "acolheu o Interdito Proibitório a favor da Miss Brasil [...] contra um cinegrafista que capturou sua imagem em ângulos inconvenientes à sua reputação de moça" (DUVAL, 1952, p. 52).

No direito brasileiro, o precursor legislativo de proteção à imagem foi o Código Civil de 1916, que prescrevia:

> Art. 666/CC/1916. Não se considera ofensa aos direitos do autor:
>
> X – [...] **A pessoa representada e seus sucessores imediatos podem opor-se à reprodução ou pública exposição** do retrato ou busto. (grifo nosso)

Com o mundo contemporâneo findando na globalização, em que troca de informações são quase que instantâneas, a captação e transmissão da imagem tornou-se algo a demandar mais cautela, reclamando uma nova normatização e uma análise mais apurada sob o viés constitucional (CUPIS, 2004).

A imagem além da valoração pessoal de cada indivíduo tem um valor conferido pela sociedade. Com efeito, antes da Carta de 1988 não havia no ordenamento jurídico brasileiro um regramento de proteção à imagem.[3]

[3] Com exceção da proteção indireta conferida pelo art. 666, X, do Código Civil de 1916 e da Lei nº 5.988/73 (Lei de Direitos Autorais).

Com a promulgação do Código Civil de 2002, o direito à imagem ganhou nova feição. Todavia, tal direito por conferir "emancipação da personalidade do sujeito" (CUPIS, 2004) merece a efetiva proteção, seja contra eventuais abusos por parte do Estado ou mesmo na esfera privada.

## 2. Direito ao esquecimento no Brasil

### 2.1. Conceito

A memória nunca esteve tão viva. Hodiernamente, a velocidade da transmissão de informação e o desenvolvimento dos recursos tecnológicos passam uma compreensão de uma sociedade que desaprendeu a esquecer. Como desalinhar uma imagem apregoada à sociedade?

Nesse contexto, surge um novo direito da personalidade: o direito ao esquecimento. Como o próprio nome já diz, o direito ao esquecimento trata-se de um direito de não ser lembrado publicamente por fatos de sua história pessoal. Funciona como uma espécie de proteção para que a vida privada de seu titular não fique à disposição da coletividade (CORDEIRO; PAULA NETO, 2015).

O instituto não apresenta previsão legal no ordenamento jurídico brasileiro, cabendo à doutrina e ao Judiciário sua análise, conforme o caso concreto, haja vista que o direito ao esquecimento se contrapõe aos direitos de liberdade de expressão, liberdade de imprensa, dentre outros. Esse contraponto existe exatamente devido ao status de ponderação dos direitos fundamentais, que não são absolutos e não têm uma interpretação rígida.

### 2.2. O direito ao esquecimento: uma expressão possível ao direito à imagem

A propagação da informação e do conhecimento condiciona cada vez mais o desenvolvimento da sociedade em geral. No último século, o surgimento das novas tecnologias da informação e comunicação modificou o processo de reposicionamento de fronteiras.

Em tempos em que as informações são divulgadas e acessadas de forma constante, a eternização de determinados fatos da vida do indivíduo pode resultar em grave afronta à honra, à imagem e à intimidade, podendo acarretar a segregação do indivíduo no sentido de ele não mais conseguir conviver dignamente em sociedade.

No Brasil um caso que ganhou destaque foi o da apresentadora Xuxa Meneghel, que acionou a justiça brasileira para que parte de seu passado pudesse ser esquecido. Ela pediu a desvinculação de seu nome no sistema de pesquisa da internet mundial de computadores de palavras associadas a "pornografia" e "pedofilia", devido a Meneghel ter atuado em um filme gravado em 1982 em cena de sexo com um garoto de 12 anos de idade. Argumentou a apresentadora que a película em nada tem relação com sua carreira artística e que esse fato lhe traz enorme constrangimento e afeta sua imagem perante a sociedade.[4]

Na primeira instância, a apresentadora logrou êxito na causa; no entanto, após a interposição de recursos, o Tribunal de Justiça do Rio de Janeiro determinou apenas que as imagens fossem restringidas, permitindo a possibilidade de exibição de links. Todavia, já no Superior Tribunal de Justiça através do Resp. nº 1.316.921, a empresa requerida, Google Brasil, alegou que as obrigações impostas eram impossíveis de serem cumpridas, pois não há tecnologia disponível o bastante para censurar expressões e imagens de forma tão específica. Em decisão unânime pela Terceira Turma da Corte a apresentadora não conseguiu restringir pesquisa no Google. Posteriormente, o Supremo Tribunal Federal ao analisar a questão em sede de Reclamação nº 15.955 confirmou a decisão do STJ ao privilegiar o direito da coletividade à informação.

O exemplo da apresentadora Xuxa releva que os debates acerca do tema ganharam maior foco no país a partir da publicação do enunciado nº 531 na VI Jornada de Direito Civil, que inclui o direito ao esquecimento como segmento da proteção da dignidade humana:

> ENUNCIADO 531 – A **tutela da dignidade da pessoa humana** na sociedade da informação inclui o **direito ao esquecimento**. Artigo: 11 do Código Civil – Justificativa: Os danos provocados pelas novas tecnologias de informação vêm-se acumulando nos dias atuais. **O direito ao esquecimento tem sua origem histórica no campo das condenações criminais**. Surge como parcela importante do **direito do ex-detento à ressocialização**. Não atribui a ninguém o direito de apagar fatos ou reescrever a própria história,

[4] **Xuxa não consegue restringir pesquisa no Google**. Disponível em: https://stj.jusbrasil.com.br/noticias/3164646/xuxa-nao-consegue-restringir-pesquisa-no-google. Acesso em: 30 set. 2021.

mas apenas assegura a possibilidade de discutir o uso que é dado aos fatos pretéritos, mais especificamente o modo e a finalidade com que são lembrados (CJF, 2013). (grifo nosso)

O respectivo Enunciado também repercute em outras áreas do direito, a exemplo da seara penal. O direito ao esquecimento procura assegurar o direito à privacidade, de forma que fatos desabonadores do passado não devam perdurar para todo o sempre e assim deixem de voltar a ser um peso para a pessoa a quem se referem. O Código Civil vigente apesar de não dispor expressamente do termo 'direito ao esquecimento' embasa a força desse instituto com a disposição de proteção ao indivíduo em face de informações ou publicações que possam afrontar a sua personalidade jurídica.

Conforme a disposição na justificativa do Enunciado 531, o direito ao esquecimento tem origem histórica no campo das condenações criminais, logo, a partir do momento em que a pessoa cumpriu a sanção que lhe foi imposta pelo delito que cometera, não mais pode ser comprometida pelo fato pretérito, de modo a afastar qualquer espécie de discriminação e permitir que a pessoa volte a conviver de maneira harmoniosa com a sociedade, pois esse processo faz parte do método de ressocialização do ex-detento. Concomitantemente, a mesma justificativa do Enunciado diz que não há a possibilidade de alguém apagar o passado, porém é possível a sua desvinculação.

No caso da apresentadora Xuxa, apesar de ela não ter alcançado o êxito esperado na resolução do processo, ela buscou proteção no instituto do direito ao esquecimento, que ao apresentar-se como uma espécie do direito da personalidade, advoga que a busca ao respeito à dignidade da pessoa humana deve ser o objetivo sempre previsto nas relações humanas. Todavia, faz-se pertinente ressaltar que os meios para implementar uma espécie de barreira para a disseminação de informação, precipuamente em se tratando de uma sociedade particularmente conectada, demonstra ser um desafio.

### 2.3. Relativização dos antecedentes criminais e a relevância da imagem

Ao praticar um ato típico, ilícito e culpável, o agente traz para si um dever de responder perante a sociedade sobre as consequências desse ato e faz com que surja para o Estado o direito/dever de puni-lo. Entretanto, a aplicação da penalidade encontra limites em ditames constitucionais, dentre eles o da vedação de aplicação de pena de caráter perpétuo.

O instituto do direito ao esquecimento tem sido considerado um dos meios capazes de resguardar a vedação da perpetuidade da pena, visto que, a pena possui além de caráter físico, o caráter jurídico e social.

A função social refere-se justamente à ressocialização daquele que já havendo cumprido a pena precisa ser inserido novamente no seio social. Contudo, a indagação gira em torno da imagem que um ex-presidiário terá perante a coletividade se o seu histórico criminal perdurar *ad eternum*. Não estaria cumprindo uma pena perpétua aquele que ao ser julgado tem uma condenação agravada em decorrência da avaliação de maus antecedentes? Nesse giro, a relativização dos antecedentes criminais tem ganhado destaque em julgamentos. Em respeito às garantias da personalidade, o STJ se pronunciou em um caso considerado relevante para essa perspectiva.

O fato foi julgado em fase de recurso pela Corte Superior no ano de 2018 por meio do Habeas Corpus nº 402.752, referente ao ato do réu praticado em 2015 em que ele havia sido preso por estar portando 22 gramas de cocaína (STJ, 2018a).

Do julgamento pelo juiz de primeiro grau, o réu foi condenado a sete anos de reclusão, e para embasamento da decisão foi levada em consideração uma condenação ocorrida 25 anos antes "como motivo para não conceder a redução de pena prevista no artigo 33, parágrafo 4º, da atual Lei de Drogas" (STJ, 2018b). Em 1991 o réu tinha sido responsabilizado a cumprir seis meses de detenção por posse de drogas para uso próprio, conforme a antiga Lei de Drogas, tendo a decisão transitada em julgado no mesmo ano.

Conforme o caso chegou ao STJ, o ministro Rogerio Schietti Cruz aplicou excepcionalmente o direito ao esquecimento ao feito e reduziu a pena imposta ao réu, de sete para cinco anos de reclusão ao considerar que a avaliação de maus antecedentes decorrente do fato de outrora não seria cabível para agravar a pena (STJ, 2018b).

Segundo o Ministro, cada caso tem suas particularidades e durante o transcurso do período de 25 anos o réu não voltou a delinquir, consequentemente deveria "ser relativizado o único registro anterior do acusado, tão antigo, de modo a não lhe imprimir o excessivo relevo que pretenderam as instâncias ordinárias" (STJ, 2018a).

Para ponderação do julgamento o Ministro adotou a teoria aplicada na esfera do direito civil acerca do direito ao esquecimento, dos escritores Samuel Warren e Louis Brandeis da obra *The right to privacy*, mais conhecida como 'O direito de ser esquecido' em livre tradução. Em declaração o ministro Rogerio Schietti expressou que:

> Com efeito, **não se pode tornar perpétua a valoração negativa dos antecedentes,** nem perenizar o estigma de criminoso para fins de aplicação da reprimenda, sob pena de violação da regra geral que permeia o sistema. Afinal, a transitoriedade é consectário natural da ordem das coisas. Se o transcurso do tempo impede que condenações anteriores configurem reincidência, esse mesmo fundamento – o lapso temporal – deve ser sopesado na análise das condenações geradoras, em tese, de maus antecedentes (STJ, 2018a). (grifo nosso)

Conforme fala do ministro, não se deve perpetuar a valoração negativa dos precedentes, pois se faz necessário uma ponderação sobre as circunstâncias do caso concreto. No mesmo seguimento, ensina Gilmar Mendes que:

> Se a pessoa deixou de atrair notoriedade, desaparecendo o interesse público em torno dela, merece ser deixada de lado, como desejar. **Isso é tanto mais verdade com relação, por exemplo, a quem já cumpriu pena criminal e que precisa reajustar-se à sociedade. Ele há de ter o direito a não ver repassados ao público os fatos que o levaram à penitenciária** (MENDES; COELHO; BRANCO, 2007, p. 374). (grifo nosso)

O direito à imagem é abrangido pelos direitos da personalidade e possui uma função primordial ao indivíduo como pessoa e como ser perante os outros. O direito ao esquecimento foi aplicado no referido *habeas corpus* para atenuar a pena do réu, porque o fato passado cometido por ele se tratava de algo muito distante e, ainda, ele não havia cometido outro fato desabonador durante o transcurso do tempo.

Nesse sentido, assim como foi exarado no julgamento, a aplicabilidade do direito ao esquecimento condiciona-se à análise concreta do caso. Assim como não há a configuração de direitos absolutos, o direito ao esquecimento também não possui esse condão, e uma vez utilizado deve-se atrelar a busca maior: ressocialização.

### 2.4. Relação entre o direito à liberdade de informação e o direito à imagem

A questão da imagem do indivíduo perante os outros é tão relevante que partindo da ideia de que o indivíduo tem o direito de que os atos do passado não se perpetuem para sempre, a tese do direito ao esquecimento foi apreciada pela Quarta Turma do Superior Tribunal de Justiça em análise de dois recursos especiais. Tais julgamentos ocorridos no ano de 2013 são considerados como marco de decisão judicial brasileira em que o tema esquecimento foi analisado.

Por meio do Recurso Especial nº 1.334.097, a Turma do STJ reconheceu o direito ao esquecimento para um homem que foi inocentado da acusação de envolvimento na chacina da Candelária, mas que foi mencionado no programa televisivo Linha Direta exibido na Rede Globo (TEPEDINO; TEIXEIRA; ALMEIDA, 2016). Foi decidido que, para contar a fatídica histórica, não era necessário fazer referência ao nome, nem expor a imagem do cidadão, e assim "**nem a liberdade de imprensa seria tolhida, nem a honra do autor seria maculada**" (TEPEDINO; TEIXEIRA; ALMEIDA, 2016. p.375). (grifo nosso)

Segundo a Corte julgadora, se o condenado que cumpriu a pena teria o direito de ser esquecido por meio do sigilo da folha de antecedentes e exclusão de registros, quiçá a pessoa que foi absolvida (TEPEDINO; TEIXEIRA; ALMEIDA, 2016).

Já no Recurso Especial nº 1.335.153, também analisado pela referida Corte, foi negada pela Turma indenização aos familiares de Aída Curi, abusada sexualmente e morta em 1958 no Rio de Janeiro. A história do crime foi apresentada também no programa Linha Direta com a divulgação do nome da vítima e de fotos reais do caso (TEPEDINO; TEIXEIRA; ALMEIDA, 2016). Segundo o pedido de indenização requerida pela família, as imagens apresentadas pelo programa trouxeram à tona a lembrança e sofrimento do crime, o que gerou dano moral. Entretanto, da decisão da Turma foi no sentido de indeferir o pedido, sob o argumento de que o caso se encontrava em domínio público e a história seria inenarrável sem fazer referência à vítima, Curi, e ainda, que a reportagem tratava na verdade do crime em si e não da vítima (VENDRUSCOLO, 2016).

Nos dois recursos especiais constata-se o antagonismo entre dois direitos fundamentais, liberdade de informação e direito à imagem. É sabido que a todos é assegurado o direito de se informar e de ser informado, porém, por vezes, há uma inconsonância entre o direito que a imprensa tem de informar o cidadão e o direito do indivíduo de ter a sua imagem preservada. Ambos os direitos estão positivados na Constituição Federal e sua oposição demonstra uma frágil dicotomia quando da inserção entre o que deve ser de amplo conhecimento público e o que deve ser preservado à privacidade de seu titular.

Diante de possível conflito, eis a problemática: até que ponto o direito de informação pode infringir o direito da privacidade/imagem do indivíduo?

À vista do caso concreto, a ponderação de valores, interesses e princípios consagrados constitucionalmente deve ser observada pelo intérprete ao decidir concretamente qual deverá sobrepujar ao ser apreciado o fato (VENDRUSCOLO, 2016).

No caso envolvendo a chacina da Candelária ao ter sido reconhecido o direito ao esquecimento, entendeu o STJ que o direito da personalidade do autor deveria prevalecer sobre o direito de imprensa. Nesse sentido, Maria Helena Diniz adota o posicionamento que "a proteção constitucional aos **direitos da personalidade**, ante o art. 1º, III, da Constituição Federal, **sobrepõe-se ao direito da imprensa, ao de informar**" (DINIZ, 2007, p.132). (grifo nosso)

Nesse diapasão, na esfera penal há disposições legais que preveem direitos dos presos, dentre eles, a proteção contra qualquer espécie de sensacionalismo da imprensa, *in verbis*: art. 41, VIII, da Lei de Execuções Penais (BRASIL, 1984).

Conforme o teor do Enunciado 279 exarado na IV Jornada de Direito Civil (CFJ, 2007), quando da colisão dos direitos de imagem *versus* imprensa tem-se a seguinte redação:

> ENUNCIADO 279 – A proteção à imagem deve ser ponderada com outros interesses constitucionalmente tutelados, especialmente em **face do direito de amplo acesso à informação e da liberdade de imprensa**. Em caso de colisão, levar-se-á em conta a notoriedade do retratado e dos fatos abordados, bem como a veracidade destes e, ainda, as características de sua utilização (comercial, informativa, biográfica), privilegiando-se medidas que não restrinjam a divulgação de informações (CJF, 2007). (grifo nosso)

Por meio da divulgação das imagens dos fatos, a imprensa expõe o autor do crime ou mesmo o suspeito deste, por vezes, sem o menor pudor, fazendo com que a imagem do indivíduo seja desacreditada e ocasionando consequências irreversíveis à sua vida, perpetuando a imagem da pessoa como o indivíduo da prática do crime.

No tocante à exposição do preso na mídia, casos célebres como da Suzana Richthofen, Alexandre Nardoni e Anna Carolina Jatobá, entre outros, são expostos nos meios de comunicação, em especial ao se tratar de saídas temporárias que envolvem datas como dia das mães, dia dos pais, Natal, ainda que tenham preenchido os requisitos legais para a obtenção de tais benefícios e de estarem inseridos no direito subjetivo do sentenciado.

Diante disso, alguns setores da sociedade pugnam pela divulgação da imagem como meio de informação e de proteção dos cidadãos ao serem informados do rosto do criminoso. Contudo, o preso ao ter o seu direito de liberdade tolhido, não obsta que outros direitos lhe sejam preservados, dentre eles o da dignidade da pessoa humana, que corriqueiramente é abalado por meio da violação do direito à imagem, honra e privacidade.

A prática de um crime traz como consequência a imposição de cumprimento da pena, que não poderá ser perpétua. Nessa esteira, a constante divulgação da imagem do preso nos meios de comunicação pode significar uma perpetuidade da pena?

Nenhum direito é absoluto, bem como a liberdade de expressão não está imune ao debate. A pauta da imprensa não deve influenciar a decisão judicial e muito menos o parecer do Ministério Público, como muitas vezes almejado pela sociedade. Sendo o juiz e/ou o membro do *parquet* suscetíveis a influências midiáticas, é de grande relevância o debate ora apresentado, sob pena de se ferirem princípios constitucionais, além de direitos subjetivos dos sentenciados.

A livre manifestação de pensamento, emblematizada pela divulgação de notícias, deve ser limitada pela veracidade do ocorrido e pelo interesse público. Tal interesse deve ser pautado na harmonia dos direitos constitucionais. Insta salientar que o interesse público deve ser prestigiado normalmente, sem censura, contudo é imprescindível que a veiculação da imagem do detido não repouse sobre a curiosidade sádica da sociedade por meio do mero sensacionalismo da imprensa.

## 2.5. Direito ao esquecimento e o precedente de repercussão geral

Mais recentemente o instituto do direito ao esquecimento ganhou novos contornos relevantes à temática. Em fevereiro de 2021 o STF julgou o

Recurso Extraordinário nº 1.010.606 do caso da jovem Curi. O relator do precedente, Ministro Dias Toffoli, da análise do conflito aparente dos direitos de liberdade à informação e o direito ao esquecimento realizou na Corte audiência Pública da qual participaram diversos especialistas acerca do tema (STF, 2021a).

A audiência foi formada por distintas correntes de posicionamento. A primeira, favorável à liberdade de informação, argumentou pela inexistência do direito ao esquecimento, por ser contrário à memória do povo (MACHADO, 2018). A segunda, defensora do direito ao esquecimento, ao advogar pela tese apresentou a aplicação do direito ao esquecimento em face do direito à liberdade de informação no julgamento do Recurso Especial nº 1.335.153. E a terceira corrente, considerada moderada, fundou no pressuposto de que inexiste uma hierarquia entre direitos fundamentais, diante disso, o método mais eficiente quando da colisão de interesses seria a técnica de ponderação (STF, 2021b).

Do julgamento, o relator do recurso, Ministro Dias Toffoli, foi categórico em seu voto acerca da perspectiva histórica no que tange ao direito ao esquecimento. O ministro ressaltou que a importância das jurisprudências internacionais, bem como, da utilização subsidiária do direito ao esquecimento a outros direitos. Segundo o relator, inexiste no ordenamento jurídico brasileiro um direito genérico, existindo tão somente pontuais previsões que admitem, em condições específicas "o decurso do tempo como razão para supressão de dados ou informações" (STF, 2021c).

Argumenta, ainda, que tanto o instituto da ressocialização, que fortalece o instituto do direito ao esquecimento, quanto o Código de Defesa do Consumidor, que veda a manutenção da inclusão de um inadimplente em cadastro de devedores por mais de cinco anos, na verdade, não configura a pretensão do direito ao esquecimento, porém, relaciona-se com o decurso de um lapso temporal (STF, 2021d).

No que tange a Lei Geral de Proteção de Dados o relator manifesta-se pelo entendimento de que não há um dispositivo específico para "assegurar, em âmbito digital, que os sujeitos protegidos pela norma não possam ser confrontados quanto aos dados que, no passado, tenham sido licitamente objeto de divulgação" (STF, 2021e), portanto, não havendo previsão ao direito ao esquecimento.

Ao tratar do direito à informação, Toffoli (STF, 2021f) alega que em um país democrático não deve admitir restrições ao referido direito, nesse sentido, o direito ao esquecimento acarreta o cerceamento do direito de informação para a sociedade.

Nessa esteira, quanto ao conflito dogmático o relator aduz que a liberdade de expressão deve ser compreendida como um direito preferencial, sem, no entanto, realizar uma hierarquização entre direitos fundamentais.

Pelo exposto, a Corte firmou precedente de repercussão geral de que o direito ao esquecimento é incompatível com a Constituição Federal, todavia, quaisquer abusos deverão ser analisados individualmente em cada caso.

O voto do relator foi seguido pelos demais ministros, à exceção do Ministro Edson Fachin (STF, 2021g), que apesar de votar pelo reconhecimento do direito ao esquecimento, expôs que havendo conflito entre o direito ao esquecimento e à liberdade a informação, deve haver o posicionamento de preferência a liberdade de expressão, mas, é necessário que haja a preservação do núcleo essencial dos direitos da personalidade.

## Conclusões

Diante do exposto, percebe-se que a aplicação do direito ao esquecimento na esfera penal, mais especificamente quanto ao histórico penal do indivíduo, garante que a imagem e dignidade da pessoa sejam resguardadas e que a cláusula pétrea de barreira à sanção perpétua seja assegurada, com as devidas ponderações e análise do caso concreto.

Questões como a mitigação dos direitos da personalidade, a imagem e sua preservação, o interesse público envolvido no caso, a forma como a narração do fato é transmitida, e em especial o fundamento da dignidade da pessoa humana, são essenciais quando do exame dos fatos.

E quanto à ponderação dos direitos, verifica-se que a análise entre o direito de informação e a proteção à imagem situam-se em uma linha tênue, bem como, o distanciamento da autêntica função de informar partindo para o puro sensacionalismo, na verdade, promove a estigmatização do preso e, sobretudo, prejudica sua ressocialização. A constante divulgação de fato, realizada de forma exacerbada, de modo a extrapolar o limite de outros direitos do indivíduo tem peso na prática de sentença definitiva.

Nesse sentido, verifica-se que o instituto do direito ao esquecimento além de conversar com outras áreas como o direito penal, por meio da relativização dos antecedentes, objetiva a proteção ao direito da imagem do preso de forma a resguardar os seus direitos da personalidade com fundamento no princípio da dignidade da pessoa humana e da não submissão ao sensacionalismo, consoante se depreende da Lei de Execução Penal, art. 41, VIII; do contrário, se perpetuaria a pena e se impediria o cumprimento de uma das funções sociais da pena de maior relevância, a saber, a ressocialização.

O direito ao esquecimento, por seu turno, se caracteriza pelo aparelhamento da tutela da imagem para os que se deparam com a ampla divulgação de um fato ou uma informação que se busca desvencilhar. Assim, o alcance do direito ao esquecimento abarca não somente os autores de fatos, mas igualmente as vítimas e familiares que objetivam a não publicitação de fatos antigos.

É importante ressaltar que determinados acontecimentos marcam a sociedade de forma mais cogente. É incontestável que a prática de tais atos é inaceitável. Justamente por isso, há na sociedade um ordenamento jurídico instituído com vistas à proteção à sociedade e à repressão, à prevenção e, ainda, à punição daqueles que não respeitam as normas do convívio social. É inegável, também, que algumas histórias por serem tão graves e até absurdas tornam-se difíceis de serem esquecidas pelo meio social. Portanto, há a necessidade das ponderações ao caso concreto, conforme as especificidades apresentadas.

Por fim, a decisão de repercussão geral a partir do julgamento do Recurso nº 1.010.606 por parte do STF sem dúvidas traz novos contornos ao tema. Ademais, com as ponderações aqui apresentadas não se pretende exaurir o tema, todavia, busca-se a ampliação do espaço de debate acerca da problemática.

## Referências

BRASIL. **Lei nº 7.210 de 11 de julho de 1984.** Institui a Lei de Execução Penal. 1984. Disponível em: http://www.planalto.gov.br/ccivil_03/leis/l7210.htm. Acesso em: 28 set. 2021.

BRASIL. Conselho da Justiça Federal. **Enunciado nº 279 da IV Jornada de Direito Civil**. 2007. Disponível em: https://www.cjf.jus.br/enunciados/enunciado/236. Acesso em: 28 set. 2021.

BRASIL. Conselho da Justiça Federal. **Enunciado nº 531 da VI Jornada de Direito Civil**. 2013. Disponível em: https://www.cjf.jus.br/enunciados/enunciado/142. Acesso em: 28 set. 2021.

BRASIL. Superior Tribunal de Justiça. **Habeas Corpus nº 402.752-MS**. 2018a. Disponível em: https://www.conjur.com.br/dl/direito-esquecimento-relativiza.pdf. Acesso em: 28 set. 2021.

BRASIL. Superior Tribunal de Justiça. **Direito ao esquecimento relativiza avaliação de antecedentes baseada em condenação de 25 anos atrás**. 2018b. Disponível em: http://www.stj.jus.br/sites/STJ/default/pt_BR/Comunica%C3%A7%C3%A3o/noticias/Not%C3%ADcias/Direito-ao-esquecimento-relativizaavalia%C3%A7%C3%A3o-de-antecedentes-baseada-em-condena%C3%A7%C3%A3o-de-25-anos-atr%C3%A1s. Acesso em: 28 set. 2021.

BRASIL. Superior Tribunal de Justiça. **Informativo de jurisprudência de 2021.** N. 699. 2021. Disponível em: https://www.stj.jus.br/publicacaoinstitucional/index.php/Informjuris20/issue/view/2117/showToc. Acesso em: 28 set. 2021.

BRASIL. Superior Tribunal Federal. **Direito ao esquecimento**: julgamento de recurso com repercussão geral prossegue nesta quinta feira (4). Disponível em: https://portal.stf.jus.br/noticias/verNoticiaDetalhe.asp?idConteudo=459850&ori=1. Acesso em: 21 jul. 2022.

BRASIL. Superior Tribunal Federal. **Recurso Extraordinário 1.010.606**. Disponível em: https://redir.stf.jus.br/paginadorpub/paginador.jsp?docTP=TP&docID=755910773.

BULOS, Uadi Lammêgo. **Constituição Federal Anotada**. 5. ed. São Paulo: Saraiva, 2003.Acesso em: 21 jul. 2022.

CORDEIRO, Carlos José; PAULA NETO, Joaquim José. A concretização de um novo direito da personalidade: o direito ao esquecimento. **Civilistica.com**, Rio de Janeiro, ano 4, n. 2, p. 1-22, 2015. Disponível em: http://civilistica.com/wp-content/uploads/2015/12/Cordeiro-e-Paula-Neto-civilistica.com-a.4.n.2.20151.pdf. Acesso em: 28 set. 2021.

CUPIS, Adriano. **Direitos da personalidade**. Campinas: Romana, 2004.

DIAS, Jacqueline Sarmento. **O direito à imagem**. Belo Horizonte: Del Rey, 2000.

DINIZ, Maria Helena. **Curso de direito civil brasileiro**. 24. ed. São Paulo: Saraiva, 2007.

DUVAL, Hermano. Filmagem e televisionamento de espetáculo público. **Revista dos Tribunais**, v. 446, dez. 1952.

FACHIN, Antonio Zulmar. **A proteção jurídica da imagem**. São Paulo: Celso Bastos, 1999.

GUIMARÃES, Deocleciano Torrieri (Org.). **Dicionário técnico jurídico**. São Paulo: Rideal, 1995.

MENDES, Gilmar Ferreira; COELHO, Inocêncio Mártires; BRANCO, Paulo Gustavo Gonet. **Curso de Direito Constitucional**. São Paulo: Saraiva, 2007.

MORAES, Alexandre. **Constituição do Brasil interpretada e legislação constitucional.** 2. ed. São Paulo: Atlas, 2003.

RAMOS, Erasmo Marcos. Estudo comparado do direito da personalidade no Brasil e na Alemanha. **Revista dos Tribunais**, São Paulo, n. 799, maio 2002.

ROGRIGUES, Silvio. **Direito Civil**. 24. ed. São Paulo: Saraiva, 1994.

SARLET, Ingo Wolfgang. **Dignidade da pessoa humana e direitos fundamentais**. 3. ed. Porto Alegre: Livraria do Advogado, 2004.

SHECARIA, Sérgio Salomão; CORRÊA JUNIOR, Alceu. **Teoria da pena**. São Paulo: Revista dos Tribunais, 2002.

SILVA, De Plácido. **Dicionário jurídico**. Rio de Janeiro: Forense, 2003.

SOUZA, Rabindranath Valentino Aleixo Capelo. **O direito geral de personalidade**. Coimbra: Coimbra, 1995.

SOUZA, Sérgio Iglesias Nunes. **Responsabilidade civil por danos à personalidade**. Barueri: Manole, 2002.

SZANIAWSKI, Elimar. **Direitos de personalidade e sua tutela**. São Paulo: RT, 2002.

TEPEDINO, Gustavo; TEIXEIRA, Ana Carolina Brochado; ALMEIDA, Vitor (Coords.). **O direito civil entre o sujeito e a pessoa:** estudos em homenagem ao professor Stefano Rodotà. Belo Horizonte: Fórum, 2016.

VENDRUSCOLO, Weslei. **Direito à própria imagem e sua proteção jurídica**. Belo Horizonte: Fórum, 2016.

# 14. MECANISMOS DE CONTROLE À ATUAÇÃO DO MINISTÉRIO PÚBLICO NO ACORDO DE NÃO PERSECUÇÃO PENAL

Maria Letícia Nascimento Gontijo

## Introdução

A tendência de expansão dos espaços de consenso para o enfrentamento dos conflitos penais tem se consolidado cada vez mais no processo penal sob o panorama internacional e, de modo semelhante, também no Brasil. É precisamente pela tendência de larga utilização do acordo de não persecução penal que o estudo em questão se justifica, tendo como ponto de partida a definição de sua natureza jurídica, até a compreensão da necessidade de existência de mecanismos que controlem o exercício da oportunidade da atividade ministerial no Acordo de Não Persecução Penal (ANPP), a fim de evitar eventuais violações, levando-se em consideração a finalidade precípua do processo penal: tutelar direitos e garantias e assegurar um julgamento justo ao acusado.

Pensa-se que a justiça criminal negocial deve ser inserida no processo penal brasileiro não para meramente "desafogar" o sistema de justiça criminal, mas sim como política criminal, em que o Estado possa deixar de processar penalmente determinadas condutas como forma de: (i) evitar a estigmatização do processo penal para casos em que a resposta via acordo se mostre eficiente às exigências sociais de prevenção, repressão e ressocialização (CARNEIRO, 2019); (ii) reduzir o enorme acervo de processos para abrir caminhos a que a Justiça Criminal se debruce sobre casos complexos, como os crimes praticados por organizações criminosas e crimes violentos, cuja punição implicará em penas restritivas de liberdade; (iii) reduzir os recursos financeiros dispendidos pelo Poder Público em um processo criminal que poderia ser resolvido de modo alternativo e menos oneroso tanto para os cofres públicos, quanto para o acusado, que padece de prejuízos sociais decorrentes do estigma do processo penal; e (iv) possibilitar de modo mais breve a reparação do dano, e a valorização do papel da vítima (ANDRADE, 2018; CABRAL, 2020).

Se os benefícios da inserção de mecanismos negociais na esfera criminal são muitos, os riscos são proporcionais dada a amplitude de possibilidades de atuação do órgão de acusação, e devem ser pensados mecanismos capazes de evitar eventuais violações de direitos. Entende-se que a economia e celeridade processual não podem se sobrepor a direitos fundamentais que orientam todo o processo penal brasileiro, principalmente porque a morosidade judicial é decorrente de problemas intrínsecos ao próprio funcionamento do Poder Judiciário. Há que se encontrar caminhos para que a justiça negocial se estabeleça como modelo pautado pelo processo penal democrático.

Assim, a partir de revisão bibliográfica a respeito do acordo de não persecução penal e outros instrumentos da justiça penal negociada, será realizada análise do mecanismo como tendência incontornável de expansão da justiça negocial no processo penal brasileiro, a fim de examinar os limites e os mecanismos de controle de atuação do Ministério Público nos acordos entre acusação e defesa para o encerramento abreviado do processo penal mediante a imposição antecipada de uma sanção penal em relação ao processo penal vigente em um Estado Democrático de Direito.

## 1. A natureza jurídica do acordo de não persecução penal

### 1.1. O acordo de não persecução penal como política criminal

A opção legislativa pela adoção de mecanismos de justiça criminal consensual é também uma forma de legítimo exercício de política criminal – tradicionalmente definida como "programa que estabelece as condutas que devem ser consideradas crimes e as políticas públicas para repressão e prevenção da criminalidade e controle de suas consequências" (DIETER, 2012, p. 3). Em importante lição, Juarez Cirino dos Santos, há muito, definiu que as normas incriminadoras, enquanto fontes do direito penal material, constituem o principal cerne da discussão de política criminal (SANTOS, 2002).

Todavia, a política criminal deve ser compreendida sob o ponto de vista macroscópico, como defende Gabriel Divan, uma vez que "suas fronteiras englobam não apenas o conjunto legislativo, prático e teórico que responde por *sistema jurídico-penal*, mas também toda e qualquer ação oficializada do estado que vise (em maior ou menor grau) à *gestão* de relações, interesses e conflitos sociais que têm ligação direta ou mediatamente prevista com uma relevância *penal*" (DIVAN, 2014, p. 430). Isto é, à política criminal estatal, compete a missão de "ordenar os rumos do sistema punitivo estatal" sempre pautada pelo seu principal eixo de orientação – os direitos fundamentais e as correspondentes garantias advindas da ordem constitucional (SUXBERGER; LIMA, 2017, p. 289).

Com efeito, há que se considerar que o pensamento funcionalista já se expandiu ao direito processual penal, de modo que, atualmente, há uma "real utilização do processo penal como instrumento de política criminal" (AIRES; FERNANDES, 2017) – o que não significa que o processo penal seja mero aparato a chancelar o poder punitivo estatal (DIVAN, 2017) – implicando verdadeira reconstrução do processo penal, para fins de obter maior funcionalidade e eficiência processual, sem desvincular-se das garantias fundamentais que o legitimam (AIRES; FERNANDES, 2017).

Nessa esteira, não se pode admitir um automatismo do promotor de Justiça ou do procurador da República, que não podem atuar como meros robôs, mediante aplicação cega das regras de persecução criminal pretensamente obrigatória, desprovidos de juízo crítico, como se o processo penal fosse suficiente em si mesmo (AIRES; FERNANDES, 2017).

No caso do ANPP, trata-se de modalidade de política criminal despenalizadora que incide sobre a punibilidade do agente, afastando a aplicação e consequências de uma sanção criminal. Desde já, verifica-se a natureza jurídica mista da norma que inseriu o instituto capaz de extinguir a punibilidade do agente e, portanto, caracteriza-se como norma processual e norma penal (LOPES JR., 2021; BEM; MARTINELLI, 2020).

### 1.2. Legalidade, obrigatoriedade e oportunidade na justiça penal negocial

A flexibilização da obrigatoriedade evita práticas extrajudiciais de seleção das infrações a serem apuradas pelo sistema penal, proporcionando regulamentação legal para situações em que a instauração de um processo, ou o seu prosseguimento, configura medida excessiva em relação à gravidade do fato atribuído ao agente ou ao seu perfil. Não é novidade a impossibilidade dos órgãos estatais de processarem todos os delitos, sobretudo diante da demanda crescente da sociedade contemporânea, com transformações que acarretaram não só novas descrições típicas, mas também novas formas do próprio cometimento de delitos, dentre as quais, algumas furtivas aos meios tradicionais de prova – sendo essa uma preocupação de institutos que constituem meios de obtenção de prova, como a colaboração premiada (AIRES; FERNANDES, 2017).

A esse respeito, Antonio Suxberger é enfático, e revela a existência de "códigos" velados para o exercício da discricionariedade no âmbito do órgão acusatório para a definição de prioridades nos casos a serem submetidos à persecução penal (SUXBERGER, 2019). É nesse contexto que se verifica não só a possibilidade, mas verdadeira necessidade de que a obrigatoriedade da ação penal coexista com critérios de oportunidade que permitam saídas alternativas ao processo, consensuais ou não, sem que isso signifique perda de legitimidade do sistema jurídico-penal (SUXBERGER, 2017).

A adoção do princípio da oportunidade, então, funda-se na necessidade de que o sistema jurídico penal seja mais seletivo e estratégico frente à criminalidade, de acordo com critérios e valores predominantes em determinado momento histórico e social, como uma política criminal propriamente dita,[1] e com previsão legal. Uma das dificuldades perpassa, certamente, a ampliação dos poderes do Ministério Público, de forma que o controle do exercício de suas atribuições se mostra medida imperiosa para assegurar os princípios e garantias processuais penais. Há que se estabelecer critérios claros, aplicáveis de modo geral e passíveis de controle judicial, respeitando-se o tratamento igual entre os cidadãos.

Não é demais reforçar que o exercício do princípio da oportunidade por meio do ANPP, objeto do presente estudo, não deve se confundir com o exercício da discricionariedade pelo membro do Ministério Público, sob pena de que não só a tutela estatal dos casos penais caia em descrédito pela sociedade, mas também a própria respeitada instituição. O agente

[1] Mais do que isto, é possível conceber situações nas quais, embora exista crime, não convém acusar, seja porque suas consequências já são suficientemente penosas ao próprio agente, a ponto de recomendar a não aplicação da pena, seja porque a pena, no caso concreto, não alcançaria qualquer finalidade juridicamente válida, seja porque a legislação penal, em relação a determinados crimes, está ultrapassada e superada, enfim, pelos mais diversos motivos, é possível vislumbrar que nem sempre o processo e a pena representam uma resposta político-criminal adequada ou justa (AIRES; FERNANDES, 2017, p. 134).

estatal deve atuar sempre de forma submissa à lei, respeitando o princípio da legalidade – aqui entendido em modo amplo – também quando do exercício da oportunidade por meio dos mecanismos de consenso. Do contrário, haveria claros espaços em aberto para que fossem preenchidos meramente pela discricionariedade do membro do *parquet*, submetidos a critérios subjetivos e sem necessidade de justificação, o que é de todo inadmissível em um Estado de Direito.

O cerne da problemática é a delimitação dos critérios para a tomada de decisão pelo órgão acusatório dos casos em que poderá se valer do princípio da oportunidade. Seja através de normas legais ou de normas internas ao órgão de acusação, é condição *sine qua non* para a segurança jurídica o estabelecimento de requisitos de caráter político-criminal de modo específico para o oferecimento do ANPP, os quais ultrapassam a mera constatação dos indícios suficientes de autoria e materialidade de um crime, e a limitação da pena mínima (como prevê o artigo 28-A, do CPP), de modo a propiciar a atuação fundamentada do Ministério Público.

Apenas com a definição de critérios claros é que o exercício da oportunidade pelo agente estatal estará em consonância com o princípio da legalidade, cuja atuação poderá ou não ser questionada pela defesa do acusado, e devidamente controlada pelo poder judiciário, evitando subjetivismos inaceitáveis quando se trata da liberdade do indivíduo. Em um processo penal democrático, impreterivelmente, o exercício do poder punitivo, seja pelo exercício da ação penal, seja pelas alternativas ao processo, utilizando instrumentos pautados pelo princípio da oportunidade (como as soluções consensuais ou negociadas) deve estar limitado e condicionado às regras legalmente definidas, única opção aceitável em um Estado Democrático de Direito.

Nesse sentido, em consonância com o sistema acusatório,[2] a obrigatoriedade da ação penal pode ser excepcionada pelo princípio da oportunidade, exercido por mecanismos de consenso desde que dentro da legalidade – isto é, dentro das hipóteses e condições legalmente definidas (VASCONCELLOS, 2018, p. 40). Não necessariamente mecanismos que

[2] Importa que o Ministério Público possa assumir, na íntegra e sem falsas aparências, o lugar e o discurso do acusador, preservada a disponibilidade e respeitada, em sua totalidade, o modelo processual acusatório (repita-se, subtraindo-se do juiz a iniciativa probatória, para que seja efetivamente o árbitro pretensamente imparcial). (SILVEIRA, 2014, p. 133).

excepcionem o princípio da obrigatoriedade irão colidir com a inarredável observância à legalidade. O norte da atuação dos agentes estatais envolvidos na justiça criminal deve ser sempre o princípio da legalidade, a fim de proteger toda a sociedade de decisões pessoais, carregadas de subjetivismos que não se amoldam ao processo penal democrático (PRADO, 2006).

A lição de Vinícius Vasconcellos defende a possibilidade de um cenário de oportunidade legalmente regulada (VASCONCELLOS, 2018) – o que se distingue sobremaneira do equivocado conceito de "oportunidade regrada", que constituiria a mitigação do princípio da obrigatoriedade nos casos previstos em lei. A crítica à "oportunidade regrada" cinge-se ao fato de que, nesse sentido, a oportunidade não seria uma exceção, mas uma variedade da própria legalidade, conforme Nereu Giacomolli: "a expressão 'oportunidade regrada' não é correta porque não é a oportunidade, em si mesma, que se submete a uma regra: o juízo de oportunidade sempre consiste em dizer o que se considera oportuno, ainda que não coincida com o que, em princípio, se depreende da norma legal" (GIACOMOLLI, 2006, p. 70).

A oportunidade legalmente regulada constituiria, então, um cenário em que a oportunidade seria exercida pelo órgão de acusação mediante a definição em lei, de modo objetivo e taxativo, das hipóteses em que, ainda que presentes elementos mínimos a indicar a autoria e materialidade da ocorrência de fato típico punível, poderia o agente estatal se abster, motivada e fundamentadamente, de iniciar a persecução penal, com base em critérios previstos no texto legal, seja de cunho utilitário, político-criminal, ou econômico, submetido ao controle jurisdicional (VASCONCELLOS, 2018). Compreende-se que o ANPP, enquanto instrumento da justiça consensual, deve ser aplicado no âmbito da oportunidade legalmente regulada, encerrando em si mesmo a garantia de manutenção dos ditames do processo penal democrático.[3]

[3] De modo diferente, Nereu Giacomolli sustenta que nesses casos a atuação do agente estatal não estaria submetida ao princípio da oportunidade, mas sim ao princípio da legalidade "que autoriza e informa uma atuação com uma certa dose de oportunidade", retornando-se à problemática já enfrentada de que tais princípios constituíram conceitos opostos, o que não se defende neste trabalho (GIACOMOLLI, 2006, p. 72).

### 1.3. O acordo de não persecução penal enquanto negócio jurídico e poder-dever do Ministério Público – redução de danos e observância ao Sistema Acusatório

A doutrina divide-se em duas perspectivas principais sobre a natureza jurídica do acordo de não persecução penal: enquanto negócio jurídico que veicula política criminal do Ministério Público, em exercício do princípio da oportunidade, e enquanto direito subjetivo do acusado, na hipótese em que atendidos os requisitos previstos no artigo 28-A do Código de Processo Penal, sem margem de discricionariedade para a definição dos casos elegidos para a propositura do acordo pelo órgão acusatório.

Para João Paulo Orsini Martinelli e Luís Felipe Sene da Silva, o ANPP é direito subjetivo do acusado, inserido por norma de natureza penal (MARTINELLI; SILVA, 2020). De modo semelhante, Francisco Barros entende ser o ANPP direito fundamental por estar intimamente relacionado à garantia do *status libertatis* do autor do delito (BARROS, 2020).

Todavia, a questão esbarra na principal premissa do sistema acusatório: entender o ANPP como um direito subjetivo implicaria a possibilidade de que o Poder Judiciário o concedesse à revelia do posicionamento do Ministério Público. A problemática é que, nesses termos, o órgão judicante avançaria em papel de titularidade exclusiva do órgão de acusação, único incumbido do múnus público de intentar a ação penal (BADARÓ, 2020).

Nada obstante a jurisprudência dos Tribunais Superiores ainda não tenha se firmado em definitivo sobre o tema, em caso recentemente apreciado pela Primeira Turma do Supremo Tribunal Federal já se compreendeu que não há direito subjetivo do acusado a realizar o acordo de não persecução penal, que constitui uma opção fundamentada do órgão acusatório entre oferecer a denúncia e realizar o acordo, nos termos da política criminal adotada pela instituição.[4]

[4] 1. As condições descritas em lei são requisitos necessários para o oferecimento do Acordo de Não Persecução Penal (ANPP), importante instrumento de política criminal dentro da nova realidade do sistema acusatório brasileiro. Entretanto, não obriga o Ministério Público, nem tampouco garante ao acusado verdadeiro direito subjetivo em realizá-lo. Simplesmente, permite ao Parquet a opção, devidamente fundamentada, entre denunciar ou realizar o acordo, a partir da estratégia de política criminal adotada pela Instituição (HC 191124 AgR, Relator: ALEXANDRE DE MORAES, Primeira Turma, julgado em 08/04/2021. PROCESSO ELETRÔNICO DJe-069 DIVULG 12-04-2021 PUBLIC 13-04-2021).

Não se descura que o Poder Judiciário pode e deve intervir em casos de ilegalidade patente (RESENDE, 2020). Entende-se que, preenchidos os requisitos legais, o imputado tem direito a uma *manifestação fundamentada* do órgão acusatório, seja pela propositura do acordo, ou que apresente as razões pela sua inaplicabilidade.[5] Há mesmo que se controlar a legalidade do ato de recusa em oferecer o benefício pelo Ministério Público, a própria legislação assim o prevê no §14 do artigo 28-A, quando contempla a possibilidade de remessa ao órgão superior competente. A questão chave é: pode o juiz conceder o ANPP à revelia do Ministério Público? Tal possibilidade não se amolda ao sistema acusatório, conforme Badaró (2020).

De forma analógica, o entendimento do ANPP enquanto negócio jurídico processual submetido a critérios legais e imprescindível fundamentação, que encerra um poder-dever do Ministério Público quando preenchidos os requisitos legais, alinha-se à jurisprudência dos Tribunais Superiores a respeito dos institutos previstos na Lei nº. 9.099/95, também inerentes ao conceito de justiça penal negocial. O Superior Tribunal de Justiça assim o definiu no âmbito da suspensão condicional do processo (STJ, 2018).

O dever de fundamentação é essencial tanto para os casos em que as tratativas tenham êxito, quanto para aqueles em que o órgão ministerial se recuse à formalização do acordo (ARAS, 2020), a fim de permitir a efetiva atividade fiscalizatória do Poder Judiciário no sentido de coibir eventuais excessos ou desvirtuação do instituto.[6] Isso porque ao submeter o pedido

[5] O ANPP, a suspensão condicional do processo e a transação penal não constituem direitos subjetivos do acusado, mas sim faculdades postas à disposição do Ministério Público para fins de política criminal, no exercício da ação penal, informada pelo princípio da oportunidade. São negócios jurídicos bilaterais, que dependem de anuência de ambas as partes. Contudo, o investigado, o denunciado ou o autor do fato têm direito subjetivo a uma manifestação fundamentada, negativa ou positiva, do Ministério Público quanto aos institutos do art. 28-A do CPP ou dos arts. 76 e 89 da Lei n. 9099/1995. Tais soluções processuais, que devem resultar do acordo de vontades das partes e da conformidade, constituem meras expectativas de direitos, inclusive porque dependem de homologação judicial para adquirirem eficácia (ARAS, 2020, p. 207).

[6] Conforme o teor do art. 28-A, §§4º e 5º, do CPP, entende-se que a legislação impõe ao Poder Judiciário o dever de fiscalizar o acordo de não persecução penal a fim de coibir abusos: "§ 4º Para a homologação do acordo de não persecução penal, será realizada audiência na qual o juiz deverá verificar a sua voluntariedade, por meio da oitiva do investigado na presença do seu defensor, e sua legalidade."; e "§ 5º Se o juiz considerar inadequadas, insuficientes ou

de homologação do ANPP ao juízo competente, nos termos do artigo 28-A, §4º, do CPP, a motivação do ato permite o controle pelo juízo competente, com a demonstração da efetiva presença de justa causa, da transparência e lisura das tratativas, bem como da racionalidade das condições pactuadas.

Igualmente essencial que o Ministério Público fundamentadamente aponte as razões de sua recusa ao ANPP no caso concreto, de modo a permitir que tanto o juízo competente, quanto a defesa, possam dissentir da motivação apontada, a permitir a impugnação perante o órgão ministerial revisional das razões apontadas.[7] Percebe-se, assim, que a legislação processual penal a respeito do ANPP aponta para a impossibilidade de considerá-lo direito subjetivo do acusado, vez que, se assim o fosse, na hipótese de recusa ministerial à formalização do acordo, poderia o juízo competente agir *ex officio*.

Diante da opção pelo sistema acusatório e sua base de sustentação na separação entre as funções, tal hipótese não parece adequada, no sentido de que é inviável que o magistrado imponha ao titular da ação penal o oferecimento de uma proposta de solução consensual ao investigado, ou que conceda os benefícios do acordo unilateralmente, para além do contexto da justiça penal negocial em que se insere o instrumento, que pressupõe a bilateralidade.

Assim, entende-que que o ANPP é negócio jurídico processual que encerra um poder-dever do Ministério Público, a partir da introdução de hipótese de não obrigatoriedade da ação penal, por meio de acordo entre a acusação e o imputado, acompanhado de sua defesa técnica, que poderá ser firmado a juízo de oportunidade do Ministério Público, caso o órgão estatal entenda ser necessário e suficiente para a reprovação do crime,

abusivas as condições dispostas no acordo de não persecução penal, devolverá os autos ao Ministério Público para que seja reformulada a proposta de acordo, com concordância do investigado e seu defensor.

[7] Por outro lado, a ausência de parâmetros para justificar certa escolha subjetiva impeditiva do acordo, ou ainda a negativa infundada, acarretam, cada qual, possível arbitrariedade. O máximo que o investigado pode fazer é requerer a remessa dos autos ao órgão superior do próprio Ministério Público que, entre as opções, pode insistir na não formulação do acordo. Para fazer valer o contido no § 14 do art. 28-A do CPP, o membro do Ministério Público não poderá, imediatamente, oferecer a denúncia, senão estará obrigado a comunicar ao investigado as razões da omissão. Por vezes essas razões serão apresentadas em cota, acompanhando a denúncia (BEM; BEM, 2020, p. 102).

mediante a confissão circunstanciada e a imposição antecipada de sanções não privativas de liberdade e outras condições ajustadas, a fim de evitar o processo penal e as consequências derivadas da condenação, nos casos de delitos sem violência ou grave ameaça com pena mínima abstrata de até quatro anos, ressalvadas as exceções legais, submetido à homologação judicial.

## 2. Limites da atuação do ministério público no acordo de não persecução penal

### 2.1. Por que controlar a atuação do ministério público no âmbito do acordo de não persecução penal?

A relevância do Ministério Público para a sociedade brasileira é indiscutível. É órgão permanente de Estado, imbuído da missão de defender a ordem jurídica e os interesses da sociedade perante o Poder Judiciário.

Não por outro motivo, aliada à autonomia funcional e administrativa, prevista no texto constitucional, seus membros dispõem de robusto conjunto de instrumentos de ação para firmar-se como importantes atores políticos, a fim de lhes conferir os *meios* para o exercício de suas atribuições perante o Poder Judiciário em defesa da sociedade. Nesse contexto, a ação processual penal encerra papel político fundamental ao Ministério Público e ao judiciário, com "consequências imediatas em sua concreta realização e, portanto, nas vidas das pessoas sujeitas à persecução penal" (SILVEIRA, 2014, p. 118).

A atuação do Poder Judiciário e dos demais órgãos do sistema de justiça – incluindo o Ministério Público – interferem na própria formulação, implementação e até avaliação das políticas públicas por meio de suas ações (OLIVEIRA; LOTTA; VASCONCELOS, 2020). Nesse cenário, considerando a relevantíssima participação do órgão ministerial para a celebração do ANPP, importa trazer questionamentos sobre *como* ocorrem as escolhas dos membros do Ministério Público sobre *quais* casos devem ser levados adiante e *como* devem ser levados – isto é, existe algum procedimento previamente estabelecido em norma interna a ser seguido pelos procuradores e promotores? Como se dá o controle e a *accountability* do órgão, a partir de sua dimensão institucional e seus meios de atuação?

Uma medida que poderia limitar a autonomia do Ministério Público foi a criação do Conselho Nacional do Ministério Público (CNMP), em 2004, pela Emenda Constitucional nº 45. O CNMP tem por papel principal atuar em prol da sociedade, mediante a fiscalização administrativa, financeira e disciplinar do Ministério Público e de seus membros, com o resguardo à autonomia funcional. Sua composição é eminentemente de operadores do direito, em sua maioria de membros do próprio Ministério Público – dos quatorze componentes, oito são integrantes da instituição.[8]

Embora a iniciativa indique maior *accountability* em relação à organização, a composição do órgão com a maioria de seus membros integrantes do próprio Ministério Público pode não ser suficiente para o rompimento de elementos corporativos (KERCHE, 2007). Com atuação firme na defesa da autonomia da instituição, o CNMP tem editado normas internas a fim de estabelecer padrões e procedimentos de atuação, diretrizes que reforçam as próprias funções do Ministério Público, sem que isso implique, necessariamente, maior transparência nos processos decisórios que precedem à manifestação ministerial por escrito (OLIVEIRA; LOTTA; VASCONCELOS, 2020).

Relembre-se que o ANPP se estabelece como instrumento de política criminal para colaborar com o enfrentamento das inúmeras demandas criminais que se acumulam na justiça criminal (MARTINELLI; SILVA, 2020), com atuação seletiva por meio da formalidade da ação penal. O sistema de justiça criminal enquanto instrumento de controle social se propõe a ser igualitário, justo e comprometido com a dignidade da pessoa humana, mas a realidade cotidiana o revela como seletivo, repressivo e estigmatizante (BATISTA, 2007; BARATTA, 2012).

Dessa feita, há que se encontrar caminhos e soluções para que as críticas há muito dirigidas ao sistema de justiça criminal brasileiro – de caráter seletivo; com acesso não igualitário às instâncias de justiça; carregada de excessos punitivistas; e incapaz de promover a efetiva responsabilização penal em crimes vinculados à criminalidade econômica – não se repliquem na aplicação do ANPP (SUXBERGER, 2019).

Naturalmente, a decisão pela celebração ou não do acordo perpassa também a reflexão crítica do próprio acusado e de sua defesa técnica que, em conjunto, devem avaliar o custo-benefício da utilização estratégica do acordo mediante análise do caso em concreto. Afinal, o processo penal é, em certa medida, também um "jogo de tabuleiro", e vence quem tem a melhor estratégia. À legislação, incumbe promover regras que assegurem

[8] Disponível em: https://www.cnmp.mp.br/portal/institucional/o-cnmp/apresentacao.

a igualdade nessa disputa, mantendo-se o dever de boa-fé e transparência dos envolvidos (ROSA, 2016).

Todavia, não é difícil concluir que é nas mãos do órgão acusatório que se concentra o maior poder de disposição do ANPP, dado que o acusado já se encontra, por natureza, em posição de vulnerabilidade no bojo de uma acusação criminal. Não restam dúvidas de que em um Estado Democrático de Direito as razões que informam tal decisão não podem se pautar por interesses individuais dos membros do Ministério Público.

Sob outro ponto de vista, o maior poder de negociação das condições a serem cumpridas pelo acusado também está centrado no Ministério Público, encerrando indesejável desequilíbrio de forças entre acusação e defesa que deve ser mitigado para se resguardar o pressuposto da consensualidade do instituto e evitar tanto "contratos de adesão" pré-definidos unilateralmente, quanto eventuais excessos na definição das condições.

Nesse contexto, há que se cogitar ainda os riscos de que a principal clientela do processo penal, nem sempre assistida por uma defesa técnica efetiva, seja atingida de modo automatizado pela larga aplicação do acordo de não persecução penal. Isso é, a necessidade de se resguardar mecanismos de controle da atuação do acusador público é também imprescindível não só para se evitar ocasionais favoritismos e subjetivismos, mas também para que o instituto não seja indevidamente utilizado como um atalho investigativo, como complemento de um expediente investigatório que não tenha tido resultados robustos para o oferecimento de denúncia, agora complementado com a confissão e a celebração do acordo com o investigado, pressionado pelo temor de enfrentar os riscos de um processo penal.

Por outro lado, a importância de se estabelecer balizas claras de racionalidade e conformação do poder exercido pelo Ministério Público na deflagração ou não da persecução penal perpassa também pelo reconhecimento de que, embora se cuide de medida despenalizante, por afastar o processo penal tradicionalmente considerado como resposta formalizada e estigmatizante do Estado, o acordo de não persecução penal também amplia e intensifica consideravelmente o controle penal. Antonio Suxberger assim ensina:

> Isso porque o acordo retira esfera considerável de insucesso da persecução penal na busca pela imposição de sanção penal. Ao concordar voluntariamente

com medidas de responsabilização, o investigado confesso torna certa a imposição de medida que, se não implica sanção penal em seu sentido mais estrito, cumpre informalmente as propaladas missões de retribuição e prevenção que subjacem ao próprio discurso de existência do Direito Penal e de sua resposta por meio da pena (SUXBERGER, 2019, p. 93).

Para tanto, compreende-se que a atuação ministerial deve cingir-se aos limites legais e infralegais, estabelecidos mediante normativos internos ao próprio órgão, a fim de que a aplicação do ANPP ocorra sem favoritismos ou subjetivismos, mas de modo isonômico, sob pena de mera perpetuação e agravamento do criticado caráter seletivo do sistema de justiça criminal no Brasil, para além da evidente violação aos princípios constitucionais.

Com efeito, a atuação do Ministério Público no âmbito da oportunidade legalmente regulada é medida imprescindível para a observância dos princípios do processo penal democrático na aplicação do ANPP, que deve ser pautado pela boa-fé dos envolvidos, por uma defesa técnica efetiva, pela transparência e observância aos critérios legais na atuação do órgão ministerial, pela clareza da exposição das consequências ao acusado, e por um controle jurisdicional que não seja mera ficção (LEITE, 2013).

## 3. Os diferentes atores envolvidos no acordo de não persecução penal como mecanismos de controle

### 3.1. Normativos internos ao Ministério Público como mecanismos de controle à vontade ministerial

A redação do artigo 28-A do CPP deixou diversas hipóteses em aberto sobre sua aplicação. Diante das controvérsias, normas internas vêm sendo editadas no âmbito do Ministério Público, a fim orientar os membros da instituição na interpretação da Lei Anticrime, com força persuasiva. Isso porque tais diretrizes apresentam a visão institucionalizada do Ministério Público – por vezes, possivelmente, parcial –, verdadeiro espelho do pensamento jurídico levado a efeito pelos membros da instituição sobre os dispositivos da nova lei.

Assim, a ausência de limites legais claros e bem definidos como parâmetros para a celebração do acordo de não persecução penal, reforça a necessidade de mecanismos de controle da atuação do acusador público, para evitar ocasionais violações ao princípio da igualdade e arbitrariedades no exercício da oportunidade concernente ao ANPP. Tais mecanismos de controle são necessários como complemento aos parâmetros legais, a fim de assegurar tratamento igualitário e em observância às garantias constitucionais, para além de conferir transparência à atuação ministerial e possibilidade de controle da decisão pela não persecução penal.

Não há dúvidas de que o principal ator para a realização do acordo de não persecução penal é o titular da ação penal que, em regra, será também o proponente. Assim o prevê o artigo 28-A do CPP. Lado outro, não há qualquer óbice a que o primeiro contato parta da defesa do investigado, ao manifestar interesse em entabular negociações para eventual acordo.

No âmbito do Ministério Público Federal, até o mês de setembro de 2020, mais de cinco mil acordos já foram celebrados.[9] A proeminência do instituto exige que se estabeleçam sistemas de controle capazes de evitar ocasionais aporias na sua aplicação.[10] Nas palavras de Soraia Mendes e Augusto Souza, é necessária "uma remodelação da forma de atuação dos órgãos integrantes do sistema de justiça a quem incumbe a efetivação de políticas criminais em âmbito jurisdicional, especialmente o Ministério Público e o Poder Judiciário, para que se adequem a essa nova realidade, rompendo antigos modelos de atuação que se mostraram ineficazes e explorando os novos instrumentos" (MENDES; SOUZA, 2020, p. 1204).

Do ponto de vista interno ao órgão, tal como já se estabelece sobretudo no âmbito do MPF, normativos internos são recomendáveis, a fim de orientar e uniformizar a atuação de seus membros e evitar tratamentos anti-isonômicos, e devem ser revisitados e aprimorados com a constância necessária. Entende-se pertinente, ainda, que novos normativos internos sejam elaborados, com o estabelecimento de diretrizes básicas e pressupostos de atuação dos representantes ministerial em negociações no âmbito criminal, com a previsão de sanções administrativas em caso de má conduta, justamente a fim de evitar violações aos princípios constitucionais, notadamente o princípio da isonomia. Nada obstante a

[9] Justiça Consensual: MPF já fechou mais de 5 mil acordos de não persecução penal. Portal Consultor Jurídico, 17 set. 2020. Disponível em: https://www.conjur.com.br/2020-set-17/mpf-fechou-mil-acordos-nao-persecucao-penal. Acesso em: 10 mar. 2021.

[10] Existem diversas formas de implementar-se um sistema de acordo penal, sendo certo que o desenho normativo de um sistema que tal é importantíssimo para minorar os riscos de injustiça, que inegavelmente podem derivar da adoção dessas práticas (CABRAL, 2020, p. 51).

Lei Complementar nº 75/1993 já disponha sobre as sanções aplicáveis aos membros do Ministério Público, pensa-se que normas específicas a respeito do ANPP, que abordem possíveis meios de coibir eventual má conduta do representante ministerial terão caráter mais efetivo.

Não se cogita minar a independência funcional do membro do Ministério Público, mas sim reforçar a postura institucional frente à importantíssima política criminal veiculada pelo ANPP. Situação semelhante ocorreu e ainda ocorre com o acordo de colaboração premiada (VASCONCELLOS, 2020), mediante a edição também de normativos internos, a fim de uniformizar a atuação ministerial, sem prejuízo à independência funcional.

As Câmaras de Coordenação e Revisão do Ministério Público Federal, em especial a 2ª CCR, órgão incumbido da coordenação, integração e revisão do exercício funcional dos membros do Ministério Público Federal na área criminal, têm editado orientações e recomendações para que os membros da instituição, respeitada a independência funcional, observem determinados parâmetros na realização dos acordos de não persecução penal, como é o caso da Orientação Conjunta nº. 03/2018, da Orientação nº. 40/2020 e do Enunciado nº. 98/2020.[11]

No âmbito do Ministério Público Estadual, por sua vez, também foram aprovados enunciados elaborados pelo Grupo Nacional de Coordenadores de Centro de Apoio Criminal,[12] aprovados pelo Conselho Nacional de Procuradores-Gerais do Ministério Público dos Estados e da União,[13] uma associação dos Procuradores-Gerais de Justiça dos Ministério Públicos dos Estados e da União, criada para a defesa dos princípios, prerrogativas e funções institucionais, também com vistas a orientar seus membros na interpretação e aplicação do novo instituto.

Neste momento do estudo, pretende-se levantar possibilidades sobre o conteúdo em si considerado dos mecanismos de controle interno ao órgão acusador, para uniformizar as orientações sobre pontos sensíveis no que

[11] Disponível em: http://www.mpf.mp.br/atuacao-tematica/ccr2. Acesso em: 5 jan. 2021.

[12] Disponível em: www.mpse.mp.br/index.php/2020/01/24/cnpg-aprova-enunciados-produzidos-pelo-gnccrim-para-orientar-a-atuacao-dosmembros-do-mp-sobre-a-lei-anticrime/. Acesso em: 20 jan. 2021.

[13] Disponível em: www.cnpg.org.br/images/arquivos/gndh/documentos/enunciados/GNCCRIM_Enunciados.pdf. Acesso em: 20 jan. 2021.

tange à atuação do Ministério Público no ANPP, sempre no sentido de minorar os riscos de injustiças na sua aplicação. Mais adequado do que apenas apresentar os problemas dos instrumentos da justiça negocial penal, pretende-se elencar possíveis soluções para a sua conformação com os princípios do processo penal.

Assim, para além das previsões legais que devem ser mais específicas, levando-se em consideração dificuldades já experimentadas pela prática do próprio ANPP e de outros institutos da justiça criminal negocial, entende-se necessário o aprimoramento das orientações internas para a atuação ministerial a respeito dos temas a seguir, sempre tendo como norte a necessidade de viabilizar eventual controle da vontade do Ministério Público a fim de assegurar as garantias constitucionais dos imputados: (i) do dever de observância aos critérios legais para a incidência do mecanismo, de modo especial quanto à real presença de elementos que já permitiram o oferecimento da denúncia em juízo; (ii) do dever de fundamentação da decisão ministerial sobre o cabimento ou não do acordo; (iii) do dever de transparência e boa-fé nas tratativas; (iv) do dever de se estabelecer as tratativas em cenários que favoreçam as condições de igualdade para a negociação; (v) do dever de não se realizar o acordo mediante contratos de adesão descolados da realidade concreta de cada caso; (vi) da impossibilidade de realização do acordo de não persecução penal durante as audiências de custódia;[14] (vii) da impossibilidade de utilização da confissão em caso de rescisão do ANPP;[15] (viii) da impossibilidade de compartilhamento da confissão para outros casos criminais

[14] Sobre o ponto, o posicionamento adotado pelo MPF na Orientação Conjunta nº. 3/2018 é pela possibilidade de realização do ANPP durante as audiências de custódia, posição em relação à qual respeitosamente divergimos, em razão dos pressupostos desse momento processual, informado pela imediatidade e urgência, tornando inviável a prática de ato complexo e bilateral constitutivo do ANPP, sem prejuízo de que o órgão acusador sinalize a possibilidade da avença ao acusado e seu defensor, para que, em outro momento sejam entabuladas as negociações, com prazo suficiente para que o imputado tenha contato com seu advogado. Assim também (MENDONÇA, 2020).

[15] Entende-se que a confissão enquanto requisito para o ANPP, por si só, revela a necessidade de análise crítica da questão, reforçada quando se soma à possibilidade de existência de falsas confissões, e à indefinição na lei e nos normativos internos sobre a possibilidade de sua utilização em caso de rescisão do pacto como supedâneo probatório para o oferecimento de denúncia, bem assim quanto ao possível compartilhamento para outras esferas de apuração. Sobre o ponto, ver Vasconcellos e Reis (2021).

ou de outras esferas de apuração (VASCONCELLOS; REIS, 2021); (ix) da possibilidade de aplicação do ANPP também a ações penais em curso quando da inserção do mecanismo no Código de Processo Penal, limitado ao trânsito em julgado da sentença condenatória;[16] (x) da possibilidade de incidência da lógica da detração da pena em caso de rescisão do pacto e posterior condenação.[17]

Há, claro, outros temas que ainda serão enfrentados pela atuação prática diária. Com efeito, desde já, pensa-se que por meio de normas internas que versem sobre as questões ora apontadas e outras, será possível uniformizar a compreensão do instituto perante os membros do Ministério Público, a fim de evitar possíveis tratamentos desiguais e irregularidades subsequentes.

Reforça-se a necessidade de normas internas comprometidas com a necessidade de fundamentação da decisão ministerial, aliada a normativos que estabeleçam diretrizes e condutas a serem empreendidas – sobretudo para a equiparação do poder de negociação entre acusação e defesa, o que

[16] O MPF já apresentou seu posicionamento no Enunciado nº. 98/2020, segundo o qual se entende "cabível o oferecimento de acordo de não persecução penal no curso da ação penal, isto é, antes do trânsito em julgado", incluindo-se processos penais que já estivessem em curso antes da vigência da Lei nº. 13.964/2019. Para os casos em que já exista sentença ou acórdão condenatório, segundo o MPF, incumbiria ao membro oficiante a análise da decisão para verificar a pertinência e adequação da propositura do acordo. Para o Conselho Nacional de Procuradores-Gerais, compreende-se a possibilidade de aplicação do ANPP a casos em curso desde que não recebida a denúncia, conforme Enunciado 20. Nos Tribunais Superiores a questão ainda será definida – no Superior Tribunal de Justiça, há *habeas corpus* afetado à Terceira Seção (conforme decisão do Min. Rogério Schietti no HC 596.340/TO, em 24.11.2020); no Supremo Tribunal Federal, também há *habeas corpus* afetado ao Plenário, pendente de julgamento (Conforme decisão proferida pelo Min. Gilmar Mendes no HC 185.913 em 22.09.2020). A multiplicidade de entendimentos demonstra a necessidade de que o tema seja pacificado para aplicação uniforme, permitindo o controle interno à vontade do órgão ministerial em eventual hipótese em que o representante decida por não oferecer o ANPP pela questão intertemporal, mesmo que preenchidos os requisitos legais.

[17] Compreendendo as condições pactuadas como verdadeiras penas criminais, entende-se pela possibilidade de se computar eventual prestação pecuniária e indenização já pagas, e o tempo de prestação de serviços à comunidade para fins de abatimento da pena cominada, em observância aos princípios da boa-fé e do adimplemento substancial consagrados na teoria dos negócios jurídicos (LOPES JR., 2021). Também pela natureza de pena criminal: FRANCO, 2020; PACELLI, 2020. Em sentido contrário, SUXBERGER, 2020.

somente é conferido com a postura equânime do Ministério Público –sob pena de aplicação de sanções disciplinares ao membro que não atue com a transparência e dever de observância aos critérios legais e princípios regentes.

Assim, entende-se que será possível evitar que o acordo de não persecução penal prospere em cenários de violações às garantias constitucionais, mediante indesejada atuação automatizada, com propostas de acordo pré-estabelecidas como um contrato de adesão, desconsiderando a situação concreta, as circunstâncias do fato delitivo e do agente.

### 3.2. O papel do controle jurisdicional como mecanismo de controle

O Poder Judiciário, por sua vez, também tem meios para estabelecer-se como mecanismo de controle à vontade do Ministério Público. Entende-se que o julgador exercerá importante papel de garantidor dos direitos fundamentais do acusado e da legalidade de todo o procedimento do ANPP, tanto para os casos em que o Ministério Público prossiga às tratativas junto ao imputado, quanto para os casos em que entenda o órgão acusatório pelo não cabimento da avença.

Defende-se a atuação jurisdicional de modo profícuo na fase de homologação, como garantidor das regras do devido processo e dos direitos fundamentais dos acusados (VASCONCELLOS, 2020), quando poderá realizar o controle formal e empreender uma análise preliminar da adequação ao caso, mediante controle de legalidade e regularidade do instituto.

No momento do juízo homologatório, é recomendável que o julgador, além do exame formal da pertinência legal, exerça juízo de delibação mínima acerca do caso concreto, ainda que de modo superficial, para verificação dos aspectos relacionados ao cabimento do acordo e os efeitos propostos, a fim de analisar a sua adequação. A possibilidade de contaminação da imparcialidade do julgador ao exercer o juízo homologatório nesse contexto, cogitando-se de eventual rescisão da avença e início do processo penal, deve ser sopesada, a fim de encontrar um equilíbrio ideal (VASCONCELLOS, 2020), de modo que não ocorra uma análise meramente protocolar para a homologação do ANPP. A solução está na instituição do juiz de garantias pela nova legislação, a quem competirá a homologação do acordo de não persecução penal, quando formalizado durante a investigação (artigo 3º-B, inciso XVII), de modo que ficará impedido de atuar em eventual processo decorrente do rompimento do pacto, nos termos do artigo 3º-D.[18]

Na fase de negociação do acordo, por outro lado, a participação do julgador não é desejável, a fim não comprometer sua imparcialidade (COURA; BEDÊ Jr., 2016) e para que não se amplie eventual pressão sobre o investigado para a realização do acordo (CABRAL, 2020), imiscuindo-se em momento essencialmente reservado às tratativas entre acusação e defesa. De modo implícito, a legislação preconiza a ausência do juiz no momento das tratativas, em respeito ao sistema acusatório, conforme o §3º, do artigo 28-A do CPP, o que confere um reforço à imparcialidade do julgador.

A negativa em propor o oferecimento do acordo de não persecução penal também está submetida ao controle judicial. Outro mecanismo de controle da vontade do Ministério Público inserto na competência jurisdicional está previsto no artigo 28-A, §14, CPP, que prevê a possibilidade de remessa dos autos a órgão superior do Ministério Público no caso de recusa na propositura do acordo de não persecução penal, mesmo quando preenchidos os requisitos, caso o acusado assim o requeira.

Nesse ponto, na hipótese em que o magistrado não atenda a pedido da defesa com base na previsão legal do §14 ou para o caso de que a manifestação ministerial não tenha sido fundamentada, compreende-se que a recusa do Ministério Público em oferecer o acordo de não persecução penal pode ser objeto de controle judicial por meio da impetração de *habeas corpus*, garantia fundamental e adequada para assegurar a plenitude do direito à liberdade de locomoção (RESENDE, 2020), não para que o Poder Judiciário unilateralmente conceda os benefícios do ANPP, o que violaria o sistema acusatório, mas para se determinar que o órgão superior do Ministério Público analise as razões apresentadas pela defesa do acusado e apresente manifestação fundamentada a respeito da decisão pelo oferecimento ou não da avença.

Para além disso, compreende-se também pela possibilidade de que o juiz, de ofício, submeta a questão à instância revisora do órgão ministerial, nos termos da redação do artigo 28, do CPP – aqui considerando tanto

[18] Os dispositivos que instituíram o juiz de garantias continuam suspensos pela medida cautelar deferida pelo Min. Luiz Fux nas ADIs 6.298, 6.299 e 6.300.

a redação antiga do dispositivo –[19] quanto a alteração realizada pelo Pacote Anticrime.[20] Essa foi a opção da jurisprudência quando da análise dos instrumentos negociais inseridos pela Lei nº. 9.099/95, também de legitimidade do Ministério Público, conforme se verifica na Súmula 696 do Supremo Tribunal Federal.[21]

Não se pretende que o juiz exerça um papel de protagonismo no acordo de não persecução penal, vulnerando sua imparcialidade e o espaço negocial reservado às partes. Todavia, imprescindível que o juiz se consolide como um "garantidor das regras do devido processo e dos direitos fundamentais dos acusados, conforme orientação constitucional e convencional" (VASCONCELLOS, 2020, p. 112), evitando-se, assim, que a aplicação do acordo de não persecução penal implique violações aos princípios constitucionais e às normas de regência. A Lei nº. 13.964/2019 não inseriu os dispositivos legais em comento para que o juiz se transforme em mero agente responsável pela homologação dos acordos (FRANCO, 2020).

### 3.3. A atuação da defesa enquanto mecanismo de controle

A principal razão de ser da presença de defesa técnica em todo o procedimento que envolve o acordo de não persecução penal é auxiliar na proteção dos direitos fundamentais do imputado (SOUZA, 2020), resguardando que a decisão pelo acordo seja suficiente e adequadamente informada de todo o panorama acusatório, ciente das vantagens e desvantagens do

[19] Art. 28. Se o órgão do Ministério Público, ao invés de apresentar a denúncia, requerer o arquivamento do inquérito policial ou de quaisquer peças de informação, o juiz, no caso de considerar improcedentes as razões invocadas, fará remessa do inquérito ou peças de informação ao procurador-geral, e este oferecerá a denúncia, designará outro órgão do Ministério Público para oferecê-la, ou insistirá no pedido de arquivamento, ao qual só então estará o juiz obrigado a atender.

[20] Art. 28. Ordenado o arquivamento do inquérito policial ou de quaisquer elementos informativos da mesma natureza, o órgão do Ministério Público comunicará à vítima, ao investigado e à autoridade policial e encaminhará os autos para a instância de revisão ministerial para fins de homologação, na forma da lei. – A nova redação do artigo 28, CPP, conferida pela Lei nº. 13.964/2019, está suspensa *sine die* diante da concessão de medida cautelar na ADI 6305/DF pelo Ministro Luiz Fux.

[21] Reunidos os pressupostos legais permissivos da suspensão condicional do processo, mas se recusando o promotor de justiça a propô-la, o juiz, dissentindo, remeterá a questão ao Procurador-Geral, aplicando-se por analogia o art. 28 do Código de Processo Penal.

acordo, a fim de resguardar a voluntariedade e o devido esclarecimento para a realização do negócio jurídico.

Assim o prevê o §3º do artigo 28-A do CPP, de modo que a presença da defesa técnica se mostra tão fundamental quanto a do próprio investigado. É pressuposto de validade para minimamente assegurar-se da voluntariedade da opção do agente por essa estratégia defensiva (SUXBERGER, 2019), a quem incumbe empreender esforços para demonstrar ao seu cliente as razões pelas quais esta ou aquela estratégia se revelem melhores para o caso concreto, ponderando as vantagens e os inconvenientes do ANPP, os riscos de eventual processo, e decidir o que é mais recomendável (LEITE, 2013).

Para tanto, o conhecimento de todo o material investigativo de que dispõe o Ministério Público é fundamental para subsidiar o debate e sopesar os riscos de ambos os caminhos e definir qual é mais benéfico, a demonstrar a necessidade de transparência e boa-fé. Nesse sentido é o posicionamento enfático de André Mirza Maduro, em estudo sobre o direito de acesso aos autos durante as negociações do acordo de colaboração premiada como corolário do *fair trial*, inteiramente aplicável ao ANPP:

> Com efeito, caso o colaborador conheça, antes do efetivo início das negociações, os elementos informativos que constam do mosaico persecutório, além da garantia de um certo equilíbrio das partes durante as tratativas consensuais, será possível, alfim, estabelecer a melhor forma de colaborar. Como se não bastasse, o dever de revelar todos os elementos informativos existentes, inclusive favoráveis à defesa, dificultará a ação desvirtuada de algumas autoridades persecutórias no sentido de pressionar/coagir o implicado em colaborar por intermédio de acusações sem base empírica idônea, que, por vezes, são fruto de sua "pura criação mental" (MADURO, 2020, p. 106).

Assim, cabe ao advogado certificar-se de que as tratativas se realizem em ambiente de transparência e máximo equilíbrio, com amplo acesso a tal documentação, a fim de que avalie as opções de estratégias defensivas, e as possíveis consequências de cada uma delas junto ao seu cliente. Ainda, por óbvio, entende-se ser vedada realização de acordos que tenham por fundamento possíveis provas ilícitas (MENDONÇA, 2020).

Com efeito, as relações entre advogado e cliente são regidas pelo Código de Ética da Ordem dos Advogados do Brasil, a fim de assegurar a defesa efetiva do investigado cujo pressuposto maior deve ser a boa-fé e ética do defensor. Em caso de discordância entre o investigado e seu defensor, será necessária a substituição do defensor, tendo em vista que a sua concordância e a sua assinatura são indispensáveis para o acordo de não persecução penal. A negativa do imputado, contudo, deve prevalecer sobre eventual incentivo à realização do acordo.[22]

De modo ainda mais essencial, o advogado, informado de todos os elementos até então constantes dos autos, sem a oposição de sigilo a nenhum documento pelo órgão acusador, deve zelar para que as tratativas apenas ocorram em casos em que exista lastro probatório suficiente – a presença de justa causa – a fim de coibir arbitrariedades na utilização de institutos consensuais em casos com notável fragilidade probatória (SILVEIRA, 2014). Deve-se envidar esforços para que o acordo de não persecução penal não se torne um atalho investigativo, mas se consolide realmente como uma alternativa ao processo penal tradicional, de modo que a defesa técnica efetiva se revela também um importante mecanismo de controle da atuação ministerial no ANPP.

Uma vez decidido que a justiça criminal negociada é o melhor caminho, ao defensor incumbirá apresentar ao cliente a exata dimensão do que está em jogo, quais os ônus e efeitos daquela decisão, zelando para que as condições pactuadas sejam possíveis de cumprimento, dentro das possibilidades individualmente consideradas. Deve informar ao seu cliente das consequências do eventual não cumprimento das condições estabelecidas, quando o Ministério Público poderá oferecer denúncia e prosseguir com a persecução penal. Ainda, o imputado deve ter a plena consciência de que, ao optar pelo ANPP, estará abrindo mão do pleno exercício das garantias constitucionais inerentes ao processo penal tradicional (MENDONÇA, 2020).

Este é o consentimento informado que irá subsidiar a voluntariedade e autonomia do investigado em concordar com a via negociada e abrir mão

22 A proposta deverá ser aceita pelo autor do fato e por seu defensor, mas, em caso de divergência, deverá prevalecer a posição do investigado, pois será ele quem terá que cumprir ou não as condições aceitas. Por outro lado, se o defensor aconselhar o investigado a aceitar o acordo, mas este não quiser celebrá-lo, o representante do Ministério Público não deverá formalizar o acordo (BADARÓ, 2020, p. 195).

da ampla vigência das garantias constitucionais (ARAS, 2020), conferindo lisura e regularidade às tratativas, com a participação efetiva de ambas as partes em todo o procedimento. Afinal, é exatamente a convergência de desígnios entre acusação e defesa que possibilita o pronunciamento judicial que determinará o desfecho do procedimento (LEITE, 2013), com a homologação da avença e posterior decretação da extinção da punibilidade após o seu cumprimento, nos termos dos §§6º e 13, do artigo 28-A.

Todas as possibilidades de estratégias defensivas[23] devem ser expostas ao imputado, apresentando-lhe os indícios de prova já coletados e as perspectivas de sucesso no enfrentamento do processo penal, com a exposição também dos riscos e efeitos decorrentes de eventual condenação. Ainda, o imputado tem o direito de participar de todas as tratativas entre seu advogado e o órgão acusador, de modo que não são recomendáveis encontros em que ele não tenha, no mínimo, o conhecimento prévio de sua realização, para que possa apresentar suas impressões e influir como entenda pertinente (VASCONCELLOS, 2020).

Nada obstante, deve-se registrar que a mera presença da defesa técnica, por si só, não assegura a regularidade do procedimento, a voluntariedade do imputado em aceitar a solução pela via negociada e a igualdade de condições para a celebração do acordo. Ao revés, este é ponto de críticas fundamentadas (VASCONCELLOS, 2020), e que traz especial preocupação em se tratando de agentes de menor poder aquisitivo, mais vulneráveis a eventuais arbítrios.

São os reflexos da desigualdade socioeconômica em nosso país trazidas para o processo penal (LEITE, 2013), em que pessoas menos favorecidas dos mais diversos rincões do país nem sempre podem contar com o inerente alto nível de comprometimento com as causas por parte da Defensoria Pública, e acabam se aconselhando com (maus) profissionais que atuam movidos por interesses outros que não a melhor solução para o cliente, em verdadeiro exercício de má-fé. Inegável, contudo, que a presença de defesa técnica é impositiva e irrenunciável, o que reafirma a indispensabilidade constitucional do advogado para a administração da

[23] Concordando com Vinícius Vasconcellos, os institutos da justiça criminal negocial não são meios de defesa, mas sim estratégias de defesa, vez que não representam a tradicional posição de resistência do imputado à acusação (VASCONCELLOS, 2018, p.187).

Justiça, dos interesses fundamentais dos imputados e da própria sociedade (SOUZA, 2020).

Apenas por meio do efetivo exercício de seu papel de orientação ampla é que a defesa técnica poderá assegurar que o imputado, conscientemente informado, exerça legitimamente a autonomia da vontade para concordar com limitações a direitos e garantias, em troca de tratamento sancionatório mais favorável (LEITE, 2013) e da não propositura da ação penal. Por conseguinte, é apenas através da combativa atuação defensiva que se poderá cogitar da paridade de condições para as negociações, certificando-se de que as cláusulas e condições guardem pertinência legal, razoabilidade e proporcionalidade com a realidade do imputado e do caso em concreto.

## Conclusões

Retomando-se objetivamente os problemas inicialmente levantados, tem-se, então que o acordo de não persecução penal tem natureza jurídica de negócio jurídico processual que encerra um poder-dever do órgão ministerial em oferecer o acordo quando presentes os requisitos legais, de modo que o órgão estatal deve valer-se do princípio da oportunidade legalmente regulada para a decisão pela adoção do acordo como alternativa ao processo penal, a qual deverá ser sempre fundamentada nas bases legais, e atinente ao caso em concreto, a fim de evitar ao máximo a possibilidade de arbitrariedades no tratamento desigual entre os imputados.

Os limites de atuação do órgão acusador no âmbito do ANPP deve ser a vinculação aos critérios legais que regem o instituto, exigindo-se a devida fundamentação da decisão ministerial, seja pelo oferecimento ou não do acordo, vez que é inadmissível em um processo penal democrático cogitar-se da ampla e irrestrita discricionariedade de sua atuação, o que implicaria riscos de subjetivismos. A aplicação do instituto deve se restringir às limitações legais de sua incidência, em atenção preponderante à existência de elementos indiciários que já permitiriam o oferecimento de denúncia em juízo, para que o ANPP não se consolide como um atalho investigativo, mas sim como verdadeira alternativa aos casos em que o processo penal seria inafastável.

Os mecanismos de controle à vontade ministerial no ANPP, como possíveis meios para evitar eventuais irregularidades na aplicação do mecanismo são exercidos tanto no âmbito interno ao órgão acusatório, a partir de normativos internos, quanto a partir da profícua atuação do Poder Judiciário e da combativa atuação da defesa técnica, tendo como norte sempre a salvaguarda dos direitos constitucionais dos acusados em processo penal, cuja razão de ser, precipuamente, é a limitação do poder punitivo estatal.

A adoção e o manuseio do acordo de não persecução penal devem ser pautados por critérios legais e orientações fixadas em normativos internos ao MP, a fim de uniformizar a atuação do principal ente estatal envolvido para a celebração da avença, para além das previsões legais que devem ser mais específicas, levando-se em consideração dificuldades já experimentadas pela prática do próprio ANPP e de outros institutos da justiça criminal negocial. Pensa-se que também devem ser inseridas possíveis sanções administrativas em caso de seu descumprimento.

Para que o Poder Judiciário também seja um mecanismo de controle à vontade do Ministério Público, deverá exercer importante papel de garantidor dos direitos fundamentais do acusado e da legalidade de todo o procedimento do ANPP, tanto para os casos em que o Ministério Público prossiga às tratativas junto ao imputado – quando deverá exercer efetiva atividade jurisdicional fiscalizatória sobre a presença dos requisitos legais e sobre a legalidade das condições pactuadas – quanto para os casos em que entenda o órgão acusatório pelo não cabimento da avença. Nessa última hipótese, defende-se que, se o magistrado discordar da conclusão ministerial poderá, então, submeter a questão ao órgão superior do Ministério Público, na forma do §14 do artigo 28-A e por aplicação analógica do artigo 28, ambos do CPP, ainda que o imputado permaneça inerte.

Para que a defesa técnica também se constitua como um mecanismo de controle, é preciso que o advogado, munido de boa-fé e real compromisso na defesa dos interesses do imputado que representa, amplamente oriente seu cliente, com exposição clara e transparente sobre os elementos de que dispõe o Ministério Público, avaliando riscos e benefícios das diversas estratégias defensivas existentes. Apenas mediante o consentimento informado do imputado é que se poderá defender a voluntariedade de sua decisão pelo acordo junto ao Ministério Público, em clara consciência de que estará abrindo mão, ao menos em parte, da plenitude de vigência dos direitos e garantias processuais inerentes ao processo penal tradicional, que sempre estará à sua disposição em caso de insucesso nas tratativas.

À defesa incumbirá também zelar para que as tratativas ocorram em ambiente de igualdade de condições para a negociação, sem qualquer coação por quem quer que seja.

Desse modo, entende-se pela compatibilidade constitucional do acordo de não persecução penal, embora seja inegável a relativização dos direitos e garantias do acusado em sua aplicação. Contudo, esse mecanismo de justiça criminal negocial apenas poderá se estabelecer validamente mediante a observância das balizas constitucionais do processo penal e das limitações legais pertinentes, a fim de reduzir ao máximo os prejuízos decorrentes da relativização de garantias tão caras ao processo penal vigente no Estado Democrático de Direito.

## Referências

AIRES, Murilo Thomas; FERNANDES, Fernando Andrade. A colaboração premiada como instrumento de política criminal: a tensão em relação às garantias fundamentais do réu colaborador. **Revista Brasileira de Direito Processual Penal**, v. 3, n. 1, p. 253-284, jan.-abr. 2017.

ANDRADE, Flávio da Silva. **Justiça penal consensual**: controvérsias e desafios. Salvador: Juspodivm, 2018.

ARAS, Vladimir. O acordo de não persecução penal após a Lei 13.964/2019. In: CAVALCANTE, André Clark Nunes; LIMA, Antônio Edilberto Oliveira; PINHEIRO, Igora Pereira; VACCARO, Luciano; ARAS, Vladimir. **Lei Anticrime Comentada**. São Paulo: JH Mizuno, 2020.

BADARÓ, Gustavo Henrique Righi Ivahy. **Processo penal**. 8. ed. São Paulo: Revista dos Tribunais, 2020.

BARATTA, Alessandro. **Criminologia crítica e crítica do Direito Penal**. 6. ed. Rio de Janeiro: Revan, 2012.

BARROS, Francisco Dirceu. Constitucionalidade do acordo de não persecução penal. In: CUNHA, Rogério Sanches; BARROS, Francisco Dirceu Barros; SOUZA, Renee do Ó; CABRAL, Rodrigo Leite Ferreira (Orgs.). **Acordo de não persecução penal**. Salvador: Juspodivm, 2020.

BATISTA, Nilo. **Introdução crítica ao Direito Penal Brasileiro**. 11. ed. Rio de Janeiro: Revan, 2007.

BEM, Leonardo Schmitt; BEM, Viviane de Aquino. Acordo de não persecução penal: análise crítica a partir de suas fontes normativas. In: BEM, Leonardo Schmitt; MARTINELLI, João Paulo. **Acordo de não persecução penal**. Belo Horizonte/São Paulo: D'Plácido, 2020.

BEM, Leonardo Schmitt; MARTINELLI, João Paulo. O limite temporal da retroatividade do acordo de não persecução penal. In: BEM, Leonardo Schmitt;

MARTINELLI, João Paulo. **Acordo de não persecução penal**. Belo Horizonte/ São Paulo: D'Plácido, 2020.

CABRAL, Rodrigo Leite Ferreira. **Manual do acordo de não persecução penal à luz da Lei 13.964/2019 (Pacote Anticrime)**. Salvador: Juspodivm, 2020.

CARNEIRO, Andréa Walmsley Soares. Acordo de não-persecução penal: constitucionalidade do método negocial no processo penal. **DELICTAE: Revista de Estudos Interdisciplinares sobre o Delito**, v. 4, n. 7, p. 23-41, dez. 2019.

COURA, Alexandre de Castro; BEDÊ JUNIOR, Américo. Atuação do juiz no acordo de colaboração premiada e a garantia dos direitos fundamentais do acusado no processo penal brasileiro. **Revista dos Tribunais**, São Paulo, v. 105, n. 969, p. 149-159, jul. 2016.

DIETER, Maurício Stegmann. **Política criminal atuarial**: a criminologia do fim da história. Tese de Doutorado. Universidade Federal do Paraná. Curitiba, 2012.

DIVAN, Gabriel Antinolfi. **Processo penal e política criminal**: uma reconfiguração da justa causa para a ação penal. Tese de Doutorado. Pontifícia Universidade Católica do Rio Grande do Sul. Porto Alegre, 2014.

______. Crítica científica de "A colaboração premiada como instrumento de política criminal": um adendo sobre a necessária visão político-criminal do processo penal. **Revista Brasileira de Direito Processual Penal**, v. 3, n. 1, p. 417-428, jan.-abr. 2017.

FRANCO, José Henrique Kaster. O papel do juiz no acordo de não persecução penal. In: BEM, Leonardo Schmitt; MARTINELLI, João Paulo. **Acordo de não persecução penal**. Belo Horizonte/ São Paulo: D'Plácido, 2020.

GIACOMOLLI, Nereu José. **Legalidade, oportunidade e consenso no Processo Penal na perspectiva das garantias constitucionais**: Alemanha, Espanha, Itália, Portugal, Brasil. Porto Alegre: Livraria do Advogado, 2006.

KERCHE, Fábio. Autonomia e Discricionariedade do Ministério Público no Brasil. **Revista de Ciências Sociais**. vol. 50, n. 2, p. 259-279, 2007.

LEITE, Rosimeire Ventura. **Justiça consensual e efetividade do processo penal**. Belo Horizonte: Del Rey, 2013.

LOPES JUNIOR, Aury. **Direito processual penal.** 18. ed. São Paulo: Saraiva, 2021.

MADURO, André Mirza. **Direito de acesso aos autos como requisito informativo durante as negociações de colaboração premiada**: uma análise à luz do processo justo (*fair trial*). Dissertação de Mestrado. Instituto Brasiliense de Direito Público. Brasília, 2020.

MARTINELLI, João Paulo Orsini; SILVA, Luís Felipe Sene. Mecanismos de justiça consensual e o acordo de não persecução penal. In: BEM, Leonardo Schmitt; MARTINELLI, João Paulo. **Acordo de não persecução penal**. Belo Horizonte/ São Paulo: D'Plácido, 2020..

MENDES, Soraia da Rosa; SOUZA, Augusto César Borges. O acordo de não persecução penal e o paradigma da prevenção no enfrentamento à corrupção e à macrocriminalidade econômica no Brasil: novas alternativas ao modelo punitivista tradicional. **Revista Brasileira de Direito Processual Penal**, Porto Alegre, vol. 6, n. 3, p. 1175-1208, set./dez. 2020.

MENDONÇA, Ana Cristina. A defesa técnica e o acordo de não persecução penal. In: CUNHA, Rogério Sanches; BARROS, Francisco Dirceu Barros; SOUZA, Renee do Ó; CABRAL, Rodrigo Leite Ferreira (Orgs.). **Acordo de não persecução penal**. Salvador: Juspodivm, 2020.

OLIVEIRA, Vanessa Elias; LOTTA, Gabriela; VASCONCELOS, Natália Pires. Ministério Público, autonomia funcional e discricionariedade: ampla atuação em políticas públicas, baixa *accountability*. **Revista de Estudos Empíricos em Direito**, v. 7, n. 1, p. 181-195, abr. 2020.

PACELLI, Eugênio. **Curso de processo penal**. 24. ed. São Paulo: Atlas, 2020.

PRADO, Geraldo. **Sistema acusatório**: a conformidade constitucional das leis processuais penais. 4. ed. Rio de Janeiro: Lumen Juris, 2006.

RESENDE, Augusto César Leite. Direito (subjetivo) ao acordo de não persecução penal e controle judicial: reflexões necessárias. **Revista Brasileira de Direito Processual Penal**, Porto Alegre, vol. 6, n. 3, p. 1543-1582, set./dez. 2020.

ROSA, Alexandre Morais. **Guia compacto do processo penal conforme a teoria dos jogos**. 4. ed. Florianópolis: Empório do Direito, 2016.

SANTOS, Juarez Cirino. Política criminal: realidades e ilusões do discurso penal. **Discursos Sediciosos: Crime, Direito e Sociedade**, Rio de Janeiro, v. 7, n. 12, jul.-dez., 2002.

SILVEIRA, Marco Aurélio Nunes. **A ação processual penal entre política e Constituição***:* outra teoria para o direito processual penal. Rio de Janeiro: Lumen Juris, 2014.

SOUZA, Renee do Ó. **Lei Anticrime***:* comentários à lei 13.964/2019. Belo Horizonte/ São Paulo: D'Plácido, 2020.

SUPERIOR TRIBUNAL DE JUSTIÇA. **Jurisprudência em Teses**: tese n. 3. Edição nº. 96, Brasília, 2018. Disponível em: https://www.stj.jus.br/internet_docs/jurisprudencia/jurisprudenciaemteses/Jurisprud%C3%AAncia%20em%20teses%20 96%20-%20Juizados%20Especiais%20Criminais%20-%20II.pdf.

SUXBERGER, Antonio Henrique Graciano. A superação do dogma da obrigatoriedade da ação penal: a oportunidade como consequência estrutural e funcional do sistema de justiça criminal. **Revista do Ministério Público do Estado de Goiás**, Goiânia, ano XXI, n. 34, p. 35-50, jul./dez. 2017.

_______. **Acordo de não persecução penal**: o exercício da ação penal e a questão prisional como problema público. Brasília: Fundação Escola, 2019.

______. O acordo de não persecução penal: reflexão a partir da inafastabilidade da tutela jurisdicional. In: CUNHA, Rogério Sanches; BARROS, Francisco Dirceu Barros; SOUZA, Renee do Ó; CABRAL, Rodrigo Leite Ferreira (Orgs.). **Acordo de não persecução penal**. Salvador: Juspodivm, 2020.

SUXBERGER, Antonio Henrique Graciano; LIMA, José W. F. O processo penal e a engenharia de controle da política criminal. **Revista Brasileira de Políticas Públicas**, v. 7, n. 1, p. 286-303, 2017.

VASCONCELLOS, Vinícius Gomes. **Barganha e justiça criminal negocial**: análise das tendências de expansão dos espaços de consenso no processo penal brasileiro. 2. ed. Belo Horizonte/São Paulo: D'Plácido, 2018.

______. **Colaboração premiada no processo penal**. 3. ed. São Paulo: Thomson Reuters Brasil, 2020.

VASCONCELLOS, Vinicius Gomes; REIS, Dimas Antônio Gonçalves Fagundes. Limites à utilização da confissão do imputado realizada como requisito ao acordo de não persecução penal. **Revista de Estudos Criminais**, Porto Alegre, v. 20, n. 80, p. 289-306, 2021.

# 15. A PROTEÇÃO DE DADOS COMO PROBLEMÁTICA CONSTITUCIONAL: A IMPORTÂNCIA DA LIMITAÇÃO DO PODER DOS COMUNICADORES FIDUCIÁRIOS

MATHEUS BARRA DE SOUZA

## Introdução

Os avanços tecnológicos dos últimos anos alteraram por completo a forma de se comunicar do ser humano. Houve um aumento substancial no volume de informações transmitidas entre interlocutores e na quantidade de informações comunicadas.

A comunicação humana moderna, inerente à sociedade hiperconectada, passou a depender cada vez mais de terceiros: além do emissor e do receptor, ampliaram-se os mensageiros e intermediários com potencial acesso à mensagem. Nesse contexto, o foco neste trabalho será a intromissão desses terceiros nas comunicações privadas.

Tal fenômeno será denominado, para os fins deste trabalho, de comunicação fiduciária, termo criado pelo autor deste trabalho para identificar a proliferação de intermediários nas comunicações humanas, o que torna a segurança e inviolabilidade das informações trocadas por emissores e receptores dependente dos terceiros responsáveis por viabilizar a troca (os aqui denominados *comunicadores*). A interação humana, portanto, passa a depender da confiança, da fidúcia, do sigilo dos diversos responsáveis pela intermediação.

Nesse sentido, será realizada, essencialmente, uma análise sobre a privacidade e sua gênese, bem como estabelecerá conceitos que serão utilizados nas partes seguintes do trabalho. Em seguida, serão enunciados os métodos e potencialidades que a realidade da comunicação fiduciária apresenta, analisando seus riscos a partir de uma perspectiva vinculada ao indivíduo, bem como se observará como os riscos à privacidade transformaram-se de uma preocupação fortemente atrelada às relações privadas para – a partir de forte influência decorrente da evolução tecnológica – uma preocupação com questões de índole social: poder, democracia, liberdade.

Por fim, será analisada a relação existente entre as preocupações identificadas e o constitucionalismo, apresentando ideias para o fundamento constitucional da proteção de dados atrelado à finalidade de controle do exercício do poder que informa as constituições.

## 1. Realidade da comunicação contemporânea

Nesta seção, será realizada uma análise descritiva das atuais formas de comunicação e dos riscos à privacidade dos indivíduos decorrentes dos avanços tecnológicos popularizados no terceiro milênio. Para tanto, o foco estará em uma análise fática da realidade contemporânea, dos meios disponíveis, inseguranças e riscos a que ficam submetidos os indivíduos.

Nesse sentido, serão demonstrados os riscos derivados da necessidade intransponível da confiança em terceiros, fenômeno que neste trabalho será denominado de comunicação fiduciária, passando, inicialmente, pela identificação do que é esse "algo" que está sob risco através da diferenciação entre os conceitos de: i) privacidade; ii) sigilo; e iii) proteção de dados.

### 1.1. Privacidade

Conceituar o direito à privacidade é tarefa árdua que é objeto de controvérsia na academia e nos tribunais há mais de um século. Visa-se, neste trabalho, a tão somente diferenciá-la das demais categorias que serão utilizadas ao longo deste estudo.

Alan Westin realiza um rastreamento da privacidade aos aspectos biológicos, partindo de estudos sobre o comportamento animal na natureza. Associa, em seus estudos, essa noção à reivindicação do organismo de espaço de reclusão e intimidade.

Hannah Arendt (2007), em sua obra *A Condição Humana*, remonta à antiguidade clássica, identificando a origem da separação entre as ideias de vida pública e vida privada na separação entre família e política.

Já na Idade Média, como ensina Mikhail Cancelier (2017), começou-se a notar uma certa necessidade de isolamento, até que as teorias renascentistas trouxeram o ser humano ao centro do debate filosófico, o que ocasionou a evolução do pensamento sobre a privacidade, culminando com seu desenvolvimento mais substancial do século XVIII em diante.

Isso se dá porque, como ressaltado por Danilo Doneda (2019), a privacidade, por sua própria natureza, depende de uma teorização acerca da relação entre o individual e o coletivo, assim como uma evidente valorização do individualismo, razão pela qual sofreu grande expansão com as teorias liberais do século XVIII. Surgiu, então, a necessidade de tutela de tal direito, inicialmente fortemente vinculada à noção de propriedade privada (WARREN; BRANDEIS, 1890).

Nesse sentido, a discussão sobre a privacidade está intrinsecamente ligada à filosofia política – porque não há como se falar em vida privada se não existir vida pública para a ela se contrapor.

Na concepção contemporânea, as origens de tal direito são rastreáveis ao artigo *The Right to Privacy* de Warren e Brandeis, de 1890, como ensina Danilo Doneda (2019). Em tal trabalho, os autores analisam se, a partir do ordenamento jurídico existente à época nos Estados Unidos, seria possível extrair da proteção da personalidade um direito à privacidade (WARREN; BRANDEIS, 1890).

Os autores, porém, não chegam, propriamente, a conceituar o direito à privacidade, partindo do raciocínio de que as novas tecnologias (do final do século XIX) violam ou têm o potencial de violarem direitos – para, então, procurarem em qual direito essa violação pré-definida se encaixa.

É possível, portanto, compreender a falta de conceituação do direito à privacidade por seus "criadores", uma vez que não era seu objetivo conceituá-lo – mas lidar com uma nova realidade que a eles se apresentava, reconhecendo um direito a ser tutelado, e encaixando-o em uma das categorias jurídicas então existentes.

É por isso que Richard Posner (1978), quase um século depois, ao tratar do direito à privacidade, qualifica-o como vago e mal definido. O autor, então, desenvolve seu raciocínio afirmando que não pretende definir a privacidade, mas trabalhá-la a partir de um de seus aspectos: a retenção/ocultação de informações.

Jack Hirshleifer (1980), em resposta ao artigo de Posner, busca definir a privacidade como uma ideia de autonomia dentro da sociedade, destacando o aspecto de autonomia pessoal do indivíduo. A maior problemática associada à questão, para ele, estaria na autonomia contra o Estado, e a dependência dele para a defesa de tal autonomia.

Julie Cohen(2014) cuida da temática de modo similar, situando a privacidade no âmbito da teoria política liberal como instrumento de proteção da subjetividade. A privacidade, portanto, no entender da autora, só pode ser compreendida se analisada dentro de seu contexto social e histórico, intimamente ligada às democracias liberais ocidentais.

Verifica-se, na temática, uma pluralidade de sentidos que sofreu enfoques distintos com o passar do tempo. Um direito que, em sua gênese, servia a uma finalidade específica (proteção do modo de vida liberal-burguês) passou a ter novas utilidades "descobertas" ao longo da história. Nessa toada, Daniel Solove (2002) advoga por um conceito plural de privacidade.

Vê-se, assim que, de fato, definir um conceito de privacidade seria limitá-lo, dada a pluralidade de significados a ele atribuídos historicamente. Diante disso, será adotada a conceituação de Posner (1978), considerando-a como o direito individual de reter e ocultar informações, acepção a partir da qual se torna possível a contraposição entre os conceitos de privacidade, sigilo e proteção de dados.

### 1.2. Sigilo

Tércio Sampaio Ferraz Júnior (1993), ao tratar do tema, afirma que o direito à privacidade possui por objeto "a liberdade de 'negação' de comunicação do pensamento", ao passo que seu conteúdo seria a faculdade de manter o sigilo. O raciocínio do autor, nessa toada, coloca o sigilo como uma faculdade, um atributo da privacidade, do qual o titular do direito pode abrir mão no momento em que informa a terceiros algo protegido pelo direito à privacidade. O que Ferraz Júnior parece querer dizer é que o sigilo não é um direito de existência autônoma, mas dependente: esse direito se vincularia, sempre, a algum outro, juridicamente protegido.

No entanto, a distinção realizada entre "faculdade" e "objeto" é inócua. Ter a faculdade de manter o sigilo, sob determinada circunstância, é situação de conteúdo idêntico ao direito de manter o sigilo. Por isso, sua categorização não será adotada neste trabalho, eis que não se refuta a nomenclatura "direito ao sigilo": a "definição" de privacidade que se optou por adotar neste trabalho, extraída dos estudos de Posner, necessariamente o engloba. Afinal, possuir o direito de reter/ocultar informações, atributo caracterizador da privacidade, significa, necessariamente, poder guardar sigilo quanto a tais assuntos.

Não obstante, a terminologia do sigilo se mostra mais adequada para tratar não o direito, mas o dever: o titular da privacidade pode, se assim desejar, divulgar e/ou abrir informações protegidas pela privacidade para terceiros. Todavia, isso não significa que esses terceiros passem a ser os titulares dessa privacidade. Pelo contrário: possuem o dever de manter sigilo quanto às informações protegidas pelo direito à privacidade que recebem em razão de algum dever legal e/ou contratual.

Essa, então, será a perspectiva relativa ao sigilo adotada neste trabalho: a de um dever, ao que se sujeitam terceiros, que, por alguma razão, obtêm acesso legítimo a informações protegidas pela privacidade, mas sob o dever de a respeitarem.

### 1.3. Proteção de Dados

Danilo Doneda (2019, p. 136) define os "dados" como uma etapa anterior à obtenção da informação. É um conteúdo "cru", "bruto", sem passar por um processo de "refinamento" que o permita ser utilizado. A informação, a seu turno, consiste nos dados organizados, o que possibilita sua utilização para determinada finalidade.

Em igual sentido, Nathan Shedroff (1999, p. 272) define dados como "o produto de pesquisa, criação, coleção e descoberta'. É o material cru que encontramos ou criamos e usamos para construir nossas comunicações." O autor ressalta que dados não são, em si, valiosos, porque não são mensagens completas. Servem a processos produtivos, e só. Informação, por outro lado, constitui material bruto já trabalhado.

De toda sorte, há, na doutrina e na legislação, um grande intercâmbio entre as expressões "dados" e "informações" – estando a questão longe de consenso acadêmico. Diante disso, entender "informação" como "dado utilizável" mostra-se bastante adequado para as finalidades deste estudo.

Ao passo em que a privacidade se mostra como um direito de reter/ocultar informações, a proteção de dados vai além, reconhecendo os dados como uma realidade externa ao sujeito, o que pode implicar vulneração de sua privacidade e, assim, dando ao sujeito o direito de decidir o que terceiros fazem com tais dados que a ele se referem.

Pode-se entender a proteção de dados, portanto, como a disciplina que rege a coleta, uso e disseminação de dados com vistas à proteção das informações que deles se pode obter, e que possuem aptidão de vulnerar a privacidade.

## 2. Riscos à privacidade

A partir dos conceitos já delineados, somando-os a uma análise crítica do potencial da utilização de dados na contemporaneidade, busca-se identificar quais são os elementos de preocupação sob um ponto de vista pragmático.

Iniciamos, portanto, com a definição da ideia de comunicador fiduciário, que nada mais é do que o responsável pela viabilização do fenômeno hoje existente que é a comunicação fiduciária. Em seguida, realizaremos um levantamento taxonômico a partir do trabalho de Daniel Solove (2006) para definir categorias de riscos às pessoas decorrentes do uso de informações. Por fim, focaremos nas potencialidades das novas tecnologias, partindo dos quatro grandes poderes do *Big Data* definidos por Seth Stephens-Davidowitz (2018) e identificando os riscos que elas apresentam.

### 2.1. Comunicação fiduciária

Quando a comunicação humana e o arquivamento de informações se davam exclusivamente em meios físicos como cartas, a preocupação com a violação à privacidade era restrita a um rol específico e controlável de situações. A dependência de comunicadores fiduciários era bastante reduzida, limitando-se, no caso de cartas, aos próprios carteiros.

De toda sorte, a utilização de meios rudimentares de criptografia, como a aposição de selos com cera, por exemplo, permitia ao destinatário que verificasse a ocorrência de invasão ao sigilo da missiva e, ao remetente, que garantisse, mesmo nessa hipótese, o segredo do conteúdo.

Em contraposição a esse cenário, com o arquivamento de informações em aparelhos informatizados e expansão da comunicação fiduciária, o controle do indivíduo sobre a própria privacidade torna-se significativamente mais frágil, tendo em vista que os dados comunicados são transmitidos e acessados por todos os intermediários da comunicação.

O que se tem, assim, e que é seu elemento caracterizador, é que qualquer dos comunicadores fiduciários possui acesso potencial às informações que tramitam por seus sistemas, e a limitação a esse acesso depende de configurações de *software* dificilmente auditáveis pelo cidadão comum. O usuário, então, se torna inteiramente dependente da confiança em terceiros para a garantia de um direito seu, razão pela qual se adota a qualificação "fiduciário" para identificar os intermediários da comunicação.

## 2.2. Dados, metadados e cruzamento de informações

A etapa seguinte dessa problemática é o registro dos chamados metadados: são dados indiretos, periféricos, que acompanham arquivos informatizados e transmissões de informações – como a data, horário e localização de uma fotografia. Carrington e Vandewiele (2015) definem-nos, sinteticamente, como sendo "dados sobre dados."

Os metadados consistem em uma categoria especial de dados, que variam conforme o contexto em que utilizadas, e que possibilitam a descoberta e manutenção de uma série de informações – principalmente quando realizado o cruzamento de dados.

Um elemento importante que os caracteriza é que, com frequência, o usuário não tem como, por meios próprios, evitar sua coleta: o uso de aparelho celular necessariamente demanda a conexão por meio de antenas, o que, por si só, dá à companhia telefônica o potencial de optar – ou não – por manter registro dos metadados inerentes ao serviço de telefonia.

Quando os metadados entram em cena, os riscos à privacidade são agravados pelo incremento do potencial de cruzamento de dados: é possível, por exemplo, identificar com quem uma pessoa estava reunida simplesmente a partir do cruzamento de dados de localização dela e de um terceiro – sem o conhecimento de qualquer dos usuários envolvidos. Ocasionam, assim, uma ampliação dos riscos à privacidade porque possibilitam a violação da privacidade de modo sub-reptício.

## 2.3. Taxonomia de Daniel Solove

É fundamental identificar quais são os riscos à privacidade para, assim, estudar como as atuais tecnologias os potencializam. Nesse sentido, Daniel Solove estabeleceu uma taxonomia dos riscos à privacidade, visando categorizá-las no intuito de poder, com elas, trabalhar, e dividindo-as nas seguintes quatro categorias principais: (i) coleta de informações; (ii) processamento de informações; (iii) disseminação de informações; e (iv) invasão.

A categoria (i), atinente à coleta de informações, compreende riscos de duas naturezas distintas: (a) vigilância – a qual consiste no monitoramento constante das atividades de uma pessoa; e (b) interrogatório – que diz respeito à não autoincriminação (direito de ficar em silêncio).

A categoria (ii), processamento das informações, refere-se à forma como dados coletados são usados, armazenados e manipulados, e se divide nas seguintes subcategorias: (a) agregação; (b) identificação; (c) insegurança; (d) uso secundário; e (e) exclusão.

Agregação, como classifica Solove (2006) é o risco de combinação de diversos tipos de informação relativas a uma pessoa em um mesmo ambiente de análise. É algo que se tornou mais fácil na era da informatização e que é cercado pelo problema da possibilidade de, por meio da combinação de dados, obter-se novas informações.

Identificação, a seu turno, consiste na vinculação de informações a pessoas. Possui diversas utilidades, como a verificação de identidades para acesso a determinados locais ou serviços, ou a descoberta de pessoas responsáveis por atos ilícitos. Contudo, pode vincular pessoas a informações passadas, servir para finalidades discriminatórias e cercear a liberdade de expressão ao inviabilizar o anonimato, nos países em que é permitido (SOLOVE, 2006).

Insegurança, por sua vez, são falhas na segurança dos dados e das informações, sob o ponto de vista tecnológico. Diz respeito aos mecanismos digitais utilizados, do qual a criptografia é exemplo, e está atrelada a riscos como roubo de identidade, fraude bancária e alteração de dados (SOLOVE, 2006).

Uso secundário diz respeito à utilização de dados para finalidades outras que não aquelas específicas para as quais eles foram coletados. Causa um sério risco de desconfiança e prejudica a dignidade dos sujeitos ao negar-lhes controle sobre suas próprias informações (SOLOVE, 2006).

Exclusão, a última subcategoria dos riscos no processamento das informações, consiste na confidencialidade dos dados e das informações em relação ao sujeito, que permanece ignorante em relação à manutenção desses elementos por alguma entidade. Causa uma falta de *accountability* por parte dos detentores dos dados, expondo o sujeito a riscos e ocasionando problemas de confiança decorrentes da assimetria de informações entre agentes (SOLOVE, 2006).

Os riscos de disseminação de informações, categoria (iii), subdividem-se em (a) quebra de confidencialidade; (b) divulgação; (c) exposição; (d) facilidade de acesso; (e) chantagem; (f) apropriação; e (g) distorção. (SOLOVE, 2006).

A quebra de confidencialidade consiste na abertura de informações, para terceiros, por profissionais que possuem algum dever específico de sigilo, como médicos, advogados ou banqueiros. Esse tipo de risco é visto como uma violação a uma relação fiduciária: o problema não é meramente a divulgação da informação, mas a traição à confiança (SOLOVE, 2006).

A divulgação como o próprio nome adianta, está relacionada à divulgação pública de fatos particulares e danos à reputação, e que pode implicar riscos à segurança ou inibir comportamentos do sujeito (SOLOVE, 2006).

Por outro lado, a exposiçãoconsiste na mostra, a terceiros, de atributos vistos como vergonhosos ou embaraçosos – tal como nudez ou morte, por exemplo. O dano advém da publicização de situações íntimas que, se divulgadas, possam causar constrangimento. (SOLOVE, 2006).

Já com respeito à facilidade de acesso, esta consiste no incremento da facilidade com a qual dados de natureza pública se tornam acessíveis. Um bom exemplo é a divulgação de autos de processos findos e em andamento. O problema, nesse aspecto, é que a facilidade de acesso incrementa os riscos decorrentes da divulgação pública de tais informações (SOLOVE, 2006).

A chantagem é definida como "coagir uma pessoa a ceder às demandas do chantageado sob a ameaça de exposição de segredos,"[1] e é penalizada em razão da relação de poder que cria, subjugando uma pessoa à vontade de outra (SOLOVE, 2006, p. 542).

Apropriação, por outro lado, significa a utilização de atributos de outro em vantagem própria – como a utilização de uma foto de um artista em uma propaganda sem que ele consinta. Viola-se a liberdade a partir do *uso* de uma pessoa contra sua vontade (SOLOVE, 2006).

Distorção, por fim, consiste na manipulação da forma pela qual uma pessoa é percebida pela sociedade. Apresenta os mesmos riscos de dano que a divulgação, mas dela difere porque, na distorção, a informação é falsa, destruindo ou comprometendo a reputação (SOLOVE, 2006).

[1] Tradução livre de: "Blackmail involves coercing and individual by threatening to expose her personal secrets if she does not accede to the demands of the blackmailer."

Por fim, a categoria (iv), invasão, se subdivide em (a) intrusão – o intrometimento na vida das pessoas, violando seu direito de ser deixado em paz; e (b) interferência decisional – a indevida intromissão de terceiros no âmbito das decisões que uma pessoa toma para sua própria vida (SOLOVE, 2006).

### 2.4. Classificação de Stephens-Davidowitz

A partir da classificação dos quatro poderes do *Big Data* de Seth Stephens-Davidowitz, serão exemplificadas formas de desvirtuamento do uso dos dados, os quais consistiriam nos riscos decorrentes da atividade dos comunicadores fiduciários.

#### 2.4.1. Acesso a novos tipos de dados

O primeiro "poder" apresentado pelo autor é o que ele conceitua como o oferecimento de novos tipos de dados (e, portanto, de informações) a quem quer que seja que venha a utilizá-los.

Em um contexto de mudança quantitativa e qualitativa no volume de dados circulantes – como opiniões e referências das pessoas, chamam a atenção, por exemplo, os denominados *keyloggers*[2] – *softwares* que registram as teclas pressionadas em um aparelho eletrônico.

A princípio, esses *softwares* não são instalados "de fábrica" em computadores pessoais; no entanto, o usuário não tem como garantir que não está sendo vigiado e rastreado ao utilizar determinado programa de computador. Em um *software* de código fechado, por exemplo, é difícil saber se o desenvolvedor embutiu de fábrica uma linha de código que faça as vezes de um *keylogger*, rastreando tudo o que passa por seu sistema.

Tem-se, dessa forma, com as novas tecnologias, um cenário no qual o comunicador fiduciário pode salvar mais dados, mas, paradoxalmente, o usuário não possui meio nenhum para saber quais dados (ou metadados) são esses.

#### 2.4.2. Honestidade dos dados

Stephens-Davidowitz (2018) aponta também que os dados disponíveis são honestos – seja por "dolo", seja por "culpa" dos usuários dos sistemas.

[2] KASPERSKY. **O que é keylogger?** Disponível em: https://www.kaspersky.com.br/resource-center/definitions/keylogger. Acesso em: 11 jun. 2021.

Isso porque a comunicação fiduciária fragiliza por completo a possibilidade de autopreservação dos indivíduos, anteriormente garantida pelo poder de escolha das informações que seriam por eles compartilhadas. Os dados são honestos, em razão, principalmente, da quantidade e da variedade que é coletada, somada à duração da coleta – não há como o usuário "esconder" a verdade sobre seus pensamentos, opiniões, atitudes, relacionamentos etc., em tudo o que faz, e ao longo de bastante tempo. A honestidade dos dados, além disso, é aprofundada pela ignorância dos usuários, os quais simplesmente não sabem quais são os seus dados que estão sendo coletados e, por isso, não se preocupam em protegê-los, comportando-se de forma mais honesta ante à sensação de privacidade derivada da ilusão do anonimato.

Quando se fala em aplicativos de mensagens, por exemplo, a tendência da preocupação é com a leitura das mensagens. Mas, o "ouro digital" não é necessariamente o conteúdo das conversas em si, mas as pessoas com as quais se conversa. O metadado. E, justamente por frequentemente não saber quais são os metadados coletados (ou nem sequer saber que existem) é que a pessoa não se protege contra eles – e é por isso que os dados digitais coletados no século XXI são tão honestos, úteis e perigosos.

### 2.4.3. Diferenciação dos dados

O terceiro poder dos dados é a possibilidade de diferenciação decorrente do excessivo volume, o que permite analisar subconjuntos e extrair conclusões com segurança.

Sua principal capacidade, portanto, é a formação de dúplices cuja metodologia pode ser considerada uma identificação de estereótipo, construído por analistas de dados de *Big Data*. Posteriormente, esses estereótipos são utilizados para comparar e encaixar outros indivíduos. Apesar de não se ignorar as possíveis utilidades dessa ferramenta, é também fácil imaginar os problemas decorrentes de estereotipação em massa.

A máxima popular "diga-me com quem andas e te direi quem és", por meio de tal poder dos dados, é levada a extremos. E, mais do que isso, vincula os indivíduos ao passado, eis que os estereótipos são construídos com base em dados históricos. Em última análise, isso gera segregação que causa a anulação da individualidade. O indivíduo passa a ser identificado como parte de um grupo com base em retratos parciais de sua vida e sem ter qualquer ingerência sobre o perfil que é feito dele.

### 2.4.4. Testagem da população

O último poder dos dados consiste na ampla possibilidade de testagem por meio dos denominados "testes A/B", os quais, geralmente, têm como finalidade definir questões simples, como qual seria a melhor manchete para uma notícia ou o melhor design para uma propaganda, por meio da comparação entre os resultados gerados entre grupos de teste e de controle (STEPHENS-DAVIDOWITZ, 2018). Pode, entretanto, ser mais delicado. O Facebook, em 2014, realizou teste com milhares de usuários, submetendo-os a exposição controlada de emoções positivas e negativas para, a partir disso, concluir se havia, ou não, algum grau de "contágio" emocional (KRAMER; GUILLORY; HANCOCK, 2014).

A polêmica em torno do estudo relacionou-se em grande medida ao fato de nenhuma das "cobaias" ter sido informada de que o teste, objetivamente, visava manipular suas emoções, mas, a despeito disso, a prática foi defendida sob o argumento de que a realização de testes A/B nesses moldes seriam a melhor opção para se alcançar o resultado desejado (MEYER, 2015).

Os testes, a princípio, podem parecer inócuos. Mas, o cerne do problema está no que se está testando. Se o mundo todo vira um laboratório, ele vira um laboratório para todo e qualquer tipo de experimento – como meios de aumentar a eficácia de instrumentos de manipulação de massas, por exemplo.

## 3. Riscos dos dados

A conclusão de Stephens-Davidowitz (FONTEVECCHIA, 2019), diante de seus estudos, é a de que o *Big Data* não é bom ou ruim, é poderoso. Sobre poder, há duas perguntas fundamentais: qual poder e sob qual controle? E isso se tornou objeto de discussões jurídicas atuais e constantes ao redor do globo.

Bases paradigmáticas para o texto têm referências jurídicas dos Estados Unidos e Alemanha. Os Estados Unidos, com tradição em direito da privacidade, estão com debate em estágio avançado, servindo de fonte ao direito brasileiro. Na Alemanha, originou o direito de autodeterminação informativa, influência maior da *General Data Protection Regulation* – (GDPR)[3] europeia e da Lei Geral de Proteção de Dados brasileira, além da

[3] UNIÃO EUROPEIA. **Regulamento nº 679, de 27 de abril de 2016**. Regulamento Geral sobre a Proteção de Dados. Bruxelas.

valorização do pensamento atento aos meios de garantia da democracia, da liberdade e dos direitos humanos.

### 3.1. Preocupações

Os estudiosos da privacidade, ao longo das décadas, têm manifestado diversas espécies de preocupações relacionadas ao tema. Para Aidan Forde (2016), a proteção de dados é uma preocupação central relacionada à defesa dos fundamentos das sociedades ocidentais (democracia, pluralismo e autonomia).

O tema foi debatido na Alemanha em 1983, quando promulgada lei federal determinando censo nacional (*Volkszählungsgesetz*)[4] e prevendo medidas de compartilhamento de dados (DONEDA, 2019). O Tribunal Constitucional Federal Alemão (BVerfG) declarou[5]a lei inconstitucional pelas seguintes razões:

(a) Com a automatização computacional, há possibilidade de armazenamento indefinido e de potencial de cruzamento de dados para formar perfis de personalidade;
(b) A impossibilidade de o sujeito saber o que as demais pessoas sabem dele pode significar uma restrição à liberdade e a falta de conhecimento sobre tais riscos;
(c) Não existem dados "irrelevantes", quaisquer dados cruzados podem ser relevantes;
(d) O uso de dados deve ter finalidade legal, contra processamento automático de dados;
(e) Em razão da falta de transparência para o cidadão, é necessário a auditoria por terceiros;
(f) Os dados devem resguardar a divulgação que promova rotulagem social;
(g) Há necessidade de anonimização e de garantia da anonimização dos dados.

[4] REPÚBLICA FEDERAL DA ALEMANHA. *Volkszählungsgesetz*, de 25 de março de 1982. *Gesetz über eine Volks-, Berufs-, Wohnungs- und Arbeitsstättenzählung.* **Bundesgesetzblatt.** Berlim, 31 de março de 1982, seção I, n. 13, p. 369.

[5] REPÚBLICA FEDERAL DA ALEMANHA. ***Bundesverfassungsgericht***, sentença do Primeiro Senado de 15 de dezembro de 1983. Karlsruhe, 1 BvR 209/83, Rn. 1-215.

A decisão, tomada há quase quatro décadas consolidou o direito à autodeterminação informativa (*recht auf informationelle selbstbestimmung*) e permanece extremamente atual e é semelhante aos debates das comunicadoras fiduciárias (*big techs*, sobretudo). É possível notar que as preocupações têm natureza voltada ao poder que as comunicadoras fiduciárias possuem e o temor de o uso indiscriminado de dados pessoas.

Matthew Slaughter e David McCormick (2021) afirmam que "mais até do que outros elementos da economia global, os dados são interconectados com poder" e ressaltam os riscos transnacionais à privacidade decorrentes do potencial mau uso de dados."

Neil Richards (2013) reforça a importância de se permitir um espaço de liberdade, distante da vigilância, justamente para que se possam construir ideias e possibilitar a evolução social e a mudança, além de evitar a disparidade de forças entre vigilante e vigiado. A vigilância, afirma o autor, ameaça o que ele denomina de "privacidade intelectual."

Richards ainda aponta que, em razão dessa falta de clareza sobre a importância da privacidade intelectual, quando ocorrem conflitos entre a privacidade e a vigilância, esta costuma vencer – em nome da segurança e do combate ao terrorismo, por exemplo (RICHARDS, 2013).

Glenn Negley (1966) destaca que o problema da privacidade, para ser sanado, demanda o cumprimento de um requisito dúplice: a definição de valores, por meio da filosofia moral e a especificação de procedimentos, por meio da lei.

Sobre a alegação de que "não tenho nada a esconder", SOLOVE (2011) indica que a privacidade não é um direito individual e sim um valor social, pois a vigilância define o tipo de sociedade em que vivemos: o governo pode implementar vigilância sistêmica, aumentar dramaticamente seus poderes e ter efeito generalizado na liberdade das pessoas.

Para Bruce Schneier (2006), o argumento do "nada a esconder" parte da premissa equivocada de que a privacidade se destina a esconder alguma coisa, mas "a privacidade nos protege de abusos por parte daqueles que estão no poder, mesmo que nós não estivéssemos fazendo nada de errado à época da vigilância."

Richard Posner (2006) trata do direito à privacidade na perspectiva da Guerra ao Terror que se seguiu aos atentados de 11 de setembro de 2001 nos Estados Unidos. Na lógica de autopreservação dos Estados Unidos diante de um inimigo externo, o autor efetiva uma defesa da intrusão estatal na privacidade a partir de considerações de ordem prática.[6]

Daniel Solove (2007) repele a lógica do raciocínio que estabelece um *tradeoff* entre privacidade e interesse público por entender que resguardar a privacidade é um interesse público. A lógica de Solove remonta a John Stuart Mill (2009) em que há a ideia de que o homem é incapaz de se conceber como um ser alheio ao seu corpo social.

Dewey e Tufts (1908) destacam que com Mill há uma mudança em relação ao pensamento de Jeremy Bentham (2000), que considerava a motivação de se fazer algo bom a outra pessoa como o resultado do bem-estar que isso causaria ao agente. Com Mill, há uma "unificação" entre o indivíduo e a sociedade, assim a motivação para o agir passa a decorrer da identidade entre o bem-estar individual e o social.

Dewey (1946) rejeita esse raciocínio das liberdades civis como restrições ao poder governamental decorrentes de um suposto antagonismo entre este e as liberdades do cidadão, pois considera que só é possível falar em direitos civis no âmbito de uma civilização, de modo que eles seriam justificados não por um antagonismo ao governo e proteção ao indivíduo, mas, pelos benefícios que geram à comunidade. Desse modo, a forma adequada de defendê-los é por meio de suas bases e justificações sociais.[7]

E, nesse ponto do pensamento, retorna-se à preocupação manifestada por Solove(2007) em defesa da privacidade para lhe completar o significado, mas, com um ponto de vista mais apurado: a característica da privacidade como um interesse individualista lhe dá, na realidade, um contorno social: é interesse da sociedade defender esse individualismo. Isso ocorre porque a privacidade, como se viu, é um mecanismo de liberdade e inovação.

[6] Posner, resumidamente, diz que, apesar de privacidade ser importante, segurança nacional também o é, e, com respeito ao que ele analisa, as intrusões eram razoáveis, havia mecanismos de controle, não difeririam muito do que acontece normalmente e do que o cidadão médio costuma revelar em seu dia-a-dia, e que dava para confiar nos *bureaus* de segurança pública nos anos 2000.

[7] O trabalho, escrito em 1936, e originalmente publicado sob o título *Liberalism and Civil Liberties* na revista *Social Frontier*, Dewey ressalta a postura dos *Justices* Holmes e Brandeis como defensores das liberdades civis, mas destacando que o fizeram com base na defesa da imprescindibilidade de alguns tais direitos para o bem-estar social.

Hannah Arendt expunha (2007, p. 80) no "perigo para a existência humana decorrente da eliminação da esfera privada", destacando que uma "existência vivida inteiramente em público, na presença de outros, torna-se, como diríamos, superficial". E esse individualismo (ARENDT, 2012) é um elemento incompatível com regimes totalitários – e é característica essencial às democracias liberais (COHEN, 2014).

## 4. Ferramentas do constitucionalismo

A informatização e a massificação dos meios de coleta de dados e obtenção de informações criaram uma nova realidade, a qual vem acompanhada de poderes significativos que passam a ser detidos pelos comunicadores fiduciários.

Isso altera o paradigma anterior, no qual as preocupações de ordem democrática e de contenção do poder dirigiam-se à figura do Estado, pois os atores privados passam a incutir preocupações similares. Nesse sentido, o que se constata é que as preocupações contemporâneas relacionadas à privacidade, especialmente no que tange ao processamento de dados, possuem natureza assemelhada àquela que informou a história do constitucionalismo.

Posicionamos o constitucionalismo como uma linha de pensamento humana que se preocupa com o poder e sua forma de exercício com o objetivo de resguardar direitos humanos fundamentais, de onde decorre a necessidade de utilizá-lo como chave de pensamento para lidar com os riscos e as preocupações relacionados à privacidade nascidos da realidade tecnológica contemporânea.

A partir disso, pode-se concluir que as normas protetivas da privacidade têm raiz diretamente na essência dos textos constitucionais – aqui, com atenção ao texto constitucional brasileiro.

A questão não é de mera horizontalização dos direitos fundamentais ou de mera regulação nos moldes do direito regulatório: a preocupação abarca, porém, extrapola tais questões. Serão ponderadas, (i) a separação dos poderes; e (ii) a transparência enquanto ferramentas do Direito Constitucional de importância destacada para a privacidade.

### 4.1. Constitucionalismo e privacidade

O constitucionalismo, nos moldes contemporâneos, tem suas origens nas revoluções liberais do século XVIII (MENDES; BRANCO, 2018), muito embora possua elementos rastreáveis à Idade Média ou à Antiguidade Clássica, no que se convencionou chamar de constitucionalismo antigo (CANOTILHO, 2000).

Desse modo, Canotilho (2000) entende ser inadequado falar em constitucionalismo como uma ideia geral e unívoca no tempo e no espaço. Sobre esse tema, José Afonso da Silva (2019) ensina que a Declaração de Direitos do Bom Povo da Virgínia, primeira declaração de direitos em sua acepção moderna, constituía uma limitação ao próprio poder estatal. Partia-se da premissa da existência de "direitos naturais e imprescritíveis do homem", insuscetíveis de qualquer espécie de ingerência estatal – os quais podem ser identificados com a ideia dos direitos fundamentais de primeira geração (BONAVIDES, 2019).

Foi nesse contexto, portanto, em que teve gênese o constitucionalismo moderno, marcado, conforme Canotilho (2000), pelas seguintes características: (i) a existência de um documento escrito; (ii) a presença de declaração de direitos e do modo de garanti-los; e (iii) a forma de organização, moderação e limitação do poder político. Posteriormente, o advento do Estado de Bem-Estar Social, desembocou em constituições que passavam a prever, também, prestações estatais e direitos difusos, consubstanciando os direitos fundamentais de segunda e terceira gerações (BONAVIDES, 2019).

Os chamados direitos de quarta geração, seriam aqueles que ainda aguardam reconhecimento e positivação (MARTINS FILHO, 2012), mas que seriam fruto da globalização dos direitos fundamentais – os direitos à democracia, ao pluralismo e à informação (BONAVIDES, 2019).

Para encontrar o direito à privacidade (com enfoque na proteção de dados), porém, não é preciso socorrer-se das diversas gerações; sua razão de ser é intrínseca à gênese do constitucionalismo.

Com a contemporaneidade, a proteção de dados tornou-se um interesse social voltado à limitação do poder, como defendem Serge Gutwirth e Paul de Hert (2006). A doutrina constitucional, a seu turno, evidencia que a gênese do fenômeno constitucional se preocupa com o controle do poder e garantia das liberdades civis. A ligação entre uma coisa e outra é evidente.

O que se está a dizer é que a proteção de dados, no contexto atual, deve ter por fundamento justamente tais paradigmas. No entanto, o direito brasileiro tratou, por muito tempo, a proteção de dados a partir do paradigma de FERRAZ JR. (1993, considerando que o artigo 5º, inciso XII da CF/88 resguardava somente a comunicação de dados, mas não os dados em si.[8]

Recentemente, no entanto, o Supremo Tribunal Federal, ao julgar o referendo da medida cautelar na ação direta de inconstitucionalidade ADI 6.387-DF,[9] reconheceu o direito fundamental à proteção de dados, com fundamento nas garantias constitucionais à liberdade, à privacidade e ao desenvolvimento da personalidade (MENDES, 2020).

A despeito das ponderações acerca de sua importância para a garantia da democracia, o STF ainda se ateve, nos fundamentos adotados, às disposições constitucionais de índole individual, enquanto a garantia democrática se apresenta como preocupação de índole social e constitucionalista.

A preocupação com a razão de ser se funda no fato de, no âmbito jurídico, ter a razão de decidir uma relevância que extrapola o caso concreto. A fundamentação teórica, o princípio constitucional do qual se extrai o direito à proteção de dados, portanto, influencia fortemente as ferramentas jurídicas colocadas à disposição do intérprete para resguardá-lo.

Como dito, não importa, para o direito, apenas o resultado alcançado; os motivos pelos quais se decide também são relevantes e devem ser considerados.

A solução na realidade, dá-se como consequência direta da força normativa da Constituição, conforme ensinamento de Konrad Hesse (1991) cuja força própria de contenção do poder implica o reconhecimento da proteção de dados como direito intrínseco à concepção moderna de constitucionalismo desde a sua gênese.

Apesar de, no século XVIII, nem sequer ter-se cogitado a possibilidade de ser necessário falar em privacidade, nos moldes atuais de proteção de dados, para assegurar uma limitação do poder estatal, essa limitação foi uma das principais preocupações no contexto de distanciamento de

[8] Como se vê a partir de o julgamento do *habeas corpus* nº 91.867, do Pará, em abril de 2012: BRASIL, República Federativa do. Supremo Tribunal Federal. ***Habeas Corpus* nº 91.867/PA.** Rel. Min. Gilmar Mendes. Segunda Turma, julgado em 24/04/2012, ACÓRDÃO ELETRÔNICO DJe-185 DIVULG 19-09-2012 PUBLIC 20-09-2012.

[9] BRASIL, República Federativa do. Supremo Tribunal Federal. **Referendo da Medida Cautelar na Ação Direta de Inconstitucionalidade nº 6.387/DF.** Rel. Min. Rosa Weber. Tribunal Pleno, julgado em 07/05/2020, PROCESSO ELETRÔNICO DJe-270 DIVULG 11-11-2020 PUBLIC 12-11-2020.

regimes absolutistas. E, por isso, foram desenvolvidos diversos mecanismos de controle do poder, dentre os quais se destacam a separação de poderes e a transparência.

### 4.2. Ferramentas constitucionais

A ideia de separação de poderes, no constitucionalismo, é trazida por Montesquieu como um instrumento necessário à proteção contra a tirania (HESSE, 1991).

Jeremy Waldron (2013), por sua vez, aponta que a lógica por trás da separação de poderes seria a necessidade de que, antes de o poder impactar o indivíduo, cada um dos poderes manifeste separadamente seu "posicionamento" sobre isso.

A separação de poderes, nesse viés, tem conotação procedimental e se destinaria ao controle a ser exercido sobre o comunicador fiduciário,[10] o qual seria o destinatário da norma. As proteções aos titulares, é certo, restringem as possibilidades de mau uso dos dados e protegem os cidadãos de diversos dos riscos enfrentados. No entanto, para que haja um efetivo controle do poder dos comunicadores fiduciários, é imprescindível, também, que os processos de tomada de decisão quanto ao uso dos dados sejam objeto de atenção.

Nessa toada, a história do constitucionalismo nos mostrou que o mau uso do poder não é uma questão de *se*, mas uma questão de *quando*.[11] Por isso, uma lógica de proteção e dados que se funde fortemente na enunciação de direitos do titular, passando ao largo do controle do poder em si, permanece insuficiente e não elimina, por completo, os riscos existentes na quantidade massiva de informações detidas pelos comunicadores fiduciários.

É possível, por exemplo, valer-se da ferramenta da separação de poderes para impedir o agrupamento de dados de espécies distintas em um mesmo comunicador fiduciário: um mesmo comunicador não poderia operar com dados oriundos de comunicação, saúde e educação, por exemplo.

[10] Aqui, usaremos uma identidade entre o termo "comunicador fiduciário" e as ideias de controlador e operador definidas pelo artigo 5º da LGPD.

[11] No ponto, o alerta atribuído a Lord Acton de que "O poder corrompe. O poder absoluto corrompe absolutamente."

É por isso que se elegeu a transparência[12] também como um elemento essencial derivado do constitucionalismo: aqui, entendida a transparência como a possibilidade de a sociedade saber o que é que se faz por detrás das portas do poder. No entanto, essa opção tem menos raízes na história do constitucionalismo – funda-se, mais, no elemento fiduciário caracterizados do fenômeno da comunicação contemporânea, que gera uma assimetria entre comunicadores e comunicantes e coloca a população à mercê justamente da fidúcia.

Sendo a relação de confiança um elemento essencial, e sendo o poder dela derivado, na geração do *Big Data*, bastante significativo, esse instrumento do constitucionalismo serve para se assegurar que, aquilo que se diz, é. Sem ela, mesmos os direitos de ordem individual, garantidos pela LGPD, tornam-se inócuos. Porque a questão, aqui, não é o direito de saber um determinado fato: mas de saber se não se está sendo enganado.

A solução está no conceito de código aberto. A possibilidade de qualquer cidadão analisar a tecnologia por detrás dos comunicadores fiduciários é o único meio de assegurar a quais riscos a sociedade está se expondo – e, a partir disso, decidir, ou não, por corrê-los.

## Conclusões

Este trabalho pretendeu partir de um estudo sobre a privacidade para estabelecer conceitos utilizáveis: constatou-se que o tema goza de grande polissemia: existem vários tipos de direitos tratados sob a rubrica da "privacidade". Acolheu-se, então, a ideia de Richard Posner de tratá-la não a partir do que a privacidade é, mas a partir do que ela permite: como direito, a privacidade permite a um sujeito manter informações restritas.

Pode-se, então, trazer o sigilo como uma ideia similar, porém focada no terceiro que se obriga a mantê-la privada, analisando o sigilo a partir de sua ideia de dever. Definimos dados como elementos que, após passarem por procedimento de análise, podem ser convertidos em informações, as quais seriam os dados utilizáveis.

[12] Aqui, o termo é utilizado não sob a lógica de publicidade das atividades governamentais nos moldes o artigo 37 da CF/88, mas no sentido de informação acerca do exercício do poder: saber quem são os representantes, o que decidem, como fazem, enfim, conhecer as atividades desempenhadas pelos detentores de poder.

Diante disso, pode-se compreender a proteção de dados como a disciplina desses elementos informativos brutos com vistas a proteger não apenas os dados em si, mas as informações que deles podem ser obtidas.

Buscou-se perquirir as potencialidades dos dados, a partir da forma como a tecnologia atual permite expandir a capacidade de obtenção de dados e geração informações, utilizando-se taxonomia para identificar quais riscos exsurgem dessas potencialidades. Assim, demonstrou-se como a preocupação com privacidade, inicialmente atrelada a uma perspectiva individualista, mudou seu foco para passar a centralizar o controle do poder.

Tendo em vista serem os dilemas relativos ao controle do poder típicos do direito constitucional, conduziu-se à análise dos instrumentos por ele disponibilizados que pudessem ser úteis à resolução e mitigação dos riscos que o tratamento de dados contemporâneo apresenta à sociedade. Estabeleceu-se um vínculo entre o constitucionalismo moderno e a problemática atinente à proteção de dados, apresentando ideias que podem ter aplicabilidade nos debates que permeiam a proteção de dados. O atual plexo normativo, apesar de bastante evoluído, não é capaz, por si só, de encerrar os riscos que o processamento massificado de dados apresenta.

Em última análise, portanto, a preocupação é democrática: proteção de dados deve ser vista e tratada como uma temática indissociável de qualquer Estado que preze pela limitação do poder. É uma questão constitucional.

## Referências

ARENDT, Hannah. **A condição humana**. 10. ed. Rio de Janeiro: Forense Universitária, 2007.

______. **Origens do totalitarismo**. São Paulo: Companhia das Letras, 2012.

BENTHAM, Jeremy. **O panóptico**. Belo Horizonte: Autêntica, 2000.

BONAVIDES, Paulo. **Curso de Direito Constitucional**. 34. ed. São Paulo: Malheiros, 2019.

CANCELIER, Mikhail Vieira de Lorenzi. O Direito à privacidade hoje: perspectiva histórica e cenário brasileiro. **Sequência**, Florianópolis, n. 76, p. 213-240, 2017.

CANOTILHO, J. J. Gomes. **Direito Constitucional e Teoria da Constituição**. 7. ed. Coimbra: Almedina, 2000.

CARRINGTON, David; VANDEWIELE, Alida. What Is Metadata? **International In-House Counsel Journal**, v. 8, n. 31, p. 1-7, 2015.

COHEN, Julie. What privacy is for. **Harvard Law Review**, v. 126, n. 7, p. 1904-1933, 2014.

DONEDA, Danilo. **Da privacidade à proteção de dados pessoais: elementos da formação da Lei geral de proteção de dados**. 2. ed. São Paulo: Thomson Reuters, 2019.

DEWEY, John. **Problems of men**. New York: Philosophical Library, 1946.

DEWEY, John; TUFTS, James H. **Ethics**. New York: Henry Holt and Company, 1908.

FERRAZ JUNIOR, Tércio Sampaio. Sigilo de dados: o direito à privacidade e os limites à função fiscalizadora do Estado. **Revista da Faculdade de Direito**, Universidade de São Paulo, n. 88, p. 439-459, 1993.

FONTEVECCHIA, Agustino. Seth Stephens-Davidowitz: *big data* isn't good or bad, it's powerful. **Buenos Aires Times**. 26 out. 2019. Disponível em: https://www.batimes.com.ar/news/culture/seth-stephens-davidowitz-big-data-isnt-good-or-bad-its-powerful.phtml. Acesso em: 8 jun. 2021.

FORDE, Aidan. The conceptual relationship between privacy and data protection. **Cambridge Law Review**, v. 1, n. 135, p. 135-149, 2016.

GUTWIRTH, Serge; HERT, Paul. Privacy, data protection and law enforcement: opacity of the individual and transparency of the power. In: CLAES, E; DUFF, A; GUTWIRTH, S. (Eds.). **Privacy and the Criminal Law**. Antwerp/Oxford: Intersentia, 2006.

HESSE, Konrad. **A força normativa da Constituição**. Porto Alegre: Sérgio Antônio Fabris, 1991.

HIRSHLEIFER, Jack. Privacy: its origin, function, and future. **Journal of Legal Studies**, vol. 9, n. 4, p. 649-664, 1980.

KRAMER, Adam; GUILLORY, Jamie; HANCOCK, Jeffrey. Experimental evidence of massive-scale emotional contagion through social networks. **PNAS**, v. 111, n. 24, 2014.

MARTINS FILHO, Ives Gandra. Direitos Fundamentais. In: MARTINS, Ives Gandra da Silva; MENDES, Gilmar Ferreira; NASCIMENTO, Carlos Valder (Orgs.). **Tratado de Direito Constitucional**. V. 1. 2. ed. São Paulo: Saraiva, 2012.

MENDES, Gilmar Ferreira; BRANCO, Paulo Gustavo Gonet. **Curso de Direito Constitucional**. 13. ed. São Paulo: Saraiva, 2018.

MENDES, Laura Schertel Ferreira. Decisão histórica do STF reconhece direito fundamental à proteção de dados pessoais. **Jota**. 2020. Disponível em: https://www.jota.info/opiniao-e-analise/artigos/decisao-historica-do-stf-reconhece-direito-fundamental-a-protecao-de-dados-pessoais-10052020. Acesso em: 18 jun. 2021.

MEYER, Michelle N. Two cheers for corporate experimentation: The A/B illusion and the virtues of data-driven innovation. **Colorado Technology Law Journal**, v. 13, n. 2, 2015.

MILL, John Stuart. **Utilitarianism**. The Floating Press, 2009.

NEGLEY, Glenn. Philosophical views on the value of privacy. **Law and Contemporary Problems**, v. 31, n. 2, p. 319-325, 1966.

POSNER, Richard A. The Right of Privacy. **Georgia Law Review**, Athens, v. 12, n. 3, 1978.

______. **Not a suicide pact**: The Constitution in a time of national emergency. Oxford: Oxford University Press, 2006.

RICHARDS, Neil. The dangers of surveillance. **Harvard Law Review**, v. 126, n. 7, p. 1934-1965, 2013.

SCHNEIER, Bruce. The eternal value of privacy. **Schneier on Security**. 2006. Disponível em: https://www.schneier.com/essays/archives/2006/05/the_eternal_value_of.html.

SHEDROFF, Nathan. Information interaction design: an unified field theory of design. In: JACOBSON, Robert (Org.). **Information design**. Cambridge: The MIT Press, 1999.

SILVA, José Afonso. **Curso de Direito Constitucional Positivo**. 42. ed. São Paulo: Malheiros, 2019.

SLAUGHTER, Matthew J.; MCCORMICK, David H. Data is power. **Foreign Affairs**, v. 100, n. 3, p. 54-63, maio/jun. 2021.

SOLOVE, Daniel. Conceptualizing Privacy. **California Law Review**, v. 90, n. 4, p. 1087-1156, 2002.

______. A taxonomy of privacy. **University of Pennsylvania Law Review**, v. 154, n. 3, p. 477-564, 2006.

______. "I've Got Nothing To Hide" and other misunderstandings of privacy. *San Diego Law Review*, v. 44, p. 745-772, 2007.

______. **Nothing to hide**: the false tradeoff between privacy and security. New Haven: Yale University Press, 2011.

STEPHENS-DAVIDOWITZ, Seth. **Todo mundo mente**: o que a internet e os dados dizem sobre quem realmente somos. Rio de Janeiro: Alta Books, 2018.

WALDRON, Jeremy. Separation of powers in thought and practice? **Boston College Law Review**, v. 54, n. 2, p. 433-468, 2013.

WARREN, Samuel D.; BRANDEIS, Louis D. The right to privacy. **Harvard Law Review**, Cambridge, v. 4, n. 5, 1890.